AF741911

Gouvernance d'entreprise,
responsabilité sociétale en droit malien

Collection « Études africaines »

dirigée par Denis Pryen et son équipe

Forte de plus de mille titres publiés à ce jour, la collection « Études africaines » fait peau neuve. Elle présentera toujours les essais généraux qui ont fait son succès, mais se déclinera désormais également par séries thématiques : droit, économie, politique, sociologie, etc.

Dernières parutions

Kallet Abréam VAHOUA, *Éléments de morphologie verbale du bété*, 2018.
Robert NDAMOBISSI, *La malnutrition des enfants dans les pays du Sahel et de la corne de l'Afrique,* 2018.
Sous la direction de Catherine MAIA, Jean-François AKANDJI-KOMBÉ et Jean-Baptiste HARELIMANA (dir.), *L'apport de l'Afrique à la justice internationale pénale*, 2018.
Marie Rose BANGOURA, *Gestion des déchets solides ménagers et ségrégation socio-spatiale dans la ville de Conakry,* 2018.
Jean-Pierre NZEZA KABU ZEX-KONGO, *Congo. Comment le reconstruire, y ramener la paix et le développer ? Vade-mecum pour les dirigeants*, 2018.
Charles LASSERRE YAKITE, *La nationalité et l'apatridie en Afrique,* 2018.
Jean-Pierre NZEZA KABU ZEX-KONGO, *Léopold II. Le plus grand chef d'État de l'histoire du Congo, 2018.*
Bernard TONDÉ, *Le veuvage en Afrique. Dimensions socioculturelles, mystiques, morales et juridiques*, 2018.
Mohamed Salem OULD MAOULOUD, *L'éducation non formelle islamique mahadra de Mauritanie*, 2018.
Dr Claude KOMBOU, *Système fiscal et performance financière des Établissements de microfinance (EMF) au Cameroun*, 2018.
Jean-Marc SEGOUN, *Reconstruire après la guerre au Libéria*, 2018.
Hines MABIKA (dir.), *Principes éthiques d'Albert Schweitzer en Afrique. Le respect de la vie,* 2018.
Mamadou Diarafa DIALLO, *Le Mali contemporain. Fragilités et possibilités,* 2018.
Blaise SARY NGOY, *La dépréciation du franc congolais (2001-2018), Effet d'hystérèse, 2018.*
Noël SOFACK, *L'Eglise catholique et le processus électoral au Cameroun, Un engagement pour des elections justes et transparentes,* 2018.
Noël SOFACK, *Nouvelle géopolitique de l'agriculture et de l'alimentation, Quelles politiques publiques de sécurité alimentaire au Cameroun* ?, 2018.

Issiaka CISSÉ

Gouvernance d'entreprise, responsabilité sociétale en droit malien

L'Harmattan

Du même auteur

La responsabilité des dirigeants sociaux en droit OHADA, un modèle controversé dans sa mise en œuvre, Éditions universitaires européennes, 2012.

L'effectivité de l'application de la convention-cadre des nations unies sur les changements climatiques, une effectivité malaisée dans son application, Éditions universitaires européennes, 2012.

© L'Harmattan, 2018
5-7, rue de l'Ecole-Polytechnique, 75005 Paris

http://www.editions-harmattan.fr

ISBN : 978-2-343-15230-1
EAN : 9782343152301

INTRODUCTION

> « Le développement ne se réduit pas à la simple croissance économique. Pour être authentique, il doit être intégral, c'est-à-dire promouvoir tout homme et tout l'homme. »
> PAUL VI, *Encyclique Populorum Progressio.*

L'intégrité des entreprises et des marchés est essentielle à la vitalité et la stabilité de nos économies. Pour maintenir un tel résultat, certains mécanismes peuvent s'avérer importants. C'est le cas des principes de la gouvernance d'entreprise et de la responsabilité sociétale des entreprises (RSE). Ces concepts émergents[1] fouillent dans toutes les sphères juridiques, économiques, voire sociales. Ils s'imposent malgré leur transversalité et leur diversité au plan interne et international. L'ordre juridique mondial des entreprises connaît depuis quelques décennies une refondation des normes ayant des connotations multiplex réunissant l'ensemble des acteurs concernés. Différents auteurs[2] s'accordent à affirmer l'indispensabilité de

---

[1] V. K. BENYEKHLEF, *Une possible histoire de la norme. Les normativités émergentes de la mondialisation*, Montréal, Thémis, 2008 ; B. BARRAUD, *Repenser la pyramide des normes à l'ère des réseaux. Pour une conception pragmatique du droit*, Paris, L'Harmattan, coll. Logiques juridiques, 2012.

[2] Pierre-Yves GOMEZ témoigne en faisant une leçon sur la crise économique de 2008 en se projetant vers des perspectives pour l'après-crise. En effet, les années 80 ont révélé l'émergence de ce que l'on a appelé l'entreprise globale, caractérisée par une manière nouvelle de détenir la propriété, plus ouverte, plus dispersée. Les bonnes pratiques de gouvernance de ces entreprises sont dès lors repérées par rapport un idéal démocratique, et des valeurs qu'il porte, tel l'intérêt général, la confiance et la loyauté. Si la crise de 2008 permet de revenir à un tel bon sens, la prochaine décennie devra voir de sérieuses réformes dans la formation des acteurs de l'économie en général, et du gouvernement des entreprises en particulier. V. V. MAGNIER (dir.), *La gouvernance des sociétés cotées face à la crise, pour une meilleure protection de l'intérêt social*, L.G.D.J., 2009 ; P.-Y. GOMEZ, H. KORINE, *L'entreprise dans la démocratie : une théorie politique du gouvernement des entreprises*, Version française fortement augmentée de Entrepreneurs and Democracy (Cambridge, 2008), De Boeck, Bruxelles, 2009. Il en est aussi pour la RSE qui selon les analyses distinguent souvent les normes juridiques qui s'imposent aux entreprises de celles qu'elles adoptent volontairement. Cette distinction a inspiré la Commission de l'Union européenne qui en 2001 déclarait : « être socialement responsable signifie non seulement satisfaire pleinement aux obligations juridiques applicables mais aller au-delà et investir davantage dans le capital humain, l'environnement et les relations avec les parties prenantes » (Promouvoir un cadre

ces principes qui bouleversent les sphères juridiques internes et internationales.

L'encadrement de ces nouveaux principes juridiques devient indispensable et dans une certaine mesure obligatoire. Ils répondent mieux aux récentes exigences exprimées dans la gouvernance mondiale. Leur efficacité et leur complémentarité orientent davantage les organisations internationales tout comme les États à plus les définir dans l'organisation des entreprises. Ce qui signifie donc une redéfinition des normes qui dirigent les entreprises. A ce propos, deux types de normes font leur apparition. Elles incarnent des valeurs qui se conjuguent le plus souvent à la notion de la bonne gouvernance[3]. Celle-ci est un idéal recherché et un discours qui raffermit les ambitions en l'occurrence les objectifs exprimés pour le développement durable. Cela est une préoccupation de l'ensemble des acteurs pour l'atteinte des objectifs du millénaire[4].

Pour garantir l'efficacité de la réflexion, il convient de rappeler les principes évoqués pour en apprécier ultérieurement l'application ou le déploiement dans les pratiques. En ce qui concerne la gouvernance d'entreprise, et comme l'expression l'indique, il s'agit d'une situation, dans laquelle les droits des actionnaires en partie, et de l'ensemble des parties prenantes sont respectés sans la moindre restriction, que celle que peut imposer la règlementation. La situation idéale met ainsi en exergue la

---

européen pour la RSE, Com (2001) 366 final, 18 juillet 2001, p. 7.). V. C. NICOLAS, « Le cadre normatif de la RSE, entre soft law et hard law », *Communication présentée au colloque du RIODD*, Avril 2012. Claire MARZO affirme cette reconnaissance en exigeant la RSE y compris aux personnes publiques mais surtout les acteurs non-étatiques. V. Cl. MARZO, « La RSE : à mi-chemin entre la soft law et le *jus cogens* : La question de l'effectivité de la protection des droits sociaux par les entreprises multinationales », *Rapport de recherches (Droits des pauvres, pauvres droits. Recherches sur la justiciabilité des droits sociaux)*, *Revue des droits de l'homme*, 2001, p. 1. V. P.-H. IMBERT, « Droits des pauvres, pauvre(s) droit(s) ? Réflexions sur les droits économiques, sociaux et culturels », *Revue du Droit Public*, 1989, pp. 739-741 ; D. ROMAN, « L'universalité des droits sociaux à travers l'exemple du droit à la protection sociale », *Cahiers de la recherche sur les droits fondamentaux*, n° 7, 2009, pp. 117-132.

[3] La bonne gouvernance est une notion polysémique. Elle a trait le plus souvent à la consolidation de l'Etat de droit. C'est aussi un gage de la démocratie et de la citoyenneté. Serigne Samba NDIAYE, « La bonne gouvernance et le respect de l'Etat de droit au Sénégal ! », Leral.net, Samedi 18 Octobre 2008 - 13:29. Cette approche est plutôt politiste ou publiciste comme en témoigne plusieurs thèses. V. M. M. SANGARE, *L'Etat de droit au Mali : évolution et réalité*, Thèse, Université Gaston Berger de Saint-Louis, UFR des Sciences Juridiques et Politiques, nov. 2013, p. 15. Dans l'approche des entreprises, elle est aperçue comme un gage de transparence. A.-C. MULLER, *Droit des marchés financiers et droit des contrats*, thèses, Paris II, 2001.

[4] V. le principe 1 de la déclaration de Rio sur l'environnement et le développement qui dispose que : « Les êtres humains sont au centre des préoccupations relatives au développement durable. Ils ont droit à une vie saine et productive en harmonie avec la nature ». V. aussi la déclaration de Johannesburg sur le développement durable adoptée en septembre 2002, Les objectifs du millénaire pour le développement des nations unies septembre 2000 à New York.

transparence dans la gouvernance qui succède à la gestion de l'entreprise[5]. Celle-ci sera plutôt gouvernée au regard de ses objectifs qui visent à éviter les conflits d'intérêts ou, à tout le moins, d'en chercher une solution impartiale[6]. La gouvernance d'entreprise garantit aux actionnaires et à l'ensemble des parties prenantes[7] la protection des droits et des intérêts. Les institutions appropriées existent pour garantir l'intérêt social[8].

La gouvernance d'entreprise met en évidence l'enjeu de l'intérêt social[9] qui occupe aujourd'hui une place centrale dans les sociétés commerciales en l'occurrence les sociétés par actions. Il indique *la marche à suivre*[10]. L'intérêt social, un indicatif de la gouvernance d'entreprise, a des enjeux essentiels en termes de politique, de marchés et de gouvernance[11]. Tout d'abord, l'intérêt social guide la politique suivie par la société, notamment en matière de décision d'investissement, de distribution de dividendes ou l'absorption d'une autre entreprise. Sa présence dans l'appréciation de la légitimité des décisions sociales et des comportements s'impose de façon certaine[12]. L'intérêt social a également des incidences sur le marché. Celui-ci doit être en mesure de connaître l'objectif de la firme afin de permettre la réalisation des décisions efficaces. Ce qui constitue un moyen pour le bon fonctionnement des marchés financiers[13]. Enfin, les pouvoirs des dirigeants et les limitations qui leur sont imposées[14] varient en fonction de l'acception

---

5 Selon les principes approuvés par le conseil de l'OCDE, en mai 1999, revisités en avril 2004, tout régime de gouvernement d'entreprise devra réaliser les différents objectifs suivants : concourir à la transparence et à l'efficacité des marchés (…), assurer un traitement équitable de tous les actionnaires, reconnaître les droits des différentes parties prenantes (…), etc.

6 Y. CHAPUT, « Le monde idéal : les principes de la gouvernance d'entreprise », in Dossier « La gouvernance d'entreprise, entre réalité et faux-semblants », *Revue la semaine juridique*, n° 5 septembre-octobre 2005, supplément à la semaine juridique n° 44-45 du 3 novembre 2005, Hebdomadaire, p. 26.

7 F. G. TREBULLE, « Stakeholder theory et droit des sociétés (deuxième partie) », *Bull. Joly*, 2007, n°1, p.7 ; F. G. TREBULLE, « Stakeholder theory et droit des sociétés (première partie) », *Bull. Joly*, 2006, n°12, p.1337.

8 A. COURET, *Le désintérêt social*, Mélanges P. BEZARD, Montchrestien, 2002, p.63, *spéc.* p.64, n°3 ;

9 La question de l'intérêt social est transversale et préoccupe toutes les activités revendicatrices au sein de l'entreprise ou les relations entre les entreprises voire les institutions (Patronat, Chambres de commerce et d'industries du Mali etc.) qui représentent les PME ou les grandes firmes ; v. *La documentation Française* : La Transformation de la représentation patronale en France : CNPF et CGPME, pp. 146-158,

10 M. COZIAN, A. VIANDIER et F. DEBOISSY, *Droit des sociétés*, 16ème éd., Litec, 2003, *spéc.* p.194, n°431

11 Pour un exposé de ces motifs : A. COURET, « L'intérêt social », *Cah. dr. ent.*, 1996-4, p.1, *spéc.* p.7 et s., n°31 et s. ; D. SCHMIDT, *De l'intérêt social*, *J.C.P.*, éd. E., 1995, n°38, p.488, *spéc.* p.489, n°11

12 A. BENNINI, *Le voile de l'intérêt social*, Université de Cergy-Pontoise, thèse, 2010, p. 13.

13 E. MACKAAY, S. ROUSSEAU, *Analyse économique du droit*, Dalloz, Thémis, 2008, p.81, *spéc.* p.86 et s., n°309 et s.

14 A. COURET, M. GERMAIN, D. SCHMIDT, ALII, « Actionnaires et dirigeants : où se situera demain le pouvoir dans les sociétés cotées ? », *R.D.B.*, juin 1996, n°55, p.72.

de l'intérêt social[15]. En effet, ce dernier détermine la portée de l'espace discrétionnaire des dirigeants des sociétés en raison du droit de contrôle[16] et des conditions de responsabilité qu'il définit.

L'intérêt social anime ainsi la gouvernance des entreprises et détermine l'étendue des missions du conseil d'administration (et, corrélativement, du directoire en cas de structure duale)[17]. La notion d'intérêt social présente d'autant plus d'importance que la gouvernance des sociétés soulève, à l'heure actuelle, des préoccupations face auxquelles les sociétés se positionnent avec difficultés[18]. L'intérêt social apparaît comme un outil d'intégration indispensable de ces nouveaux paradigmes que sont le développement durable[19], la responsabilité sociétale des entreprises[20]. Cette dernière révèle une tout autre importance dans l'encadrement juridique des entreprises. La RSE est admise aujourd'hui comme la transposition des principes du développement durable. C'est aussi l'incarnation des trois piliers du développement économique, de l'équité sociale[21] et de la préservation de l'environnement dans le management des entreprises. La RSE se présente alors comme la prise en compte des effets des activités de

---

[15] Les enjeux de pouvoirs attachés à la notion d'intérêt social sont soulignés à diverses reprises dans la doctrine, voir par exemple : P. MERLE, *Droit commercial : Sociétés commerciales*, 10ème éd., Dalloz, 2005, *spéc.* p.83, n°52-1 ; A. CONSTANTIN, « L'intérêt social : quel intérêt ? », Mélanges offertes à B. MERCADAL, Francis Lefebvre, 2002, p.317, *spéc.* p.320 et s., n°9 et s. ; J. PAILLUSSEAU, « La modernisation du droit des sociétés commerciales « Une *réconception* du droit des sociétés commerciales » », *D.*, 1996, p.287, *spéc.* n°17.

[16] G. CHARREAUX, « Modes de contrôle des dirigeants et performance des firmes », dans *Le Gouvernement des Entreprises : Corporate Governance – Théories et Faits*, Economica, 1997, p.17, *spéc.* p.31.

[17] P. BISSARA, R. FOY, A. De VAUPLANE, *Droit et pratique de la gouvernance des sociétés cotées : Conseils et comités*, éd. Joly, 2007, *spéc.* pp.40-41.

[18] A propos des réponses incertaines des entreprises : C. RENOUARD, *La responsabilité éthique des multinationales*, P.U.F., 2007, *spéc.* pp.41-42 ; M. CAPRON F. QUAIREL-LANOIZELEE, *Mythes et réalités de l'entreprise responsable*, La Découverte., 2004, *spéc.* p.13.

[19] Concernant la place du développement durable dans le droit français des affaires : F. G. TREBULLE, « Entreprise et développement durable », *Environnement*, 1er novembre 2007, n°11, p.8 ; F. G. TREBULLE, « Entreprise et développement durable », *J.C.P.*, éd. E., 2007, n°31, p.1989 ; F. G. TREBULLE, « Entreprise et développement durable », *J.C.P.*, éd. E., 2006, n°1257, p.309 ; F. G. TREBULLE, « Droit des entreprises en difficulté et protection de l'environnement », *Revue des Procédures collectives*, 2004, n°2, p.140.

[20] J.-C. JAVILLIER, « Responsabilité sociétale des entreprises et Droit : des synergies indispensable pour un développement durable », dans Gouvernance, droit international et responsabilité sociétale des entreprises, *Institut international d'études sociales*, Genève, 2007, p.24, *spéc.* p.31.

[21] V. G. BELEM, C. BENOIT, K. BOUSLAH, E. CHAMPION, J. GUY, H. NAJLAOUI et A. Isabel OTERO, « Cahier de recherche sur l'atelier international « Faire avancer la théorie de la RSE : un dialogue intercontinental, Montréal 12 au 15 octobre 2006 », Les cahiers de la CRSDD, collection recherche, n° 11-2007.

l'entreprise sur l'environnement naturel et social[22]. C'est pourquoi elle est donc appréhendée comme l'intégration volontaire par les entreprises de préoccupations sociales et environnementales à leurs activités commerciales et leurs relations avec leurs parties prenantes.

L'émergence du concept de la responsabilité sociale ou sociétale traduit un intérêt accru et une attention particulière que le monde entend porter aux interactions entre les Hommes d'une part et entre l'Homme, les organisations humaines et la nature d'autre part[23]. La notion de responsabilité sociétale des entreprises dénote une prise de conscience encore plus importante quant aux conséquences négatives que les activités des entreprises peuvent avoir sur la communauté humaine et l'environnement. Or, en France ou au Canada, le concept de RSE se trouve au centre des débats. La RSE domine le milieu des affaires, du monde politique, aussi bien que dans l'arène des organisations de la société civile et du monde académique.

Les dénonciations de pratiques irresponsables, aidées en cela par différentes catastrophes humaines, sociales et environnementales impliquant les entreprises, ont contribué à aiguiser la conscience et la sensibilité des opinions publiques nationale et internationale sur les risques globaux qu'encourt l'humanité en cas de persistance de telles pratiques non éthiques et non durables. Le débat sur la RSE s'est ainsi développé et plusieurs initiatives ont été entreprises par différents acteurs. Plus qu'une question d'actualité, la RSE est devenue un sujet de négociation, nationale, régionale et internationale[24].

La réponse des grandes entreprises ne s'est pas fait attendre. Elles ont, parallèlement au débat qui a cours, développé plusieurs initiatives pour faire face aux problématiques et enjeux de la RSE, et contribué de manière volontaire au développement durable. Les entreprises africaines et étrangères opérant en Afrique en particulier doivent aussi faire face à des problématiques sociales, environnementales et économiques spécifiques. La façon d'intégrer ces préoccupations à leurs activités quotidiennes va leur permettre ou non de contribuer à un développement durable des États et des communautés locales. Mais, le paradoxe est que si la RSE est une notion qui suscite débat dans les pays occidentaux et au niveau international, on ne sait pas vraiment ce qu'il en est en Afrique notamment dans l'espace OHADA,

---

22 « La Responsabilité Sociale des Entreprises : une nouvelle définition sociologique de l'entreprise ? », Sociologies Pratiques n°18, mardi 18 mars 2008 in http://www.sociologies-pratiques.com/

23 C'est d'ailleurs la réflexion menée par certains auteurs qui estiment l'entreprise doit dorénavant faire face à des nouvelles frontières. V. M. DRANCOURT, *Les nouvelles frontières de l'entreprise*, PUF, 2005 ; R. DUMONT, *Les nouvelles frontières de l'entreprise*, PUF, 1995.

24 U. K. YAMEOGO, *L'émergence de la responsabilité sociale des entreprises en Afrique : état des lieux, enjeux et perspectives*, Université Paris 12 (Créteil), Mémoire de Master, 2007, p. 2.

alors même que ce continent est de ce fait concerné et interpellé au même titre que les autres par la problématique de l'émergence et de l'institutionnalisation de la RSE.

Le concept de la RSE consiste alors à concilier production, respect de l'environnement et gestion sociale. Mais, il est évident que son appréhension est frappée d'une grande hésitation dans la pratique surtout dans les pays en voie de développement. Il s'agit là d'un nouveau concept dont la *juridicité* est mal appréciée. La RSE tout comme la gouvernance d'entreprise font leur apparition dans un environnement juridique en pleine mutation et fragilisé par les disparités prégnantes du secteur public et privé. La sphère juridique malienne est de nouveau en gestation avec l'émergence des concepts de la gouvernance d'entreprise et de la RSE.

Ainsi, bien que le cadre juridique de base en place au Mali soit relativement solide, il est regrettable de noter que certaines évolutions récentes n'ont pas été suivies. C'est le cas du gouvernement d'entreprise. Au Mali, le droit sur les sociétés et les marchés boursiers est défini au niveau communautaire et non au niveau national. Parmi les organisations communautaires dont il est membre, nous pouvons citer l'UEMOA (Union Économique et Monétaire ouest-africaine). En effet, la zone UEMOA a adopté le cadre juridique de l'OHADA (Organisation pour l'Harmonisation du Droit des Affaires en Afrique).

La pratique de la gouvernance d'entreprise dans l'environnement juridique malien tire sa source dans le droit communautaire OHADA. C'est ainsi que le droit positif malien, en ce qui concerne la règlementation des sociétés commerciales, est l'Acte uniforme de l'OHADA relatif au Droit des Sociétés Commerciales et du Groupement d'Intérêt économique (ci-après AUSC) adopté en 1997 et révisé le 30 janvier 2014. Or, le droit OHADA n'a pas prévu de disposition juridique spécifique sur la gouvernance d'entreprise. Pourtant, l'OHADA dans son objectif a mis l'accent sur la sécurité juridique et judiciaire afin et surtout de promouvoir les investissements[25]. Cette politique a relativement du mérite dans la mesure où le développement du droit des sociétés en Afrique[26] était peu efficace. Cela a été le cas au Mali où le législateur avait une activité relativement réduite[27].

---

[25] F. O. ETOUNDI, « Les principes d'UNIDROIT et la sécurité juridique des transactions commerciales dans l'avant-projet d'acte uniforme OHADA sur le droit des contrats », une publication de *UNIDROIT International Institute for the Unification of Private Law, Institut international pour l'unification du droit privé*, www.unidroit.org, in A. T. NDIAYE « Le principe de l'irrévocabilité des transferts interbancaires dans l'espace UEMOA fragilisé par les dispositions de l'OHADA organisant les procédures collectives d'apurement du passif », *Nouvelles annales africaines, Revue de la Faculté des Sciences Juridiques et Politiques*, n°1, 2006. Selon le professeur NDIAYE, l'auteur estime que l'insécurité juridique et judiciaire était la cause principale du marasme économique qui prévalait dans la zone OHADA (...).

[26] F. ANOUKAHA, A. CISSE, N. DIOUF, J. NGUEBOU TOUKAM, P-G. POUGOUE, M. SAMB, OHADA : *Sociétés commerciale et G.I.E.*, BRUYLANT, Bruxelles, 2002, pp. 9-16.

[27] La Loi 86-13 du 21 mars 1986 portant sur le code de commerce du Mali ne prévoyait pas certaines dispositions indispensables pour la règlementation des sociétés commerciales. C'est

Elle a ainsi permis aux pays membres de constituer un bloc économique pour faire face à la mondialisation. On peut donc dénombrer certaines dispositions dans l'AUSC qui sont assimilables aux principes de la gouvernance d'entreprise. C'est le cas par exemple de la répartition des pouvoirs entre les organes sociaux à savoir les dirigeants et surtout la détermination des rapports entre ceux-ci et les associés. La procédure d'alerte constitue également un moyen pour la société à travers le commissaire aux comptes ou un associé d'adresser une demande d'explication à un gérant qui est tenu de répondre[28]. C'est le cas aussi de l'expertise de gestion[29] ou de la rémunération des organes de gestion[30]. Il est clair que l'on peut recenser dans les actes uniformes, certaines dispositions assimilables aux principes de la gouvernance d'entreprise.

Mais, une telle assimilation reste tout de même limitée et semble être insuffisante pour appliquer convenablement les principes de la gouvernance d'entreprise. En effet, Yann PACLOT relevait que l'esprit du droit des sociétés a profondément changé en France[31]. Selon lui, cela s'explique par le fait que le droit des principes de la gouvernance d'entreprise à travers les rapports et les recommandations a fait l'objet d'une introduction directe sans intervention législative ni réglementaire. Il apparaît ainsi comme une véritable science du droit, dans la mesure où il se démarque clairement du droit des sociétés.

Cependant, malgré la convergence dont les entreprises maliennes peuvent profiter, elles doivent faire face à d'autres exigences. Il s'agit de l'application des principes dits de la gouvernance d'entreprise. Ce nouveau chalenge qui est le fruit des évolutions produites durant la première décennie du 21e siècle sera extrêmement difficile à pratiquer dans les entreprises maliennes, car il n'existe pas de texte en la matière. En effet, la connaissance des principes modernes de gouvernement d'entreprise n'est qu'à un stade embryonnaire. La plupart des entreprises maliennes pratiquent à une forme traditionnelle de gouvernement d'entreprise dans laquelle les conseils d'administration ont peu d'autorité. Ils assurent une supervision ou un contrôle indépendamment limité ; et où, beaucoup de leurs membres ne

---

avec l'avènement du droit uniforme que certaines dispositions ont vu le jour pour encadrer l'organisation des sociétés commerciales. C'est ainsi que, le Traité OHADA a en effet opté pour la manière forte, en affirmant la force obligatoire des Actes uniformes et leur supériorité sur les normes juridiques existantes et futures. Dès lors, les Actes uniformes se substituent obligatoirement et sans autre formalité aux règles de droit interne applicables dans chaque Etat partie. L'article 919-1 prévoit que les dispositions légales nationales sur le droit des sociétés qui sont contraires à celles de l'A.U. sont abrogées. Il s'ensuit donc que seules les lois nationales non contraires à l'Acte uniforme restent applicables (*article 1er alinéa 3*).

[28] V. Les art. 150 à 158 de l'Acte Uniforme relatif au droit des sociétés commerciales et du groupement d'intérêt économique (ci-après AUSC).

[29] V. Les art. 159 et 160 de l'AUSC.

[30] V. art. 430 de l'AUSC.

[31] Y. PACLOT, « L'influence des rapports à la française », *La semaine juridique*, n°44-45 du 03 novembre 2005, p. 30.

comprennent pas le rôle et les responsabilités qui sont les leurs. Le dispositif en vigueur n'offre pas suffisamment de garanties de transparence. Le degré d'adoption des pratiques modernes est moins important dans la mesure où il n'existe aucune société malienne cotée en bourse du moins à la BRVM[32]. Récemment, Wasoulu Or, une société minière, vient d'être cotée à la bourse de Frankfort en Allemagne[33]. Le choix porté à une bourse européenne crée un climat de méfiance à l'égard de la BRVM[34]. A rappeler que la bourse est le moyen de contrôle, pour les institutions habilitées[35], le plus efficace pour contrôler la santé des entreprises. Cependant, il est à reconnaître que le gouvernement d'entreprise fait aujourd'hui l'objet d'intenses débats et plusieurs organisations envisagent d'élaborer des chartes ou des lignes directrices. C'est le cas du CNP (Conseil National du Patronat du Mali), de la Chambre de Commerce et d'Industrie du Mali, de la Chambre des Mines récemment créée, de l'ACIAM (Association des Contrôleurs, Inspecteurs et Auditeurs du Mali) qui ont chacun initié des programmes relatifs au gouvernement d'entreprise. L'ONECCA (l'Ordre des Experts Comptables et Comptables Agréés) s'emploie à mieux faire connaître le gouvernement d'entreprise et à améliorer le processus de vérification des comptes.

Ces initiations ne justifient pas la pratique ni la consécration de la gouvernance d'entreprise dans l'environnement juridique malien. Il y a donc une absence constatée de la pratique justifiée par sa non-consécration juridique. Les enjeux juridiques sont flagrants puisque nous constatons une certaine fragilisation du mode de gouvernance emprunté par les entreprises maliennes. L'encadrement aux principes de la gouvernance d'entreprise se présente comme un indispensable outil pour les entreprises maliennes. C'est un instrument juridique essentiellement utile pour les entreprises maliennes. Il peut être défini comme un ensemble de principes visant à régir les relations entre les dirigeants, le conseil d'administration et les actionnaires dans les sociétés faisant appel aux marchés publics[36]. Selon Yves CHAPUT, la gouvernance d'entreprise est une recherche, pragmatique et permanente, des bonnes pratiques de direction et de gestion[37]. En vertu d'un rapport[38], la

---

[32] Récemment la Banque Of Africa « BOA » du Mali s'est cotée à la BRVM en fin 2015 ce qui est une première au plan national.

[33] La société Wassoul'OR a été cotée en bourse en octobre 2012, v. *http://www.pearlgoldag.com/fr/presse.php*

[34] A rappeler que la BRVM est animée en grande partie par les entreprises maliennes. Cela ne favorise pas sans doute son accroissement voire sa réussite au niveau régional, car les entreprises des Etats parties de la BRVM préférences être cotées dans les bourses étrangères. C'est le cas du Sénégal ou seul la SENELEC est cotée à la BRVM ou du Mali qui n'a aucune entreprise cotée à la BRVM.

[35] Il s'agit entre autres des cabinets d'audits, de conseil, d'expertise voire les bourses.

[36] J-J. CAUSSAIN, « L'influence mondiale et européenne », *in* « Dossier : La gouvernance d'entreprise, entre réalité et faux-semblants », *La semaine juridique,* n°44-45 du 03 novembre 2005, p. 27.

[37] Y. CHAPUT, « Le monde idéal : les principes de la gouvernance d'entreprise », *La semaine juridique,* n °44-45 du 03 novembre 2005, p. 25.

gouvernance peut être définie dans une double approche : au sens large, la gouvernance est perçue comme l'ensemble « des questions d'organisation et de structures qui sont en rapport direct ou indirect avec la protection des actionnaires » ; et au sens étroit, comme l'ensemble des « questions d'organisation et de contrôle des principaux organes dirigeants des entreprises, c'est-à-dire essentiellement des questions d'équilibre et de transparence ». Cette deuxième définition met également en évidence la place centrale de l'actionnaire et son besoin de protection, mais introduit deux éléments clés pour y parvenir : l'équilibre des pouvoirs entre les différents intervenants de l'entreprise et l'amélioration de la transparence.

D'autres auteurs, comme Pérez[39], intègrent l'importance du comportement des personnes impliquées dans l'application de la gouvernance, afin de déterminer son efficacité finale. Dès lors, la gouvernance d'entreprise se réfère aux dispositifs institutionnels[40] et comportementaux régissant les relations entre les dirigeants d'une entreprise et ses *stakeholders*[41]. Il définit ainsi la gouvernance en fonction de deux types de composantes : le contenu institutionnel et le comportement des personnes physiques chargées de l'appliquer.

Ces définitions permettent d'indiquer que l'objectif de la gouvernance d'entreprise est de protéger les intérêts des actionnaires minoritaires, en minimisant et contrôlant les conflits d'intérêts provenant de la délégation du pouvoir des actionnaires aux gestionnaires de l'entreprise notamment le conseil d'administration et la direction générale[42]. La gouvernance d'entreprise peut ainsi être perçue comme un ensemble de mécanismes permettant de minimiser les coûts globaux, découlant de la séparation de la propriété (les actionnaires) et de la gestion (le conseil d'administration) dans les sociétés en partie les sociétés anonymes. Ces mécanismes qui s'inscrivent dans l'organisation du cadre juridique de la structure de l'entreprise permettent, soit de concilier les intérêts des différents intervenants. Telle que l'application d'une politique de rémunération des dirigeants basée sur la performance boursière des sociétés, soit de contrôler et de sanctionner un comportement déviant des gestionnaires, grâce, par exemple à l'élection de membres du conseil d'administration représentant les intérêts de l'ensemble des actionnaires.

---

[38] K. HOFLTETTER, « Le gouvernement d'entreprise en Suisse », *Rapport final du groupe d'experts sur le gouvernement d'entreprise*, 2002, disponible sur le site internet d'Economie suisse : http://www.economiesuisse.ch

[39] R. PEREZ, *La Gouvernance de l'Entreprise*, la Découverte, Paris, 2003,.

[40] Le dispositif institutionnel correspond d'une part aux structures propres de l'entreprise, tels que l'assemblée générale ou le conseil d'administration et d'autre part aux procédures qu'elle doit suivre en fonction de son environnement légal.

[41] Les *stakeholders* peuvent être définis comme les parties prenantes dans l'entreprise, tels que les actionnaires, les employés, les créanciers, les fournisseurs.

[42] En effet, l'AUSC ne pose pas une règle de répartition cohérente pouvant définir les fonctions respectives des organes de gestion et de contrôle.

Cependant, dans la continuité de JENSEN et MECKLING[43] on apprend combien il est essentiel de comprendre la nature humaine pour saisir le fonctionnement des organisations. La définition de Pérez met en évidence que dans tout système humain, l'efficacité du système de gouvernance dépend fortement du comportement des personnes impliquées dans sa mise en œuvre et son fonctionnement. Ainsi, afin d'évaluer la qualité de la protection des intérêts des actionnaires minoritaires dans les entreprises, il est nécessaire de prendre en considération, l'ensemble, des mécanismes de gouvernance, mais également le pouvoir des différents intervenants de l'entreprise, formant un système de gouvernance propre à chaque entreprise.

Ainsi, le mot « gouvernance » n'est plus fait pour se substituer au mot « gouvernement ». Il désigne l'art de gouverner, tandis que le gouvernement se réfère aux institutions. Le maître mot de l'art de gouverner est celui de la communication qui permet à une entreprise d'atteindre efficacement l'un des objectifs de la gouvernance d'entreprise qui est d'éviter les conflits d'intérêts en cherchant des solutions impartiales. Il constitue de nos jours une discipline juridique à part entière pour avoir changé profondément l'esprit ou la physionomie du droit des sociétés. Depuis deux décennies, le gouvernement d'entreprise a conquis l'ensemble des places financières dans le monde. Tous les pays à économie de marché ont adopté des principes visant à instaurer une bonne gouvernance des sociétés commerciales. Parmi ces principes, on peut retenir l'administrateur indépendant qui est un acteur incontournable du gouvernement d'entreprise. Il doit dans le cadre de l'exercice de sa fonction s'abstenir de tout favoritisme, et ne statuer que sur le bien-fondé des prétentions en présence. Son indépendance est soumise à une totale impartialité[44]. Il s'agit aussi de définir de manière précise et explicite les critères qualificatifs retenus pour déterminer la rémunération des dirigeants mandataires sociaux. Cela constitue un moyen de remédier à certaines crises conflictuelles au sein de l'entreprise. La représentation équilibrée dans les conseils est aussi une des recommandations des principes du gouvernement d'entreprise. En France, en vertu de la loi n°2011-103 du 27 janvier 2011, il est assigné à toutes les sociétés anonymes d'avoir une représentation équilibrée dans les conseils d'administration et de surveillance[45]. Les principes de la gouvernance d'entreprise sont nombreux et constituent donc pour les entreprises une nouvelle stratégie pour accroitre leur activité ou leur production. C'est aussi un moyen pour asseoir la transparence, l'impartialité, mais aussi de promouvoir les investissements.

Au Mali comme partout dans le monde, les activités économiques des entreprises sont en perpétuelle évolution. Cette dynamique résulterait de la

---

[43] M. JENSEN, W. MECKLING, « The nature of man », *Journal of Applied Corporate Finance*, 1994, 7, 4-19.

[44] H. CAPITANT, *Vocabulaire juridique*, v° Impartialité.

[45] M. ROUSSILLE, « Regard sur la représentation équilibrée dans les conseils », *La semaine juridique*, n°2 du 12 janvier 2012, p. 5.

privatisation de certaines entreprises publiques et de la prolifération du secteur privé. En effet, la privatisation a été un moment important pour la promotion du secteur privé, qui a permis à son tour de favoriser le libéralisme économique. En effet, plusieurs pays africains avaient mis en place des systèmes juridiques pour soutenir la création des entreprises publiques. C'est ainsi que beaucoup ont développé au cours des années suivant les indépendances, le secteur de leurs entreprises publiques. Cet élargissement a renforcé la présence des pouvoirs publics aussi bien dans les activités de base que dans celles soumises à la concurrence parce qu'elles avaient vocation à participer en première ligne au développement économique et social de ces pays. Mais, la désillusion a été totale puisque les entreprises publiques, instruments de la politique économique, sont devenues, au fil des années, déficitaires.[46]

L'environnement juridique des entreprises maliennes a connu un engouement pour la prolifération des sociétés d'États. Déjà au début de l'indépendance, on dénombrait au Mali plusieurs entreprises créées par l'État. Il en est le cas de la Compagnie malienne des Textiles, de l'Huilerie cotonnière du Mali, de l'Office du Niger, de la Société Nationale des Tabacs et Allumettes du Mali, la Société malienne d'Import-Export, du chemin de fer. Certaines jouaient un rôle majeur pour le fonctionnement des entreprises maliennes. En effet, dès l'indépendance, le régime politique en place a élaboré une politique économique ambitieuse qui prévoyait un taux de croissance annuel de huit pour cent et reposait sur la création de sociétés d'État[47]. Ainsi furent constituées : la SOMIEX (Société malienne d'Import-Export), qui avait le monopole de l'import-export ; l'O.P.A.M. (Office des Produits Alimentaires du Mali), qui disposait du monopole d'achat et de distribution des céréales et Air Mali et la Régie des Transports du Mali.

La gouvernance des entreprises a ainsi connu une influence des systèmes politiques mis en place. Depuis les indépendances, le rôle du secteur public s'est considérablement accru dans les pays africains au sud du Sahara. Les raisons de cette forte implication ne sont pas fortuites ; elles tiennent à des considérations économiques, politiques et sociales. On conçoit dès lors que ces pays voulaient marquer l'économie de leurs poids en se dotant d'entreprises publiques réputées créatrices et de valeur ajoutée[48]. C'est d'ailleurs l'objectif que visait le pouvoir public à travers la mise en place des mécanismes juridiques pour l'organisation des entreprises publiques.

Ainsi, dans la majorité des pays qui se réclamaient de la tradition socialiste ou du libéralisme économique, on encourageait la création d'entreprises d'où l'essor des entreprises publiques[49]. Cependant, il y avait

[46] M. DEME, « Les privatisations, une solution pour l'Afrique ? », *Revue Politiques et Management Public*, Année 1995, Vol. 13, N° 2, pp. 97-140.
[47] T. A. OUATTARA, *Le destin du socialisme malien*, éd. Imprimeries du Mali, 1979.
[48] M. DEME, *ibid.*, p. 98.
[49] B. CHAVANE, « Bilan et perspectives des privatisations en Afrique francophone : Une étape de la démocratisation ? », *Bureau international du travail*, Genève, Avril 1996, p. 1.

des considérations d'indépendance économique à l'égard de la puissance colonisatrice (contrôles des ressources) ou afin de faire profiter leurs États d'une manne financière. C'est pourquoi le nombre des entreprises publiques atteint les 3000 en Afrique. La quasi-totalité de ces entreprises n'a pas donné les résultats qu'on attendait d'elles. Elles ont dû faire face, à de nombreuses difficultés, tant sur le plan économique, financier, technique que commercial : difficultés de trésorerie, mauvais choix technologiques, *surdimensionnement* des investissements, non-respect des règles de gestion, absence de contrôle, pléthore des effectifs, marché exigu, corruption…[50]

Les mauvaises performances de ces entreprises ont eu des conséquences négatives sur les économies africaines notamment au Mali. Plusieurs entreprises maliennes comme la SOMIEX ou l'OPAM ont connu des pertes financières. Celles-ci ont impliqué des transferts massifs (subventions, dotations en capital, emprunts) des États vers ces entreprises qui ne pouvaient plus assumer les tâches de développement économique et social qui leur étaient dévolues.

Le mode de gouvernance des premières entreprises maliennes ne reposait pas sur des principes de transparence. Ce qui peut justifier la fragilité de leur fonctionnement, et même leur disparition. Cette politique est soldée par un échec retentissant. Les sociétés d'État devenaient un gouffre financier et aboutirent à une bureaucratisation stérile de la vie économique pour le seul profit d'une classe pléthorique de fonctionnaires[51]. La seule entreprise SOMIEX regorgeait des milliers de fonctionnaires issus de la mouvance politique. Cela fragilisait la gestion notamment en termes de transparence. Aussi, devant leurs dysfonctionnements et leurs difficultés, plusieurs États comme le Mali ont été menés, sous l'impulsion des bailleurs de fonds, à rompre avec cette formule d'organisation et à épouser des options libérales dont les privatisations sont une composante.

La privatisation des entreprises publiques est la résultante des facteurs liés aux oppositions des systèmes politiques affaiblissant la gestion et la transparence des sociétés commerciales. En effet, le socialisme a toujours eu comme adversaire le capitalisme. Celui-ci a été toujours mis au-devant puisque plusieurs puissances occidentales comme les États-Unis, la France l'ont adopté après la Seconde Guerre mondiale. Cette ascendance du capitalisme a été consolidée au regard des ouvertures qu'il offrait aux États. Le capitalisme est défini comme un système économique et social fondé sur la propriété privée des moyens de production et d'échange. C'est un système de production dont les fondements sont l'entreprise privée et la liberté du marché. Il s'agit d'un ensemble d'éléments solidaires dont les relations permettent la production, la répartition et la consommation des richesses

---

[50] M. DEME, *ibid.*, p. 98.

[51] Pierre BOILLEY, François BOST, Christian COULON, « MALI », *Encyclopædia Universalis (*en ligne), consulté le 3 octobre 2015. URL : http://www.universalis.fr/encyclopedie/mali/

indispensables à la vie d'une collectivité humaine. Le capitalisme est à la fois un système économique, mais aussi un type d'organisation sociale[52]. C'est aujourd'hui le système économique dominant dans le monde, qui est à l'origine du phénomène de la mondialisation[53].

Ce système a séduit beaucoup de pays, car il est régi par la recherche du profit. Son émergence a étouffé le socialisme dans beaucoup de pays africains. Le Mali n'a pas échappé, car à la fin des années soixante, son système a basculé par le capitalisme à outrance. Cela a eu des conséquences économiques occasionnant la fermeture de plusieurs entreprises publiques et privées. Pendant cette période, plusieurs fonctionnaires tombent au chômage, et l'environnement des affaires aux abois. L'élite de la nation et quelques riches personnes profitèrent des rares opportunités. Après deux décennies de chaos, le monde des affaires a connu une nouvelle ère. L'instauration de la démocratie en 1992 a fait émerger plusieurs entreprises. Le secteur privé a connu ainsi un essor remarquable à travers la création des sociétés commerciales ou industrielles.

Cette relance des entreprises a engendré la privatisation de beaucoup d'entreprises publiques comme l'HUICOMA, la BRAMALI, SOTELMA, etc. Une telle ouverture, malgré la disparition des entreprises comme la SOMIEX, la SOPAM[54], a permis de restaurer plusieurs entreprises déjà asphyxiées et dont beaucoup étaient au bord de la faillite. Il y a sans doute un élan de croissance et de développement économique. Les entreprises de plus en plus viables s'orientent à un système capitaliste plus radical. Une sorte d'oligarchie se développe au sein des entreprises maliennes[55]. Les propriétaires en d'autres termes les actionnaires des entreprises maliennes mettent en avant la maximisation des ressources à leur seul profit. Les modes de gouvernance de moins en moins transparents, plusieurs entreprises sont tombées en faillite malgré l'alternance pour la promotion du secteur privé. Pendant cette première décennie de la jeune démocratie malienne, beaucoup d'entreprises ont été fermées pour faute de bonne gouvernance. Cela

---

[52] http://www.larousse.fr/dictionnaires/francais/ban/7763

[53] G. FARJAT, « Point de vue. Droit social, droit économique, deux étrangers dans la mondialisation ? à propos de : Marie-Ange Moreau, normes sociales, droit du travail et mondialisation : confrontations et mutations, Dalloz, coll. « à droit ouvert », 2006 », *Revue internationale de droit économique* 2007/1 (t. XXI, 1), p. 91-98.

[54] La disparition de ces entreprises s'explique par la mauvaise gouvernance notamment l'absence de la transparence dans la gestion. Le système juridique n'offrait pas un encadrement soutenant la bonne organisation du système de gestion des entreprises publiques. Les cadres désignés pour assurer le contrôle de la plupart des entreprises, étaient issu de la mouvance politique ou du régime militaire. Les ressources humaines quasi inexistences en termes de profil et de performance adoptaient des systèmes remettant en cause la croissance des entreprises.

[55] I. CISSE, *La responsabilité des dirigeants sociaux en droit OHADA, un modèle controversé dans sa mise en œuvre*, Ed. Universitaires Européennes, Allemagne 2012, p. 80 in Sociétés et entreprises au Mali : L'urgence d'un plan de sauvetage, *Nouvel Horizon*, publié le 03. 07. 2006.

témoigne l'analyse de Michel Filiga SAWADOGO qui fait référence à une anecdote selon laquelle les entreprises qui disparaissent, on en trouve, mais celles qui émergent, on en cherche[56].

Par ailleurs, la fin du XXe siècle a vu la création du droit OHADA. Cette règlementation communautaire a permis d'uniformiser les législations des pays membres. Ces normes communautaires ont permis à beaucoup d'États de renforcer leur dispositif juridique. C'est ainsi que l'arsenal juridique du Mali se trouve, à partir de cette date, renforcé et amélioré. Les entreprises ont dès lors été soumises à des modes de gouvernance consolidés et équilibrés. Au plan institutionnel, des améliorations ont été faites de même qu'au plan organisationnel dans la mesure où certaines restrictions s'imposent aux sociétés commerciales.

L'harmonisation des législations communautaires a permis de mettre en place un levier économique au profit des États-parties. L'environnement des affaires s'équilibre progressivement. Au Mali, cela s'explique par l'implantation progressive des sociétés transnationales ou étrangères. Ces entreprises disposent de plus en plus d'une part considérable sur des opportunités offertes par le marché des affaires. Beaucoup d'actionnaires sont des étrangers comme en témoigne le Groupe Orange Mali qui est une filiale de la société Orange France. La société des télécommunications du Mali[57], la *Banque Of Africa*, la Banque Nationale de Développement Agricole du Mali, la Société *Randgold*, la Société *Diamond Cement* Mali, sont en majorité détenue par les actionnaires étrangers. Ces acteurs du monde des affaires, soucieux et surtout inquiets des pressions du commerce international tendent à une gouvernance équilibrée en intégrant le volet social. L'aspect gouvernance d'entreprise est difficilement appréciable au regard du silence constaté dans les dispositions juridiques internes notamment l'Acte uniforme relatif au Droit des Sociétés Commerciales et du Groupement d'Intérêt économique (AUSC). Les entreprises implantées au Mali mettent en pratique une gouvernance plutôt classique basée sur la concentration du pouvoir dans les seules mains du président directeur général. Celui-ci est à la fois le premier responsable de la gestion et contrôle aussi en sa qualité de président du conseil d'administration les rapports de gestion. Cela ressemble à un contrôle exercé contre soi-même. Une pratique qui ne s'accorde pas avec la transparence. Les risques sont ainsi élevés et peuvent entraîner des disparités dans la continuité des activités et surtout la fragilisation de l'intérêt des parties prenantes. Cette formule réclamée à la fois par la théorie de la gouvernance d'entreprise et aussi de la RSE est mal appréciée dans la pratique par les entreprises maliennes.

Cette difficulté de s'ouvrir et d'élargir les possibilités à l'environnement économique et social de l'entreprise témoigne la méconnaissance des principes de la gouvernance d'entreprise. Or, il ne s'agit que de redéfinir

[56] M. F. SAWADOGO, *Droit des entreprises en difficultés*, Bruylant, 2002.
[57] Cette société (SOTELMA) a absorbé de la société *Malitel.*

l'intérêt de l'entreprise dans une perspective non plus fermée sur l'actionnariat des sociétés, mais ouverte, élargie à l'ensemble des interactions dont elle est l'occasion[58]. Cela démontre que malgré la privatisation des entreprises et la promotion du secteur privé, le système de gouvernance d'entreprise reste cloitré dans une logique qui est loin d'être effective, car le secteur privé est relativement réduit. Et, en dépit des privatisations, les plus grandes entreprises sont contrôlées dans une certaine mesure par l'État malien[59]. Une telle analyse nous fait rejoindre une affirmation du doyen Yves GUYON, un éminent visionnaire du droit des sociétés. Selon lui, il y a de grands actionnaires et de petits actionnaires. Comme grands actionnaires, il cite bien sûr, l'État actionnaire, donnant par exemple ou, plutôt, illustrant son propos en évoquant l'hypothèse d'une opération de privatisation. Or, à l'issue d'une telle opération, l'on sait que l'État conserve une action spécifique, la fameuse *golden share* du droit anglais qui est tout à fait dérogatoire aux règles du droit commun des sociétés[60]. C'est ce qui semble être le cas au Mali où on assiste à une domination de la part de l'État qui parfois monopolise les entreprises à travers son rôle de régulateur. Il est parfois concédant, client, mais aussi dirigeant ou actionnaire. On peut dès lors souligner qu'il y a une sorte de contrainte à laquelle les entreprises maliennes sont confrontées.

Les révélations sont nombreuses et prégnantes pour mettre en évidence l'importance d'intégrer de nouveaux mécanismes dans la gouvernance des entreprises. Celles-ci ne doivent plus être gérées, mais plutôt gouvernées. Cela, parce que, les débats sur les rémunérations excessives des dirigeants, le cumul des fonctions de président du conseil d'administration et de directeur général, l'exercice des droits de vote aux assemblées générales ou encore la

---

[58] Il s'agit de traduire ce constat d'évidence que « les entreprises se meuvent dans un environnement qu'elles ne peuvent ignorer sauf à disparaître », E. FILIBERTI, J. QUATREMER, « La responsabilité sociale des entreprises », *Petites affiches*, éditorial : Dossier, 26 fév. 2004, n°41 in F.G. TREBULLE, « Stakeholders Theory et droit des sociétés », Sep. 2006, p. 1.

[59] L'Etat malien reste actionnaire de plusieurs entreprises comme la BDM SA, la BIM SA, la BHM, la BNDA, le chemin de fer (TRANSRAIL), la CMDT et l'Office du Niger (deux sociétés dans lesquelles l'Etat est le seul actionnaire), les sociétés minières (Sadiola, Loulou, Siama, etc.), la BRAMALI, la CAMATEX SA, la SONATAM SA, etc.

[60] Y. GUYON, *Droit des affaires, t. 1, Droit commercial général et société,* Economica, 12ème éd., 2003, n°406, p. 438, qui précise que la réforme de la loi de démocratisation du secteur public dans les sociétés d'économie mixte constitue peut-être un leurre dans la mesure où les décisions importantes sont dictées aux sociétés par les pouvoirs publics ' ; du même auteur, précisant qu'une modification des statuts en sens contraire est possible dès le lendemain des privatisations, in Le régime juridique des sociétés privatisées, Mélanges en l'honneur de J. WALINE, 2002, pp. 223-224, dans C. MALECKI, « L'Etat actionnaire, l'exemple atypique d'un grand actionnaire », *La semaine juridique*, n°44-45 du 03 novembre 2005, p. 61.

responsabilité des membres du conseil d'administration ont permis de promouvoir certains aspects de la gouvernance d'entreprise[61].

Pourtant, le cadre juridique est loin de méconnaître l'importance de l'application des principes de la gouvernance d'entreprise. En effet, il y a un accompagnement du législateur OHADA qui est transcrit dans l'AUSC[62] depuis sa révision en janvier 2014. Dans une certaine mesure, cela permet alors de procéder à un encadrement juridique de l'organisation de l'entreprise. Il y a donc une ouverture et la possibilité pour nos entreprises d'appliquer les principes de la gouvernance d'entreprise à travers les textes internationaux[63]. Le droit OHADA est favorable à une bonne gouvernance d'entreprise même si cela souffre d'une certaine insuffisance[64].

Par ailleurs, le droit positif malien est confronté à une autre mutation en référence à l'émergence de certaines pratiques. En effet, l'influence de la gouvernance d'entreprise n'occulte pas la montée en puissance de la RSE. Il y a une véritable mutation juridique au tour de la RSE. C'est pourquoi, de plus en plus et de façon volontaire, plusieurs entreprises intègrent le volet sociétal dans leur système de gouvernance. La sphère des affaires de l'entreprise s'oriente davantage vers des démarches RSE[65]. Le secteur des télécommunications à travers la société Orange Mali qui dispose de plusieurs certifications comme la norme *ISO* 14001, *OSHAS* 9001, *ISO* 18001. Il en est de même pour quelques entreprises minières, la société *Anglogold* Ashanti a certifié la norme *ISO14001* en tant que norme pour l'organisation de son système de gestion environnementale.

---

[61] Fl. LEDENTU, *Système de gouvernance d'entreprise et présence d'actionnaires de contrôle : Le cas Suisse*, Université de Fribourg (Suisse), Faculté des Sciences économiques et sociales, Thèse, 2008, p. 11.

[62] V. art. 831-2, al. 2 de l'AUSC.

[63] A titre d'exemple, le Sénégal dispose depuis 2011 un code de gouvernance des entreprises. En effet, lors du lancement du Nouveau Partenariat pour le Développement de l'Afrique (NEPAD), les chefs d'Etats reconnaissaient que la gouvernance d'entreprise faisait partie des quatre axes thématiques que les pays participants étaient contraints d'intégrer dans leur programme d'action national, et qui seraient périodiquement examinés dans le cadre du Mécanisme Africain d'Evaluation par les Pairs (MAEP). MAEP, *Rapport sur le développement en Afrique 2011*, p. 149.

[64] S.A. BADJI, « OHADA et bonne gouvernance d'entreprise » *Revue de l'ERSUMA, Droit des affaires – Pratique Professionnelle*, n°2 – mars 2013.

[65] C'est ainsi que depuis 2008, l'EDM SA se lança dans la pratique en obtenant la certification ISO 9001. Cette norme définit une série d'exigences concernant la mise en place d'un système de management de la qualité dans un organisme, quels que soient sa taille et son secteur d'activité. Elle fait partie de la série des normes ISO 9000. Elle a été créée en 1987 et est régulièrement révisée depuis. Sa première révision date de 1994, la suivante de 2000, qui a intégré la notion de processus, et la dernière de 2015. La prochaine révision est prévue pour être publiée en 2015. L'ISO 9001 est un référentiel *certficable* par une tierce partie et son application est complémentaire aux normes ISO 14001 et OHSAS 18001 dans le cadre d'une politique globale de management des risques de l'entreprise. Elle est également complémentaire avec la norme ISO 26000 sur la RSE dans laquelle elle s'imbrique et s'articule.

Les intentions sont bien réelles pour la mise en œuvre d'une démarche RSE. Pourtant, l'obtention des certifications ne constitue pas une obligation préétablie par le législateur. Toutefois, les donneurs d'ordres sont très sensibles à une approche organisationnelle de l'entreprise pour déterminer le choix d'un partenaire, dans certains secteurs d'activité cela devient même une nécessité, un critère de présélection. On retient qu'en dépit de toute contrainte juridique, l'adoption d'une démarche RSE semble indispensable au regard des réalités de l'environnement économique et social.

La RSE s'engouffre profondément dans l'environnement juridico-économique, et cela à l'échelle nationale et internationale. C'est pourquoi la pratique bénéficie de plus en plus d'un encadrement juridique[66] dans une approche flexible prenant en compte les différentes considérations qui l'entourent. La RSE est appréhendée comme l'application du développement durable par les entreprises. Ce concept suppose qu'elles intègrent dans leurs activités des préoccupations sociales, environnementales, et économiques. La RSE s'applique aux multinationales cotées, comme aux petites et moyennes entreprises.

Le concept de RSE apparaît à partir des années 1960 dans la littérature consacrée aux entreprises, mais ne prend son essor qu'à partir des années 1990. La pratique a évolué puisque plusieurs textes internationaux l'encadrent et témoignent d'une reconnaissance relativement juridique à la RSE[67]. La réaffirmation d'une valeur plus ou moins contraignante est appréhendée comme un succès pour la consolidation de la protection des droits fondamentaux en particulier les droits sociaux. D'habitude, ceux-ci

---

[66] Le ministère du commerce et de l'industrie du Mali empiète le pas en mettant en place une agence de normalisation. L'Agence malienne de normalisation et de promotion de la qualité a été créée par l'ordonnance n° 2012-016/P-RM du 19 mars 2012 et ratifiée par la loi n° 2013-020 du 25 juin 2013. Elle donne désormais des opportunités pour la mise en œuvre de la politique nationale en matière de normalisation et de promotion de la qualité. Elle représente plusieurs organisations notamment l'organisation internationale de normalisation (ISO), la commission électrotechnique internationale (CEI), institut de normalisation et de métrologie pour les pays islamiques (SMIIC), la commission du CODEX ALIMENTARIUS, l'organisation africaine de la normalisation (ORAN/ARSO), l'organisme de normalisation de l'UEMOA (NORMCERQ), l'organisme d'accréditation de l'UEMOA (SOAC), l'organisme d'harmonisation des normes CEDEAO (TMC/ECOSHAM).

[67] Il en est ainsi, depuis 1976, les principes directeurs de l'OCDE pour les multinationales ; la déclaration tripartite de l'OIT sur les entreprises multinationales et la politique social en 1977 ; le Global *reporting* initiative initiée par le PNUE et la Coalition for Environmentally Responsible Economies (CERES) en 1997 ; le global Compact/pacte mondial lancé par l'ONU (DH, normes de travail, environnement, la lutte contre la corruption) en 2000 ; le Livre vert de la Commission européenne en 2001 ; l'obligation de *reporting* extra-financier pour les entreprises cotées en France en 2001 ; le processus Grenelle Environnement entre 2007 – 2010 ; la norme internationale ISO 26000 Responsabilité sociétale des Organisations en 2010 ; la communication commission européenne du 25 octobre 2011 « Responsabilité sociale des entreprises : une nouvelle stratégie de l'UE pour la période 2011-2014 » en 2011 ; la parution le 22 octobre 2014 de la directive UE sur le *reporting* extra-financier des grandes entreprises.

sont des droits opposables aux seules personnes publiques[68]. La tendance semble s'élargir puisqu'il est de plus en plus admis que des acteurs non étatiques puissent se voir chargés de la mise en œuvre de droits sociaux. Les débiteurs des droits sociaux sont le plus souvent des États, mais on trouve encore des personnes privées : des personnes physiques, par exemple dans le cadre du droit de la famille[69], ou des personnes morales comme les entreprises par le biais de la RSE[70]. Les prémices de cette affirmation reposent sur la théorie de la citoyenneté sociale au sens des lois Auroux sur la démocratie industrielle[71]. L'idée était que les droits sociaux devaient transpercer l'unité juridique de l'entreprise pour s'appliquer aussi aux travailleurs. Alors qu'auparavant seule l'entreprise se voyait accorder des droits et devoirs, il fallait décomposer plus avant cette entité afin de protéger les salariés face aux employeurs. Cela s'est traduit par la reconnaissance de droits procéduraux et matériels aux salariés. Lors d'un passage au niveau international, principalement lié à la mondialisation[72], l'idée d'une protection des travailleurs n'a pas décru[73]. Mais, elle s'est trouvée lésée suite à une augmentation des pouvoirs de déplacement géographique de l'entreprise et à l'affaiblissement controversé de l'État face à ces mouvements.

---

[68] J. ANDRIANTSIMBAZOVINA, H. GAUDIN, J.-P. MARGUENAUD, S. RIALS, F. SUDRE, *Dictionnaire des droits de l'homme*, Paris, Dunod, PUF, 2008 ; v. C. TAHRI, « L'opposabilité du droit au logement : mythe ou réalité ? », *Lexbase Hebdo* – éd. Privée Générale anciennement Lexbase Hebdo - Edition Affaires 01/10/2009, n° 365.

[69] K. LEMPEN « Le harcèlement sexuel sur le lieu de travail en France et en Suisse : définitions controversées et devoirs des responsables d'entreprise », *Jurisprudence - Revue Critique*, 2011.

[70] H. G. SCHERMERS, N. M. BLOKKER, *International Institutional Law: Unity within Diversity*, 2003, p. 992 ; Ph. ALSTON, *Non-state actors and human rights,* Oxford, Oxford University Press, 2005, p. 3.

[71]Décret n° 96-178/P-RM, du 13 juin 1996 portant application de diverses dispositions de la Loi no 92-20 du 23 Septembre 1992 portant Code du Travail ; LOI N°99-041 DU 12 AOUT 1999 PORTANT CODE DU TRAVAIL de la suspension du contrat de travail ; Loi n° 03-036 du 30 décembre 2003 – Modification du Code de la Prévoyance sociale pour la Définition du contrat à durée déterminée ; *Loi 82-957 relative à la négociation collective et au règlement des conflits collectifs du travail du 15 novembre 1982*, J.O. (français) 14 novembre 1982, p. 3414 ; *Loi 82-689 relative aux libertés des travailleurs dans l'entreprise du 23 juillet 1982*, J.O. (français) du 6 août 1982, p. 2518 ; *Loi 82-915 relative au développement des institutions représentatives du personnel du 5 octobre 1982*, J.O. (français) du 29 octobre 1982, p. 3255 ; *Loi 82-1097 relative aux comités d'hygiène, de sécurité et des conditions de travail du 16 décembre 1982*, J.O. (français) du 26 décembre 1982, p. 3858 ; v. G. COUTURIER, *Droit du Travail I, les relations individuelles de travail,* Paris, 1990, p. 150 ; M. LE FRIANT, « La démocratie sociale, entre formule et concept », *Regards*, 2001, vol. 19, pp. 47-53, p. 6.

[72] Définie comme l'« intensification des relations à travers le monde qui relient des localités distantes d'une telle manière que des évènements locaux sont engendrés par des causes géographiquement lointaines et vice versa », v. J. HABERMAS, « The European nation state: Its achievements and its limitations, on the past and future of sovereignty and citizenship », *Ratio Juris*, 1996, 9(2), pp. 125-137.

[73] F. COCHOY, « La responsabilité sociale de l'entreprise comme "représentation" de l'économie et du droit », *Droit et Société*, 01/01/2007, n° 65, pp. 91 -101.

Les droits sociaux ne constituent plus les seuls devoirs des personnes publiques. Deux phénomènes ont donc conduit la RSE à favoriser l'intégration des droits sociaux au sein de l'entreprise et le retrait progressif de la mainmise de l'État sur la question de la protection des droits sociaux. Ces deux phénomènes se sont croisés pour conduire à une protection bigarrée et parfois limitée des droits sociaux. Pourtant cette analyse est anecdotique aux conséquences subies par les populations suite aux privatisations de certaines entreprises maliennes. La vente de l'HUICOMA à un opérateur national tout comme la privatisation des chemins de fer, a engendré des psychoses dans plusieurs couches de la société. La privatisation des chemins de fer a occasionné la disparition de plusieurs villages, des activités réduites. C'est le même scandale que connaissent les villes comme Koulikoro, Kita qui vivaient, en grande partie des activités industrielles de l'HUICOMA et les transports ferroviaires des chemins de fer. Les dimensions socio-économiques, voire environnementales, n'ont pas bénéficié de bonne évaluation. Ces entreprises étaient certes gérées dans de mauvaises conditions, mais, dans la plupart, pour des questions d'intérêt, les hauts placés des pouvoirs publics en complicité avec les actionnaires provoquaient ainsi la privation des entreprises publiques. Les droits sociaux de l'ensemble des parties prenantes se trouvaient mélancoliquement fragilisés puisque les repreneurs de ces entreprises ne se voyaient pas responsables malgré le retrait de l'État. La plupart même celles qui enregistrent des résultats performants se retranchent derrière des pratiques plutôt philanthropiques.

Dans le secteur privé, la reconnaissance des droits sociaux est difficilement appréciable. C'est le cas notamment de la protection des droits des salariés. Ceux-ci dans la grande majorité des cas ne bénéficient pas des avantages reconnus par le Code du travail. C'est le cas par exemple de la violation des conditions de résiliation du contrat[74]. Les délais pour le préavis ne sont pas respectés[75]. L'employeur doit pouvoir justifier d'un motif légitime et mettre en œuvre la procédure de licenciement[76]. On dénombre plusieurs cas et en dehors de tout licenciement, la violation des droits sociaux par les entreprises notamment le non-respect des congés de toute nature, les primes et les avantages accordés au personnel[77]. La fragilisation de la démarche RSE est ainsi la résultante de la méconnaissance des droits sociaux par les entreprises. Or, la RSE a vu le jour dans les cas de protection des droits sociaux par l'entreprise en dehors du cadre étatique, mais elle est

[74] V. les art. L. 39, L. 40 du code de travail du Mali.

[75] V. Les art. L. 41 à L. 45 du code de travail du Mali.

[76] Mémento Pratique, *Social*, Francis Lefebvre, 2012, p. 723.

[77] En dépit de toute reconnaissance de l'importance de la RSE, les entreprises adoptent des comportements qui laissent croire que les salariés ne sont pas toujours protégés par la législation, et on note plusieurs cas d'actions discrétionnaires qui ont conduit au licenciement de salariés sans aucun dédommagement. V. MAEP, *Rapport sur le développement en Afrique 2011*, p. 165.

en réalité plus large dans la mesure où elle trouve à s'appliquer en parallèle au droit social des États. Elle ne peut être comprise sans son contexte juridique de droits nationaux et de droit international. L'entreprise doit encore prendre en compte les droits sociaux tels qu'ils sont appliqués en dehors d'elle par les États et par le droit international. En effet, d'un point de vue juridique, seule une procédure de contrôle effectuée par le juge peut rendre certaine la mise en œuvre des droits sociaux[78].

Pourtant, la principale spécificité de la RSE est son caractère volontaire ou non obligatoire, son habit de droit mou (*soft law*). L'entreprise s'engage seule et sans contrepartie envers ses travailleurs, et vis-à-vis de son environnement, mais ne se l'impose pas. Cela est confirmé par plusieurs textes internationaux notamment la Commission européenne qui appréhende la RSE comme « l'intégration volontaire par les entreprises de préoccupations sociales et environnementales à leurs activités commerciales et leurs relations avec leurs parties prenantes »[79]. Elle trouve parfois des définitions plus étroites ou plus larges. Par exemple, selon Milton FRIEDMAN, elle « se limite à la création de profits et d'emplois, au paiement des impôts et au respect des règles du jeu définies par les pouvoirs publics »[80]. D'autres proposent encore une définition hiérarchisée insinuant que « les pratiques de RSE s'ajoutent à celles qui visent à créer des profits, ce qui conduit à une hiérarchisation entre la responsabilité économique et sociale des entreprises, cette dernière constituant un luxe que l'on pourrait s'offrir dans les périodes de croissance économique »[81]. Ainsi, quelle que soit la définition choisie, le degré important de choix de l'entreprise de s'engager volontairement pour la protection des droits sociaux de leurs travailleurs et d'autres parties prenantes apparaît clairement. « Cette approche ouvre les perspectives les plus intéressantes pour l'entreprise et la

---

[78] C. MARZO, « La RSE : à mi-chemin entre la *soft law* et le *jus cogens* : la question de l'effectivité de la protection des droits sociaux par les entreprises multinationales », *Rapport de recherches (Droits des pauvres, pauvres droits. Recherches sur la justiciabilité des droits sociaux)*, p. 2.

[79] Communication de la Commission du 2 juillet 2002 concernant la responsabilité sociale des entreprises : une contribution des entreprises au développement durable, COM(2002) 347 final et Communication de la Commission au Parlement européen, au Conseil et au Comité économique et social européen du 22 mars 2006 sur la mise en œuvre du partenariat pour la croissance et l'emploi: faire de l'Europe un pôle d'excellence en matière de RSE, COM(2006) 136 final ; v. la synthèse de M. DOURCIN, Ambassadeur chargé de la bioéthique et de la responsabilité sociale des entreprises,
http://www.diplomatie.gouv.fr/fr/article_imprim.php3?id_article=17059.

[80] A. SOBCZAK, « Pour une définition de la RSE à la hauteur des enjeux ! », *Metis*, 16 Avril 2010, http://www.metiseurope.eu/pour-une-definition-de-la-rse-a-la-hauteur-des-enjeux_fr_70_art_28765.html.

[81] A. SOBCZAK propose d'intégrer les comportements obligatoires, v. A. SOBCZAK, « Legal dimensions of International framework agreements in the field of corporate social responsibility », *Relations Industrielles/Industrial Relations*, 2007, 62(3), 466-491, p. 477.

société et semble pouvoir convaincre les dirigeants de s'engager durablement dans des démarches de RSE ambitieuses »[82].

Il y a tout de même des obstacles pour l'adoption des démarches dans le cadre de l'organisation et du fonctionnement des entreprises maliennes. A ce jour, aucune disposition nationale n'existe pour encadrer juridiquement la RSE. Cela peut être un handicap en termes de réticence. Mais, étant donné que l'adoption d'une démarche RSE se réfère dans l'immense majorité des cas à des textes supranationaux autrement dit les textes internationaux, l'absence d'une consécration juridique ou légale ne doit pas occulter la nécessité pour les entreprises à intégrer une démarche RSE. Toute la difficulté se situe à ce niveau puisque les quelques rares entreprises maliennes qui tentent de s'orienter vers la pratique RSE sollicitent plutôt les activités philanthropiques[83].

Les normes référentielles existent pourtant auxquelles les grandes entreprises à l'échelle mondiale se réfèrent. En effet, la RSE est progressivement définie à travers des référentiels, adoptés de façon volontaire par les entreprises. Ils sont spécifiques à chaque secteur et le plus souvent internationaux. Les principaux sont le Global Compact[84], l'ISO

---

[82] A. SOBCZAK, « Pour une définition de la RSE à la hauteur des enjeux ! », *Metis*, 16 Avril 2010, http://www.metiseurope.eu/pour-une-definition-de-la-rse-a-la-hauteur-des-enjeux_fr_70_art_28765.html.

[83] Le Groupe *Toguna* industrie est une parfaite illustration malgré qu'elle fournit un effort pour un label de Qualité. Le groupe dispose d'une fondation. En effet, la Fondation *Toguna* a pour objet de soutenir tout projet visant à la valorisation des efforts de développement humain, en particulier dans les domaines de l'éducation, de la culture, de la santé, de l'assainissement, de l'agriculture, de l'environnement, des infrastructures…, http://www.groupetoguna.com.

[84] Ce « Pacte mondial » constitue en quelque sorte les 10 commandements de la RSE que doivent respecter les entreprises. Né d'une initiative internationale lancée en 1999 par le Secrétaire Général des Nations Unies, le Global Compact propose aux entreprises membres d'adhérer à 10 grands principes dans les domaines des droits de la personne, du travail, de l'environnement et de la corruption. Le dixième principe a été ajouté en 2004. Les 10 principes du Global Compact :

1. Les entreprises sont invitées à promouvoir et à respecter la protection du droit international relatif aux droits de l'homme
2. Les entreprises sont invitées à veiller à ne pas se rendre complices de violations des droits de l'homme
3. Les entreprises sont invitées à respecter la liberté d'association et à reconnaître le droit de négociation collective
4. Les entreprises sont invitées à contribuer à l'élimination du travail forcé ou obligatoire
5. Les entreprises sont invitées à contribuer à l'abolition effective du travail des enfants
6. Les entreprises sont invitées à contribuer à l'élimination de toute discrimination en matière d'emploi et de profession
7. Les entreprises sont invitées à appliquer l'approche de précaution aux problèmes touchant à l'environnement
8. Les entreprises sont invitées à prendre des initiatives tendant à promouvoir une plus grande responsabilité en matière d'environnement
9. Les entreprises sont invitées à favoriser la mise au point et la diffusion de technologies respectueuses de l'environnement

26000[85] et la GRI[86]. La RSE doit ainsi conduire les entreprises à prendre des engagements qui vont au-delà du respect de la loi dans les pays où elles opèrent. Ils s'appuient aux normes et référentiels internationaux. Le cadre que doivent respecter les entreprises est posé par les conventions internationales en l'occurrence, l'OIT, les Principes directeurs de l'OCDE ou la Déclaration universelle des droits de l'homme.

Cependant, parmi ces normes internationales, la norme ISO 26 000 est le cadre de référence international sur la RSE. Déjà, dans l'échiquier organisationnel des activités, plusieurs entreprises maliennes reconnaissent cette norme et tentent de mettre en œuvre des moyens pour l'adoption d'une démarche RSE. En droit comparé, dans d'autres sphères juridiques nationales comme en France, la norme ISO 26 000 bénéficie des mesures d'accompagnement qui s'apparentent à une sorte de transposition dans l'ordre juridique interne. On peut mesurer l'engagement des entreprises, en particulier françaises, sur la RSE grâce au *reporting extrafinancier*. Il consiste à fournir des informations sur des indicateurs environnementaux (consommations d'énergie, émissions de CO2...) et sociaux (création d'emploi, politiques de diversité...). En France, c'est une obligation pour les entreprises de plus de 500 salariés[87].

L'idée de soumettre les entreprises maliennes à une obligation de *reporting* extrafinancier constitue un impératif puisqu'il progresse dans de

---

10. Les entreprises sont invitées à agir contre la corruption sous toutes ses formes, y compris l'extorsion de fonds et les pots-de-vin.
Depuis 2003, les entreprises signataires doivent publier des bonnes pratiques dans au moins l'un des dix principes du Pacte sous peine d'être exclue de la liste des signataires. Au 1er janvier 2014, plus de 8000 entreprises avaient signé le Global Compact dans 145 pays.

[85] Il a fallu cinq ans de discussions qui ont réuni plus de 500 experts (entreprises, syndicats, associations de consommateurs, ONG…) venant de 90 pays pour faire aboutir la norme ISO 26 000. Non contraignante, cette norme n'est pas *certifiable*. ISO 26 000 constitue la première définition de la RSE à l'échelle mondiale et doit s'appliquer à tout type d'organisation, entreprises, collectivités locales ou encore ONG. Sept domaines ont été définis : la gouvernance de l'organisation (la transparence, la responsabilité de rendre compte et le dialogue avec les parties prenantes) ; les droits de l'homme ; les conditions et les relations de travail ; l'environnement ; les bonnes pratiques des affaires ; les questions relatives aux consommateurs ; l'engagement sociétal.

[86] La Global *Reporting* Initiative (GRI) est une initiative internationale qui a progressivement proposé des standards de *reporting* extra-financier aux entreprises sur une base volontaire. Elle a permis aux milliers d'entreprises qui l'utilisent dans le monde de partager le même référentiel selon le secteur de leurs activités. Ces entreprises doivent intégrer les parties prenantes dans des rapports pertinents, exhaustifs, neutres, précis, comparables, clairs et contenant des données fiables.

[87] En France, l'article 116 la loi NRE votée en 2001 a instauré pour la première fois une obligation de *reporting* social et environnemental destinée uniquement aux entreprises cotées, sans l'assortir de sanctions. Cette législation a été modifiée par l'article 225 de la loi Grenelle 2, adoptée en juillet 2010, qui élargit progressivement aux entreprises de plus de 500 salariés l'obligation de faire ce type de *reporting*. Elle ajoute la nécessité de faire certifier ces données extra-financières par un tiers et introduit l'idée de pertinence des indicateurs laissée au libre choix des entreprises. Dans certains secteurs comme l'immobilier, les entreprises se sont concertées pour élaborer des guides pratiques d'application de l'article 225.

nombreux pays. Le *reporting* extrafinancier permet de mesurer les impacts environnementaux et sociaux de leurs activités à travers des indicateurs qu'elles choisissent et d'objectifs qu'elles se donnent. De ce fait, les entreprises doivent intégrer, par exemple, dans leur *reporting* extrafinancier, leurs émissions de CO2 ou leurs consommations d'énergie ou la répartition hommes et femmes de ces cadres dirigeants sans oublier les investissements dans la formation ou le nombre d'accidents du travail[88].

La pratique de la RSE est à une phase stationnaire. Il est un peu malaisé de parler de la bonne pratique. Pourtant, une bonne pratique RSE est une action dans laquelle l'entreprise s'engage dans la durée, au-delà de ses obligations légales, pour produire un bénéfice environnemental et social. Cette bonne pratique contribue aussi à sa performance économique. La généralisation des bonnes pratiques doit cependant être lancée par des entreprises pionnières susceptibles d'en entraîner d'autres. Mais, la volonté d'aller vers la RSE est utilisée comme un moyen économique pour attirer l'ensemble des acteurs surtout des investisseurs. Il y a donc des difficultés et surtout le refus d'admettre que la démarche RSE est aujourd'hui une valeur à laquelle l'ensemble des acteurs (entreprises) doivent concourir, pour permettre de réaliser le développement durable. La RSE au Mali reste toujours décriée comme elle l'était à ses débuts, bien qu'elle ait connu depuis un certain temps, l'essor dans le monde[89].

Elle conduit à la protection de droits sociaux variés. Elle soulève un grand nombre de questions notamment sa puissance normative, sa capacité de contraindre les entreprises. De nombreux auteurs ont tenté de répondre à certaines de ces questions[90]. C'est ainsi que divers cadres conceptuels théoriques ont été avancés en appui au débat sur la RSE, lesquels traduisent

---

[88] Au Mali, aucun texte juridique n'impose aux entreprises de présenter un rapport extra-financier. Le texte de référence à savoir l'AUSC se limite aux seuls rapports de gestion. Comparativement à d'autres législations comme la France où une consécration juridique existe depuis l'adoption de la loi NRE en 2001 et récemment la loi Grenelle 2 en 2010. Dans les législations voisines comme au Sénégal, le *reporting* n'a pas une valeur juridique. Il reste une option volontariste malgré que la Sénégal dispose d'un code sur la gouvernance d'entreprise.

[89] Par exemple, tout récemment, la fédération internationale des droits de l'homme a publié à la fin 2010 un guide pour les victimes et ONG sur les mécanismes de recours en cas de violations des droits de l'homme par les entreprises, voir http://www.fidh.org/Entreprises-et-Droits-de-l-Homme-Un-guide-sur-les. J.-C. TRIOMPHE,
« Vices et vertus d'une *entreprisation* du monde -Claude-Emmanuel Triomphe - Importée des Amériques à la fin des années », *Métis*, 16 Avril 2010,
http://www.metiseurope.eu/responsabilite-sociale-vices-et-vertus-d-rsquouneentreprisation-du-monde_fr_70_art_28773.html

[90] On trouve la bibliographie fournie sur ce sujet, voir, en particulier, K.J. HOPT, G. TEUBNER, *Corporate governance and directors' liabilities : legal, economic, and sociological analyses on corporate social responsibility*, Berlin, New York, W. de Gruyter, 1985 ; P. UTTING, J. CARLOS MARQUES, *Corporate social responsibility and regulatory governance : towards inclusive development?*, Basingstoke, New York, Palgrave Macmillan, 2010.

des visions et des approches occidentales. Mais ces visions et approches sont-elles partagées partout, s'appliquent-elles ou s'accommodent-elles avec les réalités spécifiques des différentes régions du monde ? Il nous est ainsi revenu de nous interroger sur les visions et les perceptions que les acteurs africains peuvent avoir de la RSE. Les cadres conceptuels occidentaux développés jusque-là sont-ils pertinents face aux réalités africaines et quelle problématique l'émergence de la RSE pose-t-elle pour les pays africains ?

Une telle question doit passer par l'examen du contexte social, économique et environnemental de l'Afrique en particulier du Mali pour déceler les problématiques majeures de la RSE qui doivent engager les acteurs africains dans un premier temps. Dans un deuxième temps un état des lieux des connaissances, des perceptions et des initiatives en matière de RSE ainsi qu'un éclairage sur les acteurs engagés dans ces initiatives s'avèrent nécessaires. Enfin, il conviendra de mettre à l'épreuve les cadres conceptuels en se fondant sur les réalités africaines et les traditions africaines pour saisir leur pertinence.

En toute évidence, la pratique RSE se réfère en partie aux conceptions européennes ou nord-américaines. Le cadre juridique au Mali n'offre pas d'opportunité pour inciter les entreprises par l'entremise des pouvoirs publics. Or, une politique nationale est mise en place pour définir les bases du développement durable. Les autorités affirment certes que le développement durable constitue une préoccupation majeure des acteurs privés et publics et que sa montée en puissance ne se dément pas en raison d'enjeux exponentiels. Les pouvoirs publics maliens n'affichent pas de réelle volonté indiquant leur dévouement pour promouvoir la RSE. L'environnement juridique tarde à faire reconnaître la RSE, encore moins renforcer son effectivité[91]. L'analyse du droit contemporain montre qu'au Mali, et sous l'influence des textes internationaux, le souci des pouvoirs publics de renforcer le mouvement de la RSE se traduit par de nombreux changements, conduisant à l'instauration d'un environnement normatif complexe. En effet, le droit communautaire reste silencieux et cela pourrait expliquer la réticence des pouvoirs publics[92], notamment au Mali, de

---

[91] En France par contre, l'environnement juridique construit par les pouvoirs publics est de plus en plus de nature à renforcer la dimension opérationnelle de la RSE, et donc l'effectivité ou même l'efficacité. V. I. DESBARATS, « La RSE en droit français : un champ d'évolutions normatives », *Revue Droit social*, 2015, p. 572.

[92] En droit comparé, il en est tout autre. Il existe en France, un maillage de normes publiques incitatives et contraignantes reflétant d'ailleurs l'orientation préconisée par la Commission européenne selon laquelle « les pouvoirs publics doivent avoir un rôle de soutien en combinant (...) des mesures politiques facultatives et, le cas échéant, des dispositions réglementaires complémentaires, afin (...) de favoriser la transparence, de créer des mécanismes de marché qui incitent à une conduite responsable des affaires et de responsabiliser les entreprises » (Communication Commission européenne du 25 oct. 2011). Au-delà, ces recommandations reflètent les métamorphoses du rôle joué par les pouvoirs publics, qui s'expliquent par une certaine reconfiguration de la RSE. En effet, si celle-ci - « construite dans l'univers nord-américain, puis enrichie par des penseurs britanniques à

s'inscrire dans une démarche RSE. Pourtant, le développement durable constitue une préoccupation croissante des acteurs privés et publics.

Certes, il est vrai que le levier juridique ne saurait être analysé comme le seul susceptible d'être actionné pour rendre plus opérationnelles les démarches RSE. Il existe d'autres outils, notamment financiers, qui peuvent être utilisés pour la mise en œuvre d'une démarche RSE. L'argumentation juridique occupe néanmoins une place notable. En tout état de cause, les pouvoirs publics maliens peuvent être attirés par certains comportements éthiques. Ce qui renvoie à des considérations d'intérêt général auxquelles l'acteur public ne saurait rester étranger. Il s'agit entre autres des préoccupations environnementales et la sauvegarde du bien commun ; le respect des droits et libertés fondamentaux.

La RSE et la gouvernance d'entreprise sont donc des concepts émergents qui n'échappent à aucun ordre juridique. Les deux concepts émergent ensemble et ont des interactions et des points communs. D'aucuns parlent de l'intégration de la RSE dans la gouvernance d'entreprise[93]. Mais les principes de la gouvernance d'entreprise, qui constituaient une nouveauté il y a presque trente ans, ont peut-être vieilli : ils devront être revisités, actualisés, réaménagés pour les mettre au diapason de la RSE[94]. Le déploiement de la RSE ne doit pas provoquer des réticences comme cela a été le cas en France lorsque la *corporate governance* est venue d'outre-Atlantique. Des travaux importants ont montré que la RSE est une matière essentielle du droit des affaires (au carrefour du droit public, pénal, environnemental, communautaire, bancaire, social, comptable...) et ne rime pas avec le marketing juridique[95]. C'est dans cette perspective que l'on peut

---

l'époque où dominait le consensus de Washington qui condamnait toute intervention publique dans l'économie – (...) – a initialement porté la marque idéologique de ses origines » (M. DOUCIN, Etude des politiques volontaristes menées par les Etats en matière de RSE dans 19 pays européens (UE 18 + Norvège), nov. 2011.). Plusieurs événements ont cependant contribué à une interconnexion entre « la responsabilité des entreprises envers l'environnement et la société et celle qu'assument les pouvoirs publics » (M. Doucin, *op. cit.*). C'est sur ces mêmes sujets que l'on constate en France l'émergence du problème public environnemental, la redéfinition du rôle de l'Etat, mais aussi les interrogations croissantes sur les dangers nés de la puissance de certains acteurs économiques privés ont-elles conduit les pouvoirs publics, notamment français, à s'engager plus avant dans la thématique RSE, d'autant qu'il s'agit là d'un concept attrape-tout mobilisable par le droit (P. AUVERGNON, « Sur fond de mondialisation, la responsabilité sociale de l'entreprise entre ombres et lumières », *COMPRASEC*, 2004.)

[93] C. CEZANNE, M. RUBINSTEIN, « La RSE comme instrument de la gouvernance d'entreprise : une application à l'industrie française des télécommunications », *Revue de la régulation, Capitalisme, institutions, pouvoirs,* 2012, p. 3.

[94] C. MALECKI, « Pour que gouvernance d'entreprise écologique rime avec éthique », *Recueil Dalloz*, 17 juill. 2008, p.1774.

[95] F. G. TREBULLE, « L'environnement en droit des affaires », *in* Mélanges Yves Guyon, *Aspects actuels du droit des affaires*, Dalloz, 2003, p. 1035 ; Le droit des affaires saisi par le développement durable : de nouvelles obligations d'information pour les entreprises, M.-P. BLIN-FRANCHOMME, I. DESBARATS, *in La modernisation du droit des affaires*, sous la dir. de G. JAZOTTES, Colloques et Débats, Litec, 2007, pp. 89-91.

apprécier l'évolution des deux concepts compte tenu du fait que le cadre juridique se trouve éclaté ; dû à un pluralisme juridique plus complexe.

Ainsi, ces réflexions nous orientent vers la question suivante. En effet, qu'est-ce qui peut justifier l'insuffisance et l'opportunité d'une stabilisation des pratiques de la RSE et de la gouvernance d'entreprise en droit malien ?

Le droit positif malien est quelque peu mitigé. Il n'existe pas de réel cadre juridique pour l'encadrement des concepts de la gouvernance d'entreprise et de la RSE. Une inadaptation est cependant identifiable dans leur encadrement. Il y a donc une rupture épistémologique entre le droit et sa connaissance[96]. Or, le droit se présente formellement comme une pyramide de normes[97]. Chaque norme édicte un impératif hypothétique dont la validité se déduit du rattachement à l'ordonnancement juridique. La conformité de la norme aux valeurs fondamentales légitime la contrainte exercée[98]. L'ensemble forme un système autonome vis-à-vis des autres systèmes sociaux, bien qu'ils évoluent chacun sous l'influence de leurs actions réciproques[99]. La procédure démocratique devrait assurer la régulation du système juridique par rapport aux autres systèmes sociaux, et garantir ainsi sa rationalité et sa légitimité[100]. Mais ce schéma idéal reflète imparfaitement le droit positif. Les normes reposent sur des valeurs nécessairement relatives et imparfaites[101]. En outre, la modification de l'ordonnancement juridique

---

[96] V. sur ces deux pôles P. AMSELEK, « Eléments d'une définition de la recherche juridique », *in* Ch. ATIAS, *Épistémologie juridique*, Paris, PUF, 1985, p. 297. La recherche se déploie dans une double direction, en vue de fonder à la fois le statut de l'objet de recherche et le statut de l'activité de recherche tourné vers cet objet. Les théories de la connaissance du droit suscitent un regain d'intérêt V. notamment C. ATIAS, *Epistémologie juridique,* PUF, 1985 ; X. LAGARDE, *Réflexion critique sur le droit de la preuve,* thèse, LGDJ, 1994, préface J. GHESTIN, n° 1, p 1 qui part du constat. qu.il n'y a pas de science purement empirique du droit. Pour en déduire la nécessité de dégager les concepts nécessaires pour aborder le droit positif. De manière scientifique. Cet appel à la science à l'issue d'une réflexion sur les méthodes de la connaissance juridique n'est pas sans précédent (V. le mouvement de la libre recherche scientifique et notamment F. GENY, *Science et technique en droit privé positif,* Sirey, t. 1, 1914 ; F. GENY, *Méthode d'interprétation et sources en droit privé positif, t. 1,* LGDJ, 1996, réimpression de l'édition de 1919).

[97] 46 H. KELSEN, *Théorie pure du droit, Trad de la 2ème éd. De la Reine Rechtslehre par Ch. EISENMANN,* Dalloz, 1962, p 299 et s.

[98] H. KELSEN se contente d'une légitimité formelle : le jugement de valeur objectif énonce. Soit qu'une conduite effective est conforme à une norme considérée comme objectivement valable et est en ce sens bonne. Soit qu'une conduite effective contredit une telle norme et est en ce sens mauvais, c'est-à-dire contraire à une valeur. H. KELSEN, *op. cit.*, p 23.

[99] J.-L. LE MOIGNE, *La théorie du système général, Théorie de la modélisation,* PUF, 4ème éd., 1994.

[100] J. HABERMAS, *Droit et démocration - Entre faits et normes,* Gallimard, NRF essais, 1992, trad. de l'allemand, 1997, Dans cet ouvrage, l'auteur applique au phénomène juridique le concept de discussion au centre de son livre. La légitimé de la contrainte suppose que les citoyens puissent à tout moment se concevoir comme les auteurs du droit auquel ils sont soumis.

[101] Ch. PERELMAN, *Justice et Raison,* 2ème éd. Université de Bruxelles, 1972 ; B. HUISMAN, F. RIBES, *Les philosophes et le droit - Les grands textes philosophiques sur le droit,* Bordas, 1988, p 331.

requiert une décision ; rien ne garantit la régulation du système juridique. Face à l'inaction du législateur, l'interprète ne jouit que d'une liberté encadrée ; au-delà de l'AUSC et du droit interne malien, mais par les mêmes dispositions juridiques[102].

Dès lors, la connaissance du droit se heurte à des obstacles qui lui sont propres[103]. D'une part, le droit se présente apparemment sous la forme d'un ensemble organisé de propositions. D'autre part, des organes habilités disposent du monopole de la création et de l'interprétation des normes à l'issue d'une procédure qui garantit la légitimité. Au monopole de la contrainte légitime répondrait le monopole de la connaissance légitime[104]. Tel n'est pourtant pas le cas dans un contexte juridique universalisé en matière de gouvernance d'entreprise et de la RSE. Le droit doit donc se distinguer de sa connaissance. Le droit est l'objet de la science juridique. La connaissance du droit construit une explication rationnelle qui ne préjuge pas de la cohérence du phénomène juridique[105], mais impose au contraire d'en douter[106]. L'objectivité naît de la rupture entre l'objet et le sujet, autrement dit, entre le droit et sa connaissance[107]. Si la pratique du droit est un art, sa connaissance n'en demeure pas moins une science. La rupture entre le droit et sa connaissance n'impose cependant pas d'abandonner le raisonnement juridique traditionnel. Le droit connaît déjà une rigoureuse méthode d'analyse, même si cette méthode, tournée vers l'application des normes, n'appréhende que partiellement la complexité du système juridique[108]. La loi n'exprime pas tout le droit. La diversité des sources du droit autorise la multiplication des points de vue et des approches[109]. En proposant une explication rationnelle du phénomène juridique, la connaissance du droit rejoint ainsi, par d'autres voies, les préoccupations des acteurs de la scène juridique à la recherche de cohérence et de prévisibilité.

---

102 SALEILLES, Préface à F. GENY, *Méthode d'interprétation et sources en droit privé positif, t. 1,*
LGDJ, 1996, réimpression de l'édition de 1919.

103 C. ATIAS, *op. cit.*, n° 13, p 20.

104 V. sur l'encadrement de l'enseignement du droit au XIXème : J.-L. HALPERIN, *Histoire du droit privé français depuis 1804,* PUF, 1996, n° 24, pp. 49-50.

105 L'expression de phénomène du droit, par opposition à science du droit, est empruntée à J. CARBONNIER, *Droit civil, t. 1, Introduction,* PUF, 26e éd., 1999, n° 3, p 19.

106 Friedrich A. HAYEK, *Droit, législation et liberté, t. 1 Règles et ordre,* PUF, Quadrige, 1973.

107 X. LAGARDE, *Réflexion critique sur le droit de la preuve, thèse,* LGDJ, 1994, préface J. GHESTIN, n° 1, p 1 qui part du constat qu'il n'y a pas de science purement empirique du droit. Pour en déduire la nécessité de dégager les concepts nécessaires pour aborder le droit positif de manière scientifique.

108 G. BACHELARD, *Le nouvel esprit scientifique,* PUF, Quadrige, 1ère éd. 1934, 5ème éd. 1995, p. 143.

109 J. CARBONNIER à travers les notes d'histoire, de théorie juridique, de sociologie, de politique législative et de pratique judiciaire de ses manuels de droit civil marque un net intérêt pour les sciences auxiliaires du droit.

C'est toute la question que l'on se pose dans le cadre du contexte juridique malien. Il est clair que les propositions sont pour la plupart inspirées des textes extérieurs autrement dit les textes internationaux. Cela ne doit pas constituer un obstacle pour appréhender la pratique de la gouvernance d'entreprise et de la RSE en droit positif malien qui se trouve plutôt éclaté. En effet, dans les autres ordres juridiques, ces concepts ne font pas une véritable consécration juridique. C'est d'ailleurs pourquoi le législateur OHADA a eu l'intelligence de créer une ouverture pour la reconnaissance par exemple de la gouvernance d'entreprise[110]. Le concept bénéficie dès lors d'une reconnaissance faite par le droit communautaire qui constitue la règle du droit commun dans l'ordre juridique malien. La même analyse nous indique qu'il y a une reconnaissance de la RSE au sein des entreprises maliennes malgré le silence des textes juridiques. La possibilité existe donc pour évaluer la pratique de ces concepts séduisant davantage l'arsenal juridique malien. Il s'agit là de constater l'état d'appréhension des concepts de la gouvernance d'entreprise et de la RSE dans l'ordonnancement juridique du Mali.

A première vue, la situation au Mali serait donc semblable à celle des autres pays membres de l'OHADA ou de l'UEMOA. Toutes les hypothèses d'encadrement de la gouvernance d'entreprise et de la RSE se limitent à des volontés exprimées en vue de régner la transparence dans les modes de gouvernance. D'une part, sur la question de la gouvernance d'entreprise et de la RSE, il existe des différences notables entre les systèmes juridiques. Cela est dû à l'appartenance anglo-saxonne des deux concepts. Or, le Mali, comme les autres États membres de l'OHADA ou de l'UEMOA, a une tradition civiliste du droit[111]. D'autre part, alors que dans les autres pays, notamment en Europe, les pratiques de la gouvernance d'entreprise et de la RSE sont multiples et disparates. Cela peut influer aussi sur les pratiques maliennes.

Nous sommes alors tentés de poser deux questions. D'abord, les concepts de la gouvernance d'entreprise et de la RSE sont-ils reconnus par les entreprises maliennes ? L'analyse de l'environnement juridique des entreprises nous pousse à croire qu'ils bénéficient d'une certaine reconnaissance. Il semble, en effet, que dans la pratique malienne, la « transparence » est un objectif affiché par l'ensemble des acteurs économiques. En droit uniforme OHADA, le terme de transparence est un impératif qui doit accompagner tout le processus organisationnel et fonctionnel de l'entreprise. Ensuite, la situation au Mali ne serait-elle pas plus complexe ? Dans les autres pays, la pratique de la gouvernance d'entreprise et de la RSE repose sur un encrage juridique qui permet aux entreprises de bénéficier un encadrement juridique. Mais cela n'occulte pas

---

[110] Art. 831-2 al. 2 de l'AUSC.

[111] V. Ass. H. CAPITANT, *Les droits de traditions civiliste en question*, Société de Législation comparée, 2006 (vol. 1 et 2).

qu'en droit malien, les possibilités et opportunités existent pour encadrer les entreprises dans la pratique de ces concepts.

Ce relatif silence du droit positif malien ajoute, bien sûr, un intérêt à l'étude de ce travail. Il le rend également particulièrement exigeant et flexible. C'est pourquoi il est nécessaire de définir une approche optimale. En effet, l'intégration de la RSE dans la gouvernance d'entreprise semble être une démarche cohérente. Ce dialectisme cherche sous un angle à appréhender les contradictions de la reconnaissance de la RSE dans la gouvernance d'entreprise. Une approche qui vaut le mérite d'une analyse comparatiste surtout lorsque le cadre juridique existe. Or, dans le contexte actuel, l'objectif est de définir un cadre juridique pour l'intégration des deux concepts dans la sphère du droit positif malien.

De ce fait, il sera de préférence question de se projeter dans une approche visant à appréhender l'état de la mise en œuvre des deux concepts dans l'environnement juridico-économique des entreprises maliennes. Ainsi, plusieurs interrogations se posent sur des concepts aussi complexes dominés par des conceptions multiples et transversales. Les intérêts sont bien réels puisqu'aucune étude du moins sur le plan juridique n'a été effectuée au Mali. Dans le cadre du droit communautaire, une thèse a été développée pour expliquer l'enjeu de la gouvernance des sociétés anonymes dans l'espace OHADA[112]. Cette étude reste communautaire et s'intéresse en partie à l'aspect gouvernance d'entreprise. Or, le contexte s'intéresse à un ordre juridique, infra communautaire, c'est-à-dire à un ordre juridique interne. La réflexion pour sa particularité s'intéresse également au concept de la RSE.

Le présent travail est une construction étant donné que la jurisprudence en la matière est quasi absente[113]. Or, dans chaque discipline juridique, la jurisprudence est vouée à jouer un rôle particulièrement important. La contractualisation du droit conduit à une régulation *a posteriori* par le juge. L'avantage en est une plus grande souplesse et une prise en compte des faits par le régulateur, l'inconvénient un manque de prévisibilité pouvant donner

---

[112] I. SIDIBE, *La gouvernance des SA dans la zone OHADA*, thèse, UCAD, 2013.

[113] Mais la dimension juridique de la responsabilité sociale des entreprises ne peut être ignorée (Responsabilité sociale des entreprises : L'entreprise et l'éthique environnementale : Répertoire Dalloz Sociétés, mars 2003 ; Responsabilité sociale des entreprises, quelle réalité derrière les mots ? : Rev. aff. européennes : Bruylant, 2003-2004/4, p. 563). Il est, à cet égard, symptomatique qu'un certain nombre d'actions en justice soient désormais engagées autour de thèmes qui rejoignent précisément les pivots de la RSE. Deux arrêts français, déjà un peu anciens, méritent d'être rappelés car ils présentent un intérêt évident pour l'analyse juridique de la responsabilité sociale des entreprises. D'une part, un arrêt de la chambre sociale du 25 novembre 2003 (Cass. soc., 25 nov. 2003 : Juris-Data n° 2003-021084 ; Bull. civ. 2003, V, n° 294 ; JCP G 2004, I, 163, n° 6, obs. G. Viney ; JCP G 2004, IV, 1170). D'autre part, un arrêt de la 2e Chambre civile de la Cour de cassation du 10 juin 2004 (Cass. 2e civ., 10 juin 2004 : Bull. civ. 2004, II, n° 294 ; Juris-Data n° 2004-024134 ; Comm. com électr. 2004, comm. 117, note Ph. Stoffel-Munck ; RTD civ. 2004, p. 728, obs. J. Mestre et B. Fages ; JCP G 2004, I, 114, note F. Labarthe) a eu à connaître des conséquences du non-respect d'une « charte de bonne conduite » par laquelle l'éditeur d'un journal d'annonces s'engage sur la qualité de celles-ci.

un sentiment d'insécurité aux contractants[114]. C'est ce qui explique l'orientation vers la normalisation par la pratique. Il convient donc de remarquer qu'il ne s'agit pas d'un bouleversement, mais d'un approfondissement qui repose sur des pratiques éprouvées. Il s'agit alors de construire, de la façon la plus pertinente et la plus claire possible, le concept de la gouvernance d'entreprise et de la RSE en droit malien[115]. Pour ce faire, nous pourrions être tentés de travailler dans plusieurs disciplines juridiques. Le droit des sociétés est la principale. Mais au regard de ses mutations, le droit des sociétés crée une large ouverture qui nous conduira à nous intéresser au droit social et au droit économique. C'est d'ailleurs tout l'intérêt de cette étude. En effet, les recommandations sur la gouvernance d'entreprise sont aujourd'hui indispensables dans la conduite d'une entreprise. La gouvernance d'entreprise constitue une nouvelle forme d'organisation qui, à défaut d'être la formule appliquée à toutes les entreprises, est susceptible d'être l'indispensable condition pour attirer les grands investisseurs. Car, avec les perturbations financières imprévisibles surtout dans les pays ne disposant pas suffisamment de ressources économiques, il n'y a plus de frontière qui vaille. Et par voie de conséquence nous sommes condamnés à être au même rythme que les autres, notamment en ce qui concerne la promotion de l'investissement. C'est aussi le cas pour la RSE compte tenu de la corrélation des activités économiques ou industrielles avec la protection sociale et environnementale. Au plan théorique, elle nous permettra de mettre en rapport deux disciplines juridiques différentes, mais pouvant avoir des combinaisons. Il s'agit notamment du droit des affaires et du droit social. Ces deux disciplines juridiques constitueront, de ce fait, parmi les différentes disciplines du droit privé, les terres sur lesquelles nous nous aventurerons plus volontiers.

Pour construire, de façon pertinente et claire, les concepts de la gouvernance d'entreprise et de la RSE, nous suivrons la méthode des scientifiques. Georges-Louis BUFFON, Comte de BUFFON, dans *Histoire naturelle,* la décrivait par ces mots : *il s'agit de « rassembler des faits pour se donner des idées[116] ».* Cette approche ne remet pas en cause les différentes méthodes que nous pouvons emprunter. En effet, la particularité de cette étude nous oriente vers une analyse substantielle qui permettra de combiner l'approche juridique avec une approche économique[117] du droit de la gouvernance d'entreprise et de la RSE. Si le principe de l'efficacité économique du droit pouvait être contesté, il est aussi concevable de poser

---

[114] S. SCHILLER, « L'extension du rôle de la jurisprudence en droit des affaires », Colloque, *La jurisprudence, la création du droit par le juge*, Académie des sciences morales et politiques, 25-26 janv. 2006.

[115] Cela ressemblerait à un droit sans Etat c'est-à-dire élaboré en dehors de toute intervention législative. V. L. COHEN-TANUGI, *Le droit sans l'État*, Paris, PUF, coll. Quadrige-Essais débats, 2007.

[116] G.-L., LECLERC, Comte de BUFFON, *Histoire naturelle,* publié entre 1749 et 1788.

[117] E. MACKAAY, S. ROUSSEAU, Analyse économique du droit, Paris, Dalloz-Sirey, 2008.

« l'idée selon laquelle il serait opportun, profitable, voire nécessaire, de mesurer les effets économiques du droit (...). L'enjeu (étant) alors de méthode »[118].

Une telle approche du droit économique sera utilisée dans une perspective de prospection juridique concernant les concepts de la gouvernance d'entreprise et de la RSE. Le choix d'une telle étude n'est pas fortuit. Il y a de plus en plus une affluence des deux principes qui peuvent être appréciés. En la matière, il existe un lien au regard de l'extranéité de plusieurs entreprises et l'émergence des entreprises nationales. Les textes internationaux encadrant la gouvernance d'entreprise et la RSE sont favorables à un rapprochement des pratiques.

Nous nous attacherons ainsi, dans un premier temps, à « *rassembler des faits* ». Il s'agit d'observer et de prospecter dans les différentes disciplines du droit des affaires ainsi qu'en droit social, en vue de rassembler les hypothèses, dans lesquelles les principes de la gouvernance d'entreprise, et de la RSE sont atteints. A travers ce travail se dégagera l'idée qu'il existe, dans la pratique, des situations dans lesquelles nous pouvions relever l'ineffectivité de la gouvernance d'entreprise et surtout la difficile intégration de la RSE au regard des principes qui les encadrent. Cela démontre une insuffisante prise en compte de la RSE dans la gouvernance d'entreprise (Partie I).

Après avoir « *rassemblé des faits* » et tiré les enseignements de l'insuffisance des pratiques de la gouvernance d'entreprise et de la RSE de ce travail, nous nous consacrerons, dans un second temps, à nous *« donner des idées »* notamment des perspectives et des éléments pour répondre aux questions provoquées par l'introduction des deux principes. Si l'on admet, en effet, que les principes de la gouvernance d'entreprise et de la RSE peuvent être stabilisés, des questions surgissent naturellement : comment, à certaines occasions, le droit positif malien doit s'organiser pour stabiliser la pratique ? Autant cette question révèle des considérations d'ordre juridique et économique. La réponse proposée est la stabilisation du cadre juridique de la RSE dans la gouvernance d'entreprise (Partie II).

---

[118] M.-A. FRISON-ROCHE, « L'idée de mesurer l'efficacité économique du droit », in G. CANIVET, M.A. FRISON-ROCHE, M. KLEIN (dir.), *Mesurer l'efficacité économique du droit*, trad. Française par Y.-M. MORISSETTE, PUF, 2000.

PREMIÈRE PARTIE

L'insuffisante prise en compte de la responsabilité sociétale dans la gouvernance d'entreprise

Le paradigme de la gouvernance des entreprises et de la responsabilité sociétale de l'entreprise (RSE) s'impose dans le monde des entreprises. Il constitue un nouvel outil de gestion et de contrôle des entreprises. La gouvernance d'entreprise s'est hissée, tout comme la RSE au cours de la dernière décennie, au premier plan des préoccupations internationales[119]. En effet, l'organisation du pouvoir dans l'entreprise est désormais considérée comme un déterminant de la compétitivité et de la stabilité des économies. En effet, « se doter d'un système de gouvernance d'entreprise de qualité est une démarche importante pour susciter la confiance des marchés et favoriser l'établissement de flux d'investissement internationaux à long terme plus stable[120]». La foisonnante recherche en la matière peut être raisonnablement caractérisée par deux grands courants au sein du vaste programme de réflexion engagé dans le domaine du droit et de la finance. Depuis quelques années, à la suite des nombreuses affaires qui ont agité les milieux économiques dans la plupart des pays développés et des dysfonctionnements évidents du système économique, de nombreux débats se sont ouverts concernant les prises de contrôle, les rémunérations des dirigeants, les responsabilités des dirigeants et des administrateurs, la composition et le rôle du conseil d'administration, l'information et le rôle des actionnaires, le régime de la faillite... Tous ces aspects mettant en cause la répartition des pouvoirs dans l'entreprise relèvent d'un même champ d'investigation, la *corporate governance*, traduite de façon approximative et contestable par le gouvernement de l'entreprise[121].

---

[119] En atteste « Les Principes de bonne gouvernance d'entreprises » publiés par l'Organisation de Coopération et de Développement Economiques et la Banque Mondiale. A partir de la base de donnée Uni-Proquest Stéphane TREBUCQ, (2005) montre bien que même si depuis 1975 la GE est un objet de recherche, ce n'est qu'à compter des années 90 que la littérature abonde.

[120] B. DEFFAINS, J. G. GUIGOU, « Droit, Gouvernement d'Entreprise Et Marchés Des Capitaux », Université de Nancy 2, 2004.

[121] Gérard CHARREAUX, « Le gouvernement de l'entreprise », p. 1.

Face à ces évolutions dans le cadre de l'application des principes de la gouvernance d'entreprise et de la RSE, les entreprises maliennes sont désormais interpellées. Elles doivent se conformer au modèle de gestion et de contrôle. Elles bénéficient à cet effet, d'un modèle de gestion et de contrôle typique à la gouvernance classique des sociétés commerciales. Le mode de gouvernance s'écarte largement du modèle privilégié dont connaissent désormais les grandes entreprises occidentales. C'est donc une gouvernance d'entreprise insuffisante dans la mesure où elle ne prend pas en compte les principes-cadres et surtout la difficile intégration de la RSE. La transplantation de cette dernière soulève une préoccupation dans la gouvernance des entreprises maliennes.

Les insuffisances sont ainsi variées et multiformes. De ce fait, il nous est opportun de rappeler l'ineffectivité des principes de la gouvernance dans la gestion des entreprises (titre 1), et d'analyser la difficile intégration de la RSE dans la gouvernance d'entreprises (titre 2).

TITRE 1

L'ineffectivité des principes de gouvernance dans la gestion des entreprises maliennes

Les principes de la gouvernance d'entreprises sont aujourd'hui indispensables pour encadrer la bonne gestion dans la gouvernance des entreprises maliennes. Cela semble être ignoré ou peu pratiqué par les entreprises maliennes. C'est pourquoi le mode de gestion est de plus en plus confronté à des difficultés liées à l'écartement des mécanismes plus performants et mieux adaptés pour la sécurité juridique de l'entreprise et surtout celle des actionnaires. Or, l'un des objectifs du droit OHADA est de promouvoir les investissements à travers le renforcement de la sécurité juridique et judiciaire[122]. Cet élan semble être compromis dans la mesure où le droit OHADA à travers l'Acte uniforme relatif au Droit des Sociétés Commerciales et du Groupement d'Intérêt économique (l'AUSC) est loin d'être en conformité avec les exigences imposées par la gouvernance d'entreprise. C'est pourquoi dira-t-on que le cadre juridique de la gouvernance d'entreprise est en déphasage avec les principes directeurs recommandés par l'OCDE.

Eu égard à ces quelques points indicatifs, le constat de l'ineffectivité est bien réel. Cela démontre la fragilité dans la gestion des entreprises maliennes qui se traduit par des dysfonctionnements (chapitre 1). Ces difficultés sont liées surtout à la substance du cadre juridique de la gouvernance d'entreprise de l'AUSC qui s'applique aux entreprises maliennes (chapitre 2).

---

[122] V. Le préambule du Traité relatif à l'OHADA adopté le 17 oct. 1993. Il affirme l'engagement de renforcer la sécurité juridique des activités économiques en vue de favoriser l'essor et d'encourager les investissements.

CHAPITRE 1

Les dysfonctionnements dans la gouvernance des entreprises

La gouvernance des entreprises maliennes souffre, en grande partie, de plusieurs types de dysfonctionnements. Le système de gestion n'offre ni une grande célérité ni une transparence. Le modèle de gouvernance est jugé selon beaucoup de professionnels du monde des entreprises dépassé. Il tarde à intégrer d'autres modèles plus performants et rentables pour l'ensemble des acteurs de l'entreprise. A première vue, les premières remarques mettent en évidence l'influence des dirigeants sociaux. Ceux-ci possèdent l'entreprise à travers des moyens sur lesquels ils s'appuient et s'engouffrent l'ensemble des systèmes de contrôle d'où l'autocontrôle des dirigeants (section 1). Les institutions mises en place pour la gestion des entreprises maliennes manquent de souplesse et de flexibilité. Les pouvoirs sont trop centralisés et créent des discontinuités dans la marche des affaires de l'entreprise. L'imperfection des contrôles effectués par les différents organes de contrôle est assez fréquente. Dès lors, on constate une absence d'indépendance dans l'exercice des contrôles (section 2).

SECTION 1. L'AUTOCONTRÔLE DES DIRIGEANTS

L'autocontrôle est une pratique limitée soit interdite par la loi dans le cadre de l'exercice des droits de vote[123]. Les dirigeants des sociétés en font usage en violations des dispositions légales et écartent les titulaires des droits politiques pour se positionner davantage dans l'entreprise. Ils disposent dès lors de plusieurs moyens pour détourner le contrôle aux actionnaires. Ils ont une forte autonomie contrairement au conseil d'administration ou aux administrateurs de l'entreprise. Une telle pratique condamnait les entreprises françaises à la fin du 20e siècle, qui avait un modèle de capitalisme moins

[123] H. Alain BITSAMANA, *Dictionnaire de droit OHADA*, OHADATA, D-05-33, p. 29.

performant marqué par la présence maladroite de l'État[124], et surtout la forte autonomie des dirigeants sociaux qui reposait sur des participations croisées[125]. Les entreprises maliennes semblent traverser cette transition marquée par des participations croisées (paragraphe 1) et des échanges d'administrateurs (paragraphe 2).

Paragraphe 1. Les participations croisées

Malgré la tentative de redynamisation des affaires à travers l'uniformisation du droit OHADA, les entreprises en l'occurrence celles du Mali ont quelquefois su déjouer les instruments juridiques. Elles font des participations croisées qui constituent une cause essentielle de dysfonctionnement dans la gouvernance des entreprises[126]. C'est une pratique qui empêche le rachat d'action qui est une technique utilisée à des fins de gestion financière et qui recèle en théorie de nombreux avantages[127]. Pour neutraliser les opérations ayant des avantages substantiels à l'entreprise, celle-ci par l'intermédiaire de ses représentants légaux procède à des pratiques visant à présenter des résultats plutôt erronés. Il y a donc des manœuvres visant à stabiliser les résultats sociaux (A) en vue de s'enraciner dans l'entreprise (B).

A. Les manœuvres dans la stabilisation des résultats sociaux

La transparence dans l'élaboration des résultats sociaux est une des exigences de la gouvernance d'entreprise. Ce principe semble être écarté dans la plupart des cas par les entreprises maliennes. Cela se constate par la disparition ou la faillite abondante des entreprises[128]. Les entreprises ne se conforment pas aux conditions exigées pour la vente des actions (1) et mettent tout en œuvre pour contrecarrer les OPA (2).

---

[124] V. Les scandales de la gestion de l'Etat dans le secteur financier : le Crédit lyonnais, le Crédit foncier…, in J. BUSSY, *Droit des affaires*, Presses de Sciences Po et Dalloz, Paris, 1998, p. 178.

[125] J. BUSSUY, ibid., p. 178.

[126] Au regard de l'AUSC, les participations croisées sont interdites. Les dispositions fixent les limites de la participation dans le capital d'une autre société. V. art. 176, 177, 178 de l'AUSC ; M. COZIAN, A. VIANDIER, Fl. DEBOISSY, *Droit des sociétés*, Litec, 24ème éd., 2011, p. 771.

[127] Rapport COB 1996, p. 87 ; R. MORTIER, « Le rachat par la société de ses droits sociaux », *coll. Nouvelle bibliothèque de thèse*, Dalloz, 2003, spéc. N°64 et s., in A. COURET, H. Le NABASQUE, M.-L. COQUELET, Th. CRANIER, D. PORACCHIA, Ar. RAYNOUARD, Ar. REYGROBELLET, D. ROBINE, *Droit financier*, 1er éd., Dalloz, Paris, 2008, p. 765.

[128] A titre illustratif nous pouvions citer le cas de la Banque de l'Habitat du Mali (BHM), de l'Huilerie Cotonnière du Mali (HUICOMA), de la Banque Régionale de Solidarité pour le Mali, le chemin de fer, etc.

1. La vente des actions

L'AUSC exige aux sociétés, qui font un appel public à l'épargne, de présenter un document, en vue d'informer le public[129] lorsqu'une opération de vente d'actions est prévue. Les opérations qui consistent à vendre les actions doivent faire l'objet d'une publication afin que le public puisse saisir une opportunité de racheter une action émise en offre de vente. C'est une action qui peut transférer le contrôle d'une société à une autre. C'est le fruit d'une cession d'actions ou de parts sociales dont les conditions sont librement et secrètement débattues entre cédant et cessionnaire[130]. Peu d'entreprises maliennes respectent cette exigence de transparence. Les offres de vente d'action ne sont pas ouvertes aux publics, mais plutôt à une communauté d'actionnaires particulièrement identifiée et encadrée par les mandataires sociaux.

Cette violation du principe de transparence pourtant exigée par l'AUSC en matière de vente d'actions profite à une poignée de personne, au sein de l'entreprise. Pour se protéger contre la rigueur de la règlementation, les entreprises maliennes ont eu recours aux participations croisées qui restent largement répandues aujourd'hui. La plus-value non déclarée et non réalisée sur les actions-supports de ses participations a profité aux sociétés, notamment les banques et les sociétés d'assurance en tant qu'investisseurs institutionnels qui les détenaient. Elle a constitué indirectement une source de fonds importante pour les prêts et investissements. La plus-value sert également de moyens pour les chefs d'entreprises de stabiliser les résultats d'exploitation et ainsi « enraciner » leur position. Cette manœuvre de stabilisation des résultats s'effectue normalement par la vente d'une partie des actions aux « sociétés amies émettrices » à la fin d'un exercice comptable normalement déficitaire de façon à faire apparaître des résultats exceptionnels. Au début de l'exercice comptable suivant, ces actions sont rachetées par l'entreprise pour maintenir le précédent niveau de contrôle du capital[131]. Les mandataires sociaux ont dès lors une certaine influence dans l'entreprise. Ils créent une situation de déséquilibre qui privilégie une minorité de personnes, quelques actionnaires profiteront ainsi des ressources générées par l'entreprise.

La vente des actions est ainsi destinée à des personnes ciblées notamment les sociétés ayant de bonnes relations avec l'entreprise. Cela permet d'ailleurs de provoquer le retour de l'action vendue dans les mains des souscripteurs. Cette complicité vise un objectif profitable à l'entreprise

---

[129] V. art. 86 de l'AUSC.

[130] Ph. MERLE, *Droit commercial. Sociétés commerciales*, coll. « Précis », Dalloz, 11ème éd., 2007, n° 654, Ph. Le CANNU, *Droit des sociétés*, Domat Montchrestien, 2ème éd., 2003, n° 1519 et s.

[131] M. YOSHIMORI, « La gouvernance des entreprises au Japon : les causes de son dysfonctionnement », *Yokohama National University, Finance Contrôle Stratégie – Volume 1*, n° 4, décembre 1998, p. 155.

émettrice c'est-à-dire celle qui a fait une offre de vente d'actions. La pratique gangrène toujours puisqu'en référence aux mutations actionnariales, plusieurs entreprises maliennes traversent ce bouleversement qui occasionne dans la plupart des cas des difficultés. Cela n'est pas fortuit puisque la privatisation a forgé un certain nombre de pratiques dans la sphère organisationnelle et fonctionnelle des entreprises maliennes. En effet, la vague de privatisation des entreprises maliennes a occasionné des pratiques qui ne s'accommodent pas avec la transparence. Ce fut le cas lors de la privatisation de l'Huilerie Cotonnière du Mali (HUICOMA). L'entreprise HUICOMA a été rachetée dans les conditions par lesquelles l'État malien, en voulant prioriser un investisseur national, s'est soustrait des règles de transparence pour accepter l'offre du groupe TOMOTA au détriment de certains investisseurs dont les potentialités pouvaient faire marcher les activités de ladite entreprise. Cette nationalisation sous-entendue a eu comme conséquence un bilan controversé et mitigé.[132] Les privatisations voire même les liquidations des entreprises publiques n'ont pas atteint de réels objectifs puisqu'au lieu de générer les ressources de l'État et maintenir l'emploi, ont plutôt contribué à l'appauvrissement de l'État et à l'aggravation du chômage[133]. Les multinationales sont les seules bénéficiaires, car elles sont parvenues à maintenir une situation de dépendance économique.

Ces mauvaises pratiques ont empoisonné la gouvernance de plusieurs entreprises maliennes. Les entreprises ont développé des pratiques notamment la vente d'actions irrégulières ou qui manquent de transparence pour embellir leur image à travers des résultats remarquables. Par crainte d'être dépossédés du contrôle de l'entreprise, les dirigeants avec la complicité de certains actionnaires préfèrent vendre les actions à des investisseurs connus de leur entreprise pour éviter de perdre le contrôle de l'entreprise. Ce blocage est fait pour éviter le changement de contrôle au sein de l'entreprise, en l'occurrence de celle faisant appel public à l'épargne ou ayant une cotation en bourse constitue une certaine hostilité aux offres publiques acquisition ou de vente. Au regard de l'esprit de l'AUSC, le changement de contrôle doit être soumis à un régime juridique dérogatoire

---

[132] S. T. DIARRA, « Un bilan controversé des privatisations » *Inter Press Service News Agency*, Economie-Mali, in www.ipsinternational.org/fr/_note.asp?idnews:599, Bamako, 22 juil. 2010. Cet internaute explique dans son article les conséquences sociales suite à la privatisation des entreprises publiques comme l'HUICOMA. Suite à des vives réactions des leaders de l'opposition et plusieurs organisations de la société civile qui dénoncent la politique industrielle du Mali, notamment la privatisation des entreprises publiques, dont les conséquences sociales sont souvent lourdes. Pour le cas de l'HUICOMA, il n'existe pas encore un plan social et les négociations continuent toujours pour obtenir un compromis à l'issue desquelles des indemnités seront payées aux compressés et aux employés qui souhaitent désormais partir volontairement à la retraite.

[133] I. CISSE, *La responsabilité des dirigeants sociaux en droit OHADA, un modèle controversé dans sa mise en œuvre*, Editions Universitaires Européennes, Allemagne 2012, p. 97.

de droit commun, commandé par le respect des impératifs boursiers que sont la transparence, la sécurité et l'équité[134].

2. L'hostilité aux OPA

La gouvernance d'entreprise offre des moyens aux actionnaires de se prémunir contre les agissements des dirigeants. Ceux-ci enregistrent de mauvais résultats ou tentent de dissimuler les informations qualitatives. Les actionnaires, à travers les instruments financiers, peuvent vendre les titres pour manifester leur mécontentement suite aux manœuvres répréhensibles des dirigeants sociaux. Cette liberté fondamentale est inscrite dans la gouvernance d'entreprise. Les actionnaires ont la possibilité de menacer les dirigeants à travers les OPA en vue de gérer l'entreprise conformément à leurs attentes[135].

Malgré ces moyens de protection juridique du point de vue financier, les dirigeants sociaux dans les entreprises maliennes disposent des moyens visant à contourner toute menace de nature financière. Ils introduisent des clauses anti-OPA en vue d'améliorer la performance des entreprises. Or, il est évident que les mesures anti-OPA favorisent en grande partie la protection des dirigeants dans la mesure où celles-ci visent à dissuader un éventuel raider pour se porter candidates au rachat[136]. Au sein de plusieurs entreprises en l'occurrence les banques, l'hostilité aux OPA est constatée. La BDM SA tout comme la BOA Mali ou la BNDA offrent cette possibilité aux actionnaires de se protéger. Mais ceux-ci pour la plupart du temps se font déjouer par les dirigeants sociaux qui manifestement sont très hostiles aux OPA. Ces clauses anti-OPA vont ainsi renforcer les pouvoirs des dirigeants vis-à-vis des actionnaires qui sont pourtant les propriétaires des actions.

Les dirigeants des entreprises maliennes sont très hostiles aux OPA[137]. C'est une pratique qui a émergé dans les grandes entreprises occidentales ou nord-américaines et en général celles des pays du nord. Elle constitue l'une des principales causes de dysfonctionnement dans la gouvernance des entreprises[138]. Les dirigeants disposent d'une grande autonomie lorsque l'entreprise élabore une clause anti-OPA[139]. C'est ce qui a affecté les

---

[134] A. PIENTRANCOSTA, *Le droit des sociétés sous l'effet des impératifs finaniciers et boursier*, thèse, Paris I, 1999 ; A.-C. MULLER, *Droit des marchés financiers et droit des contrats*, thèses, Paris II, 2001.

[135] F. PARRAT, *Le gouvernement d'entreprise*, éd. DUNOD, Paris, 2003, p. 18.

[136] F. PARRAT, ibid., p. 25.

[137] Les constats prouvent cette réticence compte tenu de la faible maîtrise des procédés employés pour effectuer des OPA.

[138] M. YOSHIMORI, « La gouvernance des entreprises au Japon : les causes de son dysfonctionnement », *op. cit.*, p. 168.

[139] Cela peut être illustré par le groupe alimentaire purement privé comme le BSN d'Antoine Riboud. Suite à la fragmentation de son capital constitué de capitaux appartenant aux familles des sociétés fondatrices entre 1964 et 1966, la direction de BSN à l'époque a pris conscience du danger que faisait courir à l'entreprise une telle dilution de son capital, surtout lorsque la

entreprises japonaises vers la fin du 20e siècle[140]. Cela se traduisait par un renforcement des pouvoirs des dirigeants sociaux. Ceux-ci disposaient d'une plus grande liberté d'action et échappaient aux menaces susceptibles d'être proférées par les actionnaires. C'est la même pratique qui existe dans les entreprises maliennes même si les sociétés cotées en bourse sont quasi inexistantes[141]. Il y a néanmoins plusieurs entreprises faisant appel public à l'épargne, qui encouragent ces pratiques par l'intermédiaire des dirigeants sociaux. Or, ces pratiques qui sont assimilables aux participations croisées créent une situation dans laquelle les actionnaires perdront en partie le contrôle de leurs propres affaires. Les dirigeants se retrouveront en position de force en échappant aux sanctions pourtant reconnues aux actionnaires. Le droit OHADA est quelques fois mitigé puisqu'il se borne à donner quelques détails élémentaires insuffisants pour encadrer les OPA[142]. Pourtant les pratiques comme les clauses anti-OPA se développent au sein des entreprises maliennes en particulier.

Au sein de la BRVM qui cherche à se promouvoir, l'heure n'est pas d'éradiquer les participations croisées en l'occurrence les hostilités aux OPA. D'ailleurs, peu d'entreprises maliennes ont une cotation à la BRVM, mais interviennent néanmoins au marché qu'elle offre aux entreprises voire

---

vague des OPA a repris ; mouvement auquel BSN lui-même participait (…) Devant ce danger potentiel, le président Antoine Riboud a mis en place plusieurs lignes de défense, visant à assurer un meilleur contrôle du capital. Parmi ces moyens nous pouvions retenir la constitution d'un groupement d'actionnaires stables, l'émission d'obligations à bons de souscription d'actions, la mise en place d'une « pilule empoisonnée » *(poison pill)* sous la forme de l'achat d'une petite banque, « coquille vide », mais dont le statut d'établissement financier obligeait tout assaillant éventuel à obtenir une autorisation préalable des autorités françaises (...) Il a par ailleurs fait voter une dérogation à l'âge limite du président, afin d'avoir le temps de préparer sa succession en faveur de son fils (bien que la famille Riboud ne soit plus un actionnaire significatif), créant un cas de « dynastie managériale » qui, avec le dispositif anti-OPA précédent, illustre bien le modèle de GE « orientée dirigeant », aux antipodes du modèle de GE « orientée actionnaire ». v. R. LOPEZ, *La gouvernance de l'entreprise*, éd. La Découverte, Paris, 2003, p. 45.

[140] M. YOSHIMORI, *op. cit.*

[141] La société WASSUL OR a une cotation en bourse en Allemagne. Récemment en la date du 22 décembre 2015, la BOA Mali vient d'être cotée à la BRVM, une première au Mali.

[142] V. art. 95-1 de l'AUSC. Par contre dans les législations les plus avancées comme celle de la France, la nature du titre, depuis la loi du 3 janvier 1983 et surtout celle du 14 décembre 1985 se sont multipliées les valeurs mobilières complexes, voire sur-complexes ou surcomposées. A partir du titre primaire qui est soit une action, soit le plus souvent une obligation, l'imagination des financiers a composé de multiples variations. Ces dernières ont pour objet d'assurer le financement de la société tout en limitant les risques d'abord pour les dirigeants sociaux de voir remettre en cause leurs pouvoirs par une perte de contrôle tant interne qu'externe (OPA par exemple), ensuite pour les investisseurs et enfin pour les autres créanciers de la société, et en particulier les banques qui participent selon d'autres modes au financement de la société. Il s'agit assurément d'une combinaison délicate d'intérêts contradictoires, v. N. DECOOPMAN, « Du gouvernement des entreprises à la gouvernance », J. CHEVALLIER, (prés.), *La gouvernabilité*, Centre Universitaire de Recherches Administratives et Politiques de Picardie, PUF, 1996. p. 111 in https://www.u-picardie.fr/.../nicole_decoo.

les investisseurs. Dans les bourses les plus animées, les marchés financiers sont hostiles à l'introduction de mesures anti-OPA, car les dirigeants devraient pouvoir à tout moment être « *sanctionnables* » en cas de faible performance[143]. Il est ainsi évident que la défense contre une OPA hostile est la principale motivation à l'existence des participations croisées dans la gouvernance des entreprises maliennes. La pratique peut ainsi conduire à des procédés permettant aux dirigeants de s'implanter voire de s'enraciner dans l'entreprise.

B. L'enracinement des dirigeants sociaux

Le fait que les dirigeants des entreprises maliennes sont difficilement *sanctionnables*, ceux-ci, dans la plupart des cas, adoptent des comportements visant à s'enraciner dans l'entreprise. Ils échappent aux différents contrôles exercés par le conseil d'administration tout comme par les actionnaires. Une telle situation constitue un handicap pour protéger les intérêts de l'entreprise et particulièrement ceux des actionnaires. A l'exception des sanctions du marché, qui sont quelques fois rare, les dirigeants ont la latitude de décider la date de leur départ[144]. Pour se faire, ils adoptent des moyens pour neutraliser les mécanismes de contrôle (1). Cela peut avoir sans doute des conséquences lorsque les actionnaires décident de les révoquer et crée des enjeux pour leur révocation (2).

1. La neutralisation des mécanismes de contrôle

L'incapacité de discipliner les dirigeants est souvent due à des méthodes visant à neutraliser les moyens de contrôle dont les actionnaires peuvent se servir. Les actionnaires selon la théorie de l'agence ont la possibilité et le pouvoir de discipline sur leurs mandataires sociaux[145]. Ceux-ci parviennent à contourner ces moyens de contrôle dont disposent les actionnaires. Les mécanismes comme les OPA et OPE sont dans la majeure partie des cas voués à l'échec. Au lieu de sanctionner les dirigeants de leur mauvaise gestion, c'est plutôt eux qui neutralisent les différents mécanismes de contrôle qui pèsent sur eux en vue de réduire les risques de révocation anticipée[146]. Ils s'offrent ainsi des avantages personnels au détriment de l'intérêt des actionnaires.

---

[143] F. PARRAT, *op. cit.*, p. 25.

[144] Pour renforcer cette autorité, l'indemnité de départ peut être envisagée. Elle est aussi parfois négociée, ou renégociée, au moment du départ du dirigeant. Dans ce cas, l'attribution ou la réévaluation de cette indemnité a souvent pour but d'accélérer le processus de changement d'équipe dirigeante, et d'éviter ainsi que le dirigeant en place ne « s'accroche » à son poste F. PALOMINO, « Comment faut-il payer les patrons », *Collection du Centre pour la Recherche Economique et ses Application (CEPRMAP), éd. Rue d'Ulm/Presse de l'Ecole Normale Supérieure*, 2011, p. 47.

[145] R. LOPEZ, *La gouvernance de l'entreprise*, éd. La Découverte, *op. cit.*, p. 58.

[146] F. PARRAT, *op. cit.*, p. 20.

On constate dès lors une certaine opacité dans la gouvernance des entreprises maliennes. Il n'existe aucune transparence dans la gestion de beaucoup d'entreprises maliennes. La fiabilité des informations, diffusées à l'extérieur concernant les décisions et les résultats de l'entreprise qui sont remis en cause dans la mesure où ces opérations sont de moins en moins transparentes. Ces différentes opérations ne fonctionnent pas de façon satisfaisante. C'est une conséquence logique du caractère fermé des entreprises maliennes, dues aux relations étroites et à long terme existantes entre les entreprises et entre les parties prenantes, qui souvent finit par neutraliser les contrôles dont disposent les actionnaires. Les équipes dirigeantes des entreprises ont à leur disposition de très nombreux moyens de se protéger et de neutraliser les mécanismes de contrôle[147]. Ce constat est évident dès lors qu'il existe des clauses notamment les pactes d'actionnaires en vue de limiter le nombre de droits de vote qui sont possédés par un seul actionnaire. Il peut s'agir aussi des actions à dividendes prioritaires et des certificats d'investissement. Les dirigeants peuvent aussi être à l'origine des conventions de vote où les actionnaires s'engagent à voter dans un sens ou à ne pas prendre part aux votes. C'est ce qui était pressenti à la BDM SA ou à la BHM comme aussi dans certaines entreprises industrielles (COMATEX et autres). Ces défauts identifiés dans la gouvernance des entreprises maliennes sont aussi partagés, à des degrés plus ou moins importants, par les grandes entreprises occidentales comme en France, l'Allemagne voire même le Japon au tout début du 21e siècle[148]. Dans ces pays où les marchés des capitaux en tant que mécanisme disciplinaire des dirigeants ne sont pas aussi développés qu'aux États-Unis qui sont très en avance dans le cadre de la gouvernance d'entreprise.

Les dirigeants des entreprises maliennes ont recours ainsi à des stratégies personnelles qui visent à mettre en place des obstacles plus ou moins erronés en vue de défendre leur intérêt[149]. Ces stratégies aboutissent à des retranchements auxquels ils profiteront, ce qui rend difficile leur révocation.

---

[147] En droit comparé c'est le constat que l'on fait dans le cadre du fonctionnement des SA. En effet, en France, la mise en perspective de réformes législatives récentes révèle un effritement du pouvoir des propriétaires du capital de choisir et de maîtriser le système de direction de la société anonyme. Sur les points essentiels, touchant à la structure même du gouvernement des sociétés, les actionnaires ne perdent rien moins que leur souveraineté. Le constat est d'autant plus surprenant que sur d'autres points l'on assiste à une tendance forte à l'accroissement des prérogatives individuelles des actionnaires minoritaires. Dès lors, ainsi que le remarquait le professeur Yves GOYON « la loi (NRE) souffre de la même ambiguïté que la théorie de la *corporate gouvernance* qu'elle a voulu introduire dans le droit français. On ne sait pas si elle a pour objectif de redonner le pouvoir aux actionnaires ou au contraire de protéger les dirigeants ». (Y. GUYON, « Les réformes apportées au droit des sociétés par la loi du 15 mai 2001 relative aux nouvelles régulations économiques, Présentation générale », *rev. Société*, 2001,504, spéc., n°1. ; L. GODON, « Des actionnaires, des dirigeants, de sociétés anonymes », in mélanges en l'honneur de Y. GUYON, *Aspects actuels du droit des affaires*, Dalloz, Paris, 2003, pp. 439-440.

[148] M. YOSHIMORI, « La gouvernance des entreprises au Japon…», *op. cit.*, p. 172.

[149] F. PARRAT, op. *cit., p.* 21.

C'est ainsi qu'ils adoptent des comportements pour renforcer leur position dans l'entreprise. Cela se traduit par des investissements par diversification, par la croissance, les achats de rentabilité, pour se valoriser aux yeux des actionnaires[150]. Les dirigeants sont ainsi au centre des préoccupations au sein des entreprises maliennes. Cela n'est pas étonnant puisqu'ils sont aussi au centre des débats théoriques et peut être incité à entreprendre des stratégies d'enracinement afin de limiter les risques éventuels qu'ils peuvent supporter et cherchent à accroître leur utilité vis-à-vis des actionnaires[151].

Issues de la théorie de l'enracinement, les méthodes de neutralisation permettent à beaucoup de mandataires sociaux au sein des entreprises maliennes de conserver leur place dans l'organisation et évincer d'éventuels concurrents[152]. En procédant ainsi, ils rendent leur remplacement coûteux pour l'organisation à laquelle ils appartiennent, ce qui leur permet d'augmenter leur pouvoir ainsi que leur espace discrétionnaire[153]. Par conséquent, lorsque les actionnaires tentent de forcer la main en procédant à leur révocation, cela peut causer des conséquences pour son fonctionnement.

2. Les enjeux de leur révocation

Un dirigeant enraciné est difficilement révocable. C'est ce qui est constaté dans la plupart des entreprises maliennes. Celles-ci sont dirigées par des dirigeants qui ont une ancienneté extrêmement élevée. Dans le secteur bancaire comme dans les sociétés industrielles ou minières, il existe peu de dirigeants nouveaux. Ils sont en grande partie d'anciens dirigeants qui ont pu réconforter leur situation dans l'entreprise au fil des années. Les actionnaires de ces entreprises prennent conscience et savent que les dirigeants, les mandataires sociaux, qui gèrent leur portefeuille s'érigent comme étant des véritables titulaires, ils sont difficilement remplaçables. Beaucoup de ces actionnaires sont victimes d'une gouvernance opaque. En référence à l'analyse de FAMA, celui-ci observe que les dirigeants préfèrent utiliser les capacités d'autofinancement pour financer des acquisitions externes qui favorisent leur enracinement plutôt que de distribuer des dividendes aux actionnaires[154].

Cependant, les dirigeants qui ne réalisent pas de bons résultats ou qui font acte de mauvaises pratiques dans la gestion de l'entreprise doivent être évalués et même subir des corrections. Celles-ci sont en réalité des mécanismes disciplinaires dont les actionnaires peuvent utiliser pour

---

150 F. PARRAT, ibid., pp. 21-22.

151 H. ALEXANDRE, M. PAQUEROT, « Efficacité des structures de contrôle et enracinement des dirigeants », *Finance Contrôle Stratégie – Volume 3,* N° 2, juin 2000, p. 7.

152 Le président directeur général de la BDM SA a assuré son poste pendant deux décennies. Récemment en 2015 il a été évincé et cela a créé d'énormes difficultés sur le plan organisationnel et fonctionnel.

153 H. ALEXANDRE, M. PAQUEROT, *ibid.*, p. 7.

154 F. PARRAT, *op. cit.*, p. 23.

sanctionner les mandataires sociaux. Cela est d'autant plus difficile, puisque les enjeux, surtout lorsqu'il s'agit de la révocation, sont à la fois économiques et pourraient bouleverser le système organisationnel de l'entreprise. Malgré cela, les actionnaires y font recours aux armes pour réagir contre toute pratique visant à mettre en péril leur portefeuille. Ils s'appuient en partie sur le rapport de gestion[155] élaborée par le conseil d'administration. Au regard des informations fournies dans ce rapport, ils adoptent des mesures visant à sanctionner les dirigeants. Il s'agit en effet des sanctions extrajudiciaires qui leur sont reconnues de plein droit[156]. Cet exercice semble être difficile à réaliser dans la mesure où la gouvernance de nos entreprises rime difficilement avec la transparence. Les informations fournies dans le rapport sont peu fiables. Les dirigeants disposent d'une très grande influence au sein des conseils d'administration.

Pourtant, les mauvais dirigeants doivent être sanctionnés. La sanction la plus sévère est sans doute la révocation du dirigeant. Cette révocation peut être effectuée lorsque les actionnaires désapprouvent les comptes, cela va amener le conseil d'administration à révoquer les équipes dirigeantes insuffisamment performantes. Cette sanction n'est pas sans conséquence surtout lorsqu'il s'agit d'un dirigeant influent. En effet, révoquer un dirigeant ayant une grande notoriété au sein de l'entreprise peut avoir des répercussions sur la rentabilité de l'entreprise. La réputation du dirigeant a un impact direct sur le pouvoir de négociation au sein de son entreprise. L'entreprise peut perdre plusieurs avantages suite à la révocation d'un mandataire de société. Il peut s'agir de la rupture des négociations contractuelles, la perte des marchés potentiels, etc.

C'est ainsi que les tentatives de révocations échouent compte tenu de la ténacité des stratégies déployées par les dirigeants. Puisque leur révocation signifie une désorganisation au sein de l'entreprise. Le cas récemment du PDG de la BDM SA illustre cette hypothèse puisque depuis la révocation de M. DAFFE, après 20 ans d'exercice, la banque est toujours confrontée à des difficultés fonctionnelles. C'est toute l'équipe dirigeante qui a été réaménagée et cela n'est pas sans conséquence dans la mesure où l'ancien PDG est soutenu par plusieurs personnes aux regards des intérêts plutôt personnels. Cela explique pourquoi, les dirigeants développent des stratégies d'enracinement. L'objectif est d'accroître leur espace discrétionnaire en utilisant les moyens à leur disposition, c'est-à-dire leur capital humain, mais également les actifs de l'entreprise, en vue de neutraliser les systèmes de

---

[155] L'article 137 de l'AUSC exige à l'instance dirigeante notamment le conseil d'administration de faire les états financiers de synthèse annuels.

[156] Les dirigeants peuvent être révoqués à tout moment par l'assemblée générale ordinaire. L'AUSC exige tout simplement que la révocation soit justifiée sans quoi, elle peut donner lieu à des dommages et intérêts. La révocation des dirigeants sociaux peut ainsi être survenue pour justes motifs ou de la théorie fiscale de l'acte anormal de gestion. V. les art. 509, 515, 731. Il y a cependant des recours judiciaires qui sont aussi ouverts aux associés surtout lorsqu'il s'agit de la révocation d'un administrateur provisoire, V. art. 160-7.

contrôle et accroître la dépendance de l'ensemble des partenaires de l'entreprise envers les ressources qu'ils contrôlent (capital humain spécifique, asymétrie d'information...)[157].

Comme on peut le constater, des difficultés existent pour la révocation d'un dirigeant qui n'est pas d'autres qu'un mandataire social. Peu de solutions sont envisageables puisque l'inclusion d'une indemnité de départ supposée être une alternative rend une révocation très coûteuse, donc moins probable[158]. Les entreprises maliennes enregistrent une forte présente de dirigeants enracinés. Ceux-ci protègent plutôt leur intérêt[159] et quelques cadres qui acceptent de jouer le jeu avec eux. Cela démontre la prééminence d'une gouvernance « orientée dirigeant » comme le révèle LOPEZ[160]. Les actionnaires souffrent ainsi d'une insécurité juridique dans la gestion de leur propre portefeuille. S'il est clair que les participations croisées mettent en péril les intérêts des actionnaires, il en est de même pour les échanges d'administrateurs.

Paragraphe 2. Les échanges d'administrateurs

L'une des pratiques les plus vulnérables pour la gouvernance d'entreprise est l'existence des échanges fraternels ou amicaux entre les administrateurs. C'est une pratique qui met en évidence la présence des complicités au sein du conseil d'administration. Les administrateurs créent des relations en facilitant les partages d'information entre les cadres et les dirigeants de deux partenaires par contacts officiels et personnels[161]. Ces manipulations vont amoindrir les pouvoirs des actionnaires par le biais d'un amoindrissement de l'assemblée générale des actionnaires (A) ainsi que ceux du conseil d'administration (B).

---

157 H. ALEXANDRE, M. PAQUEROT, *op. cit.*, p. 9.

158 V. A. ALMAZAN, J. SUAREZ, « Entrenchment and severance pay in optimal governance structures », *Journal of Finance*, 58, 2003, pp. 519-547.

159 Le dirigeant peut entreprendre une stratégie qui vise à préserver la valeur de son patrimoine personnel, à se maintenir à la tête de firme et éventuellement, à lui permettre de tirer des profits non pécuniaires de l'exercice de sa fonction de direction. A l'évidence, tous ces éléments convergent vers l'adoption par le dirigeant, d'une stratégie „ d'enracinement, dont l'objectif est le maintien à la direction afin d'en tirer le maximum de rentes de la position hiérarchique occupée. V. A. GUERMAZI, « Enracinement des dirigeants : Cas de la Tunisie », *L'Archive-Ouverte HAL, Association Francophone de Comptabilité*, COMPTABILITE, CONTROLE, AUDIT ET INSTITUTION(S), May 2006 France. pp.CD-Rom. <halshs-00558034>, p. 9.

160 R. LOPEZ, *La gouvernance de l'entreprise*, éd. La Découverte, *op. cit.*, p. 44.

161 M. YOSHIMORI, « La gouvernance des entreprises au Japon : les causes de son dysfonctionnement », *op. cit.*, p. 164.

A. L'amoindrissement de l'assemblée générale des actionnaires

L'assemblée générale des actionnaires constitue *a priori* un véritable rempart contre les mauvaises pratiques des mandataires sociaux. Cela semble être le contraire au sein des entreprises maliennes[162]. En effet, il y a une forte présence des conflits d'intérêts surtout entre les actionnaires. Les majoritaires (1) en position de force imposent leur choix au détriment des minoritaires (2).

1. Le choix privilégie des majoritaires

Toute forme de gouvernance d'entreprise est confrontée aux dictats imposés par les actionnaires majoritaires. En effet, le fonctionnement du capitalisme contemporain a fondamentalement changé, avec la mondialisation et la financiarisation des entreprises dont la gouvernance s'est radicalement modifiée, comme l'horizon de ceux qui prennent les décisions. Le court terme s'est imposé. Le fonctionnement du capitalisme se concrétise aujourd'hui par des normes de gouvernance conçues au profit d'actionnaires de sociétés surtout celles ayant une cotation en bourse, qui voulaient contrôler les managers, alors qu'ils devenaient eux-mêmes plus infidèles et volatils. C'est ce qui est constaté au sein de nos entreprises où les actionnaires majoritaires s'arrangent à imposer des choix pour la plupart aux personnels au détriment de l'intérêt social[163].

Les actionnaires doivent, en principe, au regard des normes prévues par l'AUSC contrôler les dirigeants qui sont sous le contrôle des assemblées générales d'actionnaires, dans un esprit qui se veut de démocratie actionnariale. Mais cela n'a pas empêché les actionnaires majoritaires, pour la plupart, en relation avec les dirigeants de s'octroyer parallèlement des rémunérations et autres parachutes, de plus en plus élevés. Les cas de la BHM SA ou de la BRS illustrent parfaitement puisque ces deux entreprises

[162] Du point de vue juridique, l'AUSC ne confère pas un rôle imposant de l'assemblée générale des actionnaires. Sa souveraineté supposée est un leurre puisqu'elle ne dispose pas de tous les moyens pour accomplir ses missions notamment la nomination, le contrôle et la révocation des administrateurs. V. I. SIDIBE, *La gouvernance des SA dans la zone OHADA*, thèse, UCAD, 2013, p. 128.

[163] Les fins personnelles ont été définies par la jurisprudence, elles sont illicites si elles sont contraires à l'intérêt social, notamment l'attribution illégale des dividendes, la tenue d'une assemblée dans la plus grande opacité surtout lorsqu'ils écartent les actionnaires minoritaires. Cette pratique est d'ailleurs assimilable au délit d'abus de bien sociaux qui consiste pour le dirigeant de s'offrir des rémunérations excessives, de salaires abusifs, le paiement par la société d'amendes personnelles, le détournement de véhicules appartenant à la société, le souci d'entretenir de bonnes relations avec un tiers, la volonté de rechercher un prestige ou une notoriété, le souci de consolider sa situation au sein du groupe et de satisfaire des personnes influentes. Les dispositions réprimant le délit d'abus de biens sociaux ont pour but de protéger, non seulement les intérêts des associés (actionnaires) mais aussi ceux des tiers co-contractants (les personnes extérieures à la société qui ont un contrat avec elle). Les poursuites en abus de biens sociaux proviennent surtout des autorités fiscales ou des administrateurs judiciaires (en cas de redressement ou de liquidation judiciaire).

ont été victimes des manipulations de certains actionnaires majoritaires ce qui a engendré des crises perpétuelles. C'est ce qui amène Dominique GILLIER à dire qu'il n'existe pas d'actionnaire idéal qui par nature harmoniserait les intérêts du travail et du capital, réagirait de façon adéquate à toutes formes de situations et même répondrait quelques fois aux exigences qu'on attend de lui[164].

La participation des actionnaires majoritaires lors des assemblées générales d'actionnaires se déroule dans une parfaite mésentente avec les actionnaires minoritaires ce qui crée naturellement des conflits d'intérêts. Les pouvoirs devant exercer cette assemblée peuvent sans doute être bloqués dans la mesure où les actionnaires majoritaires en connivences avec certains cadres dirigeants valident les comptes annuels et parfois soutiennent la reconduite des équipes ayant fait preuve de mauvaise gestion. Ils imposent leur choix à des fins strictement personnelles. Les actionnaires s'abstiennent de faire une évaluation transparente des mandataires sociaux y compris le conseil d'administration. C'est d'ailleurs ce qui a provoqué la faillite de plusieurs entreprises comme la BHM SA avant que l'État avec le soutien des partenaires financiers n'intervienne pour promouvoir sa relance[165].

Les actionnaires majoritaires des entreprises maliennes occupent naturellement une place prépondérante. Ils sont par la règle de la majorité, maîtres, et profitent de cela pour s'offrir des avantages sans pour autant se soucier de l'intérêt social de l'entreprise. En faisant, une analyse de droit comparée, la problématique de l'intérêt social est au cœur de la gouvernance d'entreprise. En effet, malgré les critiques vives de certains auteurs, aucune solution ne s'est dégagée avec force[166]. Cette controverse au sujet de la notion d'intérêt social s'est trouvée relancée par le développement du gouvernement d'entreprise qui accorde une place spécifique aux actionnaires de la société[167]. Parallèlement, la très nette augmentation de la distribution de

---

[164] D. GILLIER, « Pour une autre gouvernance des entreprises » *Fédération Générale des Mines et de la Métallurgie CFDT (FGMM-CFDT)* Juin, 2009, p. 3.

[165] A. DRAME, « Finances : Peut-on sauver la BHM ? », *Le Sphinx*, 26/09/2009.

[166] Parmi les critiques les plus virulentes, celles des professeurs LYON-CAEN méritent d'être évoquées (G. LYON-CAEN et A. LYON-CAEN, *La « doctrine » de l'entreprise, dans Dix ans de droit de l'entreprise*, Litec, 1978, p.600, *spéc.* p.611 et s.). D'une part, ils dénoncent la déformation économique de cette théorie, puisque la discipline économique ne donnerait aucune clé. D'autre part, ils contestent la déformation juridique à laquelle conduit la doctrine de l'entreprise dans la mesure où cette doctrine encourage la symbiose des notions d'objet social, de but social et d'intérêt social. Enfin, ils sont opposés à l'idée que le but de la société ait changé et qu'il soit aujourd'hui de défendre la promotion de valeurs morales. En plus des références envisagées par la suite qui donnent une place centrale à l'intérêt des actionnaires, voir pour des critiques à la position défendant l'intérêt de l'entreprise : C. HANNOUN, « Le droit et les groupes de sociétés », Bibliothèque de droit privé, T. 410, L.G.D.J., 1998, *spéc.* p.121, n°154 ; A. VIANDIER, *La notion d'associé*, Bibliothèque de droit privé, T. 156, L.G.D.J., 1978, *spéc.* p.135 et s., n°139 et s. ; B. OPPETIT, note sous Com., 21 janvier 1970, *J.C.P.*, éd. G., 1970, II, n°16541.

[167] Parmi une littérature des plus abondantes : D. COHEN, « Le « gouvernement d'entreprise » : une nécessité en droit français ? », Mélanges P. MALAURIE, Defrénois,

dividendes au cours de ces dernières années amène à renouveler les interrogations sur ce concept[168] qui est loin d'être mieux appréhendé par les entreprises maliennes où la subjectivité des actionnaires majoritaires constitue un dysfonctionnement pour imposer une certaine transparence dans la gouvernance des entreprises maliennes. Finalement, bien que certaines pistes tendent à mettre l'actionnaire au centre de la société[169], les doutes subsistent et la vision large de l'intérêt social paraît loin d'être abandonnée[170]. Ces pratiques vont jusqu'à marginaliser les actionnaires minoritaires qui doivent pourtant profiter pleinement de la gouvernance d'entreprise au même titre que les actionnaires majoritaires.

2. La marginalisation des actionnaires minoritaires

Les questions de minorité[171] et de majorité témoignent, en partie, que les actionnaires ont des objectifs différents. L'intérêt social peut sans doute être un moyen de réguler les dissensions manifestes qui ne doivent pas dégénérer des abus[172]. Cet instrument juridique qualifié comme étant la boussole de la conduite de la société est difficilement mis en œuvre[173] puisque les

2005, p.159 ; G. GOFFAUX-CALLEBAUT, « La définition de l'intérêt social : Retour sur la notion après les évolutions législatives récentes », *R.T.D.Com.*, 2004, p.35 ; P. BISSARA, « Le gouvernement d'entreprise en France : faut-il légiférer encore et de quelle manière ? », *R.S.*, 2003, p.51 ; J. HOPT, « Le gouvernement d'entreprise – Expériences allemandes et européennes », *R.S.*, 2001, p.1 ; Q. URBAN, « La « communauté d'intérêts », un outil de régularisation du fonctionnement du groupe de sociétés », *R.T.D.Com.*, 2000, p.1 ; D. NECHELIS, « Le gouvernement d'entreprise », *D.S.*, novembre 2000, chron., n°23, p.6 ; M.-C. PINOT, « Le *corporate governance* à l'épreuve de la jurisprudence de la chambre commerciale de la Cour de cassation », Mélanges A.E.D.B.F., T. 2, p.369 ; V. MAGNIER, « Principes (OCDE) relatifs au gouvernement d'entreprise. Premiers éléments d'analyse », *J.C.P.*, éd. E., 1999, p.1165 ; AFEP/MEDEF, *Recommandations*, JCP G, 2008, n° 2372.

168 En dépit du contexte morose qui caractérise le début d'année 2008, les groupes du CAC 40 devraient verser plus de 31milliards d'euros à leurs actionnaires en 2008, un chiffre en très légère croissance par rapport à l'année précédente. Le taux de distribution est attendu globalement stable, autour de 40% pour le CAC 40 (*Les échos.fr*, 5 février 2008). Pour le Mali, ces informations relatives aux dividendes partagés aux actionnaires sont rarement publiées. Mais, il est évident qu'avec l'attractivité de plus en plus pressante des investisseurs, beaucoup d'actionnaires se font des fortunes dans une gouvernance marquée par l'autocontrôle des dirigeants et surtout la complicité des actionnaires majoritaires.

169 Par exemple : P. MARINI, « La modernisation du droit des sociétés », *Coll. Des rapports officiels, La Documentation française*, 1996, *spéc.* p.12 ; Rapport Viénot I, « Le Conseil d'Administration des Sociétés cotées », *CNPF-AFEP*, 1995.

170 J.-P. DOM, « La protection des minoritaires », *R.S.*, 2001, *Dossier spécial Loi NRE*, p.534 ; D. Bureau, « La loi relative aux nouvelles régulations économiques. Aspects de droit des sociétés », *Bull. Joly*, 2001, p.553, *spéc.* n°5 et n°13.

171 B. KAMENA, *La situation de l'associé minoritaire en France et dans l'espace OHADA*, Thèse, Université Pierre Mendes France (Grenoble II) UFR Droit, 6 juin 2005.

172 F.G. TREBULLE, « Sociétés », *Bull. Joly*, note, p. 14.

173 D'ailleurs, le droit OHADA crée une situation dans laquelle la confusion se matérialise lorsqu'il s'agit de qualifier l'intérêt social. La notion d'« intérêt social » occupe dès lors une place essentielle en droit OHADA notamment la règlementation des sociétés commerciales. Mais, aucune définition unanime ne se dégage de la construction juridique contemporaine

entreprises par l'entremise des actionnaires développent des comportements qui réduisent les pouvoirs dont dispose l'assemblée générale des actionnaires.

L'assemblée générale des actionnaires est par principe une instance qui statue sur les dossiers importants de l'entreprise. Ce principe est en effet reconnu par l'AUSC ainsi que par les statuts des entreprises. Cependant, avec l'existence de certaines pratiques, cette instance devient de plus en plus muette surtout lorsqu'il s'agit de prendre des mesures contre la mauvaise gouvernance des managers de l'entreprise. Cela est dû à plusieurs facteurs notamment l'absence d'intransigeance des actionnaires majoritaires qui cèdent devant les propositions des mandataires sociaux pourtant appelés à être évalués. Une telle attitude contribuerait à la marginalisation des actionnaires minoritaires. Ceux-ci compte tenu de leur force limitée auront une moindre importance au sein de l'assemblée générale des actionnaires.

La mise à l'écart des actionnaires minoritaires constitue une violation de l'intérêt social. Or, le respect d'intérêt social peut prendre en compte tous les intérêts des parties prenantes en relation avec l'entreprise. Peu importe que l'intérêt social soit considéré par certains auteurs comme l'intérêt de l'entreprise et pour d'autres celui commun aux associés, il constitue une notion fondamentale de la gouvernance d'entreprise[174]. En effet, la gouvernance d'entreprise repose sur un courant d'opinion qui s'est développé aux États-Unis, au Japon et en Europe, en réaction à une série des scandales[175]. C'est suite à ces imperfections décelées dans le système

---

même après la révision récente de l'AUSC, l'acception oscillant selon les circonstances entre « intérêt des actionnaires », « intérêt de l'entreprise » et « intérêt de la personne morale ».

[174] J. PAILLUSEAU, « Les fondements du droit moderne des sociétés », *JCPE*, éd. E., 1993, n°14193, p.165 ; S. ROUSSEAU, I. TCHOTOURIAN, « L'« *intérêt social* » en droit des sociétés : Regards transatlantiques » Chaire de droit des affaires et du commerce international (C.D.A.C.I.) sur le thème de la responsabilité sociale des entreprises cotées, 2009, pp. 5 à 8.

[175] Les infractions les plus manifestes à la bonne gouvernance concernent Enron en novembre 2001 ; Andersen en janvier 2002 ; Worldcom –MCI en mars 2002 ; Vivendi en juillet 2002 ; Global Crossing en janvier 2003 ; Security Trust, Invesco, Putman. Fin 2003 ; Elf et Crédit Lyonnais (Eiteman, Stonehill et Moffett, 2004). Estimant que les scandales anciens et récents étaient imputables à l'inefficacité des systèmes de contrôle interne, les législateurs des principaux pays développés (Justin, 2005) ont été amenés à légiférer. C'est le cas de la Loi Sarbanes- Oxley (SOX) de juillet 2002 aux Etats-Unis, de la Loi sur la sécurité financière (LSF) du 1er août 2003 en France. Ces deux lois imposent de nouvelles obligations en matière de contrôle interne. En France par exemple, la LSF poursuit plusieurs objectifs :

- moderniser les autorités de contrôle avec la création de l'Autorité des marchés (AMF) et du Haut Conseil du Commissariat aux comptes ; renforcer la sécurité et la confiance des investisseurs ;
- favoriser la transparence qui permettrait aux actionnaires d'être mieux informés sur les procédures de contrôle interne et les méthodes de travail ainsi que sur la répartition des pouvoirs des organes dirigeants qui conduisent aux décisions prises par ces derniers. Dans ce cadre, il est demandé au président du conseil d'administration ou de conseil de surveillance de rendre compte dans un rapport, des conditions de préparation et d'organisation des travaux du conseil ainsi que des procédures de contrôle interne mises en place par la société.

classique de la gestion et du contrôle des entreprises qu'un nouveau mode se forgea. Celui-ci a mis en exergue la protection des actionnaires minoritaires et des créanciers. Cela a largement contribué à impulser cette approche juridique de la gouvernance d'entreprise, car les pays de droit de type *Common Law*[176] ont un système de gouvernance d'entreprise plus efficace que les pays dont le droit est de type droit civil[177].

Ce constat pointe le doigt sur la transparence dans la gestion des entreprises maliennes. La marginalisation des minoritaires est un fait qui crée un obstacle dans la protection de l'intérêt de l'entreprise. Un tel handicap révélé dans le système de gouvernance d'entreprise ne laisse pas croire à l'existence d'une ouverture et de protection dans la conduite des entreprises dans la mesure où les droits des minorités souffrent de restrictions. Leur participation n'est pas active surtout lors de la tenue de l'assemblée générale des actionnaires. Il apparaît dans les entreprises maliennes que le minoritaire ne peut être cantonné dans un rôle passif de contrôleur *a posteriori.* La collaboration qu'implique *l'affectio societatis* impose de lui reconnaître un droit de participation *a priori* qui présente au surplus quatre caractères. La participation des associés à l'élaboration de la volonté sociale doit, tout d'abord, être exercée dans l'intérêt de la société et non dans l'intérêt personnel. Dès lors, toute participation dans l'intérêt personnel au détriment de l'intérêt social pourrait entraîner un abus de minorité. Cela constitue dès lors une entorse des dispositions légales et statutaires de l'entreprise.

Ainsi, la situation dans laquelle s'organisent les assemblées générales des actionnaires est confuse et compromise. Une telle situation peut influencer les autres instances de l'entreprise notamment le conseil d'administration.

B. Le conseil d'administration

Le conseil d'administration est une instance de contrôle fondamentale dans une entreprise. Il est réputé être une petite élite « d'administrateurs puissants » qui sont essentiellement détenteurs de mandats dans les très grandes entreprises. D'ailleurs, les théoriciens de l'agence[178] estiment qu'il est le mécanisme de contrôle le plus puissant dans l'entreprise. Cependant, la pratique malienne s'écarte largement de cette autorité dont le conseil d'administration peut exercer. En effet, la place confortable du président du

---

Eustache EBONDO WA MANDZILA, « Audit interne et gouvernance d'entreprise : lectures théoriques et enjeux pratiques », *Euromed- Marseille Ecole de Management, Domaine de Luminy,p. 3.*

[176] La traduction de "Common Law" en "Droit commun" selon les spécialistes du droit est un faux ami. Nous conserverons par conséquent le thème en anglais tout au long de l'étude.

[177] Dans un contexte français cette traduction de *Civil Law* en Droit civil peut prêter à confusion. Nous sommes restés fidèles à la traduction de la littérature. Par droit civil, il faut comprendre un système de droit codifié.

[178] JENSEN, MECKLING, « La théorie de l'agence », *Journal of Financial Economics*, 1976, dans F. PARRAT, *op. cit.*, p. 15.

conseil (1), conduit à prendre part à des pratiques contraires à la règlementation de la gouvernance d'entreprise. Les conseils d'administration des entreprises ne disposent pas non plus d'administrateurs indépendants (2).

1. La place confortable du président

Le président du conseil d'administration est institué par l'AUSC avec des pouvoirs exorbitants, autrement dit il préside à la fois le conseil d'administration et assure le poste du président directeur général. Les pouvoirs sont donc trop centralisés et créent des discontinuités dans la marche des affaires de l'entreprise. Ce cumul exagéré de pouvoir est contraire aux principes de la gouvernance d'entreprise. En effet, la gouvernance d'entreprise se caractérise par la dissociation du pouvoir de la direction et celui du contrôle. Pourtant, c'est tout le contraire que l'on constate dans l'AUSC. Celui-ci donne la possibilité au président d'assurer à la fois les fonctions de contrôle et celles de la direction[179]. Le droit positif OHADA crée donc une situation confuse qui explique, en partie, l'inefficacité d'exécution des missions dévolues au président directeur général. Cela provoque une absence de transparence dans le contrôle de gestion. Il y a de ce fait une crise de transparence à laquelle les entreprises seront confrontées.

En effet, compte tenu de cette exorbitance de compétences, le risque est élevé et le président peut développer une relation avec les instances dirigeantes de l'entreprise. C'est surtout la possibilité d'effectuer des échanges avec les autres administrateurs de l'entreprise en l'absence de toute transparence. Sa position institutionnelle ne lui permet pas de trancher en toute transparence puisqu'il n'est pas évident de faire un *mea culpa* lorsqu'il est appelé à siéger au sein du conseil d'administration pour la validation du bilan, voire également, la révocation de l'équipe dirigeante n'ayant pas enregistré une bonne performance. C'est une situation que l'on a relativement comparée à l'action sociale mise en œuvre par les représentants légaux suite à une faute de gestion[180].

Une telle opportunité n'a pas encore été envisagée par le droit OHADA. Les entreprises maliennes sont, quelquefois, exposées à des risques

---

[179] V. art. 465 de l'AUSC.

[180] Par principe dans le cadre de la mise en œuvre de la responsabilité civile du dirigeant de l'entreprise, si le dommage est subi par la société, il n'y a aucun obstacle de droit à l'action. Cependant, elle est rarement exercée : en principe, s'agissant d'une action de la société, elle devrait être intentée en son nom par ses représentants légaux (action sociale « *ut universi* »). Or, ceux-ci sont rarement enclins à tresser la corde qui servira à les pendre, ou leurs collègues. La seule hypothèse probable est celle d'un procès des nouveaux dirigeants contre les anciens après un changement de pouvoir au sein de la société. Pour suppléer aux carences des mandataires en place, la loi confère aux associés ou actionnaires la possibilité d'exercer l'action à leur place (action sociale « *ut singuli* »). V. I. CISSE, *La responsabilité des dirigeants sociaux en droit OHADA, un modèle controversé dans sa mise en œuvre*, Editions Universitaires Européennes, Allemagne 2012, p. 84.

potentiels de mauvaise gouvernance. En effet, les super présidents de nos entreprises profitent de cette situation pour s'offrir une certaine exemption des actes qu'ils ont pourtant commis. Le dysfonctionnement est ainsi évident puisque le cumul des fonctions peut être dommageable lorsque le président directeur général exerce une autorité sans partage sur le conseil. Or, le contrôle par la dissociation des fonctions de président du conseil d'administration et de directeur général peut sans doute contribuer à la bonne gouvernance. En effet, il lui sera difficile d'agir es qualités en raison de sa double présidence[181]. Ce cap est loin d'être franchi malgré la révision récente de l'AUSC. Celui-ci a du mal à concevoir les enjeux de la gouvernance d'entreprise. C'est par exemple le cas de la méconnaissance des administrateurs indépendants.

2. L'impuissance des administrateurs

Les sociétés commerciales et industrielles[182] au Mali sont constituées selon les principes imposés par le droit OHADA. Elles disposent en général d'un conseil d'administration composé d'administrateurs. Ceux-ci sont investis d'un certain nombre de pouvoirs. En effet, ils exécutent les missions du conseil d'administration dont la principale responsabilité est d'orienter le fonctionnement de l'entreprise. Les administrateurs sont désignés dans presque toutes les grandes entreprises maliennes. C'est le cas des sociétés comme la BNDA[183], de la BHM SA, de la BDM-SA, de la société Orange Mali SA, la société WASSOUL OR, la Société d'exploitation des mines d'or de Sadiola (SEMOS), la société *Anglogold* Ashanti, la société TOGOUNA SA, etc.

La question est d'abord de l'indépendance de l'administrateur et ensuite de son impuissance. En effet, la centralisation des pouvoirs dans les mains du président directeur général amoindrit considérablement les pouvoirs des administrateurs au sein des entreprises maliennes. D'ailleurs, les différentes équipes de la direction y compris les administrateurs qui constituent le conseil d'administration des entreprises maliennes sont sous la tutelle du Président Directeur général. Celui-ci centralise tous les pouvoirs et tous les actes pris par la société nécessitent son approbation. Il est la pierre angulaire dans les entreprises maliennes[184]. Pour la BNDA par exemple, les directeurs

---

[181] Art. 415, 462, 429, 465 de l'AUSC.

[182] Nous précisons que les grandes entreprises maliennes en général adoptent la forme SA. C'est le cas des établissements financiers et de crédit, les sociétés industrielles, les sociétés de télécommunication…

[183] Pour la BNDA, la composition de son conseil d'administration indique l'existence d'un critère déterminant des principes de la gouvernance des entreprises. C'est l'existence involontaire d'un administrateur indépendant au sein du conseil d'administration de la BNDA. V. Rapport annuel 2012 de la BNDA, *Assemblée Générale Ordinaire du 21 mai 2013*, p. 6.

[184] Pour la BNDA, et selon le financier Sory Hiller DIAKITE, il y a une indépendance de gestion encadrée par le PDG de leur établissement.

de département sont indépendants de façon encadrée, les uns des autres dans leur gestion. Mais ils relèvent tous du Président Directeur général à qui ils rendent compte au cours d'un comité de direction qui se tient périodiquement. Par contre, les taches qu'ils coordonnent sont liées et sont intégrées dans un processus.

La subordination affaiblit ainsi les pouvoirs des administrateurs dans la gouvernance des entreprises maliennes. Cela indique la présence d'une forte influence entre les instances de l'entreprise. Ce qui explique que les missions exécutées sont déviées à des fins strictement personnelles. Il y a, donc, une crise d'indépendance notoire à laquelle les administrateurs sont confrontés dans l'exercice de leur mission. Le conseil d'administration est composé d'administrateurs ayant des liens souvent fraternels avec les dirigeants tout comme le gage de la souveraineté notamment le président directeur général de l'entreprise. La désignation des administrateurs au regard de l'AUSC, donne une opportunité vicieuse à un actionnaire, ou un groupe d'actionnaires, en plus du droit aux bénéfices. Il a également droit à l'exercice du pouvoir c'est-à-dire qu'un actionnaire devient automatiquement administrateur de la société dès lors qu'il possède une action[185]. En cette qualité, ils deviendront membres au conseil d'administrateur autrement dit des administrateurs de la société. Cette culture d'attribution du profil d'administrateur est courante au Mali et n'est pas sans faille. Cela n'est pas sans conséquence, car leur état d'esprit peut parfois dévier les objectifs fixés par l'entreprise. Il aura souvent à manquer de s'abstenir de tout favoritisme, mais également d'être dans l'impossibilité de statuer sur le bien-fondé des prétentions en présence[186]. Or, dans la logique de la gouvernance d'entreprise, même s'il est nommé, en vertu de clauses statutaires particulières, par un groupe d'actionnaires, l'administrateur est mandaté par l'assemblée générale et répond de sa gestion devant celle-ci ; il exerce son mandat dans l'intérêt de la société et non dans l'intérêt du groupe d'actionnaires qui a proposé sa nomination[187]. Il n'y a donc pas une *procéduralisation* des prises de décision par le conseil d'administration comme l'indique GUINCHAR et ALII[188]. Il semble être

---

[185] V. Rapport annuel 2013 de la BNDA. En effet, dans ce rapport une mention est faite et précise qu'un actionnaire peut céder une action à toute personne physique de son choix pour lui conférer la qualité d'administrateur.

[186] E. SCHOLASTIQUE, « L'administrateur indépendant, quelle indépendance ? », *Revue la semaine juridique*, *op. cit.*, p. 34.

[187] En vertu du code belge de la gouvernance d'entreprise, l'indépendance de jugement est requise de tous les administrateurs dans les prises de décisions. Aucun administrateur individuel ou groupe d'actionnaires ne peut dominer la prise de décisions dans le conseil d'administration et aucun membre individuel ne peut avoir de pouvoirs décisionnels excessifs (v. disposition 2.2). v. P. HAINAUT-HUMENDE, G. RAUCQ, *Les sociétés anonymes, constitution et fonctionnement*, LARCIER, Bruxelles, 2005, p. 453.

[188] En effet, selon ces auteurs, la présence d'administrateurs indépendants entraine une *procéduralisation* des prises de décision par le conseil. V. Cf., S. GUINCHARD ET ALII, *Droit processuel*, Dalloz, 2ème éd. 2003, n° 583.

obsolète de les qualifier au sein des entreprises maliennes comme des acteurs incontournables. Or, dans la gouvernance d'entreprise, ils jouent un rôle primordial dans le cadre du bon fonctionnement des entreprises.

Ainsi, on ne constate dans d'autres cas que certains administrateurs au sein des entreprises maliennes sont autres personne que des actionnaires. C'est souvent des personnes internes ayant une très grande influence au sein de l'entreprise. Il peut s'agir d'un salarié ou d'un partenaire[189] de l'entreprise. Ceux-ci également selon les critères d'indépendance révélés par Estelle SCHOLASTIQUE[190], ne sont pas indépendants. D'ailleurs, en grande partie aussi, plusieurs administrateurs y compris les dirigeants dans les entreprises maliennes, sont issus de la technostructure d'État. En général il s'agit des administrateurs issus des partis politiques surtout du parti au pouvoir qui place ces militants dans les entreprises. Ceux-ci ne sont ni des professionnels, et seront toujours influés par le parti[191]. Les actes pris seront toujours en contradiction avec l'objet de l'intérêt social de l'entreprise. Ces types d'administrateurs sont impuissants et auront une faible contribution dans la consolidation de la gouvernance de leur entreprise dans la mesure où cela peut avoir des effets sur les contrôles exercés.

Section 2. L'inefficacité des contrôles

La protection de l'intérêt des actionnaires ou de l'entreprise passe nécessairement par des mécanismes de contrôles efficaces. Le cadre de gouvernance des entreprises maliennes ne permet pas d'instaurer de tels moyens juridiques en vue de sauvegarder l'intérêt des propriétaires du capital social. L'encadrement juridique des organes de contrôle est disparate et n'intègre pas des systèmes au regard des principes de la gouvernance d'entreprise. C'est pourquoi le contrôle effectué par les instances suprêmes des entreprises maliennes souffre d'une absence de pouvoir dissuasif. De ce fait, le contrôle interne est peu contraignant (paragraphe 1) et cela se reflète sur le contrôle externe qui est peu dissuasif et confronté à des difficultés de transparence (paragraphe 2).

Paragraphe 1. Le contrôle interne peu contraignant

Les entreprises maliennes traversent une crise profonde. Elles sont confrontées à un affaiblissement des systèmes juridiques de contrôle mis en

---

[189] Notamment, les investisseurs, les fournisseurs voire même des créanciers de l'entreprise.

[190] E. SCHOLASTIQUE, *ibid.*

[191] En grande partie, ils n'ont pas le profil approprié, et ils se comportent plus de manière à faire plaisir à celui qui les a nommés qu'à assurer le bon fonctionnement de la société, soit étant lié au parti au pouvoir par une simple convention politique, ils n'ont pour souci majeur que de trouver un peu de subsides pour assurer le bon fonctionnement de leur parti politique. V. I. CISSE, *op. cit.*, p. 1.

place par le droit positif OHADA. Cette crise a été provoquée, essentiellement, par le dysfonctionnement du système malien de gouvernance des entreprises, en particulier, dans le secteur financier. Derrière cette situation, il y a un autre problème plus sérieux et plus lourd de conséquences : la défaillance des contrôles effectués par les instances dirigeantes en charge de contrôler la gestion de l'entreprise. L'État en sa qualité d'autorité de tutelle à travers le Ministère des Finances et malgré la prééminence du principe de la libre entreprise intervient rarement pour dissuader certaines pratiques pouvant affaiblir les entreprises. Une telle crise est la résultante d'une absence d'implication dans la vérification de l'indépendance des administrateurs (A) et surtout la faible implication des instances de contrôle (B).

A. L'absence d'implication dans la vérification de l'indépendance des administrateurs

Toute entreprise dans laquelle les administrateurs ne disposent pas de pouvoirs pour exercer leur mission doit s'attendre à une inefficacité du contrôle de la gestion de son portefeuille. C'est ce qui arrive depuis des années aux entreprises maliennes. Il y a une absence accrue d'administrateur indépendant bien vrai que ce comportement ne constitue pas en partie une violation des règles juridiques. Mais, du point de vue de la bonne gouvernance en référence aux principes de la gouvernance d'entreprise, il peut s'agir d'un acte compromettant le bon contrôle de la gestion de l'entreprise. Or, l'indépendance des administrateurs est un indicateur de bonne gouvernance. C'est ce qui explique une absence de rationalité des décisions prises par le conseil d'administration (1) et par ricochet les effets seront moins dissuasifs à l'endroit des dirigeants (2).

1. Le manque de rationalité dans les décisions du conseil d'administration

Le conseil d'administration doit être un rempart pour la direction en l'occurrence les organes de gestion. La théorie de l'agence confirme cette thèse puisque selon elle, le conseil d'administration est le mécanisme de contrôle le plus important dans une entreprise[192]. Il doit disposer de tous les moyens pour la bonne exécution de ses missions. Celles-ci[193] sont diverses et variées et font de lui un organe essentiel dans la bonne gouvernance d'une entreprise.

Une telle souveraineté relativement attribuée au conseil d'administration est biaisée. En effet, la substance juridique de l'AUSC est contradictoire quant à la répartition des missions dévolues au conseil d'administration et celles aux organes de gestion. On constate une divergence dans la répartition des pouvoirs puisque les deux instances sont investies des pouvoirs les plus

[192] F. PARRAT, *op. cit.*, p. 17.
[193] V. art. 435 de l'AUSC.

étendus pour agir en toute circonstance au nom de la société[194]. Cette disparité juridique peut être à l'origine de l'irrationalité des décisions prises par le conseil d'administration des entreprises maliennes.

Les administrateurs pour la plupart sont des actionnaires. En effet, traditionnellement, l'administrateur devait avoir la qualité d'actionnaire[195]. Mais il existe d'autres formules comme le prêt de consommation[196]. Celle-ci n'est pas encore prise en compte par les entreprises maliennes dans le cadre de la nomination des administrateurs. Pour ce qui concerne les incapacités ou les incompatibilités pour être nommé administrateur, l'acte uniforme semble muet puisqu'elles ne sont prévues dans aucune disposition expresse. Cela dit, les actionnaires qui sont frappés de vices sont très souvent admis au sein des entreprises maliennes comme administrateur. Pourtant, au regard du régime général des obligations du Mali ou de l'acte uniforme relatif au droit commercial général, on peut donc constater que certaines mentions font référence aux cas d'interdictions ou d'incompatibilités. Certes, l'administrateur n'a pas la qualité de commerçant, mais les individus qui font l'objet d'une interdiction d'exercer une activité commerciale ne pourraient prétendre devenir administrateurs. En référence à l'acte uniforme sur le droit commercial général, on peut faire le lien en estimant que les actionnaires ayant par exemple fait l'objet d'une condamnation pénale ou frappés de faillite personnelle ne peuvent avoir la qualité d'administrateur[197]. Mais, il existe des administrateurs ayant fait l'objet de condamnation pénale voire de faillite personnelle et même des fonctionnaires de l'État qui sont nommés administrateurs dans les entreprises maliennes. De telles pratiques peuvent avoir des incidences sur les décisions prises par le conseil d'administration.

Par ailleurs, il existe d'autres pratiques qui peuvent entraver les choix opérés par le conseil d'administration. Celui-ci est pour la plupart composé par des administrateurs qui sont désignés selon les critères retenus par l'entreprise. On constate l'inexistence des administrateurs indépendants qui, en principe, au regard de leur statut peuvent bien mener les missions conférées au conseil d'administration. C'est pour dire que les entreprises maliennes ne disposent pas, en toute évidence, de conseil d'administration autonome capable de contrôler les organes de gestion d'une entreprise. En ayant en son sein des administrateurs indépendants qui sont *a priori* dotés de moyens matériels, les décisions qui seront prises peuvent être légitimes. De telles décisions impacteront à une autorité assurant la police de la

---

194 V. art. 435 al. 2 et l'art. 465 al. 3 et art. 487 al. 2 de l'AUSC.

195 V. art. 417 de l'AUSC.

196 M. COZIAN, A. VIANDIER, Fl. DEBOISSY, *Droit des sociétés*, *op. cit.*, pp. 290-291.

197 Les fonctionnaires ne peuvent pas en principe exercer une activité lucrative privée à caractère professionnel, prohibition confirmée par l'article 8 de l'AUDCG. C'est d'ailleurs une interdiction consacrée par la loi fondamentale. V. art. 58 de la constitution du 25 février 1992 du Mali.

profession[198], et avoir des effets positifs surtout lorsqu'il est question de sanctionner une équipe qui dirige la gestion.

Il y a néanmoins certaines entreprises qui prennent en compte les exigences pouvant donner une certaine légitimité au conseil d'administration. C'est le cas de la BNDA, la BDM SA[199]. Ces entreprises disposent des administrateurs qui font fonctionner leur conseil d'administration et à la fin de l'assemblée générale le conseil procède à l'approbation des comptes de l'exercice tenue dans l'année au cours de laquelle expire leur mandat. Ils disposent donc des attributs indispensables pour leur légitimité en vue de prendre part aux activités de leur entreprise. Mais il y a des insuffisances notoires pour les décisions prises par les conseils d'administration. Ils protègent en grande partie certaines personnalités influentes au sein des organes de gestion d'où la présence à une absence de transparence dans leur rapport de contrôle. Ce qui peut amenuiser les décisions censées dissuader les dirigeants.

2. Les effets peu dissuasifs pour les dirigeants

La gestion d'une entreprise est confiée aux organes de gestion. Ils doivent apporter tout leur savoir-faire pour produire des résultats exponentiels dans le plus grand bonheur des patrons autrement dit les propriétaires de l'entreprise. Pour bien exécuter cette mission, le législateur communautaire a retenu la solution qui consiste à les attribuer les pouvoirs les plus étendus dans la limite de l'objet social[200]. Cette relation créée entre les propriétaires et les managers doit être encadrée pour éviter d'éventuel conflit comme le révèle la théorie de l'agence[201]. Pour cela, ces pouvoirs accordés doivent être soumis à des contrôles. Ceux-ci doivent être exercés par les différents organes de contrôle dont le principal est le conseil d'administration[202], mais également le commissaire aux comptes.

Ces contrôles servent de moyens de pression en vue d'obliger les dirigeants à apporter toute la lucidité pour réaliser un bilan positif. C'est donc un moyen de protection juridique auquel les actionnaires disposent dans le cadre de la gestion de leur portefeuille. Cette finalité de dissuasion est cependant remise en cause dans beaucoup d'entreprises maliennes. Les décisions prises par le conseil d'administration sont parfois équivoques et ne produisent pas de réels effets auxquels les dirigeants doivent subir. Ces

[198] E. SCHOLASTIQUE, « L'administrateur indépendant, quelle indépendance ? », in Dossier « La gouvernance d'entreprise, entre réalité et faux-semblants », *Revue la semaine juridique*, n° 5 septembre-octobre 2005, supplément à la semaine juridique n° 44-45 du 3 novembre 2005, Hebdomadaire, p. 34.

[199] Rapport annuel 2012 de la BDM-SA, *Rapport du conseil d'administration à l'assemblée générale pour le compte de l'exercice 2012*, pp. 10 et s.

[200] V. art. 121, 487 de l'AUSC.

[201] F. PARRAT, *op. cit.*, p. 14.

[202] V. art. 137, 138 de l'AUSC.

derniers font plutôt un revirement de situation dans laquelle la survie de l'entreprise est quelque peu entachée.

Les dirigeants sont, indirectement, protégés par le conseil d'administration. Cela est souvent dû à la qualité des administrateurs qui le composent. Beaucoup de ces administrateurs ont été nommés à travers les soutiens accordés par les organes de gestion. Ce qui rend difficile le contrôle qui sera exécuté sous la totale influence des dirigeants. C'est donc une pratique qui crée un dysfonctionnement dans la bonne gouvernance des entreprises maliennes. Les propriétaires surtout les minoritaires ou ceux n'ayant pas pris part aux complots avec les organes de gestions verront leur portefeuille diminué, voire même dilapidé surtout lorsque l'entreprise tombe en faillite. Les dirigeants sont donc en position de force et de telles situations pourraient affecter toutes les chaînes de contrôle.

B. Les institutions moins actives dans le contrôle

L'exercice du contrôle interne est aussi une mission reconnue à certaines institutions de l'entreprise. Leur implication peut largement contribuer au renforcement des contrôles effectués sur la gestion de l'entreprise. C'est plutôt le contraire constaté dans la gouvernance des entreprises maliennes. Cela suppose un affaiblissement de l'assemblée générale des actionnaires qui impose moins de pressions aux mandataires sociaux (1). Le conseil d'administration qui veille à la protection de l'intérêt des actionnaires est plutôt pris en tenaille par les dirigeants sociaux (2).

1. L'affaiblissement de l'assemblée générale des actionnaires

Le droit communautaire reconnaît aux actionnaires des droits qui sont multiformes[203] et cela conformément aux prérogatives reconnues par la gouvernance d'entreprise. Ils ont des droits financiers à travers lesquels en cas de résultat positif, des dividendes leur seront accordés. Les actionnaires ont également des droits patrimoniaux qui leur donnent la possibilité de céder les actions avec une certaine liberté. Ils ont enfin des droits politiques lesquels peuvent porter sur plusieurs éléments. Il s'agit notamment du droit à l'information, du droit au vote. Ce dernier fait partie des droits individuels les plus importants qui soient reconnus à tout actionnaire[204]. A travers le droit de vote, celui-ci peut participer aux différentes décisions collectives prises par l'entreprise.

Parmi ces différents droits reconnus aux associés ou actionnaires, les droits politiques ont des prérogatives à connotation d'ordre public et pouvant contribuer ou renforcer les contrôles effectués par les autres organes de

[203] V. art. 125 de l'AUSC. Il dispose que : « Sauf disposition contraire du présent Acte uniforme, tout associé a le droit de participer aux décisions collectives. Toute clause statutaire contraire est réputée non écrite ». v. aussi l'art. 129 de l'AUSC.

[204] M. COZIAN, A. VIANDIER, Fl. DEBOISSY, *Droit des sociétés*, *op. cit.*, p. 378.

contrôle. Mais, il en est autrement dans la gouvernance des entreprises maliennes où l'on constate leur faible implication dans les processus de contrôle. En effet, les actionnaires ont des droits de contrôle relativement élargi, tant au plan interne qu'au plan externe. C'est par exemple l'alerte qui peut être déclenchée en plus du commissaire aux comptes, par les actionnaires[205]. L'exercice des droits de contrôle reconnu par les actionnaires est bien encadré par l'AUSC. Cela est d'ailleurs confirmé, dans l'article 158 qui donne la latitude aux actionnaires de demander ou de poser des questions selon le cas au conseil d'administration ou aux autres mandataires sociaux sur tout fait pouvant compromettre la survie de l'activité de l'entreprise. Du point de vue juridique, des efforts sont faits pour renforcer davantage la protection et surtout la participation des actionnaires dans le contrôle des activités. Par contre, dans les faits, il est constaté que les actionnaires interviennent rarement pour contrôler les managers. Ceux-ci auront de ce fait moins de pression. Ce qui explique l'existence des pratiques comme l'asymétrie d'information qui est certes un obstacle dans l'exercice des droits pour les actionnaires, mais, elle n'est nullement invincible. En effet, l'astreinte peut permettre à un actionnaire d'obliger le dirigeant à fournir les informations et à les communiquer dans un bref délai[206].

Ces différentes possibilités existent et sont reconnues par l'AUSC, mais encore non exécutées par les actionnaires à travers leur assemblée générale. Cette assemblée est moins active dans le contrôle interne qui permet de discipliner les équipes dirigeantes. C'est l'argument reconnu généralement et particulièrement par la théorie de l'agence. Selon elle, le droit de vote des actionnaires leur donne la possibilité d'avoir un droit de regard notamment d'approuver les comptes et se prononcer sur certains nombres de résolutions. Tous ceux-ci sont couronnés par la possibilité de sanctionner les équipes dirigeantes lorsqu'elles font de mauvais résultats[207]. Ces opportunités sont plutôt relayées au second plan et laissent la possibilité aux dirigeants de faire d'autres ravages.

2. Le conseil d'administration sous contrôle des dirigeants

Le conseil d'administration au sein des entreprises maliennes est moins actif dans l'exercice des contrôles dont doivent être soumises les équipes dirigeantes. Pour la plupart, le conseil d'administration souffre d'une crise d'indépendance. Il serait victime d'une sorte de coup d'État commandité en partie par les dirigeants sociaux notamment les organes de gestion de l'entreprise. Ce constat met en relief l'inefficacité des contrôles internes qu'il est *a priori* chargé de réaliser.

---

[205] V. art. 150, 157, 158 de l'AUSC

[206] V. art. 528 de l'AUSC.

[207] F. PARRAT, *op. cit.*, p. 17.

Il y a ainsi des irrégularités constatées dans les contrôles effectués par le conseil d'administration. Cela est dû à l'influence enracinée des organes de gestions qui mettent tout en œuvre pour protéger leurs arrières. En effet, comme en France[208], il est aussi généralement admis que la gouvernance des entreprises maliennes confond souvent les fonctions de direction et de contrôle entre les mains du président directeur général. Or, l'analyse de l'évolution de la gouvernance montre qu'il n'en est rien. Pourtant, la législation communautaire OHADA confère au conseil d'administration l'autorité de décider de l'affectation des ressources de la société. Cette autorité décisionnelle du conseil d'administration est reconnue par les dispositions qui lui attribuent la responsabilité de gérer en termes de contrôle les activités commerciales et les affaires internes de la société[209]. En créant un conseil d'administration et en l'investissant de l'autorité décisionnelle au sein de la société, la législation communautaire jette pourtant les bases pour un système de gouvernance qui réduit les coûts de transaction[210] surtout pour une économie fragilisée comme le Mali. De plus, l'attribution de l'autorité au conseil d'administration permet une plus grande efficacité dans la prise de décision. C'est pourquoi en parallèle, la législation édicte même des mécanismes qui ont pour objectif de favoriser la responsabilisation des membres du conseil d'administration investis de l'autorité décisionnelle. Ces mécanismes établissent l'objectif général qui se doit de guider les administrateurs dans l'exercice de leur autorité. De plus, ils fournissent les vecteurs par lesquels les membres de la société peuvent intervenir pour assurer le respect de cet objectif. Celui-ci doit en principe guider les administrateurs dans leur prise de décision. En effet, le devoir de loyauté selon l'esprit de l'article 435 de l'AUSC exige qu'ils exercent leurs pouvoirs avec honnêteté et de bonne foi dans l'intérêt de la société. En droit comparé, selon la position majoritaire traditionnelle en doctrine et en jurisprudence, ce devoir signifiait que les administrateurs doivent agir dans l'intérêt des

---

[208] P.-Y. GOMEZ, Z. GUEDRI (dir.), « 20 ans d'évolution des conseils d'administration en France 1992-2010 », *Institut Français de Gouvernement d'Entreprise, Cahiers preuves à l'appui*, n° 3, octobre 2012, p. 4.

[209] V. art. 137, 435 de l'AUSC.

[210] Ed. B. ROCK, M. L. WACHTER, « Islands of Conscious Power : Law, Norms, and the Self-Governing Corporation », (2001) 149 *U. Pa. L. Rev.* 1619, 1647-1661, in S. ROUSSEAU, Iv. TCHOTOURIAN, « Pouvoirs, institution et gouvernance de la société par actions : lorsque le Canada remet en questions le dogme de la primauté actionnariale », *Les cahiers de la CRSDD, collection recherche*, N° 05-2012, p. 19.

actionnaires[211], comme l'avait affirmé la Cour d'appel britannique dans l'affaire *Greenhalgh* c. *Ardene Cinemas Ltd.*[212]

Le conseil d'administration a donc un devoir de loyauté. Mais, celle-ci est vouée à l'échec dans le cadre de la gouvernance des entreprises maliennes. Les administrateurs qui le composent, souffre d'une crise d'indépendance et les dirigeants profitent de cette situation pour imposer une certaine influence qui conduit naturellement à affaiblir l'implication du conseil d'administration dans le contrôle de la gestion de l'entreprise. Le conseil a donc du mal à agir en toute transparence et en protégeant l'intérêt des actionnaires présents et futurs, ordinaires ou privilégiés.

Il est intéressant de souligner que cette position ne concorde pas avec la théorie économique dominante qui conceptualise par exemple la société par actions comme un réseau de contrats. Selon la théorie du réseau de contrats, la société par actions est une création législative artificielle qui sert de structure d'accueil pour l'établissement de relations contractuelles entre les différents intervenants participant à la production.[213] La société est le lieu de rencontre de contrats explicites et implicites qui établissent les modalités de fourniture et d'agencement des ressources amenées par les actionnaires, les créanciers, les employés, etc.[214] Ces contrats fixent également les termes de la répartition des revenus générés entre ces divers fournisseurs. Tous ces objectifs ne peuvent être atteints que lorsque le conseil d'administration dispose d'une certaine indépendance afin de procéder à des contrôles efficaces. Cette inefficacité se propage aussi au plan externe.

Paragraphe 2. Le contrôle externe peu dissuasif

Le contrôle externe peut être un moyen supplémentaire pour le renforcement des contrôles effectués au plan interne qui n'avait pas assez d'engouement jusqu'à l'avènement des principes de la gouvernance d'entreprise[215]. Il est celui qui est le plus sollicité par les entreprises

---

[211] *Peoples Department Stores Inc. (Trustee of)* c. *Wise* [2003] J.Q. no 505 (C.A.). V. aussi *Greenhalgh* c. *Ardene Cinemas Ltd.*, [1951] Ch. 286 (C.A.) ; *Palmer c. Carling O'Keefe Breweries of Canada Ltd.*, (1989) 67 O.R. (2d) 161 (H.C.); *Re Olympia & York Enterprises and Hiram Walker Resources Ltd.*, (1986) 59 O.R. (2d) (Gen.Div.). R. CRÊTE, S. ROUSSEAU, *Droit des sociétés par actions – principes fondamentaux, Montréal, Éditions Thémis*, 2002, pp. p. 482-483.

[212] (1951) 1 Ch. 286 (C.A.).

[213] M. C. JENSEN, William H. MECKLING, « Theory of the Firm: Managerial Behaviour, Agency Costs, and Ownership Structure », 3 *Journal of Financial Economics,* 1976, 305, 311 : « (the) firm is simply one form of legal fiction which serves as a nexus for contracting relationships », in in S. ROUSSEAU, Iv. TCHOTOURIAN, *op. cit.*, p. 21.

[214] Eugene F. FAMA, « Agency Problems and the Theory of the Firm », 88 *Journal of Policial Economy,* 1980, 288, 290, in S. ROUSSEAU, Iv. TCHOTOURIAN, *op. cit.*, p. 21.

[215] Eustache EBONDO WA MANDZILA, « Audit interne et gouvernance d'entreprise : lectures théoriques
et enjeux pratiques », *Euromed- Marseille Ecole de Management*

maliennes. Ce contrôle est cependant loin de répondre aux attentes. Il est marqué par une crise d'indépendance des auditeurs (A), ce qui contribue à la mise à l'échec de la pertinence des moyens de contrôle (B).

A. La mise en cause de l'indépendance des auditeurs

Les constats effectués peuvent être édifiants pour la fonction des contrôles externes. Malgré, le renforcement juridique effectué par le droit OHADA pour l'exécution des contrôles externes, on constate l'existence de certaines manœuvres souvent reprochées au président directeur général ou du conseil d'administration (1). A ce titre, les auditeurs sous craintes peuvent être influencés dans leur exercice ce qui expliquerait l'existence des contraintes dans l'exercice des contrôles (2).

1. L'influence du président du conseil d'administration

Les instances de contrôle des entreprises maliennes font preuve d'une certaine minimisation des risques dont elles peuvent faire encourir à leur entreprise. Dans ce contexte, nous ne sommes pas loin de connaitre les scandales financiers[216] que les grandes entreprises mondiales ont traversés. En effet, les questions d'influences sont trop présentes dans la gouvernance des entreprises maliennes. Cela contreviendrait à la protection de l'intérêt social. Ces dysfonctionnements décelés ruinent la fiabilité des contrôles effectués surtout ceux exercés par des organes extérieurs.

Le super président proposé par le législateur continue à causer des dégâts dans la gouvernance des entreprises. Si la gestion des directions est

---

Domaine de Luminy, 13288 Marseille Cedex 09, p. 2.

[216] Les infractions les plus manifestes à la bonne gouvernance concernent Enron en novembre 2001 ; Andersen en janvier 2002 ; Worldcom –MCI en mars 2002 ; Vivendi en juillet 2002 ; Global Crossing en janvier 2003 ; Security Trust, Invesco, Putman. Fin 2003 ; Elf et Crédit Lyonnais (Eiteman, Stonehill et Moffett, 2004). Estimant que les scandales anciens et récents étaient imputables à l'inefficacité des systèmes de contrôle interne, les législateurs des principaux pays développés (Justin, 2005) ont été amenés à légiférer. C'est le cas de la Loi Sarbanes- Oxley (SOX) de juillet 2002 aux Etats-Unis, de la Loi sur la sécurité financière (LSF) du 1er août 2003 en France. Ces deux lois imposent de nouvelles obligations en matière de contrôle interne. En France par exemple, la LSF poursuit plusieurs objectifs :
- moderniser les autorités de contrôle avec la création de l'Autorité des marchés (AMF) et du Haut Conseil du Commissariat aux comptes ; renforcer la sécurité et la confiance des investisseurs ;
- favoriser la transparence qui permettrait aux actionnaires d'être mieux informés sur les procédures de contrôle interne et les méthodes de travail ainsi que sur la répartition des pouvoirs des organes dirigeants qui conduisent aux décisions prises par ces derniers. Dans ce cadre, il est demandé au président du conseil d'administration ou de conseil de surveillance de rendre compte dans un rapport, des conditions de préparation et d'organisation des travaux du conseil ainsi que des procédures de contrôle interne mises en place par la société.
Eustache EBONDO WA MANDZILA, « Audit interne et gouvernance d'entreprise : lectures théoriques et enjeux pratiques », *Euromed- Marseille Ecole de Management, Domaine de Luminy,p. 3.*

encadrée, les contrôles effectués par les commissaires aux comptes ou les contrôleurs externes en général sont également touchés. En pratique, ils sont rattachés à la direction des finances des entreprises maliennes. En ce qui concerne la BNDA, il y a une direction financière et comptable. Elle a en charge la centralisation comptable, la surveillance des comptes et la bonne application des procédures comptables. Elle anime et coordonne l'élaboration des projections financières. Elle contrôle l'évolution de la trésorerie et la fiabilité des informations financières et veille à la surveillance des comptes sensibles. La direction financière et comptable est chargée aussi de l'élaboration du budget annuel et en suit les réalisations et fournis à la direction générale les instruments de suivi de la banque. C'est donc un département agissant sous le contrôle de la direction générale.

Au regard de sa structuration et des compétences qui lui sont attribuées, elle centralise plusieurs missions qui peuvent être reparties. En effet, la possibilité de créer un comité d'audit autonome pouvait être une garantie pour la sécurité des activités de l'entreprise. Malheureusement ce comité est remplacé par la présence de commissaires aux comptes et dans certains cas, un auditeur externe. Il n'existe donc pas de comité d'audit dans les entreprises maliennes. Les tâches qui leur reviennent sont exécutées par les commissaires aux comptes rattachés à un service subordonné ou sous contrôle de la direction générale.

Une telle situation explique que pour avoir un marché, notamment, en vue d'effectuer un audit, il faut impérativement accepter certaines conditions proposées par le super président. La proposition exige généralement à l'auditeur de fermer les yeux sur certaines informations qui pourraient relever des déficits dans le bilan présenté par les organes de gestion. Les auditeurs sont dans une situation, où ils ne seront pas en mesure d'apporter la transparence et l'impartialité nécessaire dans leur rapport final. Ce qui explique que l'environnement des entreprises est dans une situation plutôt incontrôlée. D'ailleurs selon l'analyse de Estelle SCHOLASTIQUE, une société contrôlée est mieux gérée qu'une société incontrôlée dans la mesure où les intérêts patronaux de l'actionnaire majoritaire convergent avec ceux de la société, ce qui peut être un moyen de réduire les « coûts de l'agence »[217].

Le contrôle externe est effectué dans la totale influence des instances dirigeantes de plusieurs entreprises maliennes. En effet, pour avoir été mandaté à auditer les comptes d'une entreprise, cela suppose l'existence d'une forte relation avec la direction de l'entreprise. Une telle relation exige à l'auditeur de respecter certaines consignes même si elles sont contraires aux principes dans lesquels une mission de contrôle ou d'audit doit être exécutée. Cette subordination est une conditionnalité pour les auditeurs de l'entreprise d'obtenir le marché de contrôle. Dans ces conditions, les experts comptables auront du mal à établir un rapport fiable et transparent qui

[217] E. SCHOLASTIQUE, *ibid.*, p. 37.

reflèterait sur le bilan ou sur l'activité de l'entreprise[218]. En général, les commissaires aux comptes ont comme mission de contrôler l'état financier des trésoreries et des comptes de l'entreprise. Du fait qu'ils soient rattachés à un service et qu'ils travaillent sous le contrôle de la direction générale en l'occurrence du président directeur général, leurs missions de contrôle sont en grande partie déviées sous l'influence de leur position statutaire. Ce qui provoque des contraintes dans l'exécution du contrôle.

2. Les contraintes dans l'exercice de contrôle

Le contrôle est un exercice important dans la conduite de l'entreprise. C'est pourquoi l'AUSC exige aux sociétés commerciales d'organiser des contrôles. Les entreprises ont donc la possibilité d'instituer des auditeurs internes ou de faire recours à des auditeurs externes. Le plus souvent dans les entreprises maliennes, les auditeurs externes sont sollicités pour procéder à une mission d'inventaires. Mais, pour la plupart des cas au Mali, les conditions d'attributions ne valorisent pas la transparence. On constate dès lors que le principe de l'attribution pour l'exercice d'un contrôle externe est malaisé. Il ne favorise pas la bonne exécution des audits qui doivent être exécutés selon les principes de la gouvernance d'entreprise.

En effet, les auditeurs externes doivent être indépendants et s'écarter de toute relation pouvant influencer sur leur mission. Pour un audit transparent, l'auditeur, est même interdit de boire le café offert par les organes de gestion. Il doit être indépendant pour permettre à l'audit externe d'atteindre ses objectifs. L'audit externe doit être une activité indépendante et objective qui doit permettre à une entreprise d'asseoir une assurance sur le degré de maîtrise de ses opérations. Il doit apporter à l'entreprise ses conseils pour les améliorer et contribuer à la création de la valeur à ajouter. Il doit aussi l'aider à atteindre ses objectifs en évaluant, par une approche systématique et méthodique, ses processus de management des risques, de contrôle et de gouvernement d'entreprise et en faisant des propositions pour renforcer son efficacité.

Cet idéal ne peut être réalisé dans un contexte où les contrôleurs ne disposent pas d'une certaine liberté plutôt, ils sont soumis à des contraintes manigancées par la direction de l'entreprise. Les institutions de contrôles

[218] Selon un expert-comptable malien, les audits des entreprises sont effectués en absence de toute transparence et surtout de fiabilité. Les entreprises ont forgé une pratique qui consiste à faire recours à des auditeurs autrement dit des cabinets d'audit qui accepteront d'arranger le bilan au moment de la présentation du rapport final. Cette conditionnalité est indispensable pour avoir un marché auprès d'une entreprise. Les audits seront donc effectués selon les recommandations de la direction de l'entreprise. Cela malheureusement peut conduire l'entreprise en faillite car au fil des années, la fiabilité du rapport va s'affaiblir. A titre d'exemple nous citerons la BHM qui compte tenu de sa mauvaise gestion et des rapports non fiables des audits, a traversé une longue période de crise avant sa relance en 2008 à travers la politique des logements sociaux où la conditionnalité première est d'avoir un compte à la BHM.

externes sont peu fiables puisqu'elles ne disposent pas d'une certaine autorité. Les auditeurs n'ont pas accès souvent aux informations qui doivent en principe être fournies par les dirigeants[219]. Ceux-ci font acte d'asymétrie d'information ou donnent des informations erronées qui ne reflètent pas sur le bilan présenté. Puisque les dirigeants ont fait un revirement de situation. La crise actuelle au sein des entreprises maliennes peut être attribuée au dysfonctionnement du système de gouvernance. Le démantèlement des administrateurs a donné lieu à l'autocontrôle des dirigeants. Les présidents directeurs généraux de plusieurs entreprises se sont mis à l'abri de la discipline du marché des capitaux par des participations croisées, des échanges d'administrateurs et l'instauration de relations à long terme notamment avec la banque centrale en l'occurrence la BCEAO[220]. Les différents mécanismes de contrôle, internes et externes, sont devenus inefficaces. Avant les années 2006, le fort pouvoir discrétionnaire de certains présidents de l'entreprise a assuré aux actionnaires un taux de rentabilité supérieur au niveau sous régional. L'autocontrôle a montré depuis lors ses inconvénients.

Ces contraintes auxquelles les contrôles externes sont confrontés constituent une cause de dysfonctionnement qui ne concourt pas à une réelle transparence dans la gouvernance des entreprises maliennes. Les contrôles externes sont difficilement exécutés d'où la faillite de plusieurs entreprises. Ce constat met en évidence une certaine équivoque sur les moyens de contrôle.

B. L'échec de la pertinence des moyens de contrôle

Le détournement du pouvoir de contrôle par les cadres dirigeants des entreprises maliennes est à l'origine de l'échec de la fiabilité des rapports fournis par les différents organes de contrôle. On assiste plutôt à une sorte d'autocontrôle des équipes dirigeantes. Cela démontre quelque peu l'existence d'une certaine insécurité juridique dans la pratique de la gouvernance des entreprises maliennes. Le contrôle est ainsi buté à l'accès difficile aux informations (1). Le manque d'information peut dans certains cas conduire à une falsification des résultats du bilan social (2).

1. L'accès difficile aux informations

L'AUSC a fait un grand effort pour obliger les dirigeants des sociétés commerciales à fournir les informations dans la plus grande transparence.

---

[219] V. art. 712, 713 de l'AUSC.

[220] En effet, courant 2009, la BHM était devenu une société de patrimoine palliatif. La BHM a effectué un DAT (dépôt à terme) de 20 milliards appartenant à l'Etat qui a été utilisé hâtivement pour couvrir la provision demandée par la Commission bancaire de la BCEAO. L'Etat ne tirait ou n'a profité aucun revenu de ce DAT depuis plusieurs années. Adama DRAME, « Finance, Peut-on sauver la BHM », *Le Sphinx*, paru le 26/09/2009.

C'est par exemple le cas de l'actionnaire qui a le droit d'être informé par les managers sous peine de sanction. Il en est de même pour les contrôleurs notamment les commissaires aux comptes[221]. On constate dès lors que le législateur n'a pas manqué de mettre un accent sur l'information qui est le gage de la transparence et qui peut faire de "l'espace communautaire OHADA", un environnement favorable aux investissements.

Malgré cet effort législatif, la pratique révèle des incidences liées aux asymétries d'information. La plupart du temps, l'agent est au centre de toutes les relations entre les *stakeholders* et bénéficie d'une asymétrie d'information et a parfois la possibilité de « manipuler » les informations qu'ils transmettent aux actionnaires afin de s'émanciper des contrôles qui pèsent sur eux[222]. Les contrôleurs seront pris au piège puisqu'ils n'accéderont pas aux informations. Il y a donc un véritable obstacle en ce qui concerne le fléau de l'asymétrie d'information. Elle consiste pour les dirigeants de l'entreprise, de disposer d'un contrôle absolu sur l'entreprise.

Les auditeurs externes n'ont pas accès à l'état réel de santé de la société suit aux stratégies déployées par les organes de gestion[223]. Cela bloque le processus de contrôle qui se doit d'être libre et transparent. Ainsi, la gouvernance est déviée à des fins de manigances qui vont jusqu'à fournir des rapports erronés.

2. La falsification des résultats du bilan social

Dans la gouvernance d'entreprise, le contrôle externe est un exercice qui consiste à confirmer le rapport de gestion approuvé par le conseil d'administration. Mais, tout contrôle externe qui souffre d'une indépendance est appelé à fournir des rapports plutôt erronés, loin de refléter sur l'état de la santé de l'entreprise. C'est pourtant ce qui se produit dans les entreprises maliennes. Les contrôles en occurrence des auditeurs deviennent comptables des actes malaisés des organes de gestion de l'entreprise. Ils couvrent les managers malgré la pertinence la mauvaise gestion de l'entreprise. C'est ce qui amène PARRAT à dire que les dirigeants font un coup d'État aux organes chargés de les contrôler. Une affirmation mise en évidence par SHLEIFER et VISHINY. Selon ces deux auteurs, les dirigeants à travers la théorie de l'enracinement contournent tous les mécanismes de contrôle afin de mieux s'implanter[224].

---

[221] V. art. 713 de l'AUSC.

[222] En effet, selon PARRAT, les stratégies d'enracinement visent à neutraliser les différents mécanismes de contrôle qui pèsent sur les dirigeants afin de réduire les risques d'une révocation anticipée et/ou de s'octroyer des avantages personnels. Les dirigeants, au centre des processus décisionnels de leurs entreprises, bénéficient d'une asymétrie d'information (…). F. PARRAT, *op. cit.*, p. 15.

[223] V. R. INDERST, H. MULLER, « CEO Replacement under private information », *mimeo, New York University*, 2008.

[224] F. PARRAT, *op. cit.*, pp. 20-21.

La complicité d'un organe de contrôle surtout externe constitue sans nul doute une violation aux principes posés par le droit OHADA. Le contrôle doit être exercé dans la plus grande transparence en vue de protéger l'intérêt des actionnaires. L'adhésion des auditeurs externes n'est pas souvent volontaire, c'est plutôt les circonstances qui les obligent à adopter de telle relation avec les instances dirigeantes de l'entreprise. Un auditeur qui refuse de confirmer le bilan tel que présenté par les dirigeants risque de compromettre ces rapports avec l'entreprise.

Par ailleurs, la crise sécuritaire que traverse le Mali depuis le coup d'État du 22 mars 2012 a accentué les difficultés dans beaucoup d'entreprises. Les dirigeants d'entreprises ont pleinement profité de la crise pour avoir plus de pouvoir au sein de l'entreprise. Ils sont parvenus à orienter les objectifs de l'entreprise à des fins personnelles. Certains actionnaires sont en connivence avec les organes sociaux. Le rôle des départements de l'entreprise est contraire à l'intérêt social. Les départements compte tenu de leur composition et surtout des liens avec les administrateurs fonctionnent de façon partiale. Les auditeurs externes agissent sous l'influence des administrateurs qu'ils leur ont désignés. Le déséquilibre s'installe dans une gouvernance en malaise et qui déjoue en partie les quelques dispositions prévues par le droit communautaire malgré que celui-ci ne prend pas en compte tous les aspects recommandés par la gouvernance d'entreprise.

Cette situation est révélée dans plusieurs entreprises[225]. La confirmation du bilan sous-entendu transparent est une pratique qui a provoqué la chute de plusieurs sociétés. Le déséquilibre est aussi réel surtout lorsque les commissaires aux comptes sont sous le contrôle de la direction générale. C'est le cas dans plusieurs sociétés au Mali. Ce qui explique que les rapports présentés ne seront pas fiables. D'ailleurs, les entreprises maliennes se trouvent confrontées à une crise profonde et surtout une crise de fiabilité des comptes. Cette crise a été provoquée essentiellement par le dysfonctionnement du système malien de gouvernance des entreprises, en particulier, dans le secteur financier. Derrière cette situation, il y a un autre problème plus sérieux et plus lourd de conséquences : la défaillance du contrôle de l'autorité de tutelle, notamment du ministère des Finances qui doit pourtant avoir un œil de regard sur la gestion des entreprises[226].

---

[225] La BRS Mali a traversé une crise de mauvaise gouvernance due à des pratiques interdites. En effet, cette banque créer par la BCEAO a été mise en place pour appuyer les PME et les PMI. Les organes sociaux ont encouragés des pratiques notamment la présentation des résultats erronés du bilan social, qui ont contribué à sa disparition puisqu'en 2014 compte tenu de sa mauvaise trésorerie, elle a été vendue à ORAGROUP et est devenue ORABANK. Suit à son rachat, les anciennes filiales BRS dans les pays de l'UEMOA, deviennent des succursales d'ORABANK Côte-d'Ivoire. D'autres entreprises comme la SOTEMA avant sa privatisation, la SONATAM ont été victimes des mauvaises pratiques dues à la falsification des résultats du bilan social.

[226] Cette intervention est un principe malgré la consécration du libéralisme économique qui n'est pas absolu. En effet, l'Etat doit veiller aux activités économiques surtout en termes de

Ces problèmes ne sont pas nouveaux, mais ils sont restés longtemps cachés en raison de la relative prospérité économique qui prévalait depuis l'avènement de la démocratie en 1992. Dans les faits et surtout la réalité pratique, plusieurs indicateurs montrent les degrés de déséquilibre surtout dans l'exercice des contrôles au sein des entreprises maliennes. Les racines du mal se résument en deux mots clés : l'autocontrôle du management et la mainmise des hauts fonctionnaires sur le secteur privé, notamment, financier par le biais de nombreuses règlementations, peu transparentes, injustes et arbitraires[227]. On constate que les chefs d'entreprises maliennes se sont assuré du contrôle quasi absolu de la gestion de leur entreprise. L'autocontrôle est défini ici comme la concentration totale du pouvoir entre les mains du chef d'entreprise, ce qui lui permet de nommer la majorité des membres du conseil d'administration et des auditeurs externes en particulier[228].

Le constat est révélateur de plusieurs types de mauvaise gouvernance. Il y a sans doute des difficultés dans la protection des activités de l'entreprise. Cela peut s'expliquer dans une certaine mesure par le cadre juridique mis en œuvre par le droit communautaire.

---

protection des emplois. Son inaction peut constituer un risque pour la protection des employés.

[227] Les entreprises maliennes sont peu conformes aux règles juridiques existantes. Pour la plupart, elles se contentent d'entretenir certaines pratiques extra juridiques afin d'échapper à certaines obligations. C'est le cas par exemple de la société Orange Mali malgré sa forte implantation sur le territoire national, se soustrait à plusieurs obligations notamment sur le plan fiscal et social (le code du travail).

[228] Cette définition correspond à peu près à celle de A.A. BERLE et G. MEANS (1932, 1971). Ils ont fait état en 1932 de deux phénomènes majeurs : la séparation de la propriété et du contrôle et celle de la propriété et de la gestion, dans les grandes entreprises américaines. Ils ont mis en évidence comme conséquence le phénomène de « *management control* », défini plus haut. V. A. BERLE, G. MEANS, *The modern corporation and private property* (2ème éd. 1956), New York, MacMillan, 1932 ; M. YOCHIMORI, « Whose company is it ? The concept of the corporation in Japon and the west », *Long Rang Planning*, vol. 28, n° 4, 1995.

CONCLUSION DU CHAPITRE 1

Le droit de la gouvernance d'entreprise nous révèle ainsi un certain nombre de préoccupations auxquelles souffrent les entreprises maliennes. On dénombre des multitudes de dysfonctionnements. Cela démontre la fragilité au plan organisationnel et fonctionnel de l'entreprise. En effet, la transparence, un outil indispensable, n'accompagne pas tout le processus de la vie de l'entreprise. Or, il est reconnu et approuvé que sans la transparence, les intérêts multiples de l'ensemble des parties prenantes de l'entreprise seront anéantis avec comme corollaire la centralisation et la dépendance des organes de contrôle vis-à-vis des actionnaires.

Le constat est alarmant puisque le modèle de gouvernance préconisé par le droit OHADA encourage certaines pratiques. C'est le cas de l'engouffrement des systèmes de contrôle par les organes sociaux. Les pouvoirs sont trop centralisés ce qui explique que la gestion des entreprises maliennes manque, de souplesse et de flexibilité. On y trouve des discontinuités figurantes dans la marche des affaires de l'entreprise. L'imperfection des contrôles effectués par les différents organes de contrôle est assez fréquente. Dès lors, on constate une absence d'indépendance dans l'exercice des contrôles.

Cependant, l'exposé des différentes formes de dysfonctionnement nous laisse dans un état perplexe. Il apparaît que la transparence est biaisée dans sa démarche. Or, à vouloir baptiser toutes les atteintes au modèle de gouvernance d'entreprise, cette approche permet-elle de rééquilibrer la pratique au sein des entreprises maliennes ? Permet-elle vraiment de bien cerner et comprendre les causes des dysfonctionnements ? L'exposé semble montrer qu'il existe une différence importante entre toutes les hypothèses traditionnellement présentées comme étant l'expression d'une transparence. Bien que les principes de la gouvernance d'entreprise soient partisans de l'instauration de la transparence, la doctrine du droit des sociétés, souligne que la règlementation des entreprises en partie intègre et veille sur la transparence.

CHAPITRE 2

Le cadre juridique de la gouvernance d'entreprise

La règlementation de la gouvernance d'entreprise est une réponse aux scandales financiers qui ont fait les manchettes des journaux américains. On peut citer l'affaire Enron, *Worldcom*, etc.[229] Il fallait donc redonner confiance aux actionnaires, créanciers et employés lésés par lesdits scandales. Dans le contexte africain, à travers la règlementation communautaire, des moyens juridiques existaient auparavant. C'est le cas par exemple du droit communautaire OHADA. Cette organisation a pris conscience des enjeux sécuritaires au plan juridique pour procéder depuis 2010 à un vaste chantier de révisions des actes uniformes qui devenaient de plus en plus méconnaissables. Le droit OHADA est donc en corrélation avec d'autres tendances juridiques soucieuses de mieux outiller les entreprises. Ainsi, au regard des enjeux juridiques et judiciaires, il dispose des outils juridiques qui permettent d'encadrer et de protéger la gestion des entreprises. L'impact du concept de la bonne gouvernance d'entreprise en droit OHADA se lit à travers la prise en compte de certaines pratiques de la gouvernance d'entreprise (section 1). Mais, le système juridique OHADA est très en retard, autrement dit limité dans l'intégration de l'ensemble des principes de la gouvernance d'entreprise (section 2).

SECTION 1. LA PRISE EN COMPTE DE CERTAINES PRATIQUES DE LA GOUVERNANCE D'ENTREPRISE PAR LE DROIT OHADA

Le droit OHADA dispose des moyens juridiques pour l'encadrement de la gouvernance des entreprises. Auparavant, les investisseurs subissaient des préjudices et les États membres ne disposaient pas de moyens juridiques pour sécuriser les affaires. L'OHADA s'empare de ces préoccupations et propose de nouvelles orientations pour les entreprises. Cela a permis de

---

[229] P. ARTUS, J.-P. BETBEZE, Ch. de BOISSIEU et G. CAPELLE-BLANCARD, « La crise des subprimes », *Rapport, Conseil d'Analyse Économique*, Paris, 2008, p. 19 ; v. aussi A. SUPIOT, « Contribution à une analyse juridique de la crise économique de 2008 », *Revue internationale du Travail,* vol. 149 (2010), n° 2.

réduire en grande partie les méfaits de la mauvaise gouvernance. En effet, le droit OHADA est à l'origine de la redynamisation du secteur privé au Mali comme dans d'autres pays membres. On assiste donc à une baisse considérable d'insécurité ou d'insuffisance juridiques. Cela est dû à la consécration de plusieurs textes juridiques dans le cadre de l'organisation de l'entreprise. Le plus usuel, et qui nous intéresse en partie est celui qui règlemente les sociétés commerciales. L'AUSC met en place des dispositions juridiques favorables aux investissements. Il dispose des règles pour garantir la transparence (paragraphe 1) et surtout celles garantissant l'équilibre de pouvoirs et de responsabilité au sein de l'entreprise (paragraphe 2).

Paragraphe 1. Les règles garantissant la transparence dans la gestion

Le souci du droit communautaire a été de renforcer le cadre juridique pour apporter une certaine transparence dans la gestion des entreprises[230]. Pour cela, il faut mettre à la disposition des entreprises des règles qui permettront de protéger l'intérêt social qui transcende celui des actionnaires. Ceux-ci malgré leur statut doivent reconnaître que l'entreprise est le nœud de l'ensemble des personnes liées directement ou indirectement. Il y a tout de même un privilège accordé aux actionnaires. C'est ce qui explique la consécration des droits de contrôle (A) et l'obligation d'information (B).

A. L'exercice des contrôles

Toute gouvernance dans laquelle le contrôle est moins exercé peut difficilement aboutir à une croissance accélérée. C'est pourquoi les textes internationaux dans le cadre de la gouvernance d'entreprise, mettent un accent particulier sur le contrôle. Il en est ainsi de l'OCDE qui estime que l'intégrité des entreprises et des marchés est essentielle à la vitalité et la stabilité de nos économies. Un gouvernement d'entreprise de qualité qui est conçu comme un ensemble de règles et de pratiques qui régissent les relations entre les dirigeants et les actionnaires des sociétés, ainsi que d'autres parties prenantes comme les salariés et les créanciers, est un gage de croissance et de stabilité financière. En effet, cela permet de renforcer la confiance, l'intégrité du marché des capitaux et l'efficience économique[231]. Au regard de ces enjeux de bonne gouvernance, le droit OHADA a fait des efforts pour permettre aux actionnaires de participer au contrôle de

[230] V. Traité OHADA.

[231] OCDE, « Les Principes de gouvernement d'entreprise de L'OCDE », *Organisation de Coopération et de Développement Economiques, Synthèses de l'OCDE, Observateurs*, sep. 2004, p. 1.

l'entreprise (1). Il renforce de même cet exercice classiquement attribué aux organes de contrôle (2).

1. La reconnaissance d'un droit de contrôle aux actionnaires

Le droit de contrôle accordé aux actionnaires est un gage de bonne gouvernance. Cela se situe dans le cadre des droits politiques accordés aux actionnaires. Ils ont ainsi la possibilité de réagir dès lors que la sous-performance, des équipes dirigeantes, est constatée après une évaluation des rapports. Un tel effort du droit communautaire révèle en partie son souci concernant la protection des actionnaires qui est l'ultime objectif de la gouvernance d'entreprises eu égard au modèle anglo-saxon[232].

Les actionnaires des entreprises maliennes peuvent profiter de l'AUSC pour veiller à la gestion de l'entreprise. Ils ont une certaine protection dans la mesure où leurs droits ont fait l'objet d'un renforcement. Ces droits de contrôle ont été renforcés à travers certaines innovations majeures. C'est le cas par exemple, de l'expertise de contrôle ou de contrôle de gestion. Le procédé consiste à obtenir auprès de la juridiction compétence la désignation d'un expert ou plusieurs en vue de présenter un rapport sur l'état de la santé des opérations de gestion de l'entreprise[233]. Ils peuvent demander la récusation d'un commissaire aux comptes ou demander la désignation d'un mandataire social afin de convoquer l'assemblée générale et peuvent même poser des questions écrites, deux fois par exercice, aux dirigeants « sur tout fait de nature à compromettre la continuité de l'exploitation »[234]. Cet exercice va plus loin puisqu'il permet aux actionnaires minoritaires de faire désigner par la justice un expert afin qu'il présente un rapport sur une ou plusieurs opérations de gestion.

Il y a néanmoins un contraste notamment le minimum de capital exigé pour mettre en œuvre ce droit de regard[235]. Les associés doivent réunir au moins 10 % du capital ce qui est à certains égards élevé. En effet, dans d'autres législations comme la France le minimum a été ramené à 5 % suite à l'adoption de la loi NRE. Ce rabaissement a été effectué depuis 2001 qui aurait dû inciter lors de la révision récente de l'AUSC à faire de même. Mais, il y a d'autres avancées comme la possibilité d'assister aux débats de l'assemblée générale par le biais de la télécommunication[236], etc.

---

[232] Ce modèle a été classé selon la démonstration faite par YOSHIMORI comme un système moniste. Selon le modèle anglo-saxon l'entreprise est mise en place dans l'unique but de maximiser les ressources dans l'intérêt des actionnaires. V. M. YAOSHIMORI, « Whose company is it ? The concept of the corporation in Japan and the west », *Long rang planning*, vol. 28, n° 1995.

[233] V. art. 159 de l'AUSC.

[234] V. art. 526 de l'AUSC.

[235] V. 159, 543 de l'AUSC.

[236] V. art. 532 de l'AUSC.

On constate un effort de transparence dans la gouvernance juridique des entreprises. Les sociétés maliennes disposent ainsi des outils juridiques pour s'assurer d'une meilleure protection. En effet, comme l'analyse BADJI, la transparence est d'une importance capitale en droit des affaires même si en la matière il y a la prévalence du secret. Ainsi, la gestion du dirigeant doit pouvoir faire l'objet d'un contrôle. C'est dire que ce dernier doit rendre des comptes aux patrons de l'entreprise. C'est pourquoi cet exercice de contrôle est accordé aux actionnaires qui ont un droit de communication des documents essentiels, un droit de poser des questions écrites au dirigeant. Il y a également le droit d'alerte qui vise à provoquer une discussion interne à l'entreprise, dont l'objet est à la fois de prendre la mesure la plus exacte des difficultés rencontrées ou sur le point de survenir et de proposer, à la suite de cette discussion, les solutions les plus appropriées à résoudre les difficultés[237]. Cela est d'ailleurs témoigné par R. GRANGER, qui selon lui, la nature même du contrat de société implique que l'on reconnaisse un droit de contrôle étendu à tout associé qui ne participe pas directement à la gestion sociale. Ce contrôle peut également être étendu dans une perspective de renforcement aux autres organes de contrôle.

2. Le contrôle par le conseil d'administration et le commissaire aux comptes

Le contrôle des organes classiques bénéficie d'un renforcement dans l'exécution des missions qui leur sont reconnues par la loi ou les statuts des entreprises. Ce renforcement s'explique par les différents dérapages constatés dans le cadre de la bonne gouvernance des entreprises. En effet, le contrôle du conseil d'administration se présente comme le point de jonction entre actionnaires et gestionnaires. La composition du conseil d'administration, comme le soulignait Jack BUSSY[238], a été démocratisée à travers la suppression des dispositions subordonnant la qualité d'administrateur à celle d'actionnaire et la représentation de catégories spécifiques d'actionnaires en son sein. Le législateur OHADA a entendu limiter le nombre de mandats. Cette question du nombre maximum de mandats que peut détenir un administrateur est évidemment importante puisqu'elle conditionne le temps disponible que chaque administrateur est en mesure de consacrer aux sociétés dont il est administrateur[239]. Dans la pratique malienne, cela est d'autant plus évident dans la mesure où ces organes ne disposent pas d'autorité suffisante pour effectuer des contrôles intransigeants.

---

237 P. S.A. BADJI, « OHADA et bonne gouvernance », *Revue ERSUMA, Droit des Affaires-Pratique Professionnelle*, n° 2, mars 2013, Doctrine.
238 J. BUSSY, *Droit des affaires*, Presses de Sciences Politiques et Dalloz, Paris, 1998, pp. 177-178.
239 P. S.A. BADJI, « OHADA et bonne gouvernance », *ibid.*

Cette crise de transparence dans les contrôles effectués par le conseil d'administration est due à la centralisation des pouvoirs. La révision de 2014 n'a pas résolu cette préoccupation. En effet, les deux modes d'administration du conseil d'administration dans les sociétés anonymes, dont la forme est plus rependue dans les grandes entreprises maliennes, sont presque identiques. Que ce soit par exemple de la SA avec conseil d'administration ou avec administrateur général, le problème est identique[240]. Il n'y a pas une séparation entre la gestion et le contrôle de l'entreprise. Cela ne permet pas une réelle transparence dans les contrôles effectués par le conseil d'administration. Au regard de cette situation de non-clairvoyance que l'on constate dans la règlementation des entreprises, l'exercice de contrôle effectué par le conseil est quelque peu mitigé. Les administrateurs des entreprises maliennes n'ont pas de réel attribut en termes d'indépendance pour contrôler les managers qui se verront d'ailleurs en position de force.

Le conseil d'administration est une institution considérable pour l'encadrement et le contrôle des managers de l'entreprise. A côté, il y a aussi le commissaire aux comptes. En effet, le contrôle de la gestion du dirigeant peut se faire par le commissaire aux comptes. Celui-ci doit être indépendant des dirigeants de la société et des associés, n'avoir aucun lien de subordination, de parenté ou de proximité avec ces derniers qui pourraient faire douter de son impartialité[241]. Il dispose ainsi des pouvoirs de contrôle notamment la vérification du rapport de gestion ou du bilan. C'est après l'approbation de ce rapport que le commissaire aux comptes intervient pour procéder à une vérification plutôt de consolidation. Il doit présenter un rapport sur les conventions règlementées[242]. C'est un organe extrêmement important dans la gouvernance d'une entreprise. Le droit communautaire le met à une position de renforcement des autres contrôles assurés. Au-delà des contrôles, il est investi de certaines prérogatives dans le cadre du fonctionnement de l'entreprise. C'est par exemple la convocation de l'assemblée générale des actionnaires indiquée par l'article 516 de l'AUSC.

[240] V. Les art. 414, 415, 494 de l'AUSC.

[241] C'est ainsi que l'article 697 AUSC précise par exemple que les fonctions de commissaire aux comptes sont incompatibles avec toute activité ou tout acte de nature à porter atteinte à son indépendance, avec tout emploi salarié. En outre, à l'article 698 ducit Acte, certaines personnes ne peuvent exercer la fonction de commissaires aux comptes. L'importance de cette fonction ne se discutant plus, le législateur OHADA a non seulement étendu la portée de leurs droits, mais également de leur responsabilité. De même l'article 900 AUSC sanctionne pénalement les dirigeants sociaux ou toute personne au service de la société qui auront sciemment mis obstacle aux vérifications ou au contrôle des commissaires aux comptes.

[242] Pour éviter le conflit d'intérêt, le législateur OHADA a pris le soin d'organiser les conventions réglementées et les prises de participation croisées, forme d'endogamie entrepreneuriale. V. art. 503 de l'AUSC.

Les systèmes de contrôle sont ainsi inhérents à la personne morale de l'entreprise[243]. Il y a, dans le cadre du droit OHADA, un effort de conformité aux standards internationaux[244] de la gouvernance des entreprises. Le droit communautaire donne des indications sur le mode de gouvernance des entreprises surtout la façon dont celles-ci doivent être dirigées et contrôlées[245]. Mais, il y a un contraste dans la réalité des contrôles[246] sur la gestion des dirigeants, qu'ils soient menés en interne par le conseil ou en externe par les auditeurs. C'est d'ailleurs cette absence de séparation entre les fonctions de gestion et de contrôle qui explique le dysfonctionnement dans la gouvernance des entreprises maliennes. Tout de même, le cadre juridique dispose des moyens pour faciliter l'accès à l'information.

B. L'obligation d'information

L'information se présente comme le levier de la transparence dans la gouvernance des entreprises. Le droit OHADA dispose des moyens pour permettre aux actionnaires d'accéder à toute information utile. Il met un accent particulier à la divulgation ou à la facilitation de l'accès à l'information. De ce fait, plusieurs mécanismes ont été mis en œuvre pour permettre aux différents acteurs surtout ceux investis des pouvoirs de contrôle de disposer selon les circonstances de toute information relative aux opérations quotidiennes de gestion de l'entreprise. Ces informations sont périodiques (1) et peuvent aussi faire l'objet d'une expertise de gestion (2).

1. Les informations périodiques

L'information est un moyen d'asseoir la confiance entre l'entreprise et son environnement. Elle doit être accessible surtout pour les partenaires de l'entreprise. Elle se présente dès lors comme une obligation imposée par

---

[243] D. LEDOUBLE, « Les systèmes de contrôle, élément essentiel de l'anatomie des personnes morales », *Revue Semaine Juridique, Entreprise et Affaires*, n° 31-34, 31 juil. 2014, p. 23.

[244] En référence à la notion du « raisonnable » en droit des affaires, le standard juridique illustre encore un autre visage, c'est une notion particulièrement malléable, qui sert de guide d'analyse à l'interprète dont on se doit de préciser ici que c'est une notion typique d'un *droit jurisprudentiel* comme le sont le droit anglais ou le droit américain et le droit administratif (…)Il s'est développe de manière considérable, en droit interne, le « raisonnable » (…) l'intérêt de l'entreprise, (…). V. P. MORVAN, *Les principes de droit privé*, Presses Univ. Pantheon-Assas, 1999 dans D. MAINGUY, « Le « raisonnable » en droit (des affaires) », in E. Le DOLLEY (dir), *les concepts émergents en droit des affaires*, LGDJ, coll. droit et économie, 2010, p. 320-321.

[245] Nous précisons que les entreprises doivent disposer d'un système de contrôle afin de gérer les fonctions précises. Elles doivent disposer d'un système de contrôle interne pour protéger le patrimoine social, un système de conformité aux lois et règlement et un système d'information. D. LEDOUBLE, *op. cit.*, p. 23.

[246] B. RICHARD, D. MIELLET, *La dynamique du gouvernement d'entreprise*, Éditions d'Organisation, 2003, p. 3.

l'entreprise et précisément les dirigeants sociaux. En effet, en droit des sociétés, l'obligation d'information est plus présente dans les sociétés cotées en bourse. Cette obligation d'information est assez spéciale comme le soutiennent beaucoup d'auteurs comme Alain COURET, Jack BUSSY[247], MM. H. De VAULPLANE et J.J. DAIGRE[248]. L'AUSC à travers l'article 84, on retient que l'entreprise est tenue de mettre à la disposition de toute personne intéressée un document destiné à l'information du public.

Aux termes de l'article 86 AUSC, toute société qui fait publiquement appel à l'épargne pour offrir des titres doit, au préalable, publier dans l'État-partie du siège social de l'émetteur et, le cas échéant, dans les autres États-parties dont le public est sollicité, un document destiné à l'information du public et portant sur l'organisation, la situation financière, l'activité et les perspectives de l'émetteur ainsi que les droits attachés aux titres offerts au public. L'information exigée des émetteurs concerne aussi bien leur propre situation financière et managériale que l'objet de l'opération projetée et les caractéristiques des titres qu'ils proposent. Le document d'information est soumis au visa de l'organisme de contrôle de la bourse des valeurs de l'État-partie du siège social de l'émetteur sauf si l'émission se fait dans un État-partie autre que celui du siège social de la société qui fait appel public à l'épargne. Pour les entreprises maliennes, la Société de Gestion et d'Intermédiation est l'institution en charge de toute opération ayant un rapport avec le marché financier proposé par la Bourse régionale des valeurs mobilières. Si l'organisme de contrôle de la bourse des valeurs n'existe pas dans le siège social de l'État-partie, le document d'information est soumis au visa du ministre chargé des finances. Faisons observer que le document d'informations doit être publié dans des journaux habilités à recevoir les annonces légales.

Les articles 847 et 849 mettent l'action sur l'information périodique c'est-à-dire des informations que les acteurs du marché financier sont tenus de fournir selon des échéances précises. Ces échéances peuvent être semestrielles ou annuelles. En effet, les sociétés dont les titres sont inscrits à la bourse des valeurs doivent publier au journal habilité à recevoir les annonces légales dans les quatre mois de la clôture de l'exercice et quinze jours au moins avant la tenue de la réunion de l'assemblée générale ordinaire annuelle des actionnaires. Cette information est périodique et doit présenter les états financiers de synthèse et le projet d'affectation du résultat obtenu durant l'exercice écoulé.

L'information doit être publiée à la fin du premier semestre. Selon l'article 849 de l'AUSC, les sociétés disposant des titres doivent, dans les

---

[247] A. COURET, H. Le NABASQUE, M.-L. COQUELET, Th. CRANIER, D. PORACCHIA, A. RAYNOUARD, A. REYGROBELLET, D. ROBINE, *op. cit.*

[248] H. DE VAULPLANE, J.-J. DAIGRE (dir.), *Droit bancaire et financier*, Mélanges QEDBF-France, volume 4, Revue Banque, éd., 2008, p. 9 ; H. DE VAULPLANE et J.-P. BORNET, *Droit des marchés financiers,* Litec, 1998, n° 631.

quatre mois qui suivent la fin du premier semestre de l'exercice, publier dans un journal habilité à recevoir les annonces légales en indiquant le tableau d'activités, et de résultat ainsi qu'un rapport d'activité semestriel accompagné d'une attestation du commissaire aux comptes sur la sincérité des informations données. L'information périodique exigée aux entreprises traduit la garantie juridique offerte aux entreprises surtout celles faisant un appel public à l'épargne ou ayant des titres sur les marchés financiers. Le public doit ainsi être informé ce qui d'ailleurs est indiqué par l'article 827 de l'AUSC. La portée de l'information a même conduit le législateur OHADA à instituer l'expertise de gestion.

2. L'expertise de gestion

La bonne gouvernance est vraisemblablement une préoccupation du législateur communautaire. Le souci de protéger les patrons de l'entreprise lui a conduit à instituer une ouverture pour produire une expertise sur la gestion des dirigeants. Ce qui à plusieurs égards est un moyen subsidiaire permettant aux patrons de l'entreprise d'effectuer des contrôles à travers l'appui d'un expert. Cela donne une grande possibilité en termes de transparence pour les entreprises maliennes, d'utiliser cette possibilité de contrôle ou surtout de renseignement que les dirigeants de la gestion de l'entreprise sont tenus d'honorer.

L'expertise de gestion est relativement un moyen d'information. Or, tout système d'information doit permettre de garder les traces des actes et décisions de l'entreprise[249]. L'expertise peut indirectement aboutir à cela. C'est donc une aubaine qui intensifie la vulgarisation des informations à des fins de contrôle[250]. Les managers de l'entreprise sont dans une situation par laquelle ils doivent apporter toute la lucidité pour éviter des obstacles à l'accès à l'information des actionnaires. En effet, l'article 159 AUSC confirme cela et l'associé disposant le dixième du capital avec la possibilité de se regrouper. Il peut obtenir auprès du tribunal de commerce du Mali, la désignation d'un expert dont la mission sera d'expertiser sur les opérations effectuées par les organes de gestion. En effet, l'expertise de gestion répond à une préoccupation classique explicitement formulée dans l'AUSC. Il consiste à informer les associés au sujet de la gestion de l'entreprise à un moment déterminé, le but à atteindre étant de renforcer leur droit de regard sur la gestion pendant chaque exercice comptable et ainsi, de rendre concrète leur intervention dans la vie sociale . C'est le cas par exemple si les associés soupçonnent le dirigeant d'avoir subrepticement poursuivi un intérêt personnel. L'enjeu sera d'en avoir le cœur net[251].

---

[249] D. LEDOUBLE, *op. cit.*, p. 23.

[250] AFEP, *Rapport 2009 sur le gouvernement d'entreprise et le contrôle interne*, R.S, 2010, n° 2, alerte 8.

[251] P. S.A. BADJI, « OHADA et bonne gouvernance », *ibid.*

Cependant, malgré l'originalité de ce moyen d'information, voire à la limite de contrôle, le législateur OHADA suite à la révision récente de l'AUSC a rendu quelque peu difficile l'expertise de gestion. Cela donne l'impression que le droit OHADA protège plutôt les managers de l'entreprise. Avant la révision, le minimum exigé pour mettre en œuvre cette action était fixé à 5 %. L'associé, ou le regroupement d'associés devrait avoir, au moins, le cinquième du capital social pour demander au président de la juridiction compétente la désignation d'un ou de plusieurs experts. Une originalité qui séduit d'autres législations, notamment la France qui d'ailleurs a été séduite puisqu'elle a retenu le même montant lors de l'adoption de la loi sur les Nouvelles Régulations économiques en 2001. Cette possibilité a plutôt fait l'objet d'un durcissement par le législateur OHADA en janvier 2014. Le paradoxe est qu'avant, le code de commerce français fixait le taux à 10 %. Les actionnaires de nos entreprises sont donc obligés de disposer un dixième du capital social pour demander une expertise de gestion. Ladite situation peut conduire les dirigeants à entreprendre des comportements de gestion plus dramatiques dans la désillusion totale des actionnaires. C'est d'ailleurs un recul pour le renforcement de la gouvernance d'entreprise.

La transparence est néanmoins constatée à travers les moyens de contrôle et surtout l'information. Il y a d'autres garanties inscrites par le droit OHADA que les entreprises maliennes peuvent s'en servir pour la bonne gouvernance d'entreprise. C'est par exemple la recherche d'équilibre entre les patrons, et entre eux et ceux qui s'en occupent (managers)

Paragraphe 2. Les règles garantissant l'équilibre des pouvoirs et des responsabilités

L'OHADA offre aux entreprises maliennes des moyens juridiques qui permettent d'organiser les pouvoirs et les responsabilités. En effet, la société est un lieu d'expression des intérêts divergents entre les actionnaires et les dirigeants[252]. Il y a ainsi des enjeux qui justifient la séparation des fonctions entre l'administration et la direction (A). Tout cela contribue à la protection des droits (B).

A. La séparation des fonctions d'administration et de direction

La gouvernance des entreprises préconisées par l'OHADA donne des indications nuancées. Il y a en effet une séparation sous-entendue des fonctions du conseil d'administration et de la direction. Puisque, dans le cadre des sociétés anonymes, la forme la plus répandue au Mali est moniste d'où la quasi-absence des sociétés anonymes duales dans lesquelles, il existe une réelle séparation de pouvoirs plus claire entre le directoire et le conseil

---

[252] J. BUSSY, *op. cit.*, p. 180.

de surveillance. L'AUSC ne dissocie pas la présidence du conseil d'administration et celles de la direction. En effet, le président du conseil est également celui de la direction[253]. Mais, il précise néanmoins les attributs du conseil d'administration (1) et de la direction (2).

1. Les attributs du conseil d'administration

Le conseil d'administration dispose de plusieurs prérogatives dans la gouvernance d'une entreprise. Les principes de la gouvernance d'entreprise placent le conseil d'administration d'ailleurs à une position centrale. Il doit être au cœur de la gouvernance d'une entreprise. Cela a pourtant été pris en compte par le législateur OHADA. Celui-ci exige d'abord à certaines sociétés notamment les sociétés anonymes de disposer d'un conseil d'administration. Dans les autres formes de sociétés, l'exigence est moins réelle puisque celles-ci ont la faculté d'instituer un conseil d'administration. Ce n'est pas dans toutes les sociétés où l'exigence est amenuisée. Pour les sociétés par actions, en partie la SA ou la SAS[254], elles doivent disposer d'un conseil d'administration.

Le conseil d'administration doit ainsi être doté des compétences particulières dans la gouvernance d'une entreprise. Ainsi, l'AUSC lui attribue des prérogatives par lesquelles, il détermine les orientations stratégiques des activités de l'entreprise. Il doit veiller à la mise en œuvre des différents projets adoptés par l'entreprise. Pour ne pas amenuiser les pouvoirs reconnus aux assemblées générales des actionnaires, l'AUSC a eu le réflexe de bonne foi de lui reconnaître le pouvoir de se saisir de toute question intéressant la bonne marche de la société. Pour cela, il doit être en mesure de régler les affaires à travers les délibérations.

Le conseil d'administration est avant tout un organe de contrôle. Il doit procéder aux contrôles et aux vérifications qu'il juge opportuns[255]. La bonne exécution de ces missions contribue à renforcer la protection des portefeuilles de l'entreprise appartenant aux actionnaires. Ce qui constitue une garantie explicite de la bonne gouvernance qui est un objectif fixé par le législateur OHADA auquel, les entreprises maliennes, doivent pleinement entrevoir.

Dans le cadre de l'attribution des pouvoirs, beaucoup d'entreprises au Mali se conforment aux règles. Mais, la pratique est toute autre chose

[253] La dissociation de fonctions de président du conseil d'administration et de directeur général le législateur OHADA est dorénavant confuse puisque l'article 477 AUSC a été abrogé lors de la révision de 2014. En effet, la séparation des pouvoirs est une notion confuse. Il est généralement admis que la gouvernance des entreprises maliennes confond souvent les fonctions de direction et de contrôle entre les mains du PDG. Or l'analyse de l'évolution de la gouvernance montre qu'il n'en est rien. C'est le même constat effectué en France. P.-Y. GOMEZ, Z. GUEDRI (dir.), « 20 ans d'évolution des conseils d'administration en France 1992-2010 », *op. cit.*, p. 4.

[254] V. art. 853-1, 853-3 de l'AUSC.

[255] V. art. 435 de l'AUSC.

marquée par un dysfonctionnement intempestif. Pourtant, le législateur a nettement renforcé les pouvoirs du conseil d'administration même s'il ne présente plus la société comme le prévoyant l'AUSC avant la révision. Il lui confère dorénavant trois grandes prérogatives. Il détermine les orientations de l'activité de la société et veille à sa mise en œuvre. Le conseil d'administration a la possibilité de se saisir de toute question intéressant la bonne marche de la société et règle par ses délibérations des affaires qui la concernent. Et, le conseil peut également procéder aux contrôles et vérifications qu'il juge opportuns.

Pour la bonne exécution des différentes missions, l'AUSC a mis en place un cadre organisationnel qui facilite son fonctionnement. C'est par exemple la possibilité pour les administrateurs des entreprises maliennes de délibérer par le biais de la visioconférence à condition que les statuts ne l'aient explicitement interdit ou limité[256]. Le recours à la visioconférence doit au préalable avoir été prévu par le règlement intérieur du conseil qui est facultativement élaboré.

Il y a un effort de renforcement des pouvoirs du conseil d'administration. Ce même renforcement a été effectué pour la direction des entreprises.

2. Les attributs de la direction

La direction d'une entreprise assure la gestion quotidienne d'une entreprise. Elle doit aussi disposer des compétences parfois étendues si nécessaires pour apporter toute une ingénierie managériale. C'est ce qui lui permet d'atteindre les objectifs de l'entreprise notamment la maximisation des ressources dans le plus grand bonheur des actionnaires. Cela est d'ailleurs la finalité recherchée par la théorie de la gouvernance d'entreprise selon le modèle anglo-saxon[257]. La primauté de l'actionnaire sur le dirigeant s'explique par le fait qu'ils prennent part aux risques financiers spécifiques et qui justifie, en contrepartie, l'appropriation exclusive du profit de l'exercice et de l'actif net résiduel en cas de cessation d'activité. C'est d'ailleurs un droit fondamental, dans la mesure où le respect de ce droit que constitue le droit de propriété conduit à mettre en place un dispositif visant à s'assurer que ces droits ne sont pas lésés et que les activités de l'entreprise se déploient à leur profit[258].

L'AUSC attribue ainsi à la direction de l'entreprise les pouvoirs les plus étendus pour agir en toute circonstance dans l'intérêt social. La direction est composée de plusieurs départements qui sont sous le contrôle du directeur général. Celui-ci est investi des pouvoirs les plus étendus pour agir en toute

---

[256] V. art. 454-1.

[257] Adolf BERLE et Gardiner MEANS, *The Modern Corporation and Private Property*; 2e éd., New York, Macmillan, 1956, in St. ROUSSEAU, I. TCHOTOURIAN, « Pouvoirs, institution et gouvernance de la société par actions : lorsque le Canada remet en questions le dogme de la primauté actionnariale », *Les cahiers de la CRSDD*, *op.cit.* p. 16, 22.

[258] R. PEREZ, *op. cit.*, pp. 14 et 34.

circonstance au nom de la société. Il doit pour cela exercer ses pouvoirs dans la limite de l'objet social. Cet exercice doit prendre en compte les pouvoirs attribués par l'assemblée générale des actionnaires et le conseil d'administration. Le directeur général est appelé aussi à représenter la société dans ses rapports avec les tiers[259].

Il est en réalité le vrai patron de l'entreprise à moins qu'il existe une dissociation effective entre la direction et le conseil. C'est lui qui dirige opérationnellement l'entreprise, et en contrepartie, est responsable devant le conseil d'administration et assure la responsabilité civile du chef d'entreprise. Un exercice pourtant difficile à réaliser puisqu'il est aussi administrateur et préside le conseil d'administration dans la plupart des entreprises maliennes. Mais, dans une conception large, l'entreprise est une équipe coordonnant des actifs intangibles, spécifiques et complémentaires. La gouvernance est un jeu de coordination des intérêts multiples des différentes parties prenantes surtout les actionnaires. La maximisation de la valeur actionnariale doit être la priorité de la direction, doit être plus pressante, d'autant plus que les phases spéculatives offrent des opportunités de plus-values rapides et importantes. Les managers de nos entreprises ont l'obligation de participer à cette course à la maximisation grâce aux différentes modalités de rémunérations basées sur le cours des actions. Les prédateurs sont ceux-là qui veillent sur les occasions qui peuvent se présenter. Cet équilibre entre le conseil et la direction est un indicateur de bonne gouvernance. Son exécution peut protéger les droits reconnus par l'AUSC.

B. La protection des droits

La protection des droits est le meilleur moyen de promouvoir l'investisseur et d'avoir une certaine attractivité. De ce fait, les actionnaires disposent de plusieurs droits pour mieux s'impliquer dans la gouvernance des entreprises. Ils disposent des droits à la fois politiques et économiques. Cela permet de renforcer la transparence et de mieux définir leur statut. Ainsi, le droit des actionnaires (1) doit être accompagné, dans le cadre de la protection de l'intérêt social, de la définition de la responsabilité des dirigeants (2).

1. Le droit des actionnaires

De toute évidence, le titre de propriété est un droit auquel la loi protège en attribuant le plein pouvoir. Le propriétaire d'un bien dispose de trois caractéristiques notamment *l'usus*, le *fructus* et *l'abusus*. Le droit de propriété exerce sur le législateur une véritable fascination en témoigne, la Déclaration des droits de l'homme et du citoyen de 1789 qui lui-même fait

[259] V. art. 465 de l'AUSC.

d'un droit « naturel et imprescriptible » (art. 2) et surtout « inviolable et sacré » (art. 17)[260]. C'est un droit fondamental et dispose d'une protection juridique et multiforme. Le titre de propriété accorde donc à son propriétaire les trois attributs précités. Le titre peut porter sur des biens variés. Il peut s'agir des biens mobiliers notamment une part sociale ou une action détenue dans une entreprise. Cette action bénéficie de la même protection et selon son contexte. En effet, les actionnaires disposent des droits qui sont consacrés par le législateur OHADA. Ces droits sont entre autres politiques, financiers, et patrimoniaux.

Les actionnaires ont droit à l'information et au vote. En tant que détenteur, d'actions ou de parts sociales, les actionnaires doivent être informés, comme le prévoit l'AUSC[261]. Les seconds portent sur les droits patrimoniaux qui sont tout aussi évidents surtout lorsque l'entreprise réalise un résultat positif. Selon les circonstances, lorsqu'il y a lieu de partager les bénéfices voire les dividendes, tout actionnaire doit être concerné conformément aux dispositions législatives et réglementaires. Les actionnaires disposent également des droits financiers, lesquels donnent la possibilité de céder les actions dans la liberté conformément aux dispositions régissant la société.

Ainsi, il ressort des dispositions juridiques de l'AUSC certaines protections reconnues aux actionnaires. L'article 125 AUSC prévoit le droit pour tout associé de participer aux assemblées générales. Ce droit est tellement important au point où aucune clause statutaire ne peut l'éluder. De même, toute personne qui empêche un associé d'exercer son droit peut être sanctionnée pénalement. Les actionnaires représentant au moins le dixième du capital social, s'il s'agit d'une assemblée générale ou le dixième des actions de la catégorie intéressée, s'il s'agit d'une assemblée spéciale peuvent demander la désignation d'un mandataire si le conseil d'administration ou l'administrateur général ne le fait pas. Le contexte de la désignation de l'administration provisoire est celui de conflits entre associés, dissension, bloquant la gestion normale de la société, entraînant couramment sa paralysie et, finalement, mettant en péril son existence. C'est dire donc que l'actionnaire laisse son costume de spectateur pour endosser celui d'acteur[262].

---

[260] Ph. MALAURIE, L. AYNES, *Les biens*, 2ème éd., DEFRENOIS, Paris, 2005, p. 119.

[261] Cette information est souvent permanente et occasionnelle. L'information quotidienne consiste à fournir les informations ayant rapport avec la santé de l'entreprise. Des moyens juridiques peuvent souvent les permettre d'obliger les équipes dirigeantes à s'exécuter surtout lorsque celles font acte d'asymétrie d'information. C'est le cas par exemple de l'expertise de gestion. L'information occasionnelle intervient à une circonstance particulière. La consultation du siège ou la réception des documents sont des actes qui ne se produisent pas quotidiennement. Quand ils sont exécutés, les actionnaires être informés. Et s'agissant du droit de vote qui le droit politique par excellence, il est soumis à un principe qui dicte les consignes pour son exercice. V. M. COZIAN, A. VIANDIER, Fl. DEBOISSY, *Droit des sociétés*, *op. cit.*, p. 377.

[262] P. S.A. BADJI, « OHADA et bonne gouvernance », *ibid.*

Le droit OHADA a instauré une égalité entre actionnaires et le commissaire aux comptes doit s'assurer de son respect, notamment que toutes les actions d'une même catégorie bénéficient des mêmes droits. Le législateur OHADA engage également la responsabilité des dirigeants en cas de fautes.

2. La responsabilité des dirigeants

La mise en cause des dirigeants sociaux est un levier de protection pour la sauvegarde des biens des actionnaires. En effet, le rôle des dirigeants témoigne la santé d'une entreprise. C'est ainsi que certaines auteurs analysent l'entreprise : « comme un organisme vivant, l'entreprise naît, vit, et peut être le siège de désordres divers, dont les plus graves sont susceptibles de provoquer sa disparition, par arrêt du crédit et des flux financiers. »[263] En effet, de sa constitution à sa liquidation, en passant par son fonctionnement, la société « mène » une vie pouvant être ponctuée tantôt de périodes normales ou fastes, tantôt de moments de difficultés ou de crise. Ces différentes situations sont, pour beaucoup, tributaires des qualités et des actes de gestion des dirigeants qui se trouvent à la tête de la société. Le rôle des organes sociaux est donc particulièrement déterminant dans le cours « heureux » ou « malheureux » de la société et, par conséquent, leur propre sort en dépend.

Ils peuvent engager leur responsabilité au plan civil comme pénal. Cela s'inscrit dans le cadre de la protection du fonctionnement normal de l'entreprise. Dès lors que le dirigeant commet une faute de gestion, il peut engager sa responsabilité civile[264]. A côté de celle-ci, il y a la responsabilité pénale. En effet, parmi les différentes responsabilités encourues par les dirigeants sociaux, la responsabilité pénale est celle qui présente un caractère beaucoup plus dissuasif. Sa seule existence empêche les dirigeants de commettre des actes pouvant engager leur responsabilité[265]. Les règles pénales de l'AUSC et de l'AUCAP sanctionneront tous ceux qui se rendront coupables d'une gestion frauduleuse.

Les infractions relatives à la gérance, à l'administration et à la direction des sociétés prévues par l'AUSC, au-delà de la répartition de dividendes fictifs, sont la publication ou présentation par le dirigeant aux actionnaires des états financiers de synthèse ne donnant pas une image fidèle des opérations de l'exercice, de la situation financière et de celle du patrimoine de la société. Si le dirigeant se comporte ainsi, c'est dans le but de dissimiler la véritable situation de la société. On peut également citer l'abus de biens sociaux, lorsqu'un dirigeant fait des biens ou du crédit de la société, un usage contraire à l'intérêt de celle-ci à des fins personnelles. Ce dirigeant

---

[263]. F. PEROCHON, R. BONHOMME, *Entreprises en difficulté – Instruments de crédit et de paiement*, 5ème éd., LGDJ, 2001, p. 1, n° 1.

[264] V. art. 165 de l'AUSC ; I. CISSE, *op. cit.* p. 33.

[265] I. CISSE, *ibid*, p. 58.

doit être de mauvaise foi. Au-delà de la responsabilité pénale, il y a la responsabilité civile. En la matière, les associés peuvent saisir le juge pour réparer un préjudice personnel ou social.

Quant à l'AUPCAP, il sanctionne le dirigeant d'une société commerciale qui par sa faute de gestion a contribué, à rendre insuffisant l'actif de la celle-ci par l'action en comblement de passif. Le législateur OHADA sanctionne par la faillite personnelle, une personne physique dirigeante de personnes morales assujetties aux procédures collectives qui ont usé du crédit ou des biens d'une personne morale comme des leurs propres. La sanction des dirigeants dans le cadre des procédures collectives a pu être possible par la séparation de l'homme de l'entreprise.

Il y a une parfaite illustration de la prise en compte par l'OHADA de la bonne gouvernance d'entreprise. Cependant, des inquiétudes existent surtout lorsque des imperfections sont décelées.

SECTION 2. LES LIMITES DU DROIT OHADA DANS LA PRATIQUE DE LA GOUVERNANCE D'ENTREPRISE

Malgré des efforts pour promouvoir les investissements et surtout améliorer la gestion des entreprises, le droit OHADA est loin d'avoir intégré les principes de la gouvernance d'entreprise. La pratique de la gouvernance d'entreprise est très limitée[266] dans le cadre du droit OHADA. Il se borne à reconnaître juridiquement l'existence de tout code de gouvernement d'entreprise tout en exigeant aux entreprises qui s'y réfèrent de respecter les dispositions[267]. Le droit OHADA n'applique donc pas l'intégralité des principes de la gouvernance d'entreprise. Ce constat met en évidence la faible implication des parties prenantes (paragraphe 1) et le faible niveau d'implication des textes nationaux (paragraphe 2).

Paragraphe 1. La faible implication des parties prenantes

La reconnaissance des parties prenantes est inscrite dans les recommandations des principes de l'OCDE[268] pour la règlementation de la gouvernance d'entreprise. Cela semble être ignoré par le droit OHADA puisqu'il n'existe aucune disposition qui soulève l'implication des parties prenantes dans la gouvernance d'une entreprise. Or, elles font partie des acteurs de la gouvernance d'une entreprise. En effet, les principes de la

[266] P. S.A. BADJI, « OHADA et bonne gouvernance », *ibid.*

[267] V. Art. 831-2, al. 2 de l'AUSC.

[268] Un régime de gouvernement d'entreprise doit reconnaître les droits des différentes parties prenantes établis par le droit en vigueur ou par des accords mutuels, et encourager une coopération active entre les sociétés et les différentes parties prenantes pour créer de la richesse et des emplois et assurer la pérennité des entreprises financièrement saines. OCDE, « Les Principes de gouvernement d'entreprise de L'OCDE », *op. cit.*, p. 2.

gouvernance d'entreprise doivent apporter un traitement équitable des actionnaires en renforçant le rôle des différentes parties prenantes. C'est donc un devoir de loyauté pour les administrateurs de traiter de façon juste et équitable chaque partie prenante touchée par les actes de la société[269]. Ce devoir a une composante prenant la forme d'une obligation de traitement équitable des parties prenantes. La portée de cette obligation est tributaire aux attentes raisonnables des parties prenantes. Celles-ci ne disposent pas ces privilèges dans un système de gouvernance marqué par l'absence d'exigence de la création des comités spécialisés (A) ce qui explique la rupture d'égalité entre les actionnaires (B).

A. L'absence d'exigence de la création des comités spéciaux

L'apport des comités spécialisés est inestimable dans la performance d'une entreprise. Leur absence peut affaiblir la transparence dans la gouvernance des entreprises. Malgré leur importance, l'AUSC n'exige nulle part dans ses dispositions la mise en place des comités spécialisés. C'est ce qui est constaté dans l'organigramme, voire la structuration des entreprises maliennes dans lesquelles, il n'existe pas de comité d'audit (1) encore moins de comité de rémunération (2).

1. L'inexistence d'un comité d'audit

Le comité d'audit est un comité spécialisé. Il est investi d'un certain nombre de compétences pour la gouvernance d'une entreprise. Son inexistence peut se révéler dangereuse pour le bon fonctionnement d'une entreprise. Il constitue un gage pour les parties prenantes dans la mesure où son implication effective peut faciliter la croissance et la stabilité financière d'une entreprise. C'est ce qui explique la bonne performance des grandes sociétés[270] où les auditeurs disposent d'une grande indépendance dans l'optique de maximiser les ressources au plus grand bonheur des parties

---

[269] *BCE Inc. c. Détenteurs de débentures de 1976*, 2008 CSC 69, par. 36, 64, in St. ROUSSEAU, I. TCHOTOUTIAN, *op. cit.*, p. 30.

[270] En effet, dans un rapport récent de l'AMF, 49 sociétés, soit 83 % de l'échantillon, consacrent un développement à la compétence des membres du comité d'audit. 10 sociétés les identifient précisément ; - 4 sociétés indiquent qu'elles ne respectent pas les recommandations du code relatives au délai d'examen des comptes et apportent des justifications suffisantes ; - le ratio moyen d'administrateurs indépendants dans les comités d'audit s'élève à 71,5 %, et 55 sociétés (93 %) ont confié la présidence du comité d'audit à un membre indépendant ; - 17 sociétés (30,5 %) ne respectent pas le ratio d'au moins deux tiers de membres indépendants prévu par le code AFEP-MEDEF. 5 sociétés ne font pas état de cette non-conformité dont 3 — SARTORIUS, REMY COINTREAU et INGENICO — ont un ratio de membres indépendants inférieur ou égal à la moitié des membres du comité. - Parmi ces 17 sociétés, 4 — EIFFAGE, HAVAS, METROPOLE TV et WENDEL — fournissent des explications insuffisantes au regard du principe « appliquer ou expliquer ». V. « Rapport annuel 2013 de l'AMF sur le gouvernement d'entreprise et la rémunération des dirigeants », *Recommandation AMF,* n° 2013-15 10 octobre 2013, p. 10.

prenantes notamment les actionnaires, les dirigeants, les salariés, les fournisseurs, etc.

L'absence d'obligation des entreprises soumises à la réglementation du droit OHADA d'instituer un comité d'audit explique les dérives auxquelles les différentes parties prenantes sont confrontées. On constate surtout les conflits d'intérêts entre les actionnaires voire même entre les dirigeants. En effet, parmi les conflits d'intérêts susceptibles de s'élever entre les actionnaires et les dirigeants, l'approche actuelle de la gouvernance de l'entreprise semble privilégier la résolution du conflit né du déséquilibre informationnel (asymétrie d'information) existant entre l'agent et le principal. Le comité d'audit composé d'auditeurs externes et internes a un rôle fondamental à jouer au sein de la gouvernance de l'entreprise, dans la réduction de cette asymétrie d'information[271]. En effet, la résolution des conflits d'intérêts est une préoccupation majeure de la gouvernance des entreprises maliennes. Les dissensions entre les actionnaires sont prégnantes et l'absence d'un comité d'audit ne laisse aucune possibilité pour leur résolution. Pourtant, il semble intéressant d'apprécier le rôle que peut jouer la fonction d'un comité d'audit composé en partie d'administrateur indépendant dans la gouvernance de l'entreprise pour la réduction des asymétries d'informations, mais également le management des risques.

Dans les pays anglo-saxons et même en France, les comités d'audit se développent progressivement depuis l'apparition des dérives du système financier mondial. En effet, le comité d'audit permet de veiller sur la clarté et la sincérité des comptes. Il assure aussi la fonction de recrutement essentielle, et choisit les auditeurs en toute indépendance pour apprécier avec eux le résultat des opérations de contrôle. Pourtant cette pratique se développe et impose aux entreprises comme une obligation. L'AUSC au contraire se montre plus clément envers les entreprises. Certes l'article 437 a nettement été précisé, mais il reste facultatif pour le conseil d'administration de créer un comité d'audit. Celui-ci ne dispose pas d'une certaine indépendance dans la mesure où il est composé en grande partie par des administrateurs non indépendants nommés par le conseil. Le comité agit en fonction de l'autorisation accordée par le conseil d'administration. Même si la possibilité est donnée aux entreprises de créer un comité d'audit qui d'ailleurs n'est pas explicité dans l'AUSC, les administrateurs qui le composent ne sont pas indépendants. Or, les partisans de la *corporate governance* font remarquer que les conseils d'administration seraient plus efficaces si leurs délibérations en séance plénière étaient préparées par des comités spécialisés notamment d'audit. L'institution de comités n'étant pas une obligation pour le conseil peut rendre inefficace son rôle dans les

---

[271] A. A. GRAMLING, M. J. MALETTA, A. SCHNEIDER; B. K. CHURCH, « Role of the internal audit function in Corporate Governance : A Synthesis of the Extant Internal Auditing Literature and Directions for Future Research », *The Journal of Accounting Literature*, 2004.

sociétés de l'espace OHADA[272]. Il en est de même pour le comité de rémunération.

2. L'inexistence de comité de rémunération

Les entreprises maliennes adoptent un mode de gouvernance dans lequel le comité de rémunération n'est pas intégré. La gestion des rémunérations est en grande partie attribuée au conseil d'administration. Cela est évidemment le choix du législateur qui donne une certaine compétence au conseil d'administration dans la gestion des rémunérations des cadres de l'entreprise. C'est le cas par exemple du président directeur général, du directeur général adjoint, du directeur général, du président du conseil d'administration, dont il fixe les modalités et le montant de la rémunération[273]. Pour l'administrateur général, c'est l'assemblée générale ordinaire qui fixe la rémunération[274]. La rémunération des mandataires est fixée par d'autres organes comme les associés d'une SARL qui fixent la rémunération du gérant[275].

La rémunération n'est donc pas attribuée à un comité spécialisé[276]. C'est une rémunération dispersée identique à une forme décentralisée. Les disparités sont donc élevées d'où la présence des conflits d'intérêts au sein des entreprises maliennes. Une telle situation n'incite pas les investisseurs institutionnels puisque la formule peut susciter des enjeux économiques surtout pour les dirigeants. Ceux-ci peuvent opérer des choix en vue de préconiser les plus-values à court terme. Certains clament aussi que les performances à long terme doivent être privilégiées. Or, les actionnaires des entreprises maliennes estiment que « les directeurs et les gestionnaires de sociétés doivent avoir une vision stratégique à long terme dont le principe de base met l'accent sur un rendement prolongé pour les actionnaires. A leur tour, malgré les différences de stratégies et de tactiques, les actionnaires doivent encourager la direction des entreprises à résister aux comportements favorisant les avantages à court terme en soutenant et en récompensant les retours sur investissement supérieurs à long terme. »[277]

Le débat sur le mode de rémunération des dirigeants constitue une préoccupation au sein des entreprises maliennes. La fixation de la rémunération du personnel par les dirigeants est opaque. Dans le cadre de la gestion des conventions règlementées, plusieurs indicateurs montrent que les

---

[272] P. S.A. BADJI, « OHADA et bonne gouvernance », *ibid.*

[273] V. art. 467, 474, 490, 482 de l'AUSC.

[274] V. art. 501 de l'AUSC.

[275] V. art. 278 de l'AUSC.

[276] C'est une situation auquel traverse la France. V. « Rapport annuel 2013 de l'AMF sur le gouvernement d'entreprise et la rémunération des dirigeants », *Recommandation AMF*, n° 2013-15 10 octobre 2013, p. 11.

[277] Sory Hiller DIAKITE, *Département financier de la BNDA*, interview accordé courant août et septembre 2014.

administrateurs qui sont majoritairement des actionnaires ne peuvent pas améliorer la procédure des conventions règlementées ni de remédier à l'absence de contrôle de certaines conventions, notamment les opérations pour la détermination de la rémunération des dirigeants. En effet, l'AUSC ne le considère plus comme une convention règlementée[278]. Les contrats de rémunération des dirigeants d'entreprise n'ont pas de réel objectif d'aligner les incitations des dirigeants avec les objectifs de l'entreprise. Tout cela pouvait être résolu si l'AUSC pouvait se montrer plus décisif pour que les entreprises soient tenues d'instituer un comité spécialement dédié aux rémunérations. L'AUSC (art. 437) donne plutôt le libre choix aux entreprises, notamment par le conseil d'administration de créer un comité et d'ailleurs qui agira selon ses recommandations.

Le comité des rémunérations en charge des salaires, des divers avantages annexes et des stock-options des principaux dirigeants n'est malheureusement pas pris en compte par l'AUSC. L'absence de ces comités spécialisés peut provoquer des ruptures.

B. La rupture d'égalité entre les actionnaires

Les conflits d'intérêts constituent une priorité dans la gouvernance des entreprises. En effet, l'une des leçons les plus frappantes de ces dernières années est que les conflits d'intérêts sont répandus et débouchent souvent sur des comportements préjudiciables aux actionnaires, investisseurs et autres parties prenantes. Ils revêtent de multiples formes. Son enjeu a été sous-estimé par le législateur OHADA qui se borne à donner une solution alternative notamment la possibilité de désigner un mandataire ad hoc pour représenter la société lorsqu'il existe un conflit d'intérêts entre la société et les mandataires légaux[279]. L'AUSC est trop restrictif. L'opportunité d'un conflit peut exister entre les actionnaires ce qui explique dans certains cas les abus de majorité (1). L'existence du conflit d'intérêts met en échec le rôle des salariés et des commissaires aux comptes (2).

1. L'abus de majorité

L'abus de majorité est contraire à l'intérêt social de l'entreprise. Il survient lorsque les associés majoritaires votent une décision à des fins personnelles[280]. C'est une pratique courante dans beaucoup d'entreprises maliennes. Il peut engendrer des conflits d'intérêts tout comme celui-ci peut être à son origine. Lorsque l'entreprise traverse une crise provoquée par la mauvaise répartition des dividendes ou la rémunération incontrôlée des

---

[278] V. l'art. 325, al. 3 qui dispose que : « la fixation de la rémunération des dirigeants n'est pas soumise au régime des
conventions règlementées aux articles 350 et suivant ci-après ».
[279] V. art. 167, al. 3 de l'AUSC.
[280] V. art. 130 de l'AUSC.

mandataires légaux, la réaction des détenteurs principaux peut être considérée comme une riposte. Les minoritaires seront appelés à subir des conséquences, sans pour autant obtenir de moyens de défense. Le conflit se pose entre les différents actionnaires. La résolution d'un tel conflit n'a fait l'objet d'aucune mention par le législateur OHADA qui dans sa perception appréhende le conflit entre les associés et les mandataires légaux.

En effet, l'absence de la diffusion des informations aux actionnaires peut être source de conflit d'intérêt[281]s, qui conduit les actionnaires majoritaires à créer des ruptures d'égalités conformément aux dispositions légales et réglementaires. Il n'y a pas donc d'unité entre les actionnaires, et l'expérience a révélé une diversité très grande de leur psychologie, de leur comportement, de leur condition, de leur rôle dans la société. Cette opinion traduit l'hétérogénéité de la situation des associés. L'abus de majorité rompt l'égalité des associés et porte un coup d'arrêt à l'affectio societatis. Cette situation se traduit d'ailleurs par l'article 548 AUSC qui prévoit que les statuts peuvent exiger un nombre minimal d'actions, sans que celui-ci puisse être supérieur à dix, pour ouvrir le droit de participer aux assemblées générales ordinaires. Se basant sur cette disposition, des actionnaires peuvent empêcher les autres d'exercer leurs droits politiques même si cette clause peut être contournée par le groupement de plusieurs actionnaires pour atteindre le nombre minimum d'actions requises. Comme le soutient un auteur, être destinataire d'une convocation n'ouvre pas nécessairement la porte de l'assemblée, car un certain nombre de restrictions existent, règlementant l'accès et la participation à l'assemblée générale. Cette situation est exacerbée par l'absence en droit OHADA non seulement du droit de retrait, c'est-à-dire l'hypothèse où les actionnaires manifestent leur dissidence suite à des changements importants au sein de l'entreprise, mais également de la class action pour les actionnaires minoritaires[282]. La procédure de la class action, mise en place aux États-Unis à la suite du Krach boursier de 1929 était destinée à protéger les petits épargnants en leur permettant d'intenter un procès contre les sociétés sans engager de pourcentage (contingency fee). Tout actionnaire, même le plus démuni, se trouve en situation d'attaquer l'émetteur pour obtenir des dommages et intérêts. En outre, tout actionnaire peut bénéficier des dommages et intérêts accordés par le juge dans le cadre d'une action exercée par un autre actionnaire. Il suffit pour cela que l'actionnaire qui intente le procès convainque le juge qu'il agit au nom de tous les actionnaires de la société

[281] La gestion des conflits d'intérêts est particulièrement importante dans le cas des auditeurs externes, dont l'indépendance est vitale pour l'intégrité du marché financier. L'existence des comités spécialisés pouvait remédier à cela puisque les auditeurs qui composeront ces comités en ayant l'indépendance requise, pourront résoudre les conflits d'intérêt susceptibles d'être survenus au cours de la vie de l'entreprise.

[282] P. S.A. BADJI, « OHADA et bonne gouvernance », *ibid.*

concernée[283]. On peut également citer l'article 520 AUSC qui pose une condition de représentativité financière pour qu'un actionnaire puisse faire inscrire à l'ordre du jour son projet de résolution. C'est dire que l'actionnaire qui n'a pas le pourcentage requis ne peut prétendre à ce droit.

Il y a des avancées notoires lors de la récente révision de l'AUSC. L'éloignement géographique n'est plus un obstacle pour un actionnaire de se rendre à l'assemblée. Il peut par visioconférence assister à une réunion[284]. Mais, la complexité persiste toujours à l'intérieur des équipes dirigeantes.

2. La mise à l'échec du rôle des salariés et des commissaires aux comptes

Les salariés et les commissaires n'ont pas de grande attribution dans la gouvernance des entreprises maliennes au regard de l'AUSC. Cela explique quelque peu la complexité des institutions financières et des structures sociétaires de nos entreprises qui sont conscientes de l'imminence de la question des conflits d'intérêt[285]s.

Les salariés tout comme les commissaires aux comptes peuvent être victimes de ces conflits dus à l'absence de comité spécialisé. Mais, au-delà, ceux-ci semblent être ignorés dans la gouvernance des entreprises. Ils sont liés à la société par un contrat dans lequel ils seront sous sa subordination. Cette situation les écarte dans la gestion de la société. Pourtant dans la plupart des législations développées[286], la participation salariale est bien intégrée dans la gouvernance des sociétés commerciales.

Le législateur OHADA donne la possibilité aux salariés de participer au fonctionnement de la société. Ils sont d'ailleurs considérés comme des administrateurs potentiels[287]. Le conseil d'administration peut autoriser un nombre déterminé d'actions pour les attribuer aux salariés[288]. Dans cette optique, la société prélèvera sur les bénéfices non distribuables une part qui sera distribuée aux salariés sous forme d'actions créées à l'occasion de l'augmentation du capital par l'incorporation de réserves au capital ou des

[283] V. MAGNIER, « La class action, un remède efficace ? », *Revue La Semaine Juridique, Entreprise et affaires*, n° 5, supl. N° 44-45, 3 nov. 2005, pp. 53-44.

[284] V. art. 133-2, 454-1 de l'AUSC.

[285] Selon les Principes de l'OCDE qui ont toujours traité ces questions, la résolution des conflits d'intérêt est fondamentale et dévient plus importance. Dans le cadre de cette approche de la participation des investisseurs institutionnels, les Principes appellent les pays à lever les obstacles réglementaires superfétatoires à un dialogue permanent entre les investisseurs et les sociétés. Parallèlement, sachant que de telles relations étroites peuvent donner lieu à des abus, notamment dans des situations comportant des conflits d'intérêts intrinsèques, les Principes recommandent de maintenir la pratique de la diffusion générale des informations au marché. Toute information supplémentaire diffusée par une société auprès des investisseurs institutionnels doit viser à les aider à mieux comprendre le contexte d'une telle publication. OCDE, « Les Principes de gouvernement d'entreprise de L'OCDE », *op. cit.*, p. 4.

[286] C'est ainsi que la législation des Etats tels que la France, le Royaume uni et les Etats unis ont fait de la participation des salariés au fonctionnement de la société une priorité.

[287] V. 417 et 426 de l'AUSC.

[288] V. art. 640 de l'AUSC.

actions rachetées sur le marché par la société. Dans la pratique des entreprises maliennes, ces droits sont loin d'être suffisants. Non seulement, la participation des salariés est laissée au bon vouloir des statuts, mais également, elle est minoritaire au conseil d'administration d'autant que le nombre d'administrateurs non-actionnaires ne saurait excéder le 1/3 des membres du conseil d'administration. Les actions que la société rachète pour le compte des salariés ne donnent pas lieu à des prérogatives d'associés puisqu'elles sont dépourvues du droit de vote et aux dividendes accordés en principe à tout associé. Les salariés subissent ainsi une certaine marginalisation[289] de l'AUSC et par ricochet aux dirigeants voire même les actionnaires.

Cette mise à l'écart affecte aussi le commissaire aux comptes. Celui-ci n'est pas considéré par le législateur OHADA comme une partie prenante majeure dans la gouvernance des entreprises. Le peu de rôles qui lui est attribué laisse penser que, ce dernier dispose d'un pouvoir discrétionnaire dans l'exercice de sa mission. Cela est identifié par l'article 718 de l'AUSC, qui précise que le commissaire aux comptes opère toutes vérifications et tous contrôles qu'il juge opportuns. De même, dans l'exercice de ses fonctions de vérifications et de contrôles, il peut, sous sa responsabilité, se faire assister ou représenter par des experts ou collaborateurs de son choix. Faisons observer que ce choix n'est contrôlé par aucun organe. A s'en tenir aux dispositions de l'article 711 de l'AUSC, on pourrait conclure à l'effectivité du rôle du commissaire aux comptes. Mais dans la pratique, il arrive que celui-ci, tout en émettant des réserves qui auraient dû aboutir à une non-certification, valide quand même souvent de manière fort ingénieuse les comptes, mais il s'agit souvent là d'une appréciation souveraine. Cette façon souterraine de procéder peut quand même conduire à des dérives. Mais bien souvent il s'agit de questions très complexes délicates qui sont dévoilées de façon abrupte dans le rapport alors que celle-ci bien accompagnée peut facilement lever les écueils enregistrés[290]. Dans un tel modèle de gouvernance, le rôle du commissaire aux comptes peut s'avérer inefficace.

Ainsi, il ressort de ces analyses que les parties prenantes ont une faible implication dans la gouvernance des sociétés commerciales. Cela explique les limites des pratiques de la gouvernance d'entreprise au sein des

---

[289] En outre, les salariés n'ont pas le droit d'alerte. Pour certains acteurs, c'est pour éviter de mettre entre les mains des salariés une arme contre le capital organisé, c'est-à-dire contre la société. L'exclusion des travailleurs de la procédure d'alerte est fondée sur la peur que ceux-ci n'en fassent un usage intempestif pouvant nuire au crédit de la société. D'autres l'expliquent par la difficulté que les représentants du personnel auraient à rencontrer dans l'appréciation des documents leur permettant de mettre en évidence un risque pour la continuité de l'activité qu'ils veulent sauvegarder. Par contre, en France, l'attribution d'un droit d'alerte au comité d'entreprise reflète la volonté du législateur d'associer plus étroitement les institutions représentatives du personnel à la surveillance du fonctionnement des entreprises. P. S.A. BADJI, « OHADA et bonne gouvernance », *ibid.*

[290] P. S.A. BADJI, « OHADA et bonne gouvernance », *ibid.*

entreprises maliennes. Cette insuffisance s'étend également à un faible niveau d'implication des textes nationaux.

Paragraphe 2. Le faible niveau d'implication des textes nationaux

La théorie de l'agence met aux prises les propriétaires et les managers en relation d'affaires. Cette relation donne un intérêt à chacune des parties de participer à l'échange, car les actionnaires ont besoin des dirigeants et ces derniers ont besoin des capitaux que détiennent les actionnaires[291]. Cette théorie propose en termes de protection des mécanismes disciplinaires qui pourront frapper les dirigeants sociaux. Mais, il apparait que ces moyens sont peu dissuasifs, car ils peuvent se révéler insuffisants. Le droit positif malien semble être inopérant dans la mesure où les sanctions proposées sont moins dissuasives. Cela est dû surtout à plusieurs facteurs notamment le paradoxe des incriminations du droit OHADA (A) et surtout la mise en œuvre malaisée de responsabilité des organes sociaux (B).

A. Le paradoxe des incriminations du droit OHADA

Le contexte OHADA de la politique criminelle est biaisé. Son approche d'abstention[292] dans la détermination des sanctions pénales constitue une source d'insécurité juridique et judiciaire pour les entreprises maliennes en général et les investisseurs en particulier. En effet, les actes uniformes se limitent à l'énumération des incriminations et laissent la liberté aux États-parties de déterminer les sanctions pénales correspondantes. C'est ce que Jacques BORE appelle « une mobilisation du droit national au service du droit communautaire »[293]. Ce renvoi législatif est une source de difficultés notamment l'ineffective prise en compte des incriminations par le droit national (1) et la méconnaissance de certaines infractions (2).

1. L'ineffective prise en compte des incriminations par le droit national

Le droit pénal des affaires OHADA est marqué par une option qui parait originale. Ainsi, pour venir à bout de la délinquance d'affaires, le législateur OHADA a harmonisé les infractions d'affaires dans l'espace communautaire et a laissé aux États-parties le soin de déterminer librement les sanctions qui leur sont applicables. De ce fait, le droit pénal des affaires est présent dans

---

[291] F. PARRAT, *op. cit.*, p. 14

[292] V. art. 5 du Traité OHADA.

[293] V. P. N. KANTE, « Réflexions sur la notion d'entreprise en difficulté dans l'AUPCAP », *Revue Penant*, n°5, 2002. Pourtant, malgré les justifications données à ce renvoi, une grande partie de la doctrine ne partage pas le choix adopté par l'OHADA. Pour illustrer cette thèse, le Professeur Issa SAYEGH disait que le droit pénal des affaires dans l'espace OHADA se trouve « éclaté en deux compétences et deux temps ». Au regard de ces controverses, il est évident qu'on puisse rencontrer parfois des difficultés dans l'application des sanctions en cas d'infraction du dirigeant.

les actes uniformes sous forme de définitions des infractions de l'OHADA, s'interdisant de fixer les sanctions de ces infractions. Il en résulte la nécessité de disposer en droit interne d'un arsenal de sanctions pénales pour assurer la répression des infractions. Ceci dénote de l'incohérence du système pénal adopté par le législateur, notamment du point de vue de la politique criminelle qui soumet les deux éléments de sa structure que sont le phénomène criminel et la réponse de politique criminelle à une logique différente. Plusieurs justifications ont été données à ce rattachement des peines aux législations nationales. Du point de vue économique[294] et au plan juridique, des raisons avancées sont insuffisantes.

Toutefois, en dépit de ces justifications, cette technique de renvoi des sanctions aux législations nationales est assez dangereuse pour les investissements. Certains auteurs ont même affirmé que la technique du renvoi est fâcheuse, car elle est une négation de la rigueur maximale devant caractériser tout texte pénal[295]. Elle est synonyme de travail bâclé et donne naissance à des textes filandreux et incomplets. En effet, on assiste à un affaiblissement du principe de la légalité, car dans les actes uniformes qui optent pour un renvoi à une disposition préexistante de la loi nationale, il est parfois impossible de déterminer avec précision la norme de sanction. A titre illustratif, on peut se référer à certaines dispositions de l'AUPCAP. L'article 243 dudit acte prévoit que pour la répression du syndic qui exerce une activité personnelle sous le couvert de l'entreprise du débiteur en cessation des paiements, qui use du crédit de celui-ci ou qui se rend acquéreur de ses biens, il fera application du droit pénal national réprimant les « infractions commises par une personne faisant appel au public au préjudice d'un loueur, dépositaire, mandataire, constituant de nantissement, prêteur à usage ou maître d'ouvrage ». Ce texte n'est pas un modèle de clarté, car il ne permet pas de trouver dans le droit pénal national, la norme de référence, puisqu'aucune infraction ne correspond à la définition qu'il contient. On peut certes penser à l'abus de confiance dans la mesure où cette infraction est nécessairement commise au préjudice de l'une des personnes visées par l'article 243. Mais une telle analyse n'est guère satisfaisante. En effet, l'acte uniforme parle d'infractions commises par une personne faisant appel au

---

[294] Ainsi, le PNB du Gabon était de 4480 en 1992 alors que celui de la Guinée Bissau était de 210 à cette même date. Dès lors, soumettre le citoyen gabonais et le citoyen Bissau guinéen à une même amende, par exemple pour la violation de l'article 886 AUS relatif à l'émission d'action avant l'immatriculation de la société heurterait le principe d'égalité de ces deux justiciables devant la norme communautaire.

[295] M. VIRALLY, *Cours général de droit international public*, RCADI, 1983, t.183, p. 124, cité par Michel MAHOUVE, « le système pénal OHADA ou l'uniformisation à mi-chemin », *Penant*, n° 846, 2004, p. 87 ; D. NDIAW, « Actes uniformes et Droit pénal des Etats signataires du Traité de l'OHADA : La difficile émergence d'un droit pénal Communautaire des Affaires dans l'espace OHADA », Revue Burkinabé de Droit, 2001 ; H. TCHANTCHOU, M. AKOUETE AKUE, « L'état du droit pénal dans l'espace OHADA », *Revue de l'ERSUMA*, n° spécial : nov./déc. 2011, p. 25 et suivants.

public. Or, l'abus de confiance ne comporte pas parmi ses éléments constitutifs l'appel au public[296].

Aussi, l'on dénote un manque de volonté de la part de certains États s'agissant de la répression des infractions. De l'essence de l'article 5, il revient aux États de réprimer les comportements délictueux. Toujours est-il que les législateurs nationaux ont failli à leur mission, hormis quelques rares pays[297], les autres États-parties n'ont pas édicté de dispositions répressives devant assurer la sanction des incriminations posées par le droit uniforme. Cette situation laisse planer un vide juridique profitable à certains opérateurs économiques peu scrupuleux qui n'hésiteraient à en tirer profit[298]. C'est dans ce sens qu'on peut comprendre ces propos d'un auteur qui disait : « En esquivant le pouvoir d'édicter des sanctions, l'OHADA a institué une discrimination regrettable dans la répression des infractions. (…) Il est possible qu'existe ce que certains auteurs ont appelé des « paradis pénaux », encore appelés « forum shopping[299] », c'est-à-dire des pays dans lesquels la sanction est douce et moins sévère[300]. Les délinquants d'affaires ne peuvent-ils pas s'arranger afin que leur procès n'ait lieu que dans de telles entités ». Ainsi, il ne serait pas étonnant que les États-parties fassent du droit pénal un instrument de politique économique et de concurrence, en édictant les sanctions les moins sévères ou en évitant tout simplement de sanctionner les violations du droit communautaire[301]. En plus de cette effectivité dans la fixation des peines, la législation a omis certaines infractions.

---

[296] Ce renvoi à une norme préexistante, en ce qu'il introduit une certaine incertitude dans la détermination de la sanction contribue à l'affaiblissement de la répression des infractions d'affaires dans la mesure où le juge national se trouvera confronté à un problème d'interprétation et lorsqu'il ne verra aucun lien entre la norme d'incrimination et la prétendue infraction commise, il se trouvera devant un véritable dilemme. Faudra-t-il sanctionner par déduction ou laisser l'acte impuni ? Il s'agit là d'une question difficile à répondre mais dans tous les cas, le juge se devra de choisir la solution adéquate afin de réduire le risque d'insécurité résultant de ce problème d'interprétation.

[297] Loi camerounaise n° 2003/008 du 10 juillet 2003 portant répression des infractions contenues dans certains Actes Uniformes ; Loi sénégalaise n° 98-22 du 26 mars 1998 portant sur les sanctions pénales applicables aux infractions contenues dans l'AUDCGIE.

[298] Mireille Delmas-Marty, « La corruption, un défi pour l'Etat de droit et la société démocratique », *Rapport de clôture présenté au XIIIe congrès de la société internationale de défense sociale, LECCE*, 28 au 30 novembre 1996

[299]. A. FOKO, « Analyse critique de quelques aspects du droit pénal OHADA », *op. cit.*, p. 202 ; v. ANOUKAHA F., CISSE A., DIOUF N., POUGOUE P.-G., SAMB M., TOUKAN J. N., *OHADA Sociétés Commerciales et GIE*, Bruxelles, Bruylant, Juriscope 2002, p. 237.

[300] La Suisse ou Monaco sont les parfaites illustrations de paradis pénaux. Certains Etats proches de la sous-région comme la Gambie favorisent des opportunités d'échapper à des poursuites pénales.

[301]. N. DIOUF, « La place du droit pénal dans le droit communautaire », *Nouvelles Annales Africaines*, n°1-2007, p. 179.

2. La méconnaissance de certaines infractions

Certaines infractions d'affaires n'ont pas fait l'objet d'incrimination par le législateur OHADA. Ces infractions oubliées sont nombreuses et leur méconnaissance peut constituer une préoccupation pour les entreprises. C'est le cas par exemple du délit d'initié[302] ou de la responsabilité fiscale des dirigeants sociaux.

Les entreprises maliennes sont ainsi vulnérables à certaines pratiques effectuées par les organes sociaux. La responsabilité de ces organes est limitée seulement au plan pénal et civil. Cette délimitation des mesures dissuasives donne la possibilité aux dirigeants de commettre des délits fiscaux qui en retour frapperont plutôt les entreprises en lieu et place des dirigeants qui sont les vrais auteurs. C'est aussi une omission au plan national, puisque la législation malienne, notamment le code général des impôts ne fait mention dans aucune de ses dispositions la responsabilité fiscale des dirigeants sociaux.

La gouvernance de l'OHADA est relativement clémente à l'égard des organes sociaux ce qui est contradictoire avec l'approche anglo-saxonne où c'est plutôt les droits des actionnaires qui sont renforcés. En effet, le tissage de liens étroits entre le droit et l'économie est une question d'autant plus cruciale que se développent des formes nouvelles de régulations et pans entiers de la vie économique et qu'apparaissent des considérations économiques au cœur même de la régulation juridique, comme le démontrent l'essor du droit de l'énergie et des réseaux[303] ou les pratiques étrangères de partenariats public-privé[304]. Ce nouveau rapport entre le droit et l'économie ne cesse de grandir surtout dans le contexte de la mondialisation. Cet idéal de développement économique semble être légèrement pris en compte par le droit OHADA surtout l'absence d'incrimination de certaines qui sont d'ailleurs très présentes au sein des entreprises.

La pérennisation est entravée par la faiblesse de l'arsenal juridique du droit communautaire. En effet, aucune disposition juridique du droit communautaire et même national ne prévoit de dispositions pour engager la responsabilité fiscale des dirigeants sociaux. Cela est dû à la particularité du bouclier fiscal qui est la seule arme de souveraineté dont disposent les États.

---

302 Le délit d'initié est une pratique qui ne permet pas de lutter contre la corruption dans une entreprise. V. Centre d'assistance Juridique Anti-Corruption (CAJAC), « La RSE au Marac », *Transparency news,* n° 15, Fév. 2013, p. 14.

303. V. La chronique annuelle consacrée dans les annales au « Droit de l'énergie et des réseaux », dans T. KIRAT et L. VIDAL, « Le droit et l'économie : étude critique des relations entre les deux disciplines et ébauches de perspectives », *Annales de l'institut André TUNC*, Paris I Panthéon Sorbonne, 2005, p. 1.

304. F. MARTIY, S. TROSA, A. VOISIN, « La construction des méthodes de comparaison de coûts public-privé : Les enseignements des expériences étrangères », *Politiques et management public*, vol. 22, N° 3, sept. 2004, pp. 43-64, dans T. KIRAT et L. VIDAL, *ibid.*, p. 1.

Mais il y a un paradoxe parce qu'au niveau des législations internes des États-parties, la responsabilité fiscale des dirigeants n'a pas été prévue[305] ou n'a pas été précisée de façon explicite dans les textes en l'occurrence le Code général des impôts[306]. Son inexistence dans les textes communautaires tout comme nationaux encourage les dirigeants comme dans les précédentes illustrations, à s'adonner à des pratiques frauduleuses. Au demeurant, ce vide juridique ou cette imprécision du législateur national comme du législateur OHADA suscite de nombreux débats sur la question de la responsabilité fiscale.

Par ailleurs, l'analyse de la cohérence de la politique criminelle OHADA sur la circulation des décisions de justice au niveau communautaire, pour ne pas parler de l'absence de dispositions relatives au délit d'initié qui n'est pas prévu par l'acte uniforme[307], est trop controversée. Plusieurs opinions circulent et certaines semblent être pertinentes. En effet, pour Pierre MEYER, l'OHADA poursuit l'objectif essentiel de sécurité juridique et judiciaire. On aurait pu penser que l'objectif affiché par l'institution aurait amené les rédacteurs du Traité de Port-Louis du 17 octobre 1993, à envisager la reconnaissance et l'exécution au plan régional, des jugements rendus par les juridictions nationales, au moins lorsqu'ils ont tranché un litige suscitant l'application des actes uniformes édictés par l'organisation. Il n'en est rien. Aucune disposition du Traité OHADA n'est consacrée à la circulation des jugements dans l'espace OHADA. Cette effectivité explique même les difficultés de la mise en cause des organes sociaux.

B. La mise en œuvre malaisée de la responsabilité des organes sociaux

Aujourd'hui, comme hier, les sociétés commerciales, dans l'espace OHADA, sont confrontées à de sérieuses difficultés. Celles-ci sont, pour la plupart, liées à des obstacles entravant la mise en œuvre de la responsabilité des dirigeants sociaux. C'est ainsi que la mauvaise gestion devient un comportement habituel dans nos sociétés commerciales. En effet, les dirigeants qui se sont succédé dans les sociétés commerciales, pendant plusieurs années, ont montré leur incapacité par rapport à leur gestion. La conséquence en a été le blocage des activités, toute chose qui serait de nature à entraîner la cessation d'activités à la longue. Plusieurs sociétés et entreprises publiques maliennes se sont retrouvées dans une telle situation. Il aura donc fallu ouvrir le capital de certaines à des actionnaires ou alors

---

305. V. Le Code Général des Impôts du Sénégal, du Mali où les dispositions ne font pas état de la responsabilité fiscale des dirigeants ce qui constitue en effet un vide juridique.

306 I. CISSE, *op. cit.*, p. 108.

307 Mais il constitue une infraction boursière dans le cadre du droit UEMOA. V. D. GATCHOUP TCHINDA, « Le délit d'initié dans les marchés boursiers de l'espace OHADA », *Revue de l'ERSUMA, Droit des affaires, Pratique professionnelle*, n° 04 – Sep. 2014, pp. 133-134.

procéder à leur liquidation[308]. Ainsi, les administrateurs (1) comme les organes de gestion (2) profitent de cette absence de dissuasion pour poser des actes sans avoir la crainte d'être sanctionnés.

1. La responsabilité des administrateurs

Les administrateurs sont au regard de la gouvernance d'entreprise un gage de protection pour les actionnaires. Ils sont censés protéger l'intérêt social qui par ricochet prend en compte celui des actionnaires. Les administrateurs reçoivent un mandat d'exécuter les missions du conseil d'administration. Ces missions sont essentielles dans la bonne gouvernance d'une entreprise. En effet, la faillite d'une société peut survenir à la passivité du conseil d'administration par l'entreprise de ses administrateurs. Or, le conseil ne doit pas être une simple composante de la direction, il doit au contraire procéder à une surveillance active des performances de cette dernière. Dans un tel cas de figure, le conseil et en particulier les administrateurs doit engager leur responsabilité. La mise en cause d'une telle responsabilité est délicate dans le contexte juridique actuel puisque l'AUSC ne favorise pas une telle mesure curative à l'égard des administrateurs de l'entreprise.

Pourtant, la violation des dispositions légales et réglementaires peut engager la responsabilité d'un administrateur. L'article 169 de l'AUSC confirme cela en interdisant tout acte visant à éteindre une action en responsabilité contre un dirigeant ayant commis une faute dans ses fonctions. Cet exercice est assez rarement engagé contre un administrateur qui d'ailleurs est un actionnaire pour la plupart. Engager la responsabilité du propriétaire est appréhender comme suicidaire ; il faudrait entendre par là un limogeage anticipé surtout lorsqu'un simple organe de gestion engage la procédure. A supposer que l'administrateur en question soit issu du camp de la majorité, l'exercice s'annonce aussi difficile même pour les actionnaires minoritaires.

Dans d'autres affaires, le conseil d'administration peut avoir agi comme une simple chambre d'enregistrement, répondant aux souhaits d'un actionnaire dominant. Les actionnaires paraissent avoir été passifs ou incapables de sanctionner le conseil d'administration ; et, dans certains cas, les actionnaires de contrôle ont parfois privilégié leurs intérêts aux dépens des actionnaires minoritaires. Les administrateurs au compte du conseil d'administration doivent exécuter des obligations incombant au conseil. Lorsqu'ils supervisent le processus d'établissement des états financiers[309], ils doivent apporter toute la transparence requise sans quoi ils pourront engager leur responsabilité. L'OHADA ne se démarque pas de ce principe puisqu'au

[308]. Sociétés et entreprises au Mali : L'urgence d'un plan de sauvetage (Nouvel Horizon 03/07/2006), in www.maliweb.net.

[309] Il s'agit généralement du rapport sur les résultats financiers et les résultats d'exploitation de l'entreprise établi par le conseil d'administration.

regard des codes de gouvernance d'entreprise, le législateur décrit aussi la responsabilité fondamentale incombant au conseil d'administration et aux administrateurs qui le composent, à savoir examiner les états financiers, les approuver, puis les soumettre aux actionnaires. Lorsque ces obligations en ce domaine sont clairement énoncées, les actionnaires et les autres parties intéressées peuvent y trouver une raison supplémentaire de croire que les états financiers représentent exactement la situation de l'entreprise.

Les procédures judiciaires contre les administrateurs sont à la limite vouées à l'échec. La pratique révèle plutôt le recours à des mécanismes disciplinaires adoptés par l'entreprise. Cela est une voie extrajudiciaire et moins efficace pour la mise en cause de la responsabilité d'un administrateur. La sanction la plus sévère serait la simple révocation sans pour autant s'attendre à une réparation du préjudice qu'il a causé compte tenu de son inaction dans le cadre du contrôle de la gestion du portefeuille. Le malaise est bien réel pour l'entreprise et peut être plus dramatique pour les organes de gestion.

2. La responsabilité des organes de gestion

La bonne gestion d'une entreprise est l'enjeu majeur de la gouvernance d'entreprise. C'est plutôt le contraire qui se produit. Les organes de gestion sont en général pointés du doigt pour avoir mal géré l'entreprise, qui se résulte le plus souvent à sa disparition. Cet état des faits met en cause les organes de gestion.

En effet, la mise en œuvre de la responsabilité des organes de gestion devient de plus en plus un facteur remettant en cause les objectifs fixés par le droit communautaire. Si l'OHADA cherche à instaurer ou à promouvoir la sécurité juridique et judiciaire, cette ambition est dans une large mesure vouée à l'échec à partir du moment que les sociétés commerciales par l'entremise des comportements fautifs des dirigeants disparaissent du jour au lendemain. Si ces comportements fautifs sont à l'origine des faillites de certaines sociétés, l'efficacité du système juridique et judiciaire applicable au régime de la responsabilité des dirigeants sociaux semble être remise en cause[310].

L'analyse des faits montre à l'évidence les obstacles liés à la mise en œuvre de la responsabilité des dirigeants sociaux. Il s'agit entre autres des déficiences d'ordre juridique[311] et judiciaire. Celles-ci créent d'énormes dégâts et les sociétés commerciales sont loin d'être épargnées. C'est d'ailleurs le constat opéré au sein des entreprises maliennes où le personnel de l'entreprise trouvera des moyens pour bloquer toutes opérations et surtout

---

[310] I. CISSE, *op. cit.*, p. 77.

[311]. V. A. AKAM-AKAM, « La responsabilité civile des dirigeants sociaux en droit OHADA », *Revue Internationale de Droit Economique,* 2007/2, t. XXI, 2, pp. 211-243.

celles initiées par le mandataire discrédité[312]. Cette situation a été vécue par la Banque de l'Habitat du Mali. En septembre 2004, Baba SYLLA remplaçait Mamadou Baba DIAWARA dont certains internautes le surnomment « Madoff DIAWARA » à la tête de la BHM. Deux priorités lui avaient été assignées par le Gouvernement, à savoir : arrêter l'hémorragie financière, d'une part, et proposer un plan de redressement pour la BHM, d'autre part. Un plan de restructuration lui a même été suggéré afin de l'aider dans sa mission à la tête de la banque. Dans ledit plan, il était prévu de la création d'une société de patrimoine qui devait reprendre en dation tous les engagements immobiliers douteux (logements, immeubles et terrains nus) de clients ayant des difficultés à rembourser leurs prêts, le nettoyage interne des services, et une nouvelle politique commerciale[313].

La difficulté de la mise en cause des organes de gestion surtout en matière pénale est due à l'absence d'incrimination des personnes morales. Cette exemption pénale accordée aux personnes morales donne l'opportunité aux dirigeants de commettre des actes incriminés au compte de la société et dont le juge aura toutes les difficultés pour constituer l'infraction. Or, à l'heure actuelle, seule la voie civile leur est ouverte pour essayer de faire

---

[312] C'était le cas de la BHM où le directeur général de la banque a été mandaté suit à des relations politiques. Cela a conduit la société à la faillite jusqu'en 2009 où un plan de restructuration a été élaboré par le gouvernement malien avec les partenaires stratégiques.

[313] En effet, la restructuration de la BHM par l'Etat compte tenu du fait qu'il soit l'actionnaire principal a été dès lors une priorité La restructuration de la BHM constitue une priorité de tout premier plan pour les autorités. Le redressement du compte d'exploitation de la banque passe également par l'augmentation des ressources nécessaires à une relance de son activité de crédit sur des bases saines. Sur la base du plan de restructuration finalisé avec l'appui d'une assistance technique et le conseil que nous venons de solliciter auprès de la BCEAO, une décision du Gouvernement interviendra d'ici fin 2009 pour arrêter une stratégie et un calendrier de désengagement de l'État de la BHM (Repère structurel). Une assistance technique supplémentaire pourrait porter sur la méthode et le calendrier de mise en œuvre de notre décision. Entretemps, l'État prendra à sa charge les arriérés d'intérêts dus au pool interbancaire (1 milliard de FCFA) ainsi que le coût d'un plan social estimé à 0,8 milliard de FCFA et visant à réduire les frais de personnel de 25%. V. Fonds monétaire international, « Mali : Lettre d'intention et protocole d'accord technique », le 19 juin 2009, p. 9. Par ailleurs, Pour la BHM, sous la direction de DIAWARA, beaucoup d'agents ont coopéré en prenant part à des activités formellement interdites par la banque. Il n'a pas rempli ces missions et même s'il pactisait avec les agents, on retient que toute désignation politique d'un mandataire de l'entreprise peut être source de déséquilibre pour la bonne marche de la société. D'ailleurs après son départ, il a été le seul reconnu responsable de tous les actes passés dans l'entreprise. Malgré que son successeur, SYLLA a pu obtenir des documents mettant en cause certains agents de la banque, il a plutôt préféré affecter ces agents douteux à de nouveaux départements, en leur accordant même des promotions, et faire supporter l'ensemble des erreurs à son prédécesseur. Or, il était établi que certains agents avaient commis des fautes graves (ouverture de comptes fictifs, écritures passées sur les comptes des clients sans justificatifs ou sans autorisations, etc....). Le coût de départ de ces spécialistes en cavalerie financière n'aurait pas été bien lourd, eut égard aux fautes commises et au choix à faire entre poursuites pénales et départ en catimini. Malheureusement, et pour le nouveau patron de la BHM, les mêmes situations se sont reproduites ce qui a encore mis l'entreprise dans les difficultés.

triompher leurs causes, ce qui n'est pas à la portée de tous. Du coup, le trafic de stupéfiants, le blanchiment d'argent[314] (...), la falsification de titre émis par l'autorité publique[315] illustrent la portée de la non-incrimination de l'agissement des personnes morales. Cela profite aux dirigeants et explique la faillite de plusieurs entreprises maliennes[316].

Le droit OHADA ne se prononce cependant pas expressément sur la nature de la responsabilité civile des dirigeants. S'il parait incontestable que cette responsabilité est délictuelle à l'égard des tiers, il est difficile de comprendre qu'elle soit contractuelle à l'égard de la société ou des associés[317], c'est-à-dire le devoir d'agir personnellement, dans les limites de leurs pouvoirs avec prudence et diligence, et avec honnêteté et loyauté dans l'intérêt de la société. Il s'agirait plutôt, dans ce dernier cas, d'une responsabilité légale qui trouve son fondement sur les obligations mises à la charge des dirigeants dans le cadre spécifique de leurs fonctions. Au total, selon que la société est *in bonis* ou en difficulté, le droit OHADA prévoit des régimes différents en ce qui concerne la responsabilité des dirigeants sociaux.

L'application des principes de la gouvernance d'entreprise issue du droit communautaire OHADA qui est le cadre de référence du droit positif malien est à une phase préliminaire marquée par des insuffisances assez notoires. C'est ce qui corrobore à l'idée d'ineffectivité des principes de gouvernance dans la gestion des entreprises maliennes. La gouvernance des entreprises maliennes fait face de plus en plus à d'autres défis. Il s'agit de la gouvernance de la RSE.

---

[314]. Dénommé parfois blanchissage dans certaines législations, c'est le fait de nettoyer selon certains dictionnaires. Pour d'autres, cette action se décompose en plusieurs opérations : tirage, trempage, coulage, savonnage, rinçage, essorage. Mais, sur le plan juridique, c'est globalement le fait d'apporter son concours à une opération de placement, de dissimulation ou de conservation. Cf. BOULOC, « De quelques aspects du délit de blanchiment », *Revue de Droit Bancaire et Financier*, n°3, mai-juin 2OO2. p. 151.

[315]. Dans la logique de ces infractions, une SA du journal, la Société Le Progrès de la Côte d'or, avait été condamnée sur la base de l'ordonnance du 5 mai 1945, pour avoir « pendant la période d'occupation ennemie, de 1940 à 1945, participé sciemment à une entreprise de démobilisation de l'armée ou de la nation, ayant pour objet de nuire à la défense nationale, en imprimant, publiant, faisant imprimer ou publier des articles, brochures ou livres en faveur de l'ennemi, de la collaboration avec l'ennemi, du racisme, des doctrines totalitaires et de s'être rendue complice d'un auteur principal poursuivi pour faits de collaboration... » CF. Dijon. 20 mai 1946, D.. 1947, jur.. p. 254, note A. PONSARD.

[316]. Sociétés et entreprises au Mali : L'urgence d'un plan de sauvetage (Nouvel Horizon 03/07/2006).

[317]. La doctrine traditionnelle était par contre de cet avis. V. J.-P. BERDAH, « Fonctions et responsabilité des dirigeants de sociétés par actions », *Sirey*, 1974, p. 2 ; D. GIBIRILA, *Droit des sociétés*, 2ème éd., Paris, Ellipses, 2003, pp. 11-13.

CONCLUSION DU CHAPITRE 2

L'encadrement juridique de la gouvernance d'entreprise est reconnu comme étant un système indispensable. En effet, les scandales financiers[318] ont alerté différents systèmes juridiques. Il en est ainsi pour le droit OHADA, qui a aussi pris conscience de la fragilité de confiance des investisseurs qui commençaient de plus en plus à s'écarter de l'environnement d'affaires de l'espace communautaire. Le système juridique malien profite de cet avantage communautaire pour booster son climat des affaires.

Il y a certes des garanties dans l'arsenal juridique proposé par le droit OHADA. Mais, on constate un retard dans la consécration des principes de la gouvernance d'entreprise qui est évoquée par l'AUSC comme une norme facultative à laquelle les entreprises peuvent se référer. C'est pourquoi malgré la mise en place des outils juridiques garantissant la sécurité juridique, le système juridique OHADA est très en retard dans l'intégration des principes de la gouvernance d'entreprise.

---

[318] P. ARTUS, J.-P. BETBEZE, Ch. de BOISSIEU et G. CAPELLE-BLANCARD, « La crise des subprimes », *Rapport, Conseil d'Analyse Économique*, Paris, 2008, p. 19 ; v. aussi A. SUPIOT, « Contribution à une analyse juridique de la crise économique de 2008 », *Revue internationale du Travail,* vol. 149 (2010), n° 2.

CONCLUSION DU TITRE 1

L'encadrement des entreprises maliennes est aujourd'hui tributaire à l'application des principes de la gouvernance d'entreprise. Ces nouveaux principes de la gouvernance économique sont des outils pour encadrer et asseoir la bonne gestion ou la bonne gouvernance. Mais, ce chalenge qui tire sa source dans le droit des sociétés et qui s'émancipe davantage semble être ignoré, ou peu pratiqué par les entreprises maliennes. En effet, le modèle préconisé par le droit OHADA est limité et expose de plus en plus les entreprises à des crises que les entreprises européennes et américaines ont subies lors de la crise économique de 2008[319].

C'est ainsi que nous pouvions constater dans la pratique, des dysfonctionnements notoires dans la gouvernance des entreprises maliennes. Le mode de gestion est confronté à des difficultés liées à l'écartement des mécanismes plus performants et mieux adaptés pour la sécurité juridique de l'entreprise et surtout celle des actionnaires. Cela remet en cause sans doute, les objectifs du droit OHADA, et met en péril la survie des entreprises maliennes. Les objectifs pour l'accroissement des entreprises sont ainsi compromis, dans la mesure où le droit positif malien encore moins, celui de l'OHADA n'intègre pas les exigences imposées par la gouvernance d'entreprise. C'est pourquoi, dira-t-on que le cadre juridique de la gouvernance d'entreprise est en déphasage avec les principes directeurs recommandés par l'OCDE.

L'ineffectivité est bien réelle dans un système marqué par des disparités prégnantes liées à l'existence d'un cadre juridique obsolète et inadapté. C'est ce qui explique que dans la pratique malienne, on constate que les entreprises sont gérées en l'absence d'un certain nombre de règles définies par les principes de la gouvernance d'entreprise. Or, dans la gouvernance

---

[319] En effet, Alain SUPIOT a démontré que l'implosion des marchés financiers à l'automne 2008 n'est que le symptôme d'une crise plus profonde, qui est fondamentalement une crise du droit et des institutions. Pour pouvoir fonctionner convenablement, les marchés doivent s'inscrire dans un monde institutionnel à trois dimensions, où les rapports entre les opérateurs économiques se trouvent placés sous l'égide d'une instance tierce, garante de la loyauté de leurs échanges et du temps long de la vie humaine. V. A. SUPIOT, « Contribution à une analyse juridique de la crise économique de 2008 », Revue Internationale du Travail, vol. 149, 2010, n°2, p. 165.

actuelle des entreprises, certaines pratiques doivent être écartées, car pouvant se révéler dangereuses pour la marche de l'entreprise. C'est ce qui est pourtant identifié ou identifiable dans la gouvernance des entreprises maliennes.

TITRE 2

La difficile intégration de la RSE dans la gouvernance d'entreprise

L'entreprise est aujourd'hui considérée de nos jours comme un acteur majeur du développement durable. C'est pourquoi elle doit se plier aux exigences actuelles en vue de jouer un rôle dans une société marquée par dénombrables crises socio-économiques et environnementales. Cette tendance est moins évolutive dans la sphère juridico-économique du Mali. C'est ainsi que l'on assiste à une intégration timide de la démarche RSE. En effet, des difficultés existent au regard du cadre juridique relativement muet, et une économie hostile aux conformismes des concepts émergents répondant mieux aux préoccupations interplanétaires. L'intégration de la RSE dans la gouvernance des entreprises maliennes soulève ainsi des préoccupations. La démarche RSE n'est pas suffisamment prise en compte par les entreprises. Elle ne constitue pas une préoccupation puisqu'elle n'est pas définie dans les activités exercées par les entreprises. Celles-ci pour la plupart se bornent à des activités plutôt philanthropiques qui se traduisent par la création des fondations[320] ou en effectuant des dons aux populations. Or, les démarches de la RSE sont, en grande partie, nées d'une critique de la mondialisation de l'économie et de ses dérives. Pendant qu'elle connaît depuis plusieurs années un certain engouement, son intégration par les entreprises maliennes se trouve butée par une absence de volonté par l'ensemble des acteurs concernés. Le système de gouvernance des entreprises maliennes n'a pas encore appréhendé les multiples mouvements de contestation de la mondialisation économique, auxquels les entreprises proposent désormais de répondre de deux manières : en élaborant un dialogue avec les parties prenantes de l'entreprise (salariés, société civile) ; et en élargissant leurs préoccupations aux domaines sociaux et

[320] Dans le secteur des télécoms, comme la société Orange Mali, la société *Malitel*, disposent des fondations dont l'objectif est d'effectuer des dons, de soutenir certaines œuvres sociales etc.

environnementaux, dans une logique de développement durable[321]. On constate alors une appréhension insuffisante de la RSE dans le cadre de la gouvernance d'entreprise (chapitre 1). Il n'y a donc pas une forte adhésion des entreprises vers une démarche progressive de la RSE. Une telle attitude reflète de la vision des pouvoirs publics. Ceux-ci tardent à avoir une forte implication pour la mise en œuvre de la RSE dans la gouvernance des entreprises (chapitre 2).

[321] A. BOUTAUD, « La responsabilité sociétale des entreprises : un bref état des lieux », *Le centre Ressources Prospectives du Grand Lion*, février 2010, p. 1.

CHAPITRE 1

Une appréhension insuffisante de la RSE dans le cadre de la gouvernance des entreprises

La RSE est aujourd'hui le meilleur moyen d'atteindre les objectifs du millénaire puisqu'elle peut assurer un développement durable et prospère. La RSE regroupe les actions qu'une entreprise réalise volontairement dans les domaines environnementaux et sociaux, dans le cadre de ses relations commerciales avec les parties prenantes concernées par son activité. Elle se traduit généralement par la rédaction d'une charte éthique et d'un plan d'action. Ce canevas n'est pas encore élaboré par les entreprises qui attestent le décalage d'application des principes directeurs de la RSE (section 1). L'appréhension de la RSE est ainsi affaiblie. Les entreprises manifestent une réticence en ayant des opinions disparates loin de la rationalité. Une telle situation démontre les défaillances d'une intégration progressive de la démarche RSE (section 2).

Section 1. Le décalage d'application des principes directeurs de la RSE

Les principes directeurs de la RSE sont consacrés par des textes notamment la norme ISO 26000 qui est le document de référence mondialement reconnu. La mise en œuvre d'une démarche RSE doit en toute évidence se plier aux différentes recommandations de cette norme. Cela semble être méconnu ou écarté dans la pratique malienne sachant bien que la RSE est par essence une démarche volontaire auquel les entreprises ont la liberté d'intégrer ces principes. Cette absence de contrainte juridique ne doit pas donner la latitude aux entreprises maliennes d'adopter des démarches incohérentes et incomplètes de la RSE. La norme ISO 26000 doit servir de référence pour la définition d'une démarche RSE. Pourtant, beaucoup d'entreprises maliennes pratiquent la RSE pour restaurer l'image de leur activité en vue d'être attractives auprès des investisseurs. Pour cela, elles font preuve d'effort en adoptant des tentatives relativement assimilables à une démarche RSE (paragraphe 1) et en mettant des moyens pour la mise en application (paragraphe 2).

Paragraphe 1. La tentative démarche RSE dans les entreprises maliennes

La RSE se présente comme un nouveau partenariat que s'offrent les entreprises maliennes. Cela n'est pas un hasard de constater son application au sein de certaines entreprises maliennes. Pour la plupart, les entreprises se contentent d'adopter une démarche semblable d'où la définition de certains instruments de la RSE (A) à travers quelques initiatives de certifications (B).

A. La définition de certains instruments de la RSE

Étant considérée comme un acteur majeur du développement durable, l'entreprise doit avoir une politique ouverte qui prend en compte les volets exclusifs autres que ceux pouvant lui permettre de réaliser des ressources. Pour cela, les entreprises maliennes ont pris des initiatives en vue de définir des politiques sociales (1) et de l'étendre aux questions environnementales à travers la prise en compte de la défense de l'environnement (2). Un tel effort témoigne leur participation, en tant qu'acteur de développement pour l'atteinte des objectifs du millénaire.

1. Les politiques sociales exprimées

Plusieurs entreprises sont conscientes des enjeux du développement durable. Beaucoup se sentent de plus en plus concernées et entreprennent des mesures en faveur des activités sociétales afin de contribuer à un développement profitable à toutes les parties prenantes de l'entreprise. Il ne s'agit pas d'une politique de « social-business », comme préconise Thibaut MASSART. Selon lui, l'entreprise doit, solidement, s'enraciner dans l'économie de marché tout en poursuivant une finalité sociale dont le but consiste à procurer des avantages sociaux à des personnes extérieures à l'entreprise[322]. Pour les entreprises maliennes, c'est plutôt une tentative voire une volonté de prendre en compte le volet social dans le cadre de leur activité. Il y a de ce fait un intérêt accru pour la responsabilité sociétale de l'entreprise. Cet enjeu est devenu d'une importance majeure après la dénonciation de comportements non éthiques dans les entreprises : à titre d'exemple, rappelons le naufrage de l'Erika, les oppositions à l'ouverture de nouveaux sites nucléaires, ou encore l'affaire Elf. C'est pourquoi dans le monde occidental, les milieux boursiers récompensent désormais les entreprises qui mettent en place des pratiques considérées comme

[322] T. MASSART, « Le concept du social-business », in E. LE DOLLEY, *Les concepts émergents en droit des affaires*, *op. cit.*, pp. 121-122.

socialement responsables[323], à l'exemple des indices du *Down Jones Sustainability Index* à la bourse de New York, ou de l'indice *FTSE4Good* sur le marché boursier européen.

Le besoin de la RSE est ainsi pris en compte dans les objectifs fixés par les entreprises. Pour certaines entreprises maliennes, il s'agit d'une opportunité et un moyen de revalorisation de leur activité. L'entreprise doit démontrer qu'elle obtient une rentabilité financière en s'appuyant sur la valorisation des ressources[324]. C'est pourquoi les indices de responsabilité sociale commencent à être découverts dans beaucoup d'entreprises maliennes. Il y a donc des initiatives d'intégration de la RSE et qui émergent dans plusieurs secteurs d'activités de l'entreprise. C'est le cas dans les sociétés minières, les sociétés de télécommunications, les sociétés industrielles et aussi dans les banques. Les entreprises définissent ainsi plusieurs initiatives en faveur des actions sociales. Ce qui constitue sans doute, un effort de responsabilisation des entreprises en tant qu'acteurs de développement socio-économique et durable. Cette intégration est par ailleurs non officielle puisqu'il n'y a véritablement pas de contrainte juridique les obligeant à intégrer le volet social. En dehors de toute contrainte d'ordre public, les entreprises ont su adapter et se forger des « instruments juridiques internes » pour intégrer dans leurs activités respectives des considérations sociales et environnementales. Ce qui atteste que les entreprises maliennes intègrent progressivement la RSE et elles affichent une volonté réelle d'appuyer les activités sociales. Il y a donc une actualisation riche de la prise en compte du volet social, mais cette tentative ne s'éloigne pas en partie à la philanthropie.

La définition du volet social est assez récente au sein de nos entreprises. Elle est à une phase de balbutiement assez original. Selon les constats, les grandes entreprises sont celles qui élaborent des mesures sociales. C'est le cas des activités extractives et certaines sociétés de télécommunication ou industrielle. La société de l'énergie du Mali (EDM-SA) illustre ce constat[325] tout comme Orange Mali qui dispose d'une politique sociale d'ailleurs très avancée[326]. Par contre, certaines n'affichent pas de façon officielle une politique sociale[327]. Cette tentative d'intégration s'étend également au volet environnemental.

---

[323] J. PASQUERO, « Ethique des affaires, responsabilité sociale et gouvernance sociétale : démêler l'écheveau », *Gestion, volume 32, numéro 1, printemps 2007, Dossier*, p. 144.

[324] Cela est d'ailleurs exigé par le code du travail où un congé de formation peut être accordé à un employé pour effectuer un stage ou une formation en vue de se perfectionner pour renforcer les services de l'entreprise dans laquelle il exerce une activité. v. art. L. 11 du code du travail.

[325] La société EDMA-SA dispose de plusieurs sites d'exploitations. A titre d'exemple, nous pouvons citer la centrale électrique de Sikasso, la centrale de Ségou etc.

[326] Abdoulaye SIDIBE, Assistant du chef de service management projet RSE, Orange Mali, Entretien effectué le 5 août 2014 de 10 heures à 13 heures.

[327] C'est le cas des PME comme la société *Kafo Jiginè, Nièsigiso* etc.

2. La prise en compte de la défense de l'environnement

La protection de l'environnement est un enjeu ultime du développement durable. Contrairement au volet social, la défense de l'environnement dispose d'une règlementation plus ou moins rigoureuse. C'est pourquoi les entreprises sont tenues de prendre en compte l'impact de leur activité sur l'environnement. Cela ressort d'ailleurs dans les textes relatifs à la protection de l'environnement[328] qui exige la conduite d'étude d'impact environnemental pour l'exécution de projets à grand impact environnemental ou l'établissement de notice. Ce texte interne est par ailleurs complété par l'ensemble des engagements internationaux pris par le Mali. Bien qu'elles ne soient pas les destinataires directes des obligations créées par les conventions internationales (les conventions de l'Organisation internationale du travail – OIT – et les conventions relatives à la protection de l'environnement), force est de reconnaître que les entreprises ne sauraient entreprendre des activités contraires à l'esprit et à la lettre de ces conventions. La déclaration universelle des droits de l'homme, renforcée par une autre résolution de l'Assemblée générale des Nations unies, énonce « le droit et la responsabilité des individus, groupes et organes de la société de promouvoir et protéger les droits de l'homme et les libertés fondamentales universellement reconnus[329] ».

La protection environnementale constitue une obligation pour les entreprises. Sa prise en compte, est une exigence au regard des dispositions juridiques notamment les lois fixant la protection voire aussi la loi fondamentale qui appréhende la préservation de l'environnement comme une priorité majeure[330]. Une telle exigence frappe tous les secteurs d'activités, mais en particulier les entreprises évoluant dans les secteurs industriels et miniers. En effet, pour les entreprises industrielles et extractives en particulier, c'est une obligation de prendre des mesures contre toute possibilité de polluer l'environnement. Cela est d'ailleurs confirmé par un principe fondamental en droit de l'environnement qui est consacré par les textes organisant la protection de l'environnement. Il s'agit du principe « pollueur payeur ». Une entreprise qui pollue l'environnement est obligée de réparer.

---

[328] La législation malienne prévoit des dispositions assez contraignantes pour les installations classées des entreprises industrielles. V. Le Principe 17 de la déclaration de Rio sur l'environnement et le développement reconnu par le législateur malien comme une priorité dans toute activité in *Recueil des textes en droit de l'environnement au Mali*, Tome 2, Les textes internationaux, p. 15.

[329] Assemblée générale des Nations unies, *Déclaration sur le droit et la responsabilité des individus, groupes et organes de la société de promouvoir et protéger les droits de l'homme et les libertés fondamentales universellement reconnus*, résolution 53/144 du 8 mars 1999.

[330] La constitution malienne dans son préambule exprime sa volonté à assurer la protection de l'environnement. V. La Constitution du Mali, DECRET N° 92-0731 P-CTSP portant promulgation de la constitution du 25 févr. 1992, p. 1.

Ainsi, l'exploitation industrielle est soumise à certaines conditions. Dans le cadre d'une exploitation minière conformément au code minier de 1999, les entreprises installées au Mali sont tenues :

- de présenter une évaluation d'impact environnemental (art. 90) ; de réhabiliter le site après la cessation de l'activité extractive (art. 123 pour l'exploitant de carrière et art. 121 pour le titulaire du permis d'exploitant) ;
- de présenter une étude sur l'état de l'environnement du site préalablement à l'installation de la mine (art. 120)[331] ;
- de fournir des rapports annuels sur l'état de l'évolution de l'environnement[332].

Pour se mettre à l'abri de toute responsabilité, certaines sociétés minières disposent des mécanismes de suivi et contrôle de l'impact environnemental. C'est le cas par exemple de *Randgold* Ressources, où la gestion de l'environnement est effectuée conformément à la règlementation environnementale du Mali et aux normes internationales applicables, ainsi qu'en accord avec les principes de *Randgold* Ressources. Selon les responsables de Morila, il est difficile d'imaginer qu'une activité minière puisse être exercée sans un quelconque impact sur l'environnement, car le risque zéro n'existe pas ; mais il s'agit de faire en sorte que cet impact négatif soit réduit au strict minimum[333].

Certaines sociétés industrielles, comme EDM-SA ou Graphique industrie voire même TOGOUNA-SA, s'efforcent progressivement d'introduire une politique environnementale dans le cadre de leur activité. Cet effort est quelque peu équivoque par l'absence de la transparence, surtout le respect des obligations d'information extra financière notamment faciliter l'accès à l'information environnementale. Ce qui au regard des principes de la RSE est un paradoxe même si les entreprises ont effectué des certifications.

B. Les initiatives de certifications

Les opportunités offertes de la pratique de la RSE ont conduit plusieurs entreprises maliennes à effectuer des certifications pour la normalisation de leur activité. Ces initiatives s'inscrivent dans la politique économique mondiale. En effet, la multiplication des conventions et directives internationales est un indicateur évolutionniste de la démarche RSE. Il y a un intérêt croissant que la RSE suscite dans l'opinion publique internationale.

---

[331] Décret n°99-189/P-RM du 05 juillet 1999 portant institution de la procédure d'étude d'impact. – il définit les projets qui sont soumis à une étude d'impact préalable. Il a ensuite été modifié par le décret n°03-594/PRM du 31décembre 2003 relatif à l'étude d'impact sur l'environnement.

[332] Aux termes du code minier du Mali (décret 99-225), la législation malienne stipule que tous les incidents environnementaux doivent être immédiatement déclarés aux autorités minières de tutelle. Cependant, la législation n'a jamais fourni de ligne directrice quant à la catégorisation des incidents en termes de gravité et d'impact possible sur l'environnement.

[333] Propos du directeur exécutif *Randgold*, entretien mené par l'auteur le 30 juillet 2008.

Pour les pays moins avancés, il est important d'encourager les entreprises à tenir compte de leur responsabilité sociale et environnementale sur toutes les chaines d'activités[334]. Cette pression a conduit beaucoup d'entreprises maliennes à certifier des normes ISO (1) qui restent limitées d'où l'absence d'adhésion à la norme ISO 26000 qui est la norme méthodique de référence (2).

1. Les normes certifiées ISO

La certification porte sur un produit ou un service dont l'objectif est la reconnaissance et la possibilité d'effectuer un contrôle dans le cadre de son application conformément à la norme certifiée. C'est donc une attestation de conformité d'une denrée ou d'un produit à des caractéristiques ou à des règles préétablies[335]. Cette normalisation s'inscrit dans une logique volontariste. Il y a une considération éthique qui se dégage qui est aujourd'hui en vogue comme le mentionne Pascale DEUMIER[336]. C'est une source moins rigide assimilable au droit souple[337]. La certification se cache derrière les codes de conduite et chartes qui sont dépourvus de toute contrainte autre que celle volontairement acceptée[338].

La certification iso, est de plus en plus inscrite dans les objectifs de plusieurs entreprises maliennes. Il en est ainsi de la société Orange Mali qui évolue dans le domaine des télécoms[339]. Des initiatives multipartites à travers sa fondation[340] lui ont permis d'avoir des certifications iso. C'est d'ailleurs la réussite des activités déployées par la fondation qui permet à Orange Mali d'obtenir les normes de certification telles qu'*ISO* 14001,

[334] Conférence des Nations Unies sur le commerce et le développement durable, « Communication d'informations concernant l'impact des entreprises sur la société, tendances et problèmes actuels », *Rapport au secrétariat de la CNUCED*, TD/B/COM.2/ISAR/20, 15 août 2003, p. 6.

[335] G. CORNU (ass. H. CAPITANT), *Vocabulaire juridique*, PUF, 9ème éd. 2011, p. 158.

[336] P. DEUMIER, « Les sources de l'éthique des affaires, codes de bonne conduite, chartes et autres règles éthiques », in, *Le libre droit*, mélanges en l'honneur de Ph. Le TOURREAU, Dalloz, Paris, 2008, p. 337.

[337] C. THIBIERGE, « Le droit souple, réflexion sur les sources du droit », *RTD civ.*, 2003, 599.

[338] Celui-ci peut être jugé préférable « parce que la normalisation n'est pas souhaitable ou parce qu'elle serait prématurée », G. FARJAT, « Nouvelles réflexion sur les codes de conduite privée », in J. CLAM, G. MARTIN, *Les transformation de la régulation juridique*, LGDJ, 1998, p. 159 ; B. DELGA, « De l'éthique d'entreprise et son cynisme », D ? 2004, Chron. 3126.

[339] Abdoulaye SIDIBE, Assistant du chef de service management projet RSE, Orange Mali, Entretien effectué le 5 août 2014 de 10 heures à 13 heures.

[340] Après la fondation Orange Mali, son concurrent la société *malitel* a créé aussi sa fondation pour œuvrer dans les activités sociales autrement dit philanthropiques. C'est aussi le cas de la BICIM qui a procédé récemment précisément le 06 juillet 2014 à des dons de moustiquaires imprégnées au quartier les plus démunis à *Baco Djicoroni*. Un geste philanthropique que les entreprises maliennes se contentent en termes de contribution au développement social.

OSHAS 9001, *ISO* 18001 et SA 8000. Elle a permis d'inciter plusieurs entreprises à étendre assez rapidement des politiques de certifications iso.

Les différentes certifications ont permis d'améliorer la qualité des services, à réduire l'impact des activités sur l'environnement et à la sécurité qui consiste à mettre en place un système de management à l'intérieur de l'entreprise pour la sécurisation des agents techniques qui est d'ailleurs une obligation inscrite dans le Code du travail[341]. Un accent particulier est mis sur le volet environnemental. A travers la norme *ISO* 14001, tous les services et produits offerts par Orange Mali doivent prendre en compte les considérations environnementales. A cet effet, des campagnes de sensibilisation ont été initiées dans le cadre de la consommation énergétique pour consommer moins d'énergie et surtout de promouvoir les énergies renouvelables. D'ailleurs depuis 2010, l'ensemble des sites[342] fonctionnent avec des énergies renouvelables[343].

Contrairement à la société Orange Mali[344], la société de l'EDM-SA ne dispose pas de toutes les certifications iso, mais est la première entreprise à être certifiée au Mali. Il s'agit des services de la qualité, de la sécurité et de l'environnement[345]. Pour cela, la société EDM-SA a fait un effort en organisant des formations professionnelles pour son personnel notamment les agents qui sont en contact permanent avec les branchements[346].

Le système de gestion environnementale des sociétés industrielles en l'occurrence les mines a également subi des phases de certifications. C'est le cas de Morila qui est certifié *ISO* 14001. Les précautions de Morila vont même jusqu'à embaucher les chasseurs du village pour qu'ils tirent sur les oiseaux qui viendraient se poser sur le bassin de boue afin d'empêcher la

---

[341] V. art. L. 64, L. 173, L. 175. Du code du travail.

[342] Il faut entendre par sites, l'ensemble des installations des réseaux.

[343] L'énergie solaire et autre est davantage utilisée par les sites. Selon les perspectives, le fonctionnement des sites sera à 100% solaires d'ici 2020.

[344] Le groupe Orange Mali dispose de trois certifications, à savoir la norme *ISO* 9001, la norme *ISO* 14001 et *OSHAS* 18001.

[345] Nous rappelons que la société EDM-SA est la première à avoir une certification *ISO* au Mali. Il s'agit de la norme *ISO* 9001. Elle a concerné d'abord le volet de la qualité ce qui suppose que la société mettait un accent sur la bonne exécution des services et offres qu'elle met à la disposition de sa clientèle. Après, elle intégra le volet électricité dans la nouvelle version de la norme *ISO* 9001 obtenue en 2008 et qui contrairement à l'ancienne est très exigeante car en plus de l'électricité s'ajouta également le volet sécuritaire dans le volet de la qualité.

[346] L'EDM-SA a mis des moyens pour doter son personnel en équipement adéquat. Elle organise des formations professionnelles. C'est ainsi que l'UTEC 18510 a initié une formation dans le cadre sécuritaire. Il était donc nécessaire de former les formateurs à cette norme universelle. La formation a été assurée par l'Electricité de la France (EDF) où plus de 500 personnes ont pris part. Après la formation, des évaluations sous forme de test pratique et écrit sont effectués. Une note d'habilitation avec un document écrit pour responsabiliser chaque personnel affecté dans un service. Les chefs de service délivrent par la suite des titres d'habilitation. Ce qui va largement renforcer les conditions sécuritaires des agents techniques. Moussa TOGOLA, Coordinateur QSE de l'EDM-SA, Entretien effectué le 13 août 2014 de 10 heures à 12 heure.

contamination. Les industries extractives[347] comme les sociétés commerciales font donc des efforts, mais qui n'adhèrent pas à la norme méthodique pour une démarche RSE.

2. L'absence d'adhésion à la norme ISO 26000

La certification est une tendance actuelle au sein des entreprises maliennes. En effet, le nombre et la diversité des entités à l'origine de ces initiatives sont un signe de grande créativité. Mais, le manque de coordination entre elles est une source de confusion. Ainsi, certains groupes intéressés[348] ont conçu des outils qui existaient déjà par ailleurs, tout en ignorant d'autres aspects plus importants. Une enquête menée récemment sur les initiatives en cours montre par exemple que des instruments innombrables ont été mis au point en vue d'aider les entreprises à intégrer la RSE dans leurs conceptions, politiques et stratégies, mais qu'aucune, ou presque ne vise à les aider à rendre compte de leur impact sociétal. D'où une certaine confusion pour les entreprises soumises aux exigences de ces multiples initiatives.

En effet, la démarche RSE au Mali est ineffective. Elle est plutôt à une phase de certification des normes *iso*. Une norme peut être soumise à une certification *iso* qui est différente des normes méthodiques. Cela montre en évidence la norme *iso* 26000, qui est contrairement aux autres normes, une norme méthodique dans laquelle toute entreprise peut adhérer. La norme *iso* 26000 est la norme de référence qui élabore les lignes directrices pour l'adoption d'une démarche RSE. Elle s'annonce comme le référentiel incontournable en matière de développement durable. Elle offre la première définition partagée au niveau international du concept de la responsabilité sociétale et un cadre pour son intégration et sa mise en œuvre. Elle permet de

[347] Par exemple la SEMOS (Société d'exploitation des mines d'or de Sadiola), qui est gérée par la société minière canadienne Iamgold, la société minière sud-africaine Anglogold4 et l'Etat Malien. La société *Anglogold* Ashanti est l'un des principaux producteurs mondiaux d'or, avec un portefeuille varié d'actifs et de types de corps minéralisés dans les régions clés de production d'or à travers le monde. A la fin de 2006, la société avait 21 opérations situées dans dix pays (Afrique du sud, Argentine, Australie, Brésil, Ghana, République de Guinée, Mali, Namibie, Tanzanie et Etats-Unis) sur 4 continents, ainsi que des projets substantiels et un programme d'exploration global bien établi. C'est l'une des premières sociétés minières à être certifié *ISO* 14001. En effet, *Anglogold* Ashanti a officiellement adopté la certification *ISO14001* en tant que norme pour le système de gestion environnementale de la société. L'Organisation des Normes Internationales est un réseau bénévole, à but non lucratif, d'instituts nationaux chargés des normes dans 146 pays. *ISO*14001 se concentre sur les systèmes de gestion environnementale. La certification est basée sur l'audit régulier par un organisme extérieur régulièrement agréé. Le système de gestion environnementale à Morila est basé sur les normes établies par *ISO*14001. Morila a été recommandé pour la certification 14001 en novembre 2006.

[348] Cercle de l'Entreprise et de l'Industrie Sociale (SEIS) ; Le Conseil National du Patronat du Mali (CNPM), le Groupe Orange Mali etc.

réaliser un diagnostic pour construire un plan d'action dans une logique de démarche socialement responsable.

Cependant, cette norme n'est pas intégrée dans la démarche des entreprises maliennes pour la RSE. Une entreprise certifiée est en effet une entreprise qui répond aux exigences réglementaires de la certification *ISO*. Ainsi, toute démarche RSE doit se référer de la norme *iso* 26000, ce qui n'est pas encore dans la pratique actuelle de la RSE au Mali. Étant la norme de référence, sa mise à l'écart exclut l'existence de la démarche RSE[349].

C'est ainsi que la démarche RSE se trouve entravée puisque les entreprises intègrent difficilement les préoccupations sociales, environnementales et économiques dans leurs interactions avec les parties prenantes sur une base volontaire. Au-delà de toute règlementation nationale, la norme *iso* 26000 est un guide contenant les lignes directrices en matière de la RSE établies par l'organisation internationale de normalisation. Il s'agit d'un « guide standard » qui ne contient pas d'exigences pouvant aboutir à une certification, à la prise de mesures ou à une évaluation sur le plan de la conformité. Cela témoigne le manque de volonté pour l'adoption d'une démarche RSE dans la mesure où la norme *ISO* 26000 est adoptée sur une base volontaire. D'ailleurs c'est un document d'orientation qui contient des suggestions, des conseils, des propositions et des recommandations. Son absence n'exclut pas néanmoins la réalisation de certains efforts.

Paragraphe 2. La mise en application de la RSE

La pratique de la RSE a une actualisation relativement riche au sein des entreprises maliennes. Il est admis en général que le concept est ultralibéral sans une contrainte juridique. Cela n'est pas toujours évident puisque quelque part, le droit positif[350] donne des orientations auxquelles les entreprises sont tenues de se conformer. C'est par exemple la défense de l'environnement ou la protection des employés, etc. Les entreprises intègrent

---

[349] En effet les caractéristiques et les engagements de la norme iso 26000 sont en parfaitement relation avec les exigences du développement durable. Les lignes directrices mettent l'accent sur le comportement éthique, le respecter des réglementations en vigueur et les normes internationales de comportement (traités, conventions internationales ou normes issues d'organisations), l'adoption d'une démarche qualité basée sur la stratégie de moyen à long-terme, la transparence dans la communication, la prévention des risques de l'activité de l'entreprise, la prise en compte des intérêts des parties prenantes. Tout cela confirme qu'il s'agit d'une « norme » internationale, car il a été publié par l'organisation internationale de normalisation et par ses organismes membres. Cela signifie que selon son *format de publication*, le document constitue une norme internationale, mais selon son *contenu*, il s'agit plutôt d'un guide. V. www.reportingrse.f ; l'ISO www.iso.org. Voir la rubrique « Normes de management et de leadership » sur la page d'accueil ; www.iso.org/sr ; Le magazine ISO Focus+ www.iso.org/isofocus+.

[350] Le code du travail du Mali ainsi que certaines dispositions portant sur la protection de l'environnement et même le droit communautaire contiennent des dispositions en rapport avec la RSE.

néanmoins dans cette confusion juridique des préoccupations sociales, environnementales économiques dans leurs interactions avec les parties prenantes. Cela se confirme à travers la mobilisation des entreprises (A) qui aboutit à des résultats plutôt favorables d'où la constatation des bonnes pratiques (B).

A. La mobilisation des entreprises

Cette mobilisation est issue d'une prise de conscience par certaines entreprises maliennes. En gros ce sont quelques grandes entreprises notamment celles évoluant dans le secteur des télécoms, de l'énergie, du tourisme et du secteur des industries extractives. Ces entreprises adoptent des comportements socialement responsables et partagent des préoccupations soulevées par l'ensemble des acteurs du développement économique et durable. Nous retiendrons le cas de la société Orange Mali (1) et l'EDM-SA (2).

1. Le cas de la société Orange Mali

Au début du 21e siècle, le réseau de communication était sous le contrôle de la Société de Télécommunication du Mali (SOTELMA) qui était une entreprise publique. Cette société a ouvert son activité pour améliorer son réseau. Cette politique de libéraliser le secteur des télécommunications avant sa privatisation[351] a permis à la société IKATEL-SA a obtenu la licence en 2002 pour l'exploitation des réseaux et services des télécoms. Le 30 novembre, IKATEL-SA est devenu orange Mali. Depuis cette date la société a entrepris plusieurs activités visant à étendre son réseau et ses activités. C'est ce qui lui a permis de créer la fondation dont la mission a été de mettre en place une politique d'accompagnement du gouvernement et de la société civile, en matière de lutte contre la pauvreté et de soutien aux populations les plus défavorisées. Cette activité de nature philanthropique a occasionné la mise en place d'une politique RSE qui est d'ailleurs l'objectif ultime du groupe Orange en général. C'est ce qui lui a prévalu le titre de pionner de la RSE au Mali.

En effet, depuis maintenant cinq ans la société Orange Mali s'est résolument engagée dans une démarche de RSE. Elle a décliné les axes prioritaires de développement socio-économique qui lui permettent de participer au développement socio-économique en contribuant à la création des richesses et à la création d'emploi[352]. Aussi, elle œuvre dans le

---

351 M. KEITA, « Privatisation de la SOTELMA : dans une phase décisive », *L'ESSOR*, n° 16232 du 03 juil., 2008.

352 En termes d'avancées de la politique RSE du groupe Orange en 2009, s'est soldé par une large contribution au développement socio-économique. La politique d'emploi est basée sur le recrutement de jeunes cadres maliens résidents et ceux de la diaspora. C'est ainsi qu'en fin 2009, plus de 30 000 emplois indirects, et 437 emplois directs ont été créés. Cela explique sa

développement d'offres et de services de télécommunication innovant au Mali. Un autre axe est la préservation de l'environnement, notamment avec le développement de sites solaires sur le réseau.

En dehors de toute contrainte juridique, la société Orange Mali a instauré la RSE. La société dispose plusieurs certifications telles que : *ISO* 14001, *OSHAS* 9001, *ISO* 18001 et SA 8000. L'exécution de ces normes de certification[353] lui a permis également d'instituer une division RSE. La division RSE est tenue au regard de ces engagements de donner toutes les informations et de prendre en compte au cours de ses activités les considérations relatives à la qualité des services, à l'impact sur l'environnement et à la sécurité qui consiste à mettre en place un système de management à l'intérieur de l'entreprise pour la sécurisation des agents techniques. Cela est d'ailleurs exigé par le Code du travail[354]. Un accent particulier est mis sur le volet environnemental. A travers la norme *ISO* 14001, tous les services et produits offerts par Orange Mali doivent prendre en compte les considérations environnementales. A cet effet, des campagnes de sensibilisation ont été initiées dans le cadre de la consommation énergétique pour consommer moins d'énergie et surtout de promouvoir les énergies renouvelables. D'ailleurs depuis 2010, l'ensemble des sites[355] fonctionnent avec des énergies renouvelables[356]. C'est pourquoi, la division RSE doit s'impliquer dans toutes les activités surtout l'installation des sites pour être en mesure de fournir toutes les informations c'est-à-dire susceptibles de créer des risques très importants pour la santé et la sécurité des populations voisines et pour l'environnement. Elle doit, par conséquent, informer les actionnaires sur ses activités[357]. Cela indique toute la volonté de la société Orange dans la mise en œuvre de la RSE, malgré l'absence d'effectivité. Cet effort est aussi identifié dans les activités de la société EDM-SA.

---

contribution à hauteur de 3% au PIB du Mali et 9% à sa croissance. Elle a versé au compte de l'Etat (impôts, licence, taxes et cotisations sociales), plus de 187 milliards de F CFA. L'accès aux services de télécommunications s'est traduit par l'extension de la couverture réseau dans les zones rurales très enclavées. D. DEMBELE, « Responsabilité sociale d'entreprise : Orange Mali dresse son bilan 2009 », *Journaldumali.com,* publié le 23 avr. 2010, consulté le 04 nov. 2014.

[353] Cela dit, la démarche RSE de la société Orange Mali ne s'identifie pas aux lignes directrices de la norme iso 26000.

[354] V. art. L. 175 du code de travail.

[355] Il faut entendre par sites, l'ensemble des installations des réseaux.

[356] L'énergie solaire et autre est davantage utilisée par les sites. Selon les perspectives, le fonctionnement des sites sera à 100% solaires d'ici 2020.

[357] T. BERNS, P.-F. DOCQUIR, B. FRYDMAN, L. HENNEBEL et G. LEWKOWICZ, *Responsabilités des entreprises et corégulation*, Bruxelles, Bruylant, 2007, note 23, p. 37.

2. La méthode de la société EDM-SA

Comme la SOTELMA, la société de l'énergie du Mali est une entreprise publique. En début du 21e siècle, elle avait été privatisée et rachetée par des investisseurs étrangers. Ce transfert de contrôle a duré quelques années pour être repris par l'État qui a le contrôle désormais des activités de l'EDM-SA. Récemment, les services de l'eau et de l'électricité ont été scindés ce qui a donné naissance à la société malienne de la gestion d'eaux potables (SOMAGEP-SA) et l'énergie du Mali (EDM-SA) dont l'activité est basée sur la production d'électricité. Contrairement à la SOMAGEP-SA, l'EDM-SA a adopté depuis quelques années une politique de certification dans le cadre de ses activités. Nous précisons qu'il y a un projet de certification en cours au compte de la SOMAGEP-SA.

Ainsi, EDM-SA s'oriente vers la pratique de la RSE. Elle est l'une des premières entreprises maliennes à s'intéresser aux politiques de normalisations. L'entreprise a depuis 2005 fait preuve de reconnaissance pour le renforcement de son management social et environnemental pour une performance durable. Elle a priorisé la certification de quelques services notamment les services de la qualité, de la sécurité et de l'environnement[358]. La normalisation des différents services a permis d'insérer des mesures relativement assimilables aux pratiques de la RSE[359].

Cependant, il y a tout de même une stratégie mise en place pour rendre conformes les activités de l'entreprise au regard des certifications obtenues. C'est ce qui a permis d'instituer une coordination QSE. Celle-ci fixe un certain nombre d'objectifs s'appuyant sur trois volets. Il s'agit des services de la qualité, de la sécurité et de l'environnement. La coordination a ainsi plusieurs obligations s'agissant des informations relatives aux différentes chaines d'activités. Prioritairement, elle doit informer tous les autres départements à chaque fois qu'un projet doit être mis en place. Toute installation de ses centrales électriques doit réunir les conditions sécuritaires. Pour cela, la coordination doit, au préalable, informer la direction par rapport aux risques. Comme toute société anonyme, les actionnaires doivent impérativement être informés en amont afin de prendre des mesures pour limiter les dégâts. Les agents techniques doivent être dans toutes les conditions sécuritaires et surtout être informés des risques auxquels ils

---

358 Nous rappelons que la société EDM-SA est la première à avoir une certification *ISO* au Mali. Il s'agit de la norme *ISO* 9001. Elle a concerné d'abord le volet de la qualité ce qui suppose que la société mettait un accent sur la bonne exécution des services et offres qu'elle met à la disposition de sa clientèle. Après, elle intégra le volet électricité dans la nouvelle version de la norme *ISO* 9001 obtenue en 2008 et qui contrairement à l'ancienne est très exigeante car en plus de l'électricité s'ajouta également le volet sécuritaire dans le volet de la qualité.

359 Nous rappelons que la société EDM-SA n'adopte pas une démarche RSE plutôt une politique de certification voire de normalisation dans le cadre de ses activités. La société ne s'identifie pas non plus à la norme méthodique (norme iso 26000) qui jette les bases voire les standards pour l'adoption d'une démarche RSE.

peuvent être exposés. Pour cela, la société EDM-SA a fait un effort en organisant des formations professionnelles pour son personnel notamment les agents qui sont en contact permanent avec les branchements[360]. La coordination doit aussi être en mesure à travers le service marketing de divulguer toutes les informations pouvant servir les populations et surtout les sécuriser en les mettant hors de tout danger surtout lorsqu'il s'agit d'une nouvelle installation électrique. Cela doit se faire à travers les panneaux indiquant les indications et les informations sur les risques électriques.

L'obligation d'information est donc fondamentale. La coordination QSE intègre cette mesure. Elle élabore un rapport pour communiquer les informations extra financières aux actionnaires et aux acteurs concernés. L'information permet d'appréhender l'ensemble de la « politique de prévention du risque d'accident technologique menée par la société », de rendre compte de la « capacité de la société à couvrir sa responsabilité civile vis-à-vis des biens et des personnes du fait de l'exploitation de telles installations » et préciser les « moyens prévus par la société pour assurer la gestion de l'indemnisation des victimes en cas d'accident technologique pouvant engager sa responsabilité »[361].

Au-delà des initiatives entreprises pour une démarche RSE, il faut retenir aussi certaines pratiques pouvant soigner l'image des entreprises.

B. La constatation des bonnes pratiques

Il est admis que les activités des entreprises peuvent nuire à l'environnement et au développement durable. Le droit positif malien n'est pas absent à de telles attitudes. En effet, les règles juridiques portant sur l'environnement reconnaît le principe pollueur payeur, qui est fondamental

[360] L'EDM-SA a mis des moyens pour doter son personnel en équipement adéquat. Elle organise des formations professionnelles. C'est ainsi que l'UTEC 18510 a initié une formation dans le cadre sécuritaire. Il était donc nécessaire de former les formateurs à cette norme universelle. La formation a été assurée par l'Electricité de la France (EDF) où plus de 500 personnes ont pris part. Après la formation, des évaluations sous forme de test pratique et écrit sont effectués. Une note d'habilitation avec un document écrit pour responsabiliser chaque personnel affecté dans un service. Les chefs de service délivrent par la suite des titres d'habilitation. Ce qui va largement renforcer les conditions sécuritaires des agents techniques. Moussa TOGOLA, Coordinateur QSE de l'EDM-SA, Entretien effectué le 13 août 2014 de 10 heures à 12 heure.

[361] V. le Principe 12 de la déclaration de la conférence des nations unies sur l'environnement à Stockholm en juin 1972 ; La convention africaine sur la conservation de la nature et des ressources naturelles dans son art. VI relatif à la protection des terres et sols « (...) veillent également à ce que les formes non agricoles d'utilisation des terres, telles que les travaux publics, l'extraction minière et l'élimination des déchets, ne favorisent pas l'érosion, la pollution ou toute autre forme de dégradation des terres ...» Cette convention a été signée par le Mali le 15 septembre 1968 et ratifiée le 20 juin 1974 ; les art. 12 relatifs aux consultations sur les questions de responsabilité et 13 sur la communication de renseignements de la convention de Bâle sur le contrôle des mouvements de déchets dangereux et de leur élimination signée et ratifiée par le Mali le 15 septembre 2000.

en droit de l'environnement. Ce principe, à l'instar de celui de la précaution[362], a été régulièrement scandé par un « slogan »[363]. Mais, du point de vue juridique, le principe pollueur payeur a été élaboré par le Secrétariat de l'OCDE qui a adopté une recommandation le 28 mai 1972 concernant les principes directeurs relatifs aux aspects économiques des politiques de l'environnement sur le plan international[364]. La législation malienne reconnaît ainsi ce principe qui explique l'obligation pour certaines entreprises à faire des recyclages (1) et à dépolluer les zones touchées (2).

1. L'initiation des activités de recyclages

Au-delà de toute démarche RSE, le recyclage est une obligation juridique qui pèse sur certaines activités de nature à polluer l'environnement. En effet, le principe pollueur payeur, donne des précisions justifiées et peut servir de base juridique pour amener les entreprises à procéder à des recyclages dans le cadre de la préservation de l'environnement. C'est une conduite qui permet de lutter contre la pollution. Le recyclage constitue donc une sorte de réparation et s'inscrit dans une logique de développement durable. Il y a des initiatives réelles en termes de recyclage au Mali malgré leur insuffisance.

En effet, l'implication des entreprises est relativement faible dans les activités de recyclage. Cette activité est appréhendée pour beaucoup d'acteurs comme une activité commerciale et non une obligation pour les entreprises à effectuer des recyclages en vue de réparer les préjudices causés par leur activité. Pourtant, la législation malienne prévoit des sanctions lorsque les entreprises dans le cadre de leur activité causent du dommage à l'environnement ou provoquent des risques de maladie auprès des populations. En matière de préjudice écologique on fait recours au principe pollueur payeur, qui a été retenu par le droit positif malien pour sanctionner toute entreprise industrielle causant des préjudices à l'environnement. Cette volonté est affichée dans la loi fondamentale. Le dispositif juridique environnemental qui trouve ainsi son fondement essentiel dans l'article 15

---

[362] Le principe de précaution est défini en termes très précis par la Déclaration de Rio sur l'environnement et le développement : « En cas de risques de dommages graves ou irréversibles, l'absence de certitude scientifique absolue ne doit pas servir de prétexte pour remettre à plus tard l'adoption de mesures effectives visant à prévenir la dégradation de l'environnement ». Principe 15 de la Déclaration adoptée lors de la Conférence des Nations Unies sur l'environnement et le développement de Rio qui s'est tenue du 3 au 14 juin 1992. Il s'agissait d'une conférence spéciale à l'initiative de l'Assemblée générale des Nations Unies censée marquer le vingtième anniversaire de la Conférence de Stockholm (*cf infra* § 7). Le but était de faire le point sur les progrès accomplis et relancer la coopération internationale. Il s'agissait d'une conférence sur le développement et l'environnement donc les problèmes environnementaux ont été envisagés avec les problèmes de développement socio-économiques, in A. MONPION, *Le principe pollueur payeur et l'activité agricole dans l'union européenne*, Thèse, Limoges, 2007, p. 1. .

[363] M. Prieur, « La responsabilité environnementale en droit communautaire », *Revue européenne de droit de l'environnement*, 2/2004, p. 138.

[364] C(72)128, OCDE, 1972. *Cf* Annexe I et *infra* § 31.

de la constitution, qui dispose que « Toute personne a droit à un environnement sain. La protection, la défense de l'environnement et la promotion de la qualité de la vie sont des devoirs pour tous et pour l'État »[365]. Le dispositif juridique met en exergue une loi sur les pollutions et nuisances mise en place suite à l'application du Mécanisme de Développement propre[366], etc. La plupart de ces textes sont assortis de textes réglementaires d'application. De ce fait, le législateur, soucieux de faire respecter les règlementations protectrices de l'environnement, a de plus en plus fait appel au droit répressif, qui est considéré comme « le gendarme des autres droits »[367].

Par ailleurs, toute entreprise industrielle produisant ou commercialisant des plastiques qui refuse de réunir les conditions de recyclage peut être sanctionnée. En effet, l'article 8 du décret 01-394 du 6 septembre 2001 fixant les modalités de gestion des déchets solides dispose que : « Tout producteur et tout distributeur qui commercialise ou utilise dans ses activités professionnelles des matières plastiques et autres emballages non biodégradables et toute personne responsable de leur première mise sur le marché, au cas où le producteur et le distributeur sont inconnus, est tenu de procéder à la reprise de matières plastiques et emballages utilisés en vue de les recycler ». Déjà, depuis l'adoption du Code pénal de l'environnement plusieurs plaintes ont été introduites contre les entreprises industrielles. Ces nouvelles opportunités commencent à ajouter une pierre à l'édifice dans le cadre de la protection de l'environnement. Les récentes plaintes[368] portées par certaines associations contre certains opérateurs miniers concernant le non-respect des clauses environnementales sont des indices ou des prémices pour une effectivité dans l'application des textes régissant l'environnement.

Cependant, l'activité de recyclage reste limitée, les entreprises contribuent moins[369]. C'est ainsi que plusieurs organisations ont vu le jour pour renforcer les activités de recyclage qui restent la préoccupation des seules autorités communales et municipales. Le centre de valorisation et d'amélioration du cadre de vie est une initiative salutaire. Sa préoccupation est d'agir pour la protection de l'environnement et la qualité de la vie. Il organise des formations pour responsabiliser les populations. Il procède à l'achat de plastiques avec les récupérateurs au prix de 150 FCFA le sac de

[365] V. le Préambule et l'art. 15 de la constitution malienne du 25 février 1992, p. 3.

[366] V. Rapport d'étude, *Etat des lieux sur les changements climatiques au Mali, Intercooperation*, décembre 2007, p. 14, in www.dicsahel.org, consulté le 28 juin 2011.

[367] M. J. LITTMAN, « Le droit pénal », in *L'écologie et la loi*, (sous la dir. de A. KISS), éd. L'Harmattan, 1989, p.105.

[368] T. DIALLO, « Rapport de la Cour suprême du Mali sur le droit pénal de l'environnement », in www.ahjucaf.orgMali consulté le 23 juillet 2011.

[369] Secrétariat de concertation des ONG maliennes « plaidoyer pour l'amélioration de la gestion des déchets plastiques au Mali », *SECO-ONG Mali*, nov. 2010, p. 7 consulté le 23 déc. 2014, www.secoong.org/.../Strategie-Gestion-Dechets. Pourtant il existe des sociétés industrielles comme : société industrielle moderne de plastique (SIMPLAST SA), société africaine de chaussures et articles en plastique (SOACAP) etc.

100kg. L'organisation d'un programme de récupération de déchets plastiques pendant deux mois en collaboration avec le Ministère de l'Emploi et de la formation professionnelle dans les six communes du district de Bamako a permis de récupérer quinze tonnes de sachets plastiques[370]. Ces initiatives sont à l'actif des structures autres que celles produisant ou commercialisant les plastiques. Mais, il en est autrement pour la dépollution.

2. La présence des activités de dépollutions

La dépollution des sites industriels est une obligation. Toute entreprise industrielle ou extractive en particulier doit disposer d'une stratégie de dépollution pour réparer les dégâts causés par son activité. Il est certes évident que la RSE reste encore limitée dans sa mise en œuvre, surtout l'absence d'intégration de la norme *iso* 26000 qui dégage les lignes directrices relatives à la responsabilité sociétale. D'ailleurs, la norme *iso* 26000 définit la responsabilité sociétale comme la responsabilité d'une organisation vis-à-vis des impacts de ses décisions sur la société et sur l'environnement se traduisant par un comportement éthique et transparent[371].

La dépollution des sites industriels rentre en ligne de compte et consiste à réhabiliter les sites et confiner les pollutions. D'ailleurs, la règlementation environnementale recommande et tente également de renforcer l'assise financière des entreprises qui doivent assurer la dépollution de leur site industriel. Il impose la constitution de garanties techniques et financières aux installations classées et soumises à autorisation[372]. C'est ainsi qu'en délivrant une autorisation d'exploiter d'une installation classée, les autorités doivent vérifier que l'entreprise apporte des garanties techniques et financières pour faire face à ses obligations de remise en état du site en fin d'activités. De plus, le code ajoute une nouvelle obligation durant l'activité des entreprises exploitant une carrière, un centre de stockage de déchets ou une installation présentant des risques importants. Les entreprises doivent informer les autorités communales ou régionales des modifications substantielles relatives à leurs capacités techniques et financières. Si les autorités

[370] V. le site du CVAL, consulté le 23 déc. 2014, www.agirmali.org/index.php.

[371] Elle contribue au développement durable, y compris à la santé et au bien-être de la société. La norme prend en compte les attentes des parties prenantes et respecte les lois en vigueur tout en étant en cohérence avec les normes internationales de comportement. V. J.-P. GOND, J. IGALENS, *Manager la responsabilité sociale de l'entreprise*, éd. Dareis-Pearson, Paris 2012, p. 89.

[372] V. La convention de Bamako sur l'interdiction d'importer des déchets dangereux et le contrôle de leurs mouvements transfrontaliers en Afrique à travers son art. 1 al. 7 mentionne l'autorisation d'un permis délivré par une autorité compétente pour toute installation où l'élimination de déchets dangereux. Cette convention a été signée le 31 janvier 1991 et ratifiée le 21 février 1996 par le Mali ; la charte des eaux du fleuve du Sénégal dont le Mali est signataire énumère dans son art. 10 les opérations soumises au régime de l'autorisation notamment la construction ou le fonctionnement des installations ou des ouvrage, la réalisation de travaux ou d'activités diverses (prélèvements, déversements ou rejets).

constatent qu'elles ne permettent plus la dépollution du site, elles peuvent leur enjoindre la révision de leurs garanties financières ou la constitution de nouvelles garanties[373].

Il est clair que l'exploitation industrielle constitue une cause essentielle de la dégradation de l'environnement. Depuis quelques années en collaboration avec la Chambre des Mines du Mali, l'entreprise multinationale SWISS BULLION COMPANY qui est une société financière et holding suisse spécialiste dans le commerce de l'or et s'est fixé des objectifs favorables à la dépollution des sites. Il s'agit entre autres de la fermeture des trous creusés, le nivellement des terrains défigurés et de la plantation des arbres. Cela peut contribuer à la restauration des espaces ayant fait l'objet de dégradation, de pollution et de prolifération de substances nuisibles à la fois à l'homme et à l'environnement[374].

Cependant, le constat est amer dans un contexte marqué par la faible implication des entreprises dans la dépollution des sites industriels. Les entreprises reconnaissent la RSE dans son concept, mais l'appliquent difficilement. Le désastre causé par les sociétés minières notamment la pollution de l'air et celle de l'eau qui reste encore une préoccupation auquel les entreprises extractives contribuent limitativement malgré l'existence d'une règlementation contraignante. Il y a donc des défaillances dans l'intégration de la RSE.

SECTION 2. LES DÉFAILLANCES D'UNE INTÉGRATION PROGRESSIVE DE LA DÉMARCHE RSE

Toute action dépourvue de contraintes juridiques est difficilement applicable. Il en est le cas pour l'application d'une démarche RSE dans la gouvernance des entreprises maliennes. Beaucoup de nos entreprises refusent de se concerner comme des acteurs principaux du développement durable. Or, le respect du paradigme de la RSE est un vecteur de pérennisation des ressources pour l'ensemble des acteurs y compris l'entreprise, mais aussi les générations futures. Cette vision est loin d'être admise par les entreprises maliennes. Elles ont plutôt une perception négative de la RSE (paragraphe 1). Cela explique par conséquent la faible mobilisation des ressources financières dans l'accompagnement des activités visant à avoir un comportement socialement responsable (paragraphe 2).

[373] Cependant, il reste à savoir si les autorités locales seront très exigeantes sur les conditions et les circonstances de cette garantie financière relatives à des travaux qui peuvent porter sur des sommes importantes en cas de dépollution du site. V. B. ROLLAND, « Les nouvelles incidences du droit de l'environnement sur le droit commercial (après la loi n° 2003-699 du 30 juillet 2003) », *J.C.P.*, éd. E., 2004, p.367, à la page 368, n° 5.
[374] www.chambredesminesdumali.org, consulté le 23 déc. 2014.

Paragraphe 1. La perception de la RSE par les acteurs

L'appréhension de la RSE s'écarte de toute réaction juridique. Sa particularité due à l'absence d'une contrainte juridique est à l'origine des confusions qui constituent désormais des prétextes pour beaucoup d'acteurs de s'offrir une exemption loin d'être légitime au regard des enjeux des différentes activités. La conduite des programmes RSE a du mal à être intégrée compte tenu de la réaction des maillons faibles dans le monde des entreprises. Ainsi, l'appréhension pour les PME/PMI est très limitée (A). Cette confusion totale favorise la réticence des grandes entreprises (B) qui se focalisent en partie à l'absence des contraintes juridiques.

A. L'appréhension pour les PME/PMI

La démarche RSE est mal appréhendée par certaines tailles d'entreprises. Plusieurs circonstances ont permis de témoigner cela[375]. En effet, ces entreprises, qui ont un poids considérable dans le secteur économique malien, s'intéressent peu à l'adoption d'une démarche RSE. Cela dit, les PME et PMI aperçoivent la RSE comme une préoccupation de nantis (1), ou comme un transfert des pouvoirs publics d'une partie de ses responsabilités régaliennes à l'entreprise privée et la RSE est alors un moyen de désengagement de l'État (2).

1. La RSE une préoccupation des nantis

L'intégration de la RSE est perçue comme une préoccupation des grandes entreprises qui disposent des moyens financiers en vue d'entreprendre des activités parallèles. Pour beaucoup de PME ou de PMI, faire de la RSE c'est de profiter aux tierces personnes des profits réalisés par l'entreprise. Une pratique que l'on réserve exclusivement aux grandes sociétés. Cela se concrétise par la mise en place d'une fondation, ou d'effectuer des dons aux populations. Cette pratique est d'ailleurs philanthropique qui est très limitée par rapport à la RSE. Une telle appréhension ne favoriserait pas l'intégration effective d'une démarche RSE. En effet, les PME et PMI estiment que l'intégration de la RSE ne donne pas la possibilité de retour, ce qui dans l'environnement actuel, constitue une charge supplémentaire. Sans doute la promotion du développement durable et de la RSE souffre d'inadaptation aux préoccupations locales des entreprises.

Certaines entreprises comme les sociétés coopératives ont en effet une connotation réticente pour l'intégration de la RSE. L'entreprise KAFO JIGINEW illustre ces propos à travers sa politique d'intégration de la RSE. C'est de façon non officielle que des activités relativement assimilables à des

[375] Ph. BARRY, A. BA, « forum francophone de Lyon préparant RIO+20 contribution RSE Sénégal pour l'atelier sur la RSE, 07 février 2012 », *l'Initiative RSE Sénégal § Afrique de l'Ouest*, Dakar, le 03 Février 2012, p. 2.

investissements socialement responsables sont organisées pour appuyer les populations. Son activité en général profite aux couches sociales les plus défavorisées souvent à des zones peu attractives pour les grandes banques[376]. Cet effort est socialement salutaire, mais les conséquences sont énormes. Les pratiques des sociétés coopératives ne profitent pas aux populations locales, en général de sortir de l'ornière puisqu'elles fixent des taux de remboursement extrêmement élevés qui d'ailleurs ont détruit plusieurs foyers. Les financements accordés en faveur de la protection de l'environnement sont conditionnés à des clauses peu favorables parfois très contraignantes. Cela exclut toute volonté d'intégration de la RSE qui selon un administrateur, reste la préoccupation des grandes entreprises.

Les PME et les PMI appartenant à différents secteurs d'activités se réservent d'intégrer toute démarche RSE. Ces entreprises qui ont une importance notoire dans le secteur économique malien ne voient pas la RSE, comme une démarche managériale. Selon eux, intégrer dans la responsabilité de l'entreprise les préoccupations sociales, écologiques et culturelles suppose que l'entreprise dispose des moyens économiques élevés que celle-ci se doit le devoir de rompre avec la vulgate néolibérale exprimée en des termes crus, par la fameuse formule de l'économiste américain Milton FRIEDMAN où la seule responsabilité de l'entreprise est de faire du profit pour rémunérer les actionnaires[377].

Ainsi, la valeur juridique du concept de la RSE est équivoque. C'est cela qui explique les exemptions généralisées des entreprises de tailles faibles d'intégrer une démarche RSE. Ces entreprises estiment également que l'adhésion volontaire dans la pratique de la RSE est favorable à l'État.

2. La RSE un moyen de désengagement de l'État

L'État est garant de la souveraineté. Il a des obligations très élevées dans le cadre de la prise en comptes des charges qui lui sont attribuées. Il a plusieurs dépenses au cours d'un exercice annuel à travers l'élaboration d'un budget national. Cela est une obligation que l'État malien est tenu d'exécuter pour assurer le fonctionnement des différentes institutions de la république[378]. Pour promouvoir une croissance économique, le Mali a adopté une politique visant à appuyer le secteur privé dans son ensemble. Cela peut être un moyen de renforcer les capacités de l'État en termes d'amélioration des conditions de vie ou de lutte contre le chômage. Aujourd'hui une nouvelle opportunité, malheureuse ou pas, pour les entreprises, s'ajoute aux différentes stratégies auparavant élaborées par l'État. Cela est cependant appréhendé comme un moyen pour l'État de se retirer de ses charges quotidiennes aux dépens des entreprises ou du secteur privé en particulier.

---

[376] M. BERTHE, chef de service de développement de KAFO JIGINEW, entretien accordé le 21 février 2013 de 10 heures à 11 heures 30.
[377] M. FRIEDMAN, *Capitalisme et liberté*, éd. A contre-courant, 1962.
[378] V. art. 77 de la constitution du 25 fév. de la république du Mali.

C'est une perception malencontreuse et qui n'a pas de fondement réel. En effet, les bases de ce concept ont eu un départ au Mali suite à la déclaration de Bamako du 3 novembre 2000[379]. C'est aussi un concept développé par le pacte mondial des Nations Unies, lancé par le Secrétaire général des Nations Unies en 2000 et considère que la RSE consiste pour les entreprises à « adopter, soutenir et appliquer dans leur sphère d'influence un ensemble de valeurs fondamentales, dans les domaines des droits de l'homme, des normes de travail et de l'environnement, et de lutte contre la corruption. » La Commission européenne s'inscrit dans la même logique et a adopté une définition de la RSE qui fait appel à « l'intégration volontaire par les entreprises de préoccupations sociales et environnementales à leurs activités commerciales et leurs relations avec leurs parties prenantes »[380]. La même politique a inspiré l'OCDE qui estime que, « on attend des entreprises qu'elles respectent les différentes lois qui leur sont applicables et, dans la pratique, elles doivent souvent répondre à des attentes sociétales qui ne sont pas consignées dans les textes de loi. » Au regard de ces points soulevés, la RSE est une contribution positive que les entreprises peuvent apporter au progrès économique, environnemental et social, en réduisant au minimum les difficultés que leurs opérations peuvent engendrer, en particulier dans des domaines tels que les droits de l'homme, les relations du travail, l'environnement, la lutte contre la corruption et la protection des consommateurs.

La démarche RSE n'est donc pas une stratégie pour l'État de se désengager de ses charges, c'est plutôt une valeur commune exprimée par l'ensemble des acteurs internationaux. Cela semble être mal interprété par les petites entreprises maliennes. Elles ne se comportent pas comme des acteurs majeurs pour le développement durable. Leur objectif est de générer des ressources aux seuls profits des membres. Les préoccupations sociétales ou environnementales sont relayées au second plan dans une désillusion remarquable. Les activités de ces PME et PMI se révèlent d'ailleurs beaucoup plus dangereuses contrairement à certaines grandes entreprises, excepté les cas de réticence, qui font un effort malgré l'absence d'une contrainte juridique d'intégrer des préoccupations sociétales et environnementales.

---

[379] Cette déclaration a marqué « l'engagement des Etats et gouvernements francophones en faveur de la promotion d'une culture démocratique intériorisée et du plein respect des Droits de l'Homme ». Cela a occasionné à celle de Québec, adoptée par les Etats membres de la Francophonie en octobre 2008, et qui présente la RSE comme apportant une « valeur ajoutée en faveur de la paix, de l'Etat de droit, de la coopération et du développement durable » afin de faire face aux défis économiques auxquels sont confrontés les membres les plus vulnérables dans leur recherche d'un développement durable et harmonieux. « Promouvoir la responsabilité sociale/sociétale et environnementale de l'entreprise, c'est encourager les entreprises des pays membres à adhérer aux instruments, normes et principes internationaux pertinents ainsi que favoriser leur harmonisation ».

[380] Secrétariat Général des Nations Unies, Communication de la Commission du 22 mars 2006.

B. La réticence des grandes entreprises

Les grandes entreprises maliennes s'efforcent de s'adapter à l'évolution de la pratique RSE au plan international. Cette volonté se cache derrière une grande réticence. En effet, dans les faits, il n'existe aucun résultat concret réalisé par les entreprises de certaines tailles. Elles sont pourtant conscientes de son irruption dans la vie économique, politique et sociale[381]. Mais, cela n'a pas encore permis à nos entreprises de procéder à des réactions encourageantes qui éviteraient la difficile divulgation des informations (1) tout comme la difficile reconnaissance des parties prenantes (2) qui sont des acteurs indispensables dans la pérennisation d'une entreprise.

1. La difficile divulgation des informations

Pendant que dans les pays avancés la RSE gagne du terrain, se développe sous la pression des ONG et d'une opinion publique désabusée par les méfaits d'un capitalisme débridé, il n'en est pas le cas au Mali. Le concept avance timidement dans un environnement d'affaires peu réceptif à l'innovation. Le secteur économique ou des affaires s'interrogent sur des questions relativement légitimes : la RSE, ensemble de règles non contraignantes supposant l'adhésion volontaire, peut-elle contribuer à faire du développement durable une préoccupation des entreprises maliennes ? Réussira-t-elle à s'imposer ? N'est-elle pas d'abord un instrument de commerce voire de camouflage comme pensent les plus sceptiques ? Ne relève-t-elle pas de cette rhétorique générale qui a peu de prise sur la réalité ? Autant les entreprises considèrent comme tout à fait légitimes ces questionnements et ces doutes, autant elles doivent croire que c'est à elles de faire en sorte que des démarches de progrès comme celles-là prennent racine dans l'environnement des entreprises maliennes et que le gap entre le discours affiché et la réalité vécue se réduise dans ce domaine comme dans d'autres. Les entreprises refusent d'impulser le débat. Or, l'histoire nous apprend que les mouvements d'idées porteuses de progrès finissent par produire leurs effets et influencer les comportements.

Le constat prouve que les grandes entreprises maliennes appréhendent difficilement le paradigme de la RSE. Leurs agissements s'éloignent largement des pratiques de la RSE. En effet, la RSE exige aux entreprises de divulguer les informations extra financières. La RSE suppose l'intégration des préoccupations sociales, environnementales et économiques dans les activités des entreprises[382]. Cela exige en retour que l'entreprise doive non seulement rendre compte à ses actionnaires, et maximiser son profit, mais

---

[381] D. QUYNH LIEN, « La responsabilité sociale de l'entreprise, pourquoi et comment ça marche ? », *Communication et organisation*, 26, 2005, 26-43.

[382] J.-P. GOND, J. IGALENS, *La responsabilité sociale de l'entreprise*, éd. Dunod, France 2006, p.4.

aussi rendre compte à la société humaine de son impact environnemental et social de ses activités.[383]

A ce jour, aucune entreprise malienne n'adopte une démarche RSE encore moins, de divulguer les informations extra financières. L'accès aux informations soulève une préoccupation, puisque la certification à une norme *iso* exige aux entreprises de divulguer les informations en rapport entre leur activité et l'environnement sociétal. Quelques entreprises font l'exception en l'occurrence l'EDM-SA ou la société Orange Mali. L'information extra financière exige d'évaluer avec exactitude et objectivité les conditions sur le lieu de travail, les relations entre la direction et les employés, entre les hommes et les femmes, entre l'entreprise et la collectivité, et les effets sur l'environnement.

Pour l'heure, le droit positif malien ne dispose pas de loi relative à la prévention des risques technologiques et naturels et à la réparation des dommages pour contraindre les entreprises surtout commerciales à des obligations d'information. Malgré son importance, l'obligation d'information (même financière) est mal exécutée par les grandes entreprises maliennes. Elles refusent d'ouvrir les informations à l'ensemble des acteurs concernés pour non seulement diminuer les risques et se protéger contre toute action visant à engager leur responsabilité. Ces refus d'ailleurs vont à l'encontre des entreprises qui se cachent derrière la souplesse de l'exigence de la RSE. Or, c'est un intérêt pour elles de procéder à des méthodes qui favoriseraient une transparence accrue. D'ailleurs dans les grilles d'analyse des marchés, les dimensions environnementales et sociales sont incorporées au sein de l'information disponible pour les acteurs financiers[384]. Cet avantage est double. D'une part, elle crée la confiance en faisant connaître les risques de l'entreprise aux investisseurs, ce qui permet d'assurer son financement. D'autre part, la transparence réduit et prévient les risques puisque l'information devient une donnée de nature fluide qui est étroitement surveillée[385].

La pratique RSE est confrontée à d'autres difficultés. C'est la non-reconnaissance des parties prenantes.

2. La difficile reconnaissance des parties prenantes

La reconnaissance des parties prenantes constitue un enjeu majeur dans la gouvernance d'entreprise, mais également dans la pratique de la RSE[386]. Si

---

[383] A. CHAUVEAU, J.-J. ROSE, *L'entreprise responsable*, éd. d'organisation, France, 2001, p.

[384] A. LANDIER et D. THESMAR, « Réguler la finance moderne : l'information avant tout », *les échos.fr*, 8 avril 2008. *Lex Electronica*, vol. 13 n°3, Hiver/Winter 2009.

[385] F. MEUNIER, « Information financière : trop ou pas assez de transparence ? », *les échos.fr*, 29 janvier 2008 ; dans I. TCHOTOURIAN, op. cit. p. 49.

[386] J. OSTARENA, *Comprendre le concept de partie prenante*, Mémoire de Master, Université Paris Dauphine, 2009, p. 21.

celle-ci exige aux entreprises de se soucier de leur rentabilité économique et de sa croissance, en prenant en compte les impacts environnementaux et sociétaux, elle exige aussi aux entreprises d'être plus attentive aux préoccupations de ses différentes parties prenantes. Ainsi, leur reconnaissance est prioritairement dégagée par la RSE à travers les lignes directrices de la norme *iso* 26000.

La spécificité de la RSE notamment son caractère volontaire ou non obligatoire, son habit de droit mou (*soft law*)[387] crée une grande désillusion dans la pratique des entreprises maliennes. La reconnaissance des parties prenantes soulève des difficultés. Les parties prenantes de l'entreprise constituent l'ensemble des acteurs direct ou indirect au tour d'une entreprise. En effet, la notion de partie prenante est née d'une exigence éthique de la société civile qui sollicite désormais que les entreprises rendent compte des conséquences sociales et environnementales de leur activité. C'est dans ce sens que les parties prenantes de la société ont eu des intérêts dans le bon fonctionnement de l'entreprise[388]. On peut donc distinguer, d'une part, les parties prenantes de premier rang c'est-à-dire celles dont l'entreprise ne peut se passer sans remettre en cause son fonctionnement ou sa survie. Il s'agit des actionnaires, dirigeants de l'entreprise, employé, syndicat, scientifique et spécialiste (chercheurs) et créancier. D'autre part, les parties prenantes de second rang c'est-à-dire celles qui ne sont pas essentielles pour le fonctionnement ou la survie de l'entreprise. Il s'agit des communautés, organismes et règlementations, groupes minoritaires, associations professionnelles, médias, organismes religieux, etc. Cette deuxième composante s'apparente au concept de social business de Thibaut MASSART[389]. Elle est en général celle qui a du mal à être reconnue par les entreprises maliennes. L'intégration des préoccupations sociales et environnementales exige *a priori* une reconnaissance de l'ensemble des parties prenantes. Leur mise à l'écart contreviendrait aux principes pourtant partagés par l'ensemble des acteurs de la RSE.

Dans l'adoption d'une démarche RSE, l'entreprise doit s'engager seule et sans contrepartie envers ses travailleurs, mais ne se contraint pas. La Commission européenne d'ailleurs dans sa définition met en exergue l'intérêt des parties prenantes. Selon elle, la RSE est « l'intégration volontaire par les entreprises de préoccupations sociales et environnementales à leurs activités commerciales et leurs relations avec

---

[387] C. MARZO, « La RSE : à mi-chemin entre la *soft law* et le *jus cogens* : la question de l'effectivité de la protection des droits sociaux par les entreprises multinationales », *Rapport de recherches (Droits des pauvres, pauvres droits. Recherches sur la justiciabilité des droits sociaux)*, p. 2.

[388] D.CAZAL, « Parties prenantes et RSE : des enjeux sociopolitiques au-delà des contrats », *Revue de l'organisation responsable*, vol. 3, n° 1, 2008, p. 12-23 ; D. CAZAL, « RSE : parties prenantes et partis pris », *VIIème Université de printemps de l'Audit social*, Marrakech, 2005.

[389] Th. MASSART, *op. cit.*, p. 122.

leurs parties prenantes »[390]. Récemment, elle a adopté, le 25 oct. 2011, une nouvelle définition qui dispose que : « la responsabilité des entreprises vis-à-vis des effets qu'elles exercent sur la société ». Cela doit nécessairement donner une reconnaissance aux parties prenantes de l'entreprise qui semble être méconnue dans la pratique malienne. Les seules entreprises ayant adopté des démarches relativement en relation avec la RSE se contentent de créer quelques ouvertures restreintes aux parties prenantes plutôt, celles contribuant au fonctionnement ou assurant sa survie. La société Orange Mali fait ainsi une concession exclusivement réservée aux seuls salariés disposant d'un contrat à durée indéterminée des prêts salariés. Cet avantage ne profite pas à ceux disposant d'un contrat à durée déterminée qui constituent d'ailleurs l'essentiel de son personnel. La pratique de la RSE ou en particulier la reconnaissance des parties prenantes est très limitée.

Les entreprises ne créent pas dans leur pratique une interaction entre leurs activités et les parties prenantes. Le contraste exclut toute possibilité de rendre compte à toutes les parties prenantes. L'impact des activités sur les parties prenantes et sur l'environnement est moins considéré. Les entreprises créent des prétextes justifiant la faiblesse de leur portefeuille pour s'exempter à une démarche RSE.

Paragraphe 2. Les contraintes financières non approuvées

L'exécution des engagements de la RSE se trouve butée par des contraintes financières loin de la réalité. C'est une préoccupation fondamentale de l'effectivité de la démarche RSE. Cette démarche a-t-elle une force obligatoire ? En effet, les engagements sociétaux d'une entreprise, en droit malien, souffrent de l'absence d'obligation imposée aux entreprises. Les retombées sociales et environnementales de leur activité ne sont pas mentionnées dans le cadre du rapport annuel contrairement à d'autres législations[391]. Cette absence de contrainte juridique profite à beaucoup d'entreprises d'avancer des arguments financiers pour mettre à l'écart le volet social (A) et environnemental (B) dans le cadre de leur activité.

---

[390] Communication de la Commission du 2 juillet 2002 concernant la responsabilité sociale des entreprises: une contribution des entreprises au développement durable, COM(2002) 347 final et Communication de la Commission au Parlement européen, au Conseil et au Comité économique et social européen du 22 mars 2006 sur la mise en œuvre du partenariat pour la croissance et l'emploi: faire de l'Europe un pôle d'excellence en matière de responsabilité sociale des entreprises, COM(2006) 136 final. Et voir aussi la synthèse de DOURCIN, M., Ambassadeur chargé de la bioéthique et de la responsabilité sociale des entreprises, http://www.diplomatie.gouv.fr/fr/article_imprim.php3?id_article=17059.

[391] La loi française, L. n° 2001-401, 15 mai 2001, relative aux nouvelles régulations économiques, dite « NRE » ; Décr. n° 2012-257, 24 avr. 2012.

A. La mise à l'écart du volet social

Le volet sociétal rentre en ligne de compte de la protection des droits sociétaux. En effet, la notion de droits sociaux connaît aujourd'hui un grand succès[392]. Il y a une abondante littérature anglo-saxonne consacrée, depuis quelques années, au régime juridique des droits sociaux et à la possibilité de garantir en justice leur effectivité[393]. Ces enjeux à dimension sociétale n'ont pas contribué à une réaction effective des entreprises maliennes. Ce qui explique, la faible mobilisation des ressources financières (1) et surtout une absence d'instauration d'un système de comptabilité sociale (2).

1. La faible mobilisation des ressources

Les entreprises maliennes ont une stratégie capitalistique dont les avantages sont profitables aux seuls patrons (actionnaires) à la rigueur aux personnes ayant des relations et dont les contributions sont indispensables pour son fonctionnement voire sa survie. C'est une approche semblable à celle défendue par l'économiste, Milton FRIEDMAN. Il appréhende la RSE comme une activité qui « se limite à la création de profits et d'emplois, au paiement des impôts et au respect des règles du jeu définies par les pouvoirs publics »[394]. Adopter une démarche RSE est aperçue comme une activité généreuse au profit des tierces personnes. Une action volontariste ne pouvant aboutir à aucune contrepartie dont l'entreprise peut profiter. C'est pourquoi les entreprises maliennes se contentent de faire des gestes plutôt philanthropiques en vue d'embellir leur image au tour de leur environnement social.

Pourtant, beaucoup ont initié des actions de certifications en vue de normaliser leur activité au regard des standards internationaux. Cela n'a pas suffi à atteindre une intégration effective des principes de la RSE. Aucune entreprise malienne ne dispose de la norme *iso* 26000. La mise à l'écart de cette norme méthodique ne favorise pas à une réelle démarche RSE encore moins à pousser les entreprises à mobiliser des ressources pour prendre en compte de façon considérable le volet sociétal.

Le manque de ressources financières est quelques fois un refus de la part des entreprises. Il y a en effet, des conflits substantiels auxquels les acteurs principaux sont confrontés. Cette absence d'ouverture laisse croire que les

---

[392] Carlos-Miguel HERRERA, *Les droits sociaux*, PUF, Que sais-je ?, 2009, p. 3 ; v. aussi M. PICHARD, *Le droit à. étude de législation française*, Economica, 2006, 566 p.

[393] Une première recension, non exhaustive, montre l'intérêt croissant du sujet dans la littérature juridique anglophone : Ph. ALSTON, *Labour Rights as Human Rights*, éd. Oxford University Press, 2006 ; D. M. BRINKS, V. GAURI, *Courting social justice. Judicial Enforcement of Social and Economic Rights in the Developing World*, Cambridge Univ. Press, 2008.

[394] A. SOBCZAK, « Pour une définition de la RSE à la hauteur des enjeux ! », *Metis*, 16 Avril 2010, http://www.metiseurope.eu/pour-une-definition-de-la-rse-a-la-hauteur-des-enjeux_fr_70_art_28765.html.

entreprises maliennes en général adoptent des politiques qui ne prennent pas en compte le volet social. La contribution au développement social et culturel ne constitue pas une réelle ambition pour les entreprises. Les droits sociaux sont en général méconnus par les entreprises. Or, en l'absence du paradigme de la RSE, le droit positif à travers le Code du travail et surtout la loi fondamentale inscrit la protection des droits fondamentaux des employés d'une entreprise. Ils doivent jouir de toutes les libertés comme la liberté syndicale ou d'opinion, etc.[395] de son environnement social et culturel.

La faible mobilisation des ressources financières ne facilite pas une intégration du volet social. Les entreprises (extractives en général) se contentent de réaliser des infrastructures scolaires, les habitats, les centres de santé, etc. Beaucoup d'entreprises minières dérogent même à ces efforts philanthropiques qui sont en réalité des exigences puisqu'elles s'abstiennent le plus souvent à investir dans de tel projet. Or, elles affichent dans leur stratégie managériale de veiller à la protection des populations en favorisant leur insertion et en améliorant leur cadre de vie. Les moyens prévus pour accompagner ces activités sont très faibles.

Par ailleurs, en ce qui concerne les entreprises commerciales notamment les banques, les sociétés de télécommunications, les sociétés de fourniture d'eau et de l'électricité, elles ne sont pas en marge des observations ainsi faites. En effet, beaucoup de ces entreprises définissent un volet social dans le cadre de leur activité. Dans certains cas (société Orange Mali) les résultats sont encourageants. Mais, les contributions sont très limitées et seule la fondation organise des activités philanthropiques qui sont très limitées contrairement à une démarche RSE. Cette absence de mobilisation est constatée par la limitation de certains avantages sociétaux en particulier ceux accordés aux salariés[396] et aux clients[397]. C'est un constat également dans les banques qui se réservent d'adopter une politique pour la promotion des investissements socialement responsables. Certaines se limitent à faire des gestes philanthropiques à travers des donations, des prêts parfois conditionnés, etc.

La préoccupation est réelle dans la mobilisation des ressources pour soutenir l'environnement sociétal. A cela s'ajoute l'absence d'un système de *reporting* sociétal.

---

[395] Art. L. 79 du code de travail ; art. 4, 5, 14, 20 de la constitution du 25 fév. 1992.

[396] C'est pourquoi le personnel Orange Mali dispose de certains avantages. Les prêts sont accordés aux salariés disposant d'un CDI.

[397] Un service client existe depuis son implantation au Mali dont tout client peut accéder. Il suffit d'appeler le numéro 7400 pour tous les renseignements relatifs aux activités de l'orange. Mais, compte tenu de certaines difficultés, l'appelle est facturé désormais à 20 FCFA puisque beaucoup de client n'hésitait pas à appeler et cela perturbaient certains clients ayant souvent des besoins plus urgents.

2. L'absence d'un système de comptabilité sociale

Toute démarche RSE exige la mise en place d'un système de comptabilité sociale au sein des entreprises. Cela semble être exclu par les entreprises maliennes. Elles ne disposent pas d'un système par lequel le rapport de gestion fait état d'un bilan de comptabilité sociale. Il n'y a donc pas de critères d'évaluation ; ce qui accélère davantage les répercussions sociales et environnementales.

En effet, la comptabilité est un outil de gestion prévue par le droit OHADA. Il a adopté des dispositions en matière de comptabilité. Cela témoigne que la comptabilité est un outil inséparable du droit de l'entreprise surtout depuis les évolutions récentes du droit communautaire en matière de droit des sociétés. L'acte uniforme portant organisation et harmonisation des comptabilités des entreprises fait mention de l'établissement d'un rapport sur les états financiers de gestion de l'entreprise. Il ne fait aucune mention sur le rapport extra financier de l'entreprise. La comptabilité sociale autrement dit le *reporting* social n'a pas été consacrée juridiquement ni par le droit communautaire encore moins par le droit positif malien. L'acte uniforme mentionne l'élaboration d'un bilan social[398] dont la violation peut faire valoir des sanctions[399]. Mais, ce bilan social de l'entreprise n'est pas bien explicité dans son contenu puisqu'il peut s'agir du bilan social annuel de l'entreprise en rapport avec la trésorerie. Ce n'est donc pas le bilan du point de vue sociétal auquel l'entreprise est tenue d'élaborer un rapport faisant état de l'impact de son activité à l'ensemble des parties prenantes de l'entreprise.

Toutefois, la pratique de la RSE dans une perspective de bonne gouvernance et surtout de promouvoir le développement durable, l'intégration d'un système de comptabilité sociale montre en évidence son importance. Cela n'a pas suscité d'intérêt pour les entreprises maliennes à intégrer un système de *reporting* sociétal. Il suscite naturellement des interrogations, qui ne doivent pas inquiéter outre mesure, car ainsi que le rappellent les professeurs IGALEMS et JORAS « (...) il a fallu un siècle à la comptabilité générale pour fixer des normes de présentation qui ne sont pas encore entièrement satisfaisantes (aussi) les normes de présentation du rapport de RSE restent encore à inventer »[400]. C'est une exigence sociétale d'intégrer le *reporting* sociétal. Bien que rien ne soit prévu en ce sens dans la

---

[398] V. art. 71 de l'AUOHCE.

[399] V. art. 111 de l'AUOHCE.

[400] J. IGALENS, M. JORAS, « Le rapport de responsabilité sociale de l'entreprise », dans *L'entreprise exposée à des responsabilités élargies*, P. IMBS (dir.), EMS, 2006, note 152, p. 37 ; S. EVRAERTS, M. LACROIX, « Responsabilité sociale et *reporting* de la performance », dans R. PÉREZ, F. Le ROY et M. MARCHESNEAY (dir.), *La responsabilité sociale de l'entreprise : Mélanges en l'honneur du Professeur Roland Perez*, Caen : Édition EMSpréc., note 28, p. 38. Pour une présentation détaillée des attentes des diverses parties prenantes, 2003. ; T. WIEDEMANN-GOIRAN.

loi, la publication d'un rapport de développement durable en plus du rapport de gestion peut apparaître comme une démarche pertinente[401].

Les entreprises maliennes écartent cette exigence notoire de la RSE. Seul le rapport de gestion est présenté devant le conseil d'administration. Il n'existe aucune politique pour permettre à l'environnement économique des entreprises de prendre acte sur les activités menées. Les entreprises ne créent pas d'ouverture en termes d'information pour permettre aux différents acteurs de la société d'avoir un droit de regard sur les impacts des activités dans une perspective de développement durable. Elles préfèrent occulter certaines informations pour protéger leur activité dont les seuls bénéficiaires restent les actionnaires et les personnes internes ou en relation avec l'entreprise. Une telle absence confirme les défaillances de l'intégration d'une démarche RSE. A cela on ajoute également les préoccupations environnementales.

B. La faible contribution dans la protection de l'environnement

La protection environnementale est largement exprimée par l'ensemble des acteurs de la communauté internationale. C'est un défi qui interpelle tous les acteurs du monde économique pour un développement durable et prospère. Quelques entreprises maliennes adhèrent à ces engagements avec les contributions limitées. C'est pourquoi il ressort des constats le non-respect des engagements dans le cadre de la protection de l'environnement (1), et surtout leur retrait dans la promotion des politiques du développement durable (2).

1. Le non-respect des engagements

La protection de l'environnement est considérée comme un enjeu majeur du développement durable. Elle implique tous les acteurs en particulier les entreprises. Celles-ci compte tenu de ses activités qui peuvent se révéler dangereuses pour l'environnement, doivent respecter certains engagements. Les activités ne doivent pas être préjudiciables à l'environnement c'est pourquoi il leur est recommandé d'établir un *reporting* environnemental incitant les entreprises à fournir des informations relatives à l'émission de gaz à effet de serre, aux déchets et à leur consommation d'eau[402].

En dehors de toute initiative de démarche RSE, les engagements environnementaux font l'objet d'une exigence par le droit positif malien.

---

[401] Ivan TCHOTOURIAN, *op. cit.*, p. 35.

[402] En effet, au sein de l'Union Européenne, des efforts ont été faits pour propulser les entreprises à renforcer les mesures de protection de l'environnement. Ainsi, le Danemark, les Pays-Bas et la Suède ont promulgué des lois qui obligent certaines entreprises (principalement celles dont les activités se situent dans les domaines les plus polluants) à fournir des informations, soit dans leur rapport de gestion annuel, soit dans des rapports autonomes, relatives à l'impact de leurs activités sur l'environnement.

Mais, les entreprises surtout industrielles n'intègrent pas suffisamment ce volet. Pour les mines ainsi que les entreprises fabriquant des plastiques, elles causent de nombreux dégâts à l'environnement. Pour la plupart, il s'agit de l'émission des gaz à effet de serre, le déversement des résidus des usines dans les eaux, l'abondance des sachets plastiques, etc.[403]. Elles ne réunissent ni les conditions de réparations encore moins de recyclages.

Ces tentatives d'intégration du volet environnemental souffrent d'une mise en application effective. Les entreprises intègrent certes les deux volets, mais dans la pratique, on constate peu la réalisation des recommandations. Pour les entreprises industrielles, il s'agit de mettre en œuvre des mesures pouvant accompagner et réparer les dégâts causés par leur activité. Le système de recyclage ou de réparation des dégâts est insuffisant. Les sociétés fabriquant des plastiques par exemple n'ont pas une bonne politique de recyclage. Les procédés employés sont très insuffisants puisque pour les sociétés (comme TOGOUNA Industrie) qui font du recyclage, elles font des offres peu attractives ou en général certaines personnes volontaires[404], se chargent de faire les collectes. Or, dans certains pays notamment au Niger ou Rwanda[405], des mesures ont été prises pour amener les entreprises à mettre les moyens pour faciliter les collectes surtout des sachets plastiques. Au Niger[406], pour la collecte des sachets plastiques, les usines de fabrique offrent pour chaque sac l'équivalent d'un sac de riz ce qui a largement contribué à faciliter les collectes des sachets plastiques. Pour l'heure, les entreprises maliennes produisant ou commercialisant des plastiques ne réunissent pas les conditions financières pour dépolluer l'environnement.

S'agissant des industries extractives, beaucoup refusent d'exécuter les engagements environnementaux. Les moyens prévus pour accompagner ces

---

[403] Pour l'heure, les formes de recyclages au Mali restent classiques. Certaines sociétés comme *TOGOUNA* Industrie, le Centre Africain de Perfection et de Recyclage, la Société Africaine des Chaussures et Arts Plastiques, contribuent beaucoup pour le recyclage des objectifs plastiques, mais avec des moyens parfois insuffisants. Les PME et PMI telles que la société *Magi*, qui emploie une méthode consistant à récupérer les sachets moyennant une participation à des jeux dont des cadeaux sont offerts. La BRAMALI fait aussi du recyclage et adopte la même méthode.

[404] Il s'agit en grande partie des femmes n'ayant pas d'autres activités. Elles trottinent les marchés, les rues dans les devantures, les poubelles, lors des évènements pour collecter les sachets plastiques. Après les collectes, elles les nettoient soit au bord du fleuve ou des rivières et souvent même dans les concessions pour les entasser dans des sacs ensuite les expédier à l'usine. La récompense est trop faible puisque un sac rempli est pesé et le kilo revient à moins de 200 FCFA.

[405] Le Rouanda est aujourd'hui une ville verte sans sachet plastique. Le gouvernement est parvenu à interdire la commercialisation, l'utilisation et l'importation des sachets plastiques à travers l'adoption en 2008 d'une loi. Désormais seuls les sachets biodégradable sont utilisés ce qui lui a valu l'appellation d'une ville verte. Documentaire sur France 24 consulté le 03 août 2013 à 16 h 40 in www.france 24.

[406] Le Niger interdit le sac plastique en mars 2013 ; www.globenet.org ; http://www.lepapier.fr/procede_recyclage.htm, consulté le 19 mars 2013 ; Le recyclage des déchets au Niger : le réseau RESEDA in www.maxicours.com consulté le 28 mai 2015.

activités sont très faibles. Dans leur activité il n'est pas rare de voir que l'environnement souffre d'une pollution parfois extrême. Selon plusieurs habitants proches des sites d'exploitations, l'environnement est dégradé par les sociétés minières et elles procèdent rarement à effectuer des réparations. Dans le cercle de Bougouni où se trouve la mine de Morila, les populations souffrent des dégâts causés par les mines[407]. Elles ne disposent pas des conditions financières suffisantes pour dépolluer les zones infectées. Cela explique la faible implication des industries extractives.

Par ailleurs, en ce qui concerne les entreprises commerciales notamment les banques, les sociétés de télécommunications, les sociétés de fourniture d'eau et de l'électricité, elles ne sont pas en marge des observations ainsi faites. En effet, beaucoup de ces entreprises définissent un volet social et environnemental dans le cadre de leur activité. Mais, le paradoxe se situe à la structuration des organes en charge de la gestion de la RSE et à l'exécution des engagements environnementaux. Il y a peu d'initiation réelle en termes de protection de l'environnement. Mais, ce n'est pas le cas de toutes les entreprises. L'EDM-SA est une référence en matière de promotion des énergies renouvelables. A ce jour, la société a initié de nombreux projets visant à réduire la consommation d'électricité[408]. Beaucoup de ces centrales fonctionnent de façon hybride avec du salaire et du diesel. La société développe progressivement les énergies renouvelables.[409] Cette exemplarité n'occulte pas le non-respect des engagements environnementaux. D'ailleurs, il préjudicie les efforts pour le développement durable.

2. La non-prise en compte du développement durable

Une démarche RSE consiste à promouvoir le développement durable. Cette interaction crée une sorte de synergie pour renforcer les capacités des différents acteurs en vue d'atteindre les objectifs du millénaire. Toute activité de nature à causer des préjudices écologiques peut être un frein au développement durable. C'est le constat qui est fait dans le fonctionnement des entreprises notamment leur stratégie d'intégration de la RSE. Au plan environnemental, les activités menées par les entreprises ne tiennent pas compte des risques qui peuvent anéantir l'avenir des générations futures.

---

[407] Il s'agit surtout des écoulements des résidus d'eaux en provenance des usines dans les rivières, les marigots et les fleuves dans les localités. Plusieurs personnes déclarent avoir perdu des bétails pour avoir brouté des herbes ou bu des eaux intoxiqués. Ayouba DOUMBIA, habitant de Yankasso, interview accordé le 02 août 2014.

[408] Il s'agit des projets dont certains sont déjà réalisé notamment la centrale de Ouélessebougou, de Koro, de Bankas et à Tomian. D'autres projets sont en cours dans les cercles de Djéma et Ansongo.

[409] La gestion des déchets notamment les résidus est une politique réussie puisque en partenariat avec une société (GIIM « Global Technologie .... »), l'usine brule les résidus déversés par les centrales de Selingué BID et SOPAM[409] et les acheminent vers GIIM situé dans le cercle de Kita.

Les entreprises maliennes sont ainsi en déphasages des recommandations issues de la norme *ISO* 26000 qui jette les bases de la démarche RSE. Cette norme met un accent particulier sur les enjeux pour le développement durable. Celui-ci a émergé dès 1987 suite à la publication du rapport de la commission mondiale sur l'environnement et le développement (Commission Brundtland créée en 1983 par l'ONU). La Conférence des Nations Unies, sur l'environnement et le développement, tenu en 1992 à Rio de Janeiro au Brésil, a ensuite consacré le développement durable comme le leitmotiv planétaire en amenant la communauté internationale à prendre conscience de l'ampleur et de l'enjeu des problèmes d'environnement et de développement dans le monde. Le développement durable a depuis lors pris une place considérable dans les discours et les politiques nationales et internationales. Il est devenu un aspect important de la géopolitique mondiale, car il s'agit d'obtenir de l'ensemble des États du monde l'engagement de mettre en œuvre des politiques pour « un développement qui soit efficace économiquement tout en étant socialement équitable et écologiquement supportable »[410]. Le développement durable insiste sur la conciliation entre environnement et économie, étant entendue que la croissance économique devrait améliorer le niveau de vie et ne pas se faire au détriment de l'environnement. Ainsi conçu, le développement durable peut être appréhendé ou évalué de manière pédagogique en utilisant les indicateurs environnementaux comme l'empreinte écologique, et les indicateurs économiques et sociaux comme l'indice de développement humain.

Dans le secteur bancaire, il y a peu de mobilisation pour promouvoir une politique axée sur le développement durable. Les initiatives vont surtout à l'avantage de l'entreprise qui profite en grande partie de l'absence de contrainte juridique pour s'exempter de certaines obligations. Les banques doivent *a priori* contribuer en mettant en place des actions visant à lutter contre la dégradation de l'environnement. Les actions sont rarement menées ; pour la plupart, les banques se contentent des gestes de nature philanthropique visant à organiser les activités de salubrité, le don des équipements, etc. Cela est très insuffisant par rapport aux difficultés rencontrées. Les financements sont accordés aux seules activités génératrices de revenus. Pourtant, le financement des projets de recyclages peut contribuer à la protection de l'environnement, et a créé des emplois[411].

Pour les activités industrielles, le constat est amer. Ces entreprises fournissent peu d'effort en matière de lutte contre la dégradation

---

[410] C. AUBERTIN, F.D. VIVIEN, (dir.), *Le développement durable: enjeux politiques, économiques et sociaux*, IRD éd. La documentation Française, 2006, p.12.

[411] À titre d'exemple, une ONG a initié un projet de recyclage dans la région de Mopti. Il s'agissait de confection des dalles avec les déchets. Ce projet a permis de paver plusieurs rues de la ville de Mopti. De telle initiation contribue largement au développement des populations en termes de renforcement des capacités et d'amélioration des conditions de vie. v. www.tv5monde.com consulté le 28 août 2014.

environnementale. Plutôt elles contribuent à sa destruction. Les moyens réunis pour la dépollution des sites sont dérisoires. Ces conditions sont à l'origine de plusieurs difficultés rencontrées par les populations environnantes. Les usines de commercialisation ou de production des plastiques contribuent faiblement à leur collecte après usages. Dans les zones proches des activités extractives de ressources naturelles, plusieurs personnes ont été victimes des dégâts causés par l'environnement. Les résidus polluent les rivières environnantes en détruisant la faune et la flore. Or, l'implantation d'une telle activité doit permettre aux populations locales de sortir de l'extrême pauvreté qui est d'ailleurs un axe prioritaire du développement durable.

La plupart des initiatives multipartites sont limitées et intègrent limitativement les axes prioritaires du développement durable. Le coût et la complexité de nombreuses procédures, l'échelle même des activités des sociétés transnationales et les capacités limitées de bien de sociétés maliennes font obstacle à la fois à la qualité et à l'élargissement du champ d'application d'une démarche RSE. De plus, la plupart des sociétés commerciales restent assez insensibles aux pressions et aux incitations qui sont la clé de la responsabilité sociétale et qui pourraient les convaincre d'adhérer à des initiatives multipartites. Les défaillances relevées sont en grande partie dues à des contraintes financières qui sont souvent non approuvées, mais également à l'absence d'une comptabilité sociale, voire environnementale, dans les entreprises maliennes.

Les entreprises semblent, de plus en plus, être résolues à s'engager sur le terrain de la RSE. Mais, il est intéressant de constater que les autorités publiques nationales et communautaires dans le contexte actuel de l'intégration juridique les regardent d'un œil suspicieux comme il en est le cas en Europe[412]. Les pouvoirs publics ont ainsi fait preuve de timidité dans la mise en œuvre de la RSE.

[412] Cl. MARZO, « La responsabilité sociale des entreprises : à mi-chemin entre la soft *law* et le *jus cogens* : la question de l'effectivité de la protection des droits sociaux par les entreprises multinationale », Projet Droits des pauvres, pauvres droits. Recherches sur la *justiciabilité* des droits sociaux, *British Academy Post-doctoral Fellow, European Institute, London School of Economics and Political Science, Royaume-Uni,* p. 9.

CONCLUSION DU CHAPITRE 1

Bien vrai que les pratiques de la RSE varient en fonction de la taille et surtout le pouvoir des parties prenantes de l'entreprise, cela ne justifie pas sa méconnaissance par les entreprises maliennes. Pourtant, l'appréhension de la RSE est controversée dans le système de gouvernance des entreprises. L'étude montre que les entreprises maliennes sont en décalage avec les principes directeurs de la RSE. La plupart n'élaborent pas de politiques RSE. Les parties prenantes obsolètes cherchant à avoir une reconnaissance juridique vis-à-vis de l'entreprise ne disposent pas de pouvoir pour encourager l'adoption d'une démarche RSE.

Les pratiques de RSE évaluées sont plutôt assimilables à des tentatives voire même à des activités philanthropiques. C'est ce qui est constaté dans plusieurs pratiques de la RSE[413]. La prise en compte des questions sociales, ou écologiques est moins appréhendée comme étant des obligations pourtant attribuées à l'entreprise. Le décalage vis-à-vis des principes directeurs définis par la norme *ISO* 26000 indique la volonté des entreprises maliennes qui se mettent en marge en tant qu'acteur majeur pour l'atteinte des objectifs du millénaire. L'appréhension de la RSE est ainsi affaiblie. Les entreprises manifestent une réticence en ayant des opinions disparates loin de la rationalité. C'est ce qui démontre la présence de plusieurs défaillances dans l'intégration de la démarche RSE dans la gouvernance des entreprises maliennes.

---

[413] A. LINDGREEN, V. SWAEN, W. J. JOHNSTON, « Corporate Social Responsibility : An Empirical Investigation of U.S. Organizations », *Journal of Business Ethics*, 2008, 85 : 303-323.

CHAPITRE 2

Une implication timide des pouvoirs publics dans la mise en œuvre de la RSE dans la gouvernance d'entreprise

Toute démarche RSE nécessite l'implication des pouvoirs publics. Cela ne semble pas être le cas au Mali. Les pouvoirs publics sont en déphasage en matière d'encadrement ou d'organisations juridiques de la RSE. Aucune initiative n'a été prise à ce jour pour inciter les entreprises à intégrer une démarche RSE volontaire. Malgré que la RSE offre une meilleure solution pour promouvoir le développement durable, les pouvoirs publics maliens tardent à s'en approprier. Ils participent moins à la relance de la démarche RSE. Pourtant, dans plusieurs États, les rôles joués par les pouvoirs publics ont encouragé la pratique RSE malgré qu'elle soit une démarche volontaire[414]. Pour le Mali, il s'agit plutôt d'un rôle non imposant des pouvoirs publics dans l'application de la RSE (section 1). On constate alors une insuffisante participation des pouvoirs publics maliens dans l'encadrement de la RSE. Ce qui remet en cause l'effectivité des pratiques de la RSE (section 2).

SECTION 1. LE RÔLE NON IMPOSANT DES POUVOIRS PUBLICS DANS L'APPLICATION DE LA RSE

Jusqu'à ce jour, aucune règlementation n'a été effectuée pour l'encadrement juridique de la RSE. Dans certaines législations, des efforts ont été faits pour poser des restrictions aux entreprises[415]. Au regard de sa

---

[414] Livret Vert, Commission Green Paper 2001 « Promoting a European Framework for Corporate Social Responsibility » qui met en exergue la démarche volontaire de la RSE selon laquelle les entreprises intègrent les préoccupations sociales, environnementales, et économiques dans leurs activités et dans leurs interactions avec leurs parties prenantes sur une base volontaire ; in Fl. BOUYOUD, « L'Institutionnalisation de la responsabilité sociale de l'entreprise : Principes théoriques », *Communication au 5ème Congrès de l'ADERSE des 10 et 11 Janvier 2007 : Transversalité de la Responsabilité Sociale de l'Entreprise*, p. 2.

[415] En effet, en tant que législateurs et régulateurs, les pouvoirs publics doivent assurer un rôle de régulateur lorsque l'action des entreprises nuit aux intérêts de la société. A cet effet, les

nature, les pouvoirs publics devraient abandonner son rôle de législateur et de régulateur parce qu'ils soutiennent l'entrepreneuriat *sociétalement* responsable. Cela a surtout affecté les pouvoirs publics maliens dans l'encadrement juridique de la RSE. Or, les conventions internationales ratifiées par le Mali mettent un accent sur le développement durable et exigent aux entreprises d'adopter un comportement d'éthique, citoyen et socialement responsable. Les pouvoirs publics n'appréhendent pas tous les enjeux de la démarche RSE. Il y a des obstacles qui en témoignent la lenteur pour la conception de la stratégie nationale du développement durable (paragraphe 1), mais également la difficile mobilisation des entreprises (paragraphe 2).

Paragraphe 1. La lenteur dans la conception de la stratégie nationale du développement durable

La promotion d'un développement durable nécessite de mobiliser tous les acteurs. Des mesures doivent être prises pour accompagner les entreprises à s'engager dans la mise en œuvre des programmes[416] en faveur du développement durable. La stratégie nationale du développement durable a été initiée par des organisations internationales et régionales. L'Union européenne en préparation de « Rio plus dix », le sommet de Johannesburg en 2002, a adopté une première stratégie de développement durable appelée « Stratégie de Göteborg ». Certains pays comme la France avaient auparavant inscrit sa première stratégie depuis 1996. Pour les pays les moins développés comme le nôtre, les tergiversations continuent et la validation de la stratégie se trouve butée à des difficultés d'organisation (A) et surtout de mobilisation (B).

A. Les difficultés pour l'organisation d'un projet de coopération entre les acteurs publics

La stratégie nationale du développement durable met en exergue certains axes prioritaires de la RSE notamment la régulation économique à travers sa conciliation avec les enjeux sociétaux et environnementaux. Ce cap est loin d'être franchi par les pouvoirs publics maliens. L'agence de l'environnement

---

pouvoirs publics disposent de divers instruments allant de l'interdiction de certaines pratiques ou activités à l'imposition de normes minimums spécifiques (par ex. relatives aux émissions, aux déversements, aux conditions de travail) destinées à réguler le comportement des entreprises. En outre, la législation permet, à certains moments, d'interdire les comportements peu respectueux et d'imposer (à nouveau) les mêmes règles à tous. Dans ce cas, la RSE sera synonyme d'entrepreneuriat proactif et prévoyant. V. « Cadre de référence, la responsabilité sociétale des entreprises en Belgique », *LA CIDD*, 29 Mars 2006, p. 9.

[416] Th. LIBAERT, A.-J. GUERIN, *Le développement durable*, éd. DUNOD, 2008, p. 97.

pour le développement durable[417] qui est la structure instituée n'arrive pas à élaborer un projet de coopération entre les différents acteurs publics. Cela est en grande partie dû aux exigences des partenaires internationaux (1) et surtout aux difficultés liées à la coordination entre les acteurs nationaux (2).

1. Les exigences des partenaires internationaux

Il y a une réelle ambition pour la mise en place d'une stratégie nationale de développement durable au Mali. Sa mise en œuvre permettra aux différents acteurs d'œuvrer pour la promotion du développement durable, quel que soit le domaine. La stratégie s'ouvre à tous les acteurs y compris les entreprises. Cet engagement en faveur du développement durable a été accompagné aussi par la création de l'AEDD qui permettra de renforcer la gouvernance du développement durable. Tout cela est le fruit du partenariat entre les pouvoirs publics et les institutions internationales. Il y a donc un rapport étroit entre ces différents acteurs qui se conclut selon des recommandations souvent imposées à l'État malien. Toute la problématique de la mise en place de cette stratégie est liée à ces contraintes qui s'orientent vers des objectifs souvent incompatibles avec les urgences constatées au Mali.

Plusieurs institutions internationales font des recommandations pour la validation du projet de la stratégie nationale du développement durable. L'institut de la francophonie et du développement durable, les partenaires techniques et financiers comme la GIZ, le PNUD donnent des directives dont la mise à l'écart peut compromettre la validation voire le soutien financier de la stratégie pour le développement durable. C'est ainsi que l'UNESCO s'intéresse à promouvoir un concept qui est l'ESD, l'éducation au développement durable. Ce concept ESD fait partie de la stratégie nationale et met un accent sur l'éducation en termes d'apprentissage scolaire sur les questions d'éducation environnementale[418].

Ces recommandations portent rarement sur l'implication progressive des entreprises. Les partenaires s'intéressent en gros aux préoccupations d'ordre social et surtout la question de la bonne gouvernance. L'État est le plus indiqué et tous les regards portent sur lui en sa qualité d'acteur principal et se situant au centre des différentes préoccupations. C'est pourquoi depuis des années, les entreprises des pays pauvres comme le Mali sont moins considérées comme acteur majeur du développement durable. Au regard des activités menées et surtout les dégâts collatéraux que subissent l'environnement ainsi que les populations locales, elles doivent être inscrites en premier lieu pour apporter leur contribution pour l'atteinte des objectifs

[417] L'Agence de l'Environnement et le Développement Durable (AEDD) a été créée par la loi n° 10-027 du 12 juillet 2010. C'est un établissement public national à caractère administratif, sous la tutelle du Ministère de l'Environnement et de l'Assainissement.

[418] M. D. DIOP, « Vers la validation de la Stratégie nationale de développement durable », Entretien avec le Directeur de l'AEDD M. GAKOU, 03/06/2014, Journaldumali.com.

du millénaire. C'est plutôt le contraire demandé en gros par les partenaires stratégiques, et relèguent le rôle pouvant jouer les entreprises au second plan.

Les partenaires pourtant sont conscients des enjeux qui tournent au tour de la RSE. Une stratégie nationale pour le développement durable qui ne met pas l'accent sur le concept de la RSE ne peut prétendre atteindre les objectifs auxquels elle s'est fixée. Puisque le concept du développement durable dans sa substance tient en compte l'implication des entreprises pour promouvoir une économie verte et durable. Cette approche des partenaires crée d'ailleurs des difficultés pour coordonner les autres acteurs.

2. Le problème de coordination entre les acteurs nationaux

Les acteurs nationaux font face à de nouveaux défis bien appréhendés et conçus dans plusieurs pays. Il s'agit de la coordination du projet de la mise en place de la stratégie nationale pour le développement durable. Selon un constat, le concept de développement durable est mal approprié par les acteurs nationaux notamment les entreprises et le secteur privé. Le niveau d'appréhension est très faible et constitue une difficulté dans la planification du programme de développement durable.

Aujourd'hui, tous les secteurs d'activités sont impliqués à l'adoption d'une stratégie nationale de développement durable. Les entreprises maliennes sont disparates et appartiennent à plusieurs secteurs d'activités. Pour certaines entreprises, l'intégration de la stratégie du développement durable est une exigence au regard des exigences nationales et internationales[419]. Beaucoup de ces entreprises reconnaissent certains textes internationaux qui les obligent à intégrer dans leur objectif les projets du développement durable. Les activités menées doivent contribuer à l'amélioration des conditions de vie des populations et surtout à la préservation de l'environnement. Ces entreprises doivent avoir des comportements socialement responsables.

Par contre pour d'autres entreprises, le développement durable ne soulève pas un enjeu, c'est plutôt une tendance actuelle exprimée par certaines entreprises pour soigner l'image de leur activité. De telles attitudes peut constituer un blocage pour sa mise œuvre. Il n'y a donc pas une bonne coordination entre les différents acteurs y compris par le secteur privé que par les autres acteurs locaux comme les collectivités, les ONG, etc. Il n'y a pas une bonne coopération en vue d'une meilleure articulation des actions

[419] Communication de la Commission du 2 juillet 2002 concernant la responsabilité sociale des entreprises: une contribution des entreprises au développement durable, COM(2002) 347 final et Communication de la Commission au Parlement européen, au Conseil et au Comité économique et social européen du 22 mars 2006 sur la mise en œuvre du partenariat pour la croissance et l'emploi: faire de l'Europe un pôle d'excellence en matière de responsabilité sociale des entreprises, COM(2006) 136 final. Et voir aussi la synthèse de DOURCIN, M., Ambassadeur chargé de la bioéthique et de la responsabilité sociale des entreprises, http://www.diplomatie.gouv.fr/fr/article_imprim.php3?id_article=17059.

entre les acteurs principaux et les autres acteurs. Cela crée un risque qui peut diluer les enjeux du développement durable[420].

La stratégie nationale du développement durable au même titre que le programme national de lutte contre la pauvreté, est une démarche volontariste et invite à une attitude proactive qui consiste à ne pas subir les événements, mais plutôt à agir pour provoquer les changements souhaités. Elle vise à influencer et à encourager les citoyens et les entreprises à recourir aux pratiques qui contribuent aux objectifs de développement durable[421]. Ce qui est loin d'être le cas. Les mesures et les actions qui ont été menées par les pouvoirs publics n'ont pas eu de réel impact sur l'amélioration de la vie des citoyens ni à la préservation de l'environnement. La coordination de ces programmes en faveur du développement durable est malaisée dans son organisation et même dans la mobilisation des ressources financières.

B. Les difficultés de mobilisation des ressources financières

La mobilisation des ressources financières est le noyau central pour la mise en place de la stratégie nationale du développement durable. Cela nécessité une bonne organisation pour mobiliser les différents acteurs intervenants à investir afin d'atteindre les objectifs du millénaire. Certains pays sont en avance disposant des législations parfois contraignantes pour inciter les entreprises à mobiliser des ressources adéquates pour leur contribution en matière de lutte contre la pauvreté voire la corruption[422]. Malgré cela ni l'État malien encore les entreprises ne sont pas prêtes à s'investir progressivement pour un développement durable et prospère. Il y a donc des enjeux financiers pour l'État (1) et surtout la réticence pour les entreprises (2).

<u>1. Les enjeux financiers pour l'État</u>

Le Mali traverse depuis quelques années une crise multidimensionnelle. Au plan politique c'est surtout la crise institutionnelle qui a largement affecté son fonctionnement et surtout la mise en œuvre des politiques initiées en matière de développement durable. A cela s'ajoute une crise économique profonde, qui est d'ailleurs l'une des difficultés majeures dans le cadre du financement de la stratégie nationale du développement durable, qui est supposée définir les bases voire les lignes de conduite pour l'ensemble des acteurs et en particulier les entreprises.

---

[420] Th. LIBAERT, A.-J. GUERIN, *op. cit.*, p. 99.

[421] Le cadre stratégique de lutte contre la pauvreté sera le cadre d'opérationnalisation de l'Etude Nationale Prospective « Mali 2025 » ; v. *Rapport national sur le développement durable au Mali, dans la perspective de Rio + 20*, juin. 2012, p. 10.

[422] Cf: <u>http://www.aph.gov.au/Senate</u> ; Principes directeurs de l'OCDE à l'intention des entreprises multinationales (<u>http://www.oecd.org/daf/investment/guidelines/indexf.htm</u>).

Pour mettre en œuvre ces politiques, l'État malien a adopté une politique de partenariat en vue d'obtenir des financements. Bien que le Mali ne soit pas à l'origine des changements climatiques, il est l'un des pays les plus menacés par ce phénomène. Face aux défis environnementaux et climatiques, il est résolu à assumer ses responsabilités de manière ambitieuse et pionnière, en construisant une économie verte et résiliente aux changements climatiques. Cela prouve l'importance d'une règlementation de la RSE. Une économie verte ne peut être obtenue sans une règlementation quelquefois contraignante pour les entreprises. Cependant, l'atteinte des objectifs du millénaire pour le développement est réduite puisque les moyens pour renforcer la capacité d'adaptation et sa contribution à l'atténuation des changements climatiques sont limités. Il y a ainsi un handicap pour bénéficier, le principe de la responsabilité commune, mais différenciée. Un cadre stratégique pour une économie verte et résiliente aux changements climatiques a pourtant été élaboré ainsi qu'une politique nationale des changements climatiques et une stratégie assortie d'un plan d'action[423].

Les pouvoirs publics se contentent d'élaborer des politiques qui prennent en compte effectivement les exigences de la RSE tant au plan environnemental (où ils mettent un accent particulier) qu'au plan sociétal. Ces politiques souffrent par ailleurs d'une mise en application pour faute de moyens financiers. Il existe néanmoins un fonds pour le climat au Mali. C'est ce qui explique son engagement depuis 2011 dans le processus d'élaboration d'une stratégie nationale de développement durable. Mais, cela tarde à valider un cadre idéal permettant aux entreprises de concrétiser leurs engagements internationaux et pour faire face aux défis du développement durable.

Cela dit, la transition vers une économie verte est compromise. En effet, l'intégration de certaines priorités dans l'ensemble des outils de planification du développement et l'institutionnalisation des instruments économiques (évaluation économique, fiscalité et comptabilité verte, etc.) pour éclairer l'action des décideurs manque de rigueur et de contrainte pour les entreprises. Il y a une volonté réelle d'appliquer les principes du développement durable intégrant les préoccupations environnementales et sociétales dans les politiques de développement. Mais, les moyens financiers sont limités pour atteindre les objectifs. La réussite de l'intégration des enjeux économiques, sociétaux et environnementaux aux programmes et projets de développement durable dépend dans une grande mesure de l'efficience de la gouvernance au niveau international, national et territorial. C'est le même constat effectué sur le Programme des Nations Unies pour l'environnement. Ce programme n'a actuellement ni le pouvoir politique ni les moyens financiers pour mener son action à un niveau souhaitable. C'est d'ailleurs ce qui explique en partie la réticence des entreprises maliennes.

[423] *Rapport national sur le développement durable au Mali, dans la perspective de Rio + 20*, juin. 2012, p. 3.

2. La réticence pour les entreprises

La mobilisation des ressources financières est le point focal pour mettre en œuvre les stratégies du développement durable. Elle soulève une préoccupation majeure pour les entreprises maliennes. Leur implication est réduite dans la vulgarisation et la mise en œuvre des politiques de développement économique et durable. Cela est surtout dû à plusieurs facteurs.

Il s'agit d'abord de l'intégration du volet social et environnemental dans la gouvernance des entreprises. Ces deux volets constituent une priorité dans toute politique de développement économique puisqu'ils peuvent aboutir à la pérennisation des activités et renforcer l'amélioration des conditions de vie des populations[424]. C'est aussi une absence dans la règlementation en matière de stratégie de développement durable. L'AEDD est confrontée à cette difficulté de validation de la stratégie nationale pour le développement durable. Cet état de fait est, dans une moindre mesure, un indicateur pour la réticence des entreprises maliennes à mobiliser des ressources financières pour appuyer les programmes visant à améliorer les conditions de vie des populations.

Or, le secteur des entreprises au Mali, bénéficie de plusieurs actions pour leur renforcement en tant qu'acteur majeur du développement durable. C'est par exemple la mise en place du programme d'appui au secteur privé pour renforcer les capacités des entreprises[425]. Ces efforts incitent peu les entreprises à s'impliquer davantage aux actions pouvant aboutir à une croissance accélérée et durable. C'est en cela pourtant que la RSE peut avoir une importance et une effectivité pour son intégration dans la gouvernance de nos entreprises.

La faible mobilisation des ressources financières peut compromettre plusieurs actions menées ou qui sont sur la voie d'être mises en application. Dans ce contexte, la RSE n'apparaît plus comme enjeu des relations entre les pouvoirs publics et les entreprises, et sera difficilement considérée comme le théâtre d'efforts de construction de normes auquel l'entreprise, et plus particulièrement la firme multinationale, est invitée à respecter. L'enjeu est de taille dans un contexte de réticence généralisée due à une absence de contrainte juridique de la part des pouvoirs publics. Cela est une préoccupation qui outrepasse le territoire national. Selon une analyse au plan international, la puissance économique des entreprises est considérable. En effet, parmi les 100 plus grosses puissances économiques de la planète, on

---

[424] Il s'agit en effet de soutenir l'économie verte et l'innovation des entreprises. L'entreprise est de ce fait un acteur essentiel pour la mise en œuvre des politiques du développement durable. V. Stratégie nationale du développement durable de la France, 2010-2013, « Vers une économie verte et équitable », p. 9.

[425] Cadre Stratégique pour la Croissance et la Réduction de la Pauvreté, « Un Mali émergent, une meilleure qualité de vie pour tous », *CSCRP*, 2012-2017, 28 déc. 2011, p. 31.

compte 49 États et 51 entreprises[426]. Cette analyse met en évidence la puissance des entreprises comparativement à certains États. Le chiffre d'affaires annuel des 50 firmes les plus importantes est supérieur au PNB des 131 pays les moins riches[427].

Il y a donc un échec constaté dans la mise en œuvre de la stratégie pour le développement durable. La législation se trouve ainsi fragilisée et peut compromettre la mobilisation des entreprises pour l'intégration d'une démarche RSE.

Paragraphe 2. La difficile mobilisation des entreprises

Le développement durable doit être une préoccupation des entreprises maliennes. Il répond aux aspirations stratégiques de la RSE. En effet, celle-ci est largement inscrite à l'ordre du jour de tout chef d'entreprise digne de ce nom, pas toujours en première ligne, mais elle s'y trouve[428]. Or, la mise en place d'une stratégie pour le développement durable peut largement contribuer à une intégration effective de la RSE. Mais, cette stratégie est malencontreusement écartée par les entreprises maliennes. On constate un problème de coordination (A) et une faible implication du secteur privé (B).

A. Le problème de coordination

Pour la mise en place d'une démarche RSE, il faut un programme de coordination. Celui-ci est relativement exercé par l'AEDD dont les missions consistent plutôt à assurer la coordination de la mise en œuvre de la Politique nationale de Protection de l'Environnement (PNPE) et de promouvoir le développement durable par l'intégration de la dimension environnementale dans les politiques, programmes et projets de développement. Cette structure ne fait aucune mention de la RSE, mais on y trouve quelques lignes de conduite. C'est pourquoi on assiste à une définition des critères peu imposants (1) qui affecte l'organisation des entreprises(2) dans la mise en œuvre d'une démarche RSE.

1. La définition des critères peu imposants

Les pouvoirs publics ont une approche perceptible de la protection de l'environnement. La stratégie nationale de développement durable est en grande partie axée sur la préservation de l'environnement. Sa ligne de

---

[426] Robin EDME, vice-président du Forum pour l'Investissement responsable, *Principales approches et référentiels en « concurrence », la RSE*, Etudes et documents, réseau éditions ANACT, 2003.

[427] Peter WILLETTS, *Transnational actors and international organisations in The globalisation of world politics*, John BAYLIS, Steve SMITH, Oxford University Press, 1997, p. 262.

[428] Steve Hilton and Giles Gibbons, *Good Business*, p. 55.

conduite s'appuie sur tous les acteurs potentiels. Mais, l'entreprise est relativement considérée comme acteur du développement durable. Plutôt, les entreprises sont en grande partie considérées comme vulnérables et ont besoin des soutiens pour leur relance économique. C'est toute la politique des pouvoirs publics où des projets sont créés pour financer les entreprises notamment les PME et les PMI. Or, celles-ci malgré leur état de santé financière sont invitées à intégrer les principes du développement durable dans leur activité.

Les pouvoirs publics maliens n'ont pas appréhendé la RSE dans une approche contributive au développement durable. L'État malien est pourtant confronté à des crises multiples notamment les conditions de travail, la protection de l'environnement. L'amélioration des conditions de travail des employés soulève plusieurs préoccupations malgré que le Code du travail exige aux entreprises certaines obligations. Beaucoup d'employés dans le secteur privé rencontrent des difficultés en termes de mauvais traitement. Les juridictions maliennes notamment le tribunal de travail dans toutes les circonscriptions juridiques ne restent pas en marge de ces préoccupations. Les contentieux en milieu de travail sont très abondants et sont tranchés dans les conditions extrêmement difficiles.

Les entreprises ne disposent pas une politique sociale appropriée. Toutefois, la protection des droits sociaux est à l'origine de l'émergence de la RSE. Deux phénomènes ont donc conduit à la RSE : l'intégration des droits sociaux au sein de l'entreprise et le retrait progressif de la mainmise de l'État sur la question de la protection des droits sociaux. Ces deux phénomènes se sont croisés pour conduire à une protection bigarrée et parfois limitée des droits sociaux[429]. Les pouvoirs publics maliens ne sont pas à jour de cette évolution du droit social. Les politiques mises en œuvre ne font pas de lien avec la RSE. Certes la stratégie nationale de développement durable prend en compte tous les points culminants de la RSE, mais manque de précision et surtout d'impérium pour amener les entreprises à intégrer une démarche progressive de la RSE.

L'approche soutenue par les pouvoirs publics se limite à la protection de l'environnement. Les recommandations insistent sur l'utilisation rationnelle des ressources naturelles ce qui constitue à la fois une préoccupation de la RSE et du principe du développement durable. L'accent est mis sur l'atteinte des objectifs du millénaire pour le développement qui s'inscrit dans les engagements internationaux. La RSE est peu définie par les pouvoirs publics. Ils se contentent de définir des points en rapport avec la RSE. C'est le cas par exemple de la promotion de l'économie verte et l'intégration du développement durable dans les politiques sectorielles[430].

---

[429] C. MARZO, *op. cit.*, p. 2.

[430] *Rapport national sur le développement durable au Mali, dans la perspective de Rio + 20*, juin. 2012, pp. 20 ; 36-50.

Ces critères sont insuffisants pour amener les entreprises à adopter une démarche RSE. La protection des droits sociaux par l'entreprise en dehors du cadre étatique, est déduite et cela peut affecter la bonne organisation des entreprises.

2. L'organisation des entreprises

La démarche RSE n'a pas de base juridique au Mali. C'est une démarche volontariste où chaque entreprise est libre de l'intégrer dans son activité. Elle constitue plutôt une recommandation. C'est d'ailleurs une proposition adressée en grande partie au secteur minier où les entreprises sont invitées à réduire l'impact des activités des mines. Les actions à conduire mentionnent le développement humain durable des communautés locales. Cela effleure la RSE.

En dehors de certains secteurs d'activités en l'occurrence les industries extractives, la RSE n'a pas une grande influence pour les autres secteurs comme les entreprises commerciales, etc. Les entreprises ne sont pas bien organisées pour l'intégration de la RSE. Les pouvoirs publics n'ont pas réuni les conditions d'organisation pour définir les lignes de conduite pouvant amener les entreprises à définir dans le cadre de leur activité la RSE.

La cohérence dans l'organisation des entreprises ne permet pas d'inscrire la RSE au premier plan de l'ensemble des activités menées. Le contraste organisationnel n'accepte pas d'inscrire dans l'agenda des entreprises maliennes certaines exigences en toute évidence la protection des droits sociaux et la protection de l'environnement. C'est pourquoi l'atteinte d'une économie verte[431] reste un slogan. Les entreprises axent le développement uniquement sous l'angle économique. Le regain d'intérêt est le principal objectif. Les entreprises intègrent difficilement d'autres composantes notamment les aspects sociaux et la préservation des ressources de l'environnement, afin de le rendre durable, équitable et centré sur l'être humain.

Les droits sociaux s'inscrivent dans la logique des droits fondamentaux. De ce fait, les droits sociaux sont des droits opposables aux personnes publiques[432]. Les entreprises se cachent derrière le principe de la justice

---

[431] En effet, l'économie verte, est définie comme celle dont la croissance du revenu et de l'emploi est entraînée par les investissements publics et privés qui permettent de réduire les émissions de carbone et la pollution, améliorer l'efficacité énergétique et des ressources, et prévenir la perte de la biodiversité et des services éco-systémiques. Aussi, la promotion d'une économie qui ne reposerait pas sur les principes de l'économie verte est-t-elle préjudiciable au développement des pays, eu égard au fait que les ressources naturelles constituent les seuls atouts économiques et sociaux des pauvres. D'où l'urgence pour le Mali de prendre en compte les liens pauvreté-environnement dans les initiatives de développement. V. Fonds monétaire international, « Mali : Cadre de stratégie pour la croissance et la réduction de la pauvreté », *Rapport du FMI*, n° 13/111, mai 2013, p. 46.

[432] Avec les controverses qu'on lui connaît… V. J. ANDRIANTSIMBAZOVINA, H. GAUDIN, J.-P. MARGUENAUD, S. RIALS, F. SUDRE, *Dictionnaire des droits de*

étatique puisqu'il est beaucoup moins admis que des acteurs non étatiques puissent se voir chargés de la mise en œuvre de droits sociaux. Les entreprises ne se concernent pas comme des débiteurs des droits sociaux par le biais de la RSE. Le contexte juridique de droits nationaux et de droit international est très disparate. Cela crée une mauvaise organisation des entreprises surtout quand il s'agit de prendre en compte les droits sociaux tels qu'ils sont appliqués en dehors de l'entreprise par les États et par le droit international.

Ainsi, le manque de coordination est facteur de blocage pour l'adoption d'une démarche RSE. C'est une défaillance qui interpelle tous les acteurs en particulier les pouvoirs publics. Les conditions de vulgarisation de la RSE sont limitées et affectent le secteur privé.

B. La faible implication du secteur privé

L'environnement, les changements climatiques, la lutte contre la désertification, la préservation de la diversité biologique, l'amélioration des conditions de vie sont des enjeux, de plus en plus structurants, des facteurs déterminants, du bien-être de la population et qui suscitent un intérêt fondamental pour la RSE. Le capital naturel du Mali qui contribue de manière critique à la production nationale et aux conditions de vie des ménages doit être préservé. En effet, dans le domaine de l'amélioration de l'environnent des affaires, les autorités maliennes ont adopté en 2011 la Loi d'orientation du secteur privé qui n'a pas encore eu un engouement pour une forte participation des institutions. La non-implication du Patronat (1) et l'impuissance des chambres (2) ralentissent le processus d'intégration de la démarche RSE.

1. La non-implication du Patronat

L'activité des entreprises est en effet de plus en plus globale. Elle prend la forme d'un réseau évolutif de transactions transnationales entre firmes et au sein des entreprises, qui touche pratiquement tous les domaines de l'activité productive. C'est ainsi que le Patronat a été institué au Mali le 25 janvier 1980 sous le nom de « Fédération nationale des Employeurs du Mali (FNEM) ». C'est au cours de la première décennie du 21e siècle qu'il a eu un véritable engouement auprès des entreprises maliennes. Il s'est fixé plusieurs objectifs pour orienter les entreprises dans la promotion de l'emploi et surtout de la productivité à travers la relance économique. De sa création à nos jours, plusieurs interrogations se posent. Est-il considéré comme un syndicat patronal qui défend les intérêts des chefs d'entreprise ? Où doit-il

---

l'homme, Paris, DUNOD, PUF, 2008. Par exemple, voir C. TAHRI, « L'opposabilité du droit au logement : mythe ou réalité ? », *Lexbase Hebdo – éd. Privée Générale anciennement Lexbase Hebdo – éd. Affaires*, 01/10/2009, n° 365.

être un organisme qui propose des solutions nouvelles aux problèmes économiques et sociétaux d'aujourd'hui ?[433]

Ces interrogations sont pertinentes, mais avec le contraste constaté dans son fonctionnement et surtout sa faible implication dans les politiques de développement est des indicateurs qui démontrent sa mise en écart ou sa faible connaissance par les acteurs économiques. Le CNPM est loin d'être considéré comme un acteur pour la résolution des problèmes économiques et sociétaux. C'est à la limite un protecteur des chefs d'entreprise. C'est ce qui explique sa mise à l'écart des questions relatives à la vulgarisation des pratiques RSE.

L'application effective d'une démarche RSE peut trouver sa solution par la CNPM. Mais celui-ci n'affiche pas une réelle volonté pour s'impliquer dans la promotion de la RSE. Or, le renforcement de la compétitivité des entreprises maliennes passe nécessairement par la mise en place d'une démarche RSE et nécessite l'implication du CNPM. La RSE, malgré qu'elle soit considérée comme l'ensemble des mesures prises par une entreprise pour exercer des activités d'une manière durable sur les plans : économiques social et environnemental est loin d'inciter le CNPM. Il ne s'implique pas pour l'intégration des préoccupations sociales, environnementales économiques au sein de nos entreprises. L'absence d'une contrainte juridique ne doit pas être un handicap pour permettre au CNPM d'élaborer des mesures incitatives pour forger des alternatives à la règlementation en vigueur en matière d'affaires.

Le CNPM est dans la dynamique philanthropique. C'est pourquoi depuis le 30 octobre 2014, elle est sur la lancée de créer une fondation[434] qui apparaît relativement moins importante comme une solution à la dispersion des cautions de solidarité du monde des affaires. Les enjeux de la RSE ne sont pas pourtant ignorés par le CNPM. En 2007, un forum RSE a été organisé par le CNPM et assorti de plusieurs propositions notamment son insertion dans le concept politique malien, le développement et le renforcement de la RSE, la mise en place d'une fondation du secteur privé pour la mobilisation des entreprises et les ressources en vue de créer des emplois pour les populations les plus défavorisées, etc.[435].

Ces initiations n'ont pas incité les entreprises maliennes à intégrer une démarche RSE. Pourtant, des plaidoiries comme celle du ministre de la Jeunesse de la construction citoyenne, Me Mamadou Gaoussou DIARRA, témoignent « qu'à travers la RSE, la richesse que créent les entreprises doit impacter le développement de la jeunesse de notre pays ». Malgré ces reconnaissances, le CNPM s'implique moins dans la promotion de la RSE.

---

[433] J. BUNEL, « La documentation Française : La Transformation de la représentation patronale en France », CNPF et CGPME, 1995, p. 8.

[434] A. OUATTARA, « Mali : philanthropique : Le CNPM vers la création d'une Fondation Moussa Mary Balla COULIBALY », *Le Républicain*, 30 oct., 2014.

[435] La lettre du Patronat, n° 23, éd. oct. 2014, p. 3.

Cela peut avoir aussi une incidence sur les autres organisations des entreprises.

2. L'impuissance des chambres

Il s'agit en effet des chambres de commerce et d'industrie et celle des mines. Ces deux chambres ont été mises en place pour accompagner les entreprises maliennes de plusieurs secteurs d'activités dans leur organisation et leur implantation. La chambre du commerce et d'industrie du Mali a vu le jour avant celle des mines. Leur mise en place est un indicateur de la promotion du secteur privé en vue d'une relance économique progressive. Mais, il est constaté que les deux chambres s'impliquent moins dans la promotion de certaines pratiques comme la RSE.

La chambre de commerce et d'industrie a été pendant longtemps un repère pour le secteur privé notamment les PME et les PMI. Elle continue sur cette lancée, mais avec une faible adaptation à l'évolution de certaines pratiques comme la RSE qui peut être un outil de marketing visant à soigner l'image sociale de l'entreprise. A travers la RSE, la chambre peut résoudre certaines préoccupations comme le paiement des impôts et taxes à l'État. C'est ainsi qu'elle a participé en 2011, par le concours du ministère de l'Industrie, des investissements et du Commerce en collaboration avec le fonds des Nations Unies pour l'enfance au Mali et le Centre de Partenariats pour le Développement, à l'élaboration de l'étude sur « l'impact du secteur privé sur l'enfance au Mali – cartographie et analyse du secteur privé dans le but de développer la RSE pour la promotion des droits des enfants ». Cela a permis de jeter les bases et les indications essentielles dans l'adoption d'une démarche RSE. La chambre a pris conscience que l'intégration de la RSE exige un degré élevé d'engagement de tous les départements de l'entreprise. Pour garantir la réussite de sa mise en œuvre, il est nécessaire que la stratégie soit définie de façon transversale en impliquant tous les membres de la direction et les employés de l'entreprise[436].

Cette étude initiée a relevé l'importance de l'adoption d'une démarche RSE. Cependant, la chambre du commerce et d'industrie depuis cette date n'a pas réussi à élaborer des mesures incitatives pour permettre aux entreprises en particulier les PME à adopter une démarche RSE. C'est le même cas concernant la chambre des mines qui a eu une relance tardive[437]. Elle ne dispose pas de politique incitative dans la promotion de la RSE. Pourtant, son domaine d'activité est le plus générateur des ressources et le

[436] « Manuel de la RSE pour les enfants au Mali », p. 5. ; F. CASADO CANEQUE, Ph. JOCHAUD, P. GARCIA SERMA, « L'impact du secteur privé sur les droits de l'enfant au Mali », *Rapport de l'UNICEF Mali*, sept. 2011.

[437] La chambre des mines du Mali n'est ni une association ni un syndicat. Elle a été créée par la loi n° 04-006 du 14 janv. 2004. Le décret n° 04-587/P-RM du 23 déc. 2004 fixe l'organisation et les modalités de fonctionnement de la chambre des mines du Mali.

plus pollueur de l'environnement sociétal. Cela démontre l'impuissance des chambres dans la promotion de l'intégration de la RSE.

Ainsi, le secteur privé malien se trouve désorienté dans l'application de la RSE. Or, celle-ci est aujourd'hui indispensable dans le développement économique et durable. En témoigne la déclaration du Président des États-Unis le 24 septembre 2014 en vue de relancer la pression sur « la conduite responsable des affaires », et apparaît comme un avertissement, alors que les mesures de régulation vont et viennent entre la sphère publique et la sphère privée. Les États et l'opinion ont le sentiment que le business les laisse un peu seuls face à la criticité croissante des enjeux globaux[438]. Le non-soutien de la RSE peut se révéler dangereux pour la durabilité d'une économie. Les chambres mentionnées tardent à imposer la RSE aux entreprises comme un devoir de rendre des comptes sur leurs actes et d'en assumer les conséquences. C'est ce qui explique l'ineffectivité de la pratique RSE.

SECTION 2. LES POUVOIRS PUBLICS ET L'EFFECTIVITÉ DES PRATIQUES D'UNE DÉMARCHE RSE

L'intégration d'une démarche RSE dans la gouvernance des entreprises maliennes ne constitue pas une préoccupation pour les pouvoirs publics. Les entreprises ont une grande marge de manœuvre dans l'exercice de leur activité. L'environnement est trop prospère avec des ressources naturelles en abondance et une économie en phase de croissance. Les entreprises nationales tout comme les sociétés multinationales se sont bien implantées en l'absence de toute contrainte juridique (paragraphe 1) pour générer des ressources sans pour autant prendre en compte les impacts sociaux et environnementaux. Une telle attitude est surtout encouragée à travers le manque d'organisation des pouvoirs publics (paragraphe 2) dans le cadre de l'encadrement juridique, voire institutionnel, des pratiques de la RSE.

Paragraphe 1. L'absence de contrainte juridique

La RSE n'est pas consacrée juridiquement par le droit positif malien. Le législateur malien s'intéresse moins au concept de la RSE. Il l'appréhende comme une règlementation juridique adaptée aux législations des pays développés. Contrairement à d'autres pays[439], le droit positif malien ne prévoit aucun cadre de référence pour contraindre les entreprises à adopter

---

[438] P. D'HUMIERES, « Repenser les solutions d'entreprise... (RSE) », Le *reporting* RSE et l'application de l'art. 223 de la loi Grenelle, *Institut RSE*, 13 oct. 2014.

[439] D. De La GARANDERI, « La reconnaissance et la promotion de la responsabilité sociale des entreprises par l'Union Européenne », *Journal des Sociétés*, n° 69, oct. 2009 ; M.-P. BLIN-FRANCHOMME, « RSE et milieu de travail : éléments juridiques pour une montée en puissance environnementale des parties prenantes internes », *Journal des Sociétés*, n° 69, oct. 2009.

une démarche RSE (A). Cette abstention peut compromettre les objectifs du millénaire (B).

A. La non-règlementation de la RSE

Si la RSE constitue une démarche volontaire qui va au-delà de la loi, elle devient de plus en plus encadrée au plan national et régional[440], voire international[441]. Au départ, la RSE ne faisait pas l'objet de régulations. Mais, cela n'excluait pas l'existence des politiques incitatives aux effets divers. C'est ainsi qu'en Belgique, le label « pour une production socialement responsable » fait partie de ces politiques[442]. La législation malienne reste en marge de cette évolution juridique et se contente de poser quelques restrictions juridiques (1) en laissant l'opportunité volontariste aux entreprises d'intégrer une démarche RSE (2).

1. L'existence de quelques restrictions juridiques

La RSE est un nouveau concept, mais loin d'être totalement ignorée par le droit positif malien. Elle porte essentiellement sur deux volets. Il s'agit du volet social et environnemental. Au plan social, en référence au Code du travail, des restrictions sont faites sur les entreprises en termes de protection des employés[443]. Les prémices de cette affirmation reposent sur la théorie de la citoyenneté sociale au sens large de la protection des rapports entre employeurs et employés. Cela est exprimé dans plusieurs législations notamment au Cameroun[444] ou en France à travers les lois Auroux sur la démocratie industrielle[445]. La législation malienne à travers le Code du travail dégage une idée voire un principe sur la protection des droits sociaux. C'est ainsi que ces droits doivent transpercer l'unité juridique de l'entreprise

---

[440] Commission européenne, « Livre vert : Promouvoir un cadre européen pour la responsabilité sociale des entreprises », COM(2001) 366 final, 18 juil. 2001.

[441] S. ROUSSEAU, I. TCHOTOURIAN, « Normativité et responsabilité sociale des entreprises : l'illustration d'une construction polysémique du droit de part et d'autre de l'Atlantique », *Institut de recherche en droit privé*, 2011, p. 1.

[442] Ph. LECLERC, A. PEETERS, « La RSE : les pouvoirs publics », *RSE Wallonie*, consulté le 04 nov. 2014 in rse.wallonie.be.

[443] V. les art. L. 171, L. 278, D. 170-4, D. 170-47, du code de travail.

[444] L'art. 2. -1 du code de travail camerounais dispose que : « le droit au travail est reconnu à chaque citoyen comme un droit fondamental. L'Etat doit tout mettre en œuvre pour l'aider à trouver un emploi et à le conserver lorsqu'il l'a obtenu ».

[445] *Loi 82-957 relative à la négociation collective et au règlement des conflits collectifs du travail du 15 novembre 1982*, J.O. (français) 14 novembre 1982, p. 3414 ; *Loi 82-689 relative aux libertés des travailleurs dans l'entreprise du 23 juillet 1982*, J.O (français) du 6 août 1982, p. 2518 ; *Loi 82-915 relative au développement des institutions représentatives du personnel du 5 octobre 1982*, J.O. (français) du 29 octobre 1982, p. 3255 ; *Loi 82-1097 relative aux comités d'hygiène, de sécurité et des conditions de travail du 16 décembre 1982*, J.O. (français) du 26 décembre 1982, p. 3858 ; v. aussi COUTURIER, G., *Droit du Travail I, les relations individuelles de travail,* Paris, 1990, p. 150 ; LE FRIANT, M., « La démocratie sociale, entre formule et concept », *Regards*, 2001, vol. 19, pp. 47-53, p. 6.

pour s'appliquer aussi aux travailleurs. Alors qu'auparavant seule l'entreprise se voyait accorder des droits et devoirs, il fallait décomposer plus avant cette entité afin de protéger les salariés face aux employeurs. Cela s'est traduit par la reconnaissance de droits procéduraux et matériels aux salariés après la révision de 1992[446]. Lors d'un passage au niveau international, principalement lié à la mondialisation[447], l'idée d'une protection des travailleurs n'a pas décru. Mais, elle s'est trouvée lésée face à une augmentation des pouvoirs de déplacement géographique de l'entreprise et à l'affaiblissement controversé de l'État face à ces mouvements.

Les pouvoirs publics peuvent se référer à la législation du travail pour encadrer la RSE. D'ailleurs, la RSE a pris son élan à deux phénomènes de la législation du travail notamment l'intégration des droits sociaux au sein de l'entreprise et le retrait progressif de la mainmise de l'État sur la question de la protection des droits sociaux. Ces deux phénomènes se sont croisés pour conduire à une protection bigarrée et parfois limitée des droits sociaux. La libéralisation de l'économie à travers les privatisations massives a permis d'imposer des restrictions aux employeurs notamment les entreprises pour protéger les droits sociaux des employés. La RSE trouve alors un repère et son fonctionnement repose sur la réponse par les entreprises aux pressions de la société civile à la veille de la démocratie malienne en vue du respect de normes et principes, notamment en matière de droits des travailleurs. La RSE est alors considérée comme un mécanisme permettant de combler le vide institutionnel existant au niveau international et qui limite la capacité des gouvernements de faire respecter les droits fondamentaux des travailleurs à l'échelle globale. Toutefois, elle est parfois considérée comme un substitut aux politiques publiques participant à la privatisation de modes de régulation et de gouvernance économique. On constate néanmoins une tendance récente à la multiplication des politiques nationales, régionales et internationales visant à promouvoir et à encadrer la RSE[448].

Il y a donc quelques indications dans la protection des droits sociaux, mais cela est limité et ne prend pas en comptes toutes les parties prenantes voire l'environnement sociétal de l'entreprise. Le plan environnemental dispose aussi de plusieurs prescriptions. Le droit positif malien adhère aux différentes conventions règlementant l'environnement. Il dispose des règles juridiques pour la préservation de l'environnement. Les principes comme celui du principe pollueur-payeur est une avancée notoire qui peut amener les entreprises à réparer les préjudices causés à l'environnement.

---

[446] La loi n° 92-020/Portant Code d Travail en République du Mali adopté le 18 août 1992.

[447] Définie comme l' « intensification des relations à travers le monde qui relient des localités distantes d'une telle manière que des évènements locaux sont engendrés par des causes géographiquement lointaines et vice versa », v.
HABERMAS, J., « The European nation state: Its achievements and its limitations, on the past and future of sovereignty and citizenship », *Ratio Juris*, 1996, 9(2), pp. 125-137.

[448] X. ST-DENIS, « Politiques nationales et internationales en matière de RSE », *Centre d'études sur l'intégration et la mondialisation*, mars 2004, p. 6.

Cette approche assimilative ne confirme pas la consécration juridique de la RSE. Cela s'explique d'ailleurs par le libre choix de l'intégration d'une démarche RSE.

2. Le libre choix pour l'intégration d'une démarche RSE

La RSE reste une démarche volontariste pour les entreprises. C'est l'approche dominatrice au plan international. Mais, cette affirmation se relativise de jour en jour, puisque beaucoup de législation notamment au plan régional organise des cadres de référence pour l'adoption d'une démarche RSE. La Commission européenne a pris le devant depuis les années 90 et se préoccupe de la RSE. La Commission tente de promouvoir les pratiques de RSE et propose, dans cet objectif, une série d'outils d'information. Elle soutient également, des projets pilotes et de développement de la RSE, qui disposent de volets dans plusieurs pays européens notamment dans la Région wallonne. La RSE est intégrée dans sa stratégie de Lisbonne qui vise à promouvoir la compétitivité et la cohésion sociale.

L'approche volontariste suscite peu d'intérêt pour les entreprises maliennes. Les quelques-unes, ayant adoptées des démarches relativement en rapport avec RSE, ne remplissent pas les critères imposés par la norme iso 26000. Pourtant, la principale spécificité de la RSE est son caractère volontaire ou non obligatoire. Elle porte un habit de droit mou (soft Law)[449]. L'entreprise s'engage seule et sans contrepartie envers ses travailleurs, mais ne se contraint pas. Cela peut aussi être un moyen de soigner l'image de son activité. L'idée d'une démarche volontariste n'est pas sans intérêt puisque l'entreprise peut avoir une certaine représentativité au plan national et surtout international. C'est d'ailleurs ce qui explique son intégration pour certaines de nos entreprises.

La liberté d'intégrer une démarche RSE est souvent synonyme d'inefficacité. L'intégration volontaire est définie par la Commission européenne comme « l'intégration volontaire par les entreprises de préoccupations sociales et environnementales à leurs activités commerciales et leurs relations avec leurs parties prenantes ». Les entreprises au regard de cette définition adopteront des mesures moins efficaces, et qui ne leurs seront pas des charges exorbitantes voire élevés. Or, la bonne pratique de la RSE peut développer toute une chaine relationnelle au tour d'une entreprise. C'est cela qui confirme d'ailleurs l'approche capitalistique des entreprises maliennes. Or, « les pratiques de RSE s'ajoutent à celles qui visent à créer des profits, ce qui conduit à une hiérarchisation entre la responsabilité économique et sociale des entreprises, cette dernière constituant un luxe que

[449] C. MARZO, *op. cit.*, p. 2.

l'on pourrait s'offrir dans les périodes de croissance économique »[450]. Une telle approche peut enfreindre les objectifs pour une croissance durable et prospère.

B. La portée pour l'atteinte des objectifs du millénaire

Les enjeux sont énormes pour la non-règlementation de la RSE. L'atteinte des objectifs du millénaire pour le développement est tributaire à l'intégration de la RSE dans la gouvernance des entreprises. Les pouvoirs publics maliens pourtant mettent en œuvre des moyens à travers la stratégie nationale du développement durable pour une entreprise prospère et durable. Ces mesures manquent de rigueur et peuvent accélérer la dégradation de l'environnement (1) et encourager la faible contribution des entreprises dans l'amélioration des conditions sociétales de l'ensemble des parties prenantes (2).

1. La dégradation de l'environnement

La dégradation environnementale est de plus en plus environnementale dans le secteur des industries extractives et à la limite aux entreprises commerciales. Selon l'état des lieux, les entreprises extractives en l'absence d'une règlementation rigoureuse polluent l'environnement. Elles déversent des déchets de quantité importants dans la faune et la flore. Plusieurs populations environnantes des activités industrielles souffrent des préjudices écologiques notamment la perte des bétails, la dégradation des terres cultivables, la pollution des eaux de surface, etc.

Certes, les déchets solides sont constitués essentiellement d'ordures ménagères (environ 99% des déchets produits), mais les ferrailles et les déchets industriels deviennent importants. En effet, la quantité totale de déchets solides industriels produits par les 115 entreprises industrielles maliennes s'élève à 23 409 040 tonnes par an[451]. Les modes de gestion des déchets solides par ces entreprises sont : l'incinération, le compostage, la méthode d'enfouissement, le recours à la prestation des GIE ou de la voirie.

Les entreprises industrielles ou de commercialisation des sachets plastiques sont retissant à des mesures comme restrictives. En effet depuis 2012, un projet de loi portant interdiction de production, de l'importation et de la commercialisation des sachets plastiques non biodégradables en République du Mali est en cours. Les entreprises manifestent une réticence

---

[450] A. Sobczak propose d'intégrer les comportements obligatoires, voir aussi SOBCZAK, A., « Legal dimensions of
International framework agreements in the field of corporate social responsibility », *Relations Industrielles/Industrial Relations*, 2007, 62(3), 466-491, p. 477.

[451] *Rapport national sur le développement durable au Mali, dans la perspective de Rio + 20*, juin. 2012, p. 29.

pour son adoption[452]. C'est une préoccupation constatée aussi dans la sous-région[453] où les pouvoirs publics tardent à adopter des règlementations strictes.

Par ailleurs, la pollution est liée aussi à l'absence de dispositif de traitement des eaux usées, rejetées directement dans les cours d'eau et à l'utilisation des intrants agricoles (engrais et herbicides) dans le cadre de l'intensification de la production des cultures de rente (coton) et irriguée (riz) (MEA, 2009a). C'est ainsi que le fleuve Niger reçoit plus de 800000 m3 par an d'eaux usées issues des activités industrielles (MEA, 2011c). Aussi chaque jour 32000 m3 d'eaux usées domestiques sont produits dans la ville de Bamako et évacués directement dans les cours d'eau[454]. Tout cela se traduit par la faible contribution des entreprises au plan écologique et sociétal.

2. La faible contribution des entreprises au plan social

Il ne fait aucun doute que les entreprises maliennes sont réticentes dans l'adoption d'une démarche RSE qui exigerait de soutenir des actions à la fois environnementales et sociétales. Les entreprises s'engagent peu à faire des contributions dans le plus grand avantage de l'ensemble des parties prenantes. Elles préfèrent adopter des plans de finance qui consistent à financer peu. Cette stratégie célèbre mentionnée par plusieurs auteurs comme Jean-Baptiste SAY est adoptée par beaucoup d'entreprises maliennes qui soutiennent très peu des actions sociétales.

La non-règlementation pour l'intégration d'une démarche RSE pousse beaucoup d'entreprises à exclure le volet social. Or, la lutte contre l'exclusion sociale s'est traduite par une forte mobilisation et le développement de réseaux sociaux depuis l'avènement de la démocratie sous l'influence des entreprises européennes[455]. Plus récemment, en mars 2000, le Conseil européen de Lisbonne a fait spécialement appel au sens des

---

[452] A. TRAORE, « Interdiction des sachets plastiques non biodégradables : ÇA TRAÎNE ! », *Essor*, 12 juin 2013.

[453] En 2013, la Cote d'Ivoire, la Mauritanie et le Mali ont pris une résolution pour interdire les sachets plastiques. Cela devrait être exécuté depuis le 1er janvier 2013, où la production, la commercialisation et l'usage de sachets plastique seront interdits. Cette mesure pouvait faire de l'Afrique le continent le plus répressif envers les sacs nocifs pour l'environnement. Mais, les industriels s'y opposent. Cependant, certains pays comme la Tanzanie, l'Ouganda, l'Afrique du Sud et le Kenya ont d'ores et déjà banni les sachets de petite taille. Le Rwanda et la Somalie sont les plus avancés puisqu'ils sont parvenus à interdire en adoptant des mesures strictes. Pour le Rwanda, la mesure d'interdiction prévoit des peines de prison ferme pouvant aller jusqu'à un an et des amendes atteignant plus d'un million de franc CFA (2 500 euros) pour les fabricants, importateurs et utilisateurs de sachets plastiques. S. PILGRIM, « Le sac plastique indésirable en Afrique », *Environnement – France 24,*04 janv. 2013.

[454] *Rapport national sur le développement durable au Mali, dans la perspective de Rio + 20,* juin. 2012, p. 29.

[455] Commission européenne, « Livre vert : Promouvoir un cadre européen pour la responsabilité sociale des entreprises », COM(2001) 366 final, 18 juil. 2001, p. 3.

responsabilités des entreprises dans le domaine social pour les bonnes pratiques liées à l'éducation et la formation tout au long de la vie, à l'organisation du travail, à l'égalité des chances, à l'insertion sociale et au développement durable.

Peu d'entreprises maliennes intègrent une politique sociale dont le but est de renforcer les conditions de travail au regard du Code du travail. Celui-ci exige par exemple aux entreprises notamment aux employeurs d'accorder les droits sociaux aux employés[456]. Dans la pratique, sous menace de perdre son emploi, les employés sous la pression des entreprises acceptent de travailler dans certaines conditions sans avoir à réclamer des droits qui leur sont accordés. Ils réclament ces droits surtout à la suite d'un licenciement souvent abusif. Le tribunal de travail de Bamako ainsi que dans les autres circonscriptions juridiques, reçoivent des milliers de plaintes suite à des contentieux de travail. Les entreprises développent une forme de dépendance à laquelle les salariés soucieux de sauvegarder leur emploi s'abstiennent de réclamer leur droit[457].

Au regard des principes dictés par l'OIT, cela constituerait une violation des droits sociaux. En effet, dans le cadre de la gouvernance de la RSE, l'OIT se soucie « d'assurer une veille et la vitalité des organismes de coopération et de défense des droits des travailleurs et des personnes…»[458]. Cette déclaration à moins d'influence dans la pratique des entreprises maliennes dans le cadre de la protection des droits sociaux. Pourtant, cette

---

[456] Il s'agit entre autres du droit aux primes de santé, de logement, le renforcement des mesures sécuritaires dans le cadre du travail etc. V. art. L. 171, art. D. 170.6, art. D. 86.11, art. L. 88 du code du travail.

[457] Pourtant une jurisprudence donne la possibilité aux salariés de réclamer leurs droits. En effet, deux arrêts français, déjà un peu anciens, méritent d'être rappelés car ils présentent un intérêt évident pour l'analyse juridique de la responsabilité sociale des entreprises. D'une part, un arrêt de la chambre sociale du 25 novembre 2003 (Cass. soc., 25 nov. 2003 : Juris-Data n° 2003-021084 ; Bull. civ. 2003, V, n° 294 ; JCP G 2004, I, 163, n° 6, obs. G. Viney ; JCP G 2004, IV, 1170) a approuvé l'analyse selon laquelle un projet présenté dans le cadre d'une restructuration d'entreprise aux comités centraux d'entreprise peut être suffisamment précis pour constituer « un engagement unilatéral de l'employeur de ne pas procéder à davantage de licenciements », et a admis la recevabilité des salariés licenciés à demander réparation du préjudice causé par l'inobservation par l'employeur de son engagement.
D'autre part, un arrêt de la 2e Chambre civile de la Cour de cassation du 10 juin 2004 (Cass. 2e civ., 10 juin 2004 : Bull. civ. 2004, II, n° 294 ; Juris-Data n° 2004-024134 ; Comm. com. électr. 2004, comm. 117, note Ph. Stoffel-Munck ; RTD civ. 2004, p. 728, obs. J. Mestre et B. Fages ; JCP G 2004, I, 114, note F. Labarthe) a eu à connaître des conséquences du non-respect d'une « charte de bonne conduite » par laquelle l'éditeur d'un journal d'annonces s'engage sur la qualité de celles-ci. La cour d'appel avait refusé de sanctionner le journal en retenant le caractère exclusif des obligations du vendeur, tout en soulignant que le bien vendu ne présentait pas « les caractéristiques mentionnées dans l'annonce contrairement à l'éthique affichée dans la charte ». La 2e chambre civile retient qu'au regard des documents contractuels la société éditrice qui n'avait pas respecté sa charte avait commis une faute ayant concouru au dommage subi par l'acquéreur d'un véhicule qui s'est révélé avoir été accidenté, contrairement aux allégations de l'annonce.

[458] X. ST-DENIS, *op. cit.*, p. 8.

déclaration tripartite est utilisée par les multinationales en tant que cadre normatif dans l'ensemble des politiques publiques en matière de RSE.

Les entreprises maliennes tardent à prendre conscience que la RSE peut revêtir une valeur économique directe. Bien que leur responsabilité première soit de générer des profits, les entreprises peuvent en même temps contribuer à des objectifs sociaux et à la protection de l'environnement, en intégrant la responsabilité sociale comme investissement stratégique au cœur de leur stratégie commerciale, dans leurs instruments de gestion et leurs activités. Cependant, cette appréhension difficile se résume par un manque d'organisation des pouvoirs publics.

Paragraphe 2. Le manque d'organisation des pouvoirs publics

L'absence de l'intégration de la RSE est en grande partie due à l'organisation des pouvoirs publics. En effet, l'organisation implique une délibération préalable d'ordre moral ou politique pour définir ce devoir, et se traduit par une formalisation institutionnelle de type juridique. Les pouvoirs publics ne disposent pas de plan d'action pour conduire les entreprises responsables à adopter une conduite conforme à la prescription normative de ce devoir sociétal. C'est pourquoi les institutions sont moins efficaces (A) avec comme corollaire une ineffectivité des contrôles (B).

A. Les institutions moins efficaces

La normalisation de la RSE attire peu l'attention des pouvoirs publics. Ils se sentent peu concernés par ce type d'enjeu qu'ait la RSE. Il s'agit en effet d'une réticence, compte tenu de la conception habituelle de la RSE au plan régional, voire international[459]. Le constat révèle une restriction des institutions. En effet, les problèmes de défaillances de l'intégration de la RSE se résument par l'absence d'une institution en charge de la RSE (1). Dans la pratique, on se réfère à d'autres structures (2).

1. L'absence d'une institution pour la RSE

Les pouvoirs publics maliens ne disposent pas d'une institution pour la RSE. Aucune structure n'a été mise en place pour organiser la RSE au sein des entreprises maliennes. Il y a ainsi un problème de normalisation interne et surtout d'organisation. Les pouvoirs publics s'écartent largement de cette nouvelle exigence de la gouvernance des entreprises. C'est une préoccupation à l'échelle mondiale puisque la normalisation de la RSE ainsi que l'éthique d'entreprise, qui accompagnent la mondialisation croissante

---

[459] J.-P. CHANTEAU, « L'économie de la responsabilité sociétale d'entreprise (RSE) : éléments de méthode institutionnaliste », *Revue de la régulation,* [En ligne], 9/1er semestre / Spring 2011, mis en ligne le 01 juin 2011, consulté le 04 nov. 2014. URL : http://regulation.revues.org/9328.

ont remis au goût du jour dans les organisations le concept de la RSE[460]. Les pouvoirs publics maliens ne sont donc pas les seuls confrontés à la problématique de l'institutionnalisation efficace et efficiente de la RSE.

En effet, l'inexistence d'une institution RSE n'est pas sans conséquence. Les entreprises, au regard de cette absence, se voient difficilement concernées d'instituer la RSE dans la gouvernance. On constate dans la pratique que chaque entreprise malienne donne sa propre définition en intégrant des appréciations plus ou moins subjectives. Une telle attitude ne permet pas d'harmoniser voire d'uniformiser la pratique institutionnelle de la RSE. De ce fait, un problème d'efficience se pose dans la pratique RSE et échappe à tout contrôle des pouvoirs publics.

Or, institutionnaliser la RSE est une méthode qui allie la recherche et l'intervention. Il n'y a donc pas une bonne corrélation entre les différents acteurs pour parvenir à s'accorder à un fonctionnement acceptable de la RSE. Le fait qu'elle soit une institution volontaire et consciente ne doit pas un facteur pour les pouvoirs publics de mettre en place une institution en charge de la RSE.

Le niveau d'institutionnalisation de la RSE est très faible au sein des entreprises maliennes. Pourtant, le niveau d'institution de la RSE, de formes conventionnelles, ne flotte pas dans un univers sans structure[461]. Avant, de participer à la RSE, les acteurs d'une certaine société dans laquelle domine une certaine forme d'économie que la RSE ne remet pas en cause. Ainsi, les entreprises comme la Société Orange Mali, la Société de l'EDM-SA disposent des institutions peu autonomes pour une pratique effective de la RSE. Cela démontre la prédominance capitalistique au sein des entreprises maliennes.

Cette analyse met en évidence les difficultés liées à l'intégration de la RSE. Les pouvoirs publics s'appuient sur d'autres structures pour inciter les entreprises à intégrer une démarche RSE.

2. L'appui des structures de relais

Les structures de relais sont réparties en plusieurs secteurs d'activités. En général, les institutions pour l'organisation et le renforcement du secteur privé sont les plus actives dans la promotion de la RSE. Le Patronat est la principale institution qui a pris l'initiative de promouvoir la démarche RSE. En 2007, le Patronat a initié un forum pour la RSE. Cette initiative et prise de conscience de l'importance de la RSE n'a pas été suivie puisqu'il a fallu attendre l'année 2014 pour qu'il initie la création d'une fondation au compte

460 Fl. BOUYOUD, « L'institutionnalisation de la RSE : principes théoriques », *Communication au 5ème Congrès de l'ADERSE des 10 et 11 Janvier 2007 : « Transversalité de la Responsabilité Sociale de l'Entreprise »*, p. 1.

461 N. POSTEL, R. SOBEL, *Dictionnaire critique de la RSE*, Presses Universitaires Septentrion, p. 253.

du secteur privé en vue de créer des emplois pour les populations les plus défavorisées.

Pour le Patronat, il ne fait aucun doute que la création d'une telle fondation s'inscrit dans le cadre des orientations stratégiques de la nouvelle vision du mois de la solidarité et de la lutte contre l'exclusion sociale. La RSE est en effet l'ensemble des mesures prises par une entreprise pour exercer des activités d'une manière durable sur les plans : économiques social et environnemental. A travers la RSE, la richesse que créent les entreprises doit impacter le développement de la jeunesse malienne[462].

En plus du Patronat, d'autres structures comme la Chambre de Commerce et d'Industrie du Mali, la Chambre des Mines, le Conseil Économique social et culturel du Mali, les entreprises comme l'ECOBANK[463], le CEIS (Cercle de l'Entreprise et de l'Entreprise Sociale) reconnaissent la RSE et mènent des actions en faveur de son intégration. Pour ces structures, la RSE est un marketing visant à soigner l'image sociale de l'entreprise. C'est aussi un moyen pour inciter les entreprises à payer les impôts et taxes à l'État. Ces structures bien vraies qu'elles soient en partie, des organisations du secteur privé et ne disposant pas de moyen de contrainte peuvent inciter les entreprises maliennes à institutionnaliser la RSE dans leur gouvernance sociétaire. Il ne fait aucun doute qu'une entreprise qui s'engage dans la RSE bénéficie des déductions fiscales au Mali.

Les structures de relais ont cependant des difficultés pour conduire les entreprises maliennes à institutionnaliser la RSE. Partout dans le monde désormais les entreprises, qu'elles soient privées, publiques, semi-publiques, mutualistes ou coopératives, se retrouvent sommées et se déclarent fières d'assumer leurs responsabilités sociales et environnementales. L'institutionnalisation de la RSE peut amener les entreprises à adopter des attitudes et des comportements écologiquement responsables. C'est plutôt le contraire d'où l'ineffectivité des contrôles.

B. L'ineffectivité des contrôles

Les contrôles sont quasiment rares dans le cadre de la RSE. Les contrôles sont déséquilibrés et dus à la mauvaise organisation des pouvoirs publics. Selon plusieurs analyses, les contrôles ne sont pas effectifs. Les entreprises reçoivent rarement les contrôleurs et cela leur donne une marge de manœuvre à s'adonner à certaines pratiques pourtant interdites. C'est ce qui explique la violation de certaines restrictions (1) due à la rareté des sanctions juridiques (2).

---

462 A. OUATTARA, « Mali : philanthropique : Le CNPM vers la création d'une Fondation Moussa Mary Balla COULIBALY », *Le Républicain*, 30 oct., 2014.

463 M. MAKADJI, « Chut ! : La RSE », Mali actualités, consulté le 17 janv. 2015 in www.maliactu.net.

1. La violation des restrictions imposées aux entreprises industrielles

En l'absence de toute règlementation de la RSE, il y a tout de même des restrictions imposées aux entreprises. En effet, les restrictions sont nombreuses et disparates. Dans le cadre de la lutte contre les pollutions et nuisances, la législation malienne fixe un objectif essentiel pour l'amélioration des conditions de vie des populations. Par l'édiction de règles contraignantes (et parfois souples selon les circonstances), le droit de l'environnement malien participe ainsi au développement de la santé, au contrôle adéquat des installations classées existantes, à l'adaptation du cadre de vie, etc., à la gestion des déchets urbains. Les considérations de la RSE sont donc prises en compte s'agissant de l'implantation des entreprises industrielles. C'est pourquoi celles-ci sont soumises à des conditions avant de démarrer toute activité.

En effet les entreprises industrielles sont appréhendées comme des installations classées. Celles-ci sont divisées en deux classes en fonction du danger ou de la gravité des inconvénients que peut présenter leur exploitation. Elles sont soumises, soit à un régime d'autorisation pour celles qui présentent une certaine gravité, soit à un régime de déclaration pour celles dont les inconvénients sont moindres. Le système de contrôle repose sur la *summa divisio*, qui constitue le fondement de la théorie de la police.

Pour les installations classées soumises à l'autorisation, il s'agit d'un régime préventif qui se justifie en raison des dangers qu'ils peuvent créer. Les installations classées de la première classe font l'objet, avant leur construction ou leur mise en service, d'une autorisation d'exploitation délivrée par le ministre chargé de l'environnement. La demande adressée à ce dernier, doivent faire apparaître clairement certains, éléments[464]. Mais, cette autorisation d'ouverture de l'installation classée est soumise à certaines conditions. C'est ainsi que l'installation doit être éloignée, sur un rayon de 500 mètres au moins, des habitations, des immeubles habituellement occupés par des tiers, des établissements recevant du public et des zones destinées à l'habitation, d'un cours d'eau, d'un lac, d'une voie de communication et d'un captage d'eau. Toute demande d'autorisation d'une installation de première classe fait nécessairement l'objet d'une enquête publique. Mais dans la pratique rare sont les entreprises qui respectent ces restrictions. Beaucoup d'entreprises industrielles sont d'ailleurs proches des habitations surtout dans la zone industrielle de Bamako.

C'est le même constat pour les installations classées soumises à déclaration. Elle concerne les installations de seconde classe et met l'accent sur un régime répressif. Pour ce genre d'installations classées, elles doivent

---

[464] Parmi lesquels : 1° Les prénoms, noms et domicile du demandeur s'il s'agit d'une personne physique, et la raison sociale ou la dénomination sociale s'il s'agit d'une personne morale ; 2° L'emplacement sur lequel l'établissement doit être installée ; 3° La nature et le volume des activités que le demandeur se propose d'exercer… ; Ainsi que d'autres documents administratifs permettant de déterminer l'identité du postulant et la situation du terrain.

faire l'objet avant leur construction ou leur mise en service, d'une déclaration adressée au ministre charge de l'environnement.

Les obligations à tenir ne sont pas respectées par les entreprises. Or, celles-ci sont primordiales pour l'atteinte des objectifs du millénaire à savoir un développement durable et prospère. La législation minière fait pourtant des efforts en tenant compte de l'évolution de l'activité minière et des besoins du marché international, remodeler périodiquement[465]. Dans le cadre de la RSE, la prévention des risques passe nécessairement par des informations. La prévention des risques technologiques et naturels et à la réparation des dommages mettent à la charge de toutes les sociétés industrielles une obligation d'information environnementale et sociale. Ainsi, ces sociétés exploitant une ou plusieurs installations classées, c'est-à-dire susceptibles de créer des risques très importants pour la santé et la sécurité des populations voisines et pour l'environnement, doivent informer leurs actionnaires sur ses activités. Dans certaines législations, comme en France, en plus du rapport de gestion, notamment au niveau comptable, l'Agence des Marchés financiers (AMF) recommande que cette information soit intégrée dans la rubrique « Facteurs de risques » des documents de référence[466].

Cependant, quelques entreprises donnent des exemples comme le groupe Orange Mali à travers la division RSE et l'EDM-SA à travers la coordination QSE. Les entreprises industrielles comme les mines de *Morila, Sadiola* font aussi des efforts pour respecter les restrictions imposées par la loi. Mais, cela n'exclut pas les cas de violation qui sont nombreux dans la mesure où les sanctions sont quasiment rares.

2. La rareté des sanctions juridiques

La mise en cause de l'effectivité de l'application des pratiques similaires à la RSE est fondamentalement due à l'absence de sanctions. De ce fait, il est difficile d'affirmer que la législation malienne encadre rigoureusement les entreprises en particulier celles des entreprises industrielles. Pourtant, les entreprises sont nombreuses et interviennent dans plusieurs secteurs d'activités comme les mines, les graphiques, les emballages, les déchets, etc. Ces entreprises sont tenues à des règles de conduite. Dès leurs implantations, elles doivent procéder à des études d'impact environnemental qui indiqueront les possibilités de mises en œuvre. L'étude d'impact environnemental est primordiale dans toute activité pouvant nuire l'environnement ou la santé humaine.

Toutefois, la législation malienne prévoit des sanctions lorsque les entreprises dans le cadre de leur activité causent du dommage à

[465] F. BAH, « Les entreprises multinationales et les droits économiques, sociaux et culturels des populations locales au Mali : le cas des sociétés minières de Morila et Sadiola », *Juriste spécialisé en droits de l'homme et démocratie*, Bamako, Mali, 2008, p. 9.

[466] Revue mensuelle de l'AMF, n° 1, mars 2004, p. 15.

l'environnement ou provoquent des risques de maladie auprès des populations. En matière de préjudice écologique, on fait recours au principe pollueur payeur qui a été retenu par le droit positif malien pour sanctionner toute entreprise industrielle causant des préjudices à l'environnement. Cette volonté est affichée dans la loi fondamentale. Le dispositif juridique environnemental qui trouve ainsi son fondement essentiel dans l'article 15 de la constitution, qui dispose que « Toute personne a droit à un environnement sain. La protection, la défense de l'environnement et la promotion de la qualité de la vie sont un devoir pour tous et pour l'État »[467]. Le dispositif juridique environnemental est large, mais il s'adapte aux normes internationales. En effet, la loi sur les pollutions et nuisances mise en place suite à l'application du Mécanisme de Développement propre[468] contient comme la plupart des textes des sanctions. De ce fait, le législateur, soucieux de faire respecter les règlementations protectrices de l'environnement, a de plus en plus fait appel au droit répressif, qui est considéré comme « le gendarme des autres droits »[469].

Cependant, ces mesures ne sont pas respectées et par conséquent aucune sanction ne s'applique à l'encontre des contrevenants. Le paiement des taxes est obligatoire à toutes les installations classées. Si une pollution résulte d'une installation classée, la remise en état des lieux se fait par le soin du pollueur conformément au principe pollueur payeur. Dans les faits, les entreprises polluent l'environnement notamment la faune et la flore sans être sanctionnées. La mine de Morila est un exemple où son activité est à l'origine de plusieurs dégradations environnementales. Mais, ladite mine ne reçoit aucune sanction et lorsque les populations victimes font des manifestations, elle fait appel aux forces de l'ordre pour les faire quitter des lieux.

En cas de non-identification du responsable de la pollution, ce sont les services de l'environnement qui se chargent de la remise en état des lieux. Les travaux sont réglés sur la base du fonds pour la protection de l'environnement. Or, plusieurs sanctions sont prévues pour dissuader les entreprises industrielles à plus de retenue et à respecter les prescriptions sociales et environnementales. Ce fonds ne peut pas réparer tous les préjudices causés par les entreprises.

Par ailleurs, le manquement à une information environnementale et sociale peut engager la responsabilité d'une société industrielle. Selon les dispositions relatives à la protection de l'environnement, l'obligation d'information exige aux entreprises de fournir toutes les informations relatives à leurs activités en vue de protéger les populations, mais également

---

[467] V. le Préambule et l'art. 15 de la constitution malienne du 25 février 1992, p. 3.

[468] V. Rapport d'étude, *Etat des lieux sur les changements climatiques au Mali, Intercooperation*, décembre 2007, p. 14, in www.dicsahel.org, consulté le 28 juin 2011.

[469] M. J. LITTMAN, « Le droit pénal », in *L'écologie et la loi*, (sous la dir. de A. KISS), éd. L'Harmattan, 1989, p.105.

l'environnement. Chaque fois que le manque d'information a occasionné des dégâts auprès des populations, l'entreprise peut engager sa responsabilité. Celle-ci peut être civile, pénale[470], fiscale, voire même sociale.

Au plan social, la responsabilité de l'entreprise est difficilement engageable au plan juridique. Il n'existe pas encore de mesures contraignantes pour soumettre les entreprises à une responsabilité sociale. La seule possibilité dans laquelle une entreprise industrielle peut engager sa responsabilité c'est surtout lorsqu'elle cause un dégât à l'environnement.

Par ailleurs, toute entreprise industrielle produisant ou commercialisant des plastiques qui refuse de réunir les conditions de recyclage peut être sanctionnée. En effet, l'article 8 du décret 01-394 du 06 septembre 2001 fixant les modalités de gestion des déchets solides dispose que : « Tout producteur et tout distributeur qui commercialise ou utilise dans ses activités professionnelles des matières plastiques et autres emballages non biodégradables, et toute personne responsable de leur première mise sur le marché, au cas où le producteur et le distributeur sont inconnus, est tenu de procéder à la reprise de matières plastiques et emballages utilisés en vue de les recycler ». Déjà, depuis l'adoption du Code pénal de l'environnement plusieurs plaintes ont été introduites contre les entreprises industrielles. Ces nouvelles opportunités commencent à ajouter une pierre à l'édifice dans le cadre de la protection de l'environnement. Les récentes plaintes[471] portées par certaines associations contre certains opérateurs miniers concernant le non-respect des clauses environnementales sont des indices pour une effectivité dans l'application des textes régissant l'environnement. Mais, aucune de ces plaintes n'a abouti à des sanctions.

L'intégration de la RSE dans la gouvernance soulève de ce fait des difficultés. C'est pourquoi il est opportun de mettre en œuvre des moyens pour stabiliser le cadre juridique.

---

[470] La responsabilité pénale des personnes morales ne fait pas l'objet d'incrimination. Au plan communautaire, ni l'OHADA ni l'UEMOA n'incriminent les personnes morales pour avoir commis des délits. C'est donc une non incrimination des personnes morales qui a été retenue par la législation malienne. V. I. CISSE, op. cit., p. 80.

[471] T. DIALLO, « Rapport de la Cour suprême du Mali sur le droit pénal de l'environnement », in www.ahjucaf.orgMali consulté le 23 juillet 2011.

CONCLUSION DU CHAPITRE 2

Il est clair que la RSE est un enjeu de compétitivité pour l'entreprise et son environnement. Confrontées à des risques nouveaux, des entreprises de plus en plus nombreuses, et pas seulement de grandes multinationales adoptent des stratégies de progrès social et de développement durable. Elles le font parce que c'est un atout concurrentiel et une question de soutenabilité à long terme. En d'autres termes, même s'il n'est pas prouvé que les comportements sociaux vertueux créent de la valeur, ne pas les adopter semble un risque que de moins en moins d'entreprises acceptent de courir.

Cet élan pour entraîner les entreprises maliennes dans une démarche RSE est voué au ralenti. Cela est dû à l'inaction des pouvoirs publics. Pourtant, les pouvoirs publics doivent contribuer à l'expression et à la réalisation des objectifs de la RSE. C'est plutôt le contraire, puisque, les pouvoirs publics maliens sont en déphasage en matière d'encadrement juridique de la RSE. Aucune politique (la transparence et l'exemplarité, le dialogue social, l'accompagnement de la gouvernance mondiale) n'a été initiée à ce jour pour inciter les entreprises à intégrer une démarche RSE volontaire au sein des entreprises maliennes. Le rôle non imposant des pouvoirs publics[472] témoigne l'insuffisance dans l'encadrement de la RSE. Il remet sans doute en cause l'effectivité de la RSE.

---

[472] Livret Vert, Commission Green Paper 2001 « Promoting a European Framework for Corporate Social Responsibility » qui met en exergue la démarche volontaire de la RSE selon laquelle les entreprises intègrent les préoccupations sociales, environnementales, et économiques dans leurs activités et dans leurs interactions avec leurs parties prenantes sur une base volontaire ; in Fl. BOUYOUD, « L'Institutionnalisation de la responsabilité sociale de l'entreprise : Principes théoriques », *Communication au 5ème Congrès de l'ADERSE des 10 et 11 Janvier 2007 : Transversalité de la Responsabilité Sociale de l'Entreprise*, p. 2.

CONCLUSION DU TITRE 2

Les difficultés sont ainsi révélées dans l'intégration de la RSE dans la gouvernance. On remarque que la RSE n'est pas suffisamment prise en compte par les entreprises maliennes. Les pratiques restent limitées à des activités philanthropiques se traduisant par la création des fondations[473] ou autres. Or, les démarches de la RSE vont au-delà de toutes ces espérances fortement impliquées dans les lignes de conduite du développement durable. C'est ainsi que nous disons qu'il y a une mauvaise appréhension du concept et une attitude obsolète des pouvoirs publics.

Les pouvoirs publics maliens sont quasi absents du débat de la RSE. Ils n'ont pris aucune initiative qui va dans le sens de l'impulsion d'une économie éthique. C'est ce qui explique d'ailleurs les difficultés quant à l'intégration de la RSE dans la gouvernance d'entreprise. Les pouvoirs publics n'en sont conscients des enjeux et de l'importance pour l'encadrement de la RSE. Celle-ci pourrait largement contribuer à l'atteinte des objectifs du millénaire.

Les pouvoirs publics maliens tardent ainsi à donner une impulsion aux entreprises dans l'intégration de la RSE. Celle-ci ne constitue pas d'abord un défi qui est pourtant la tendance au plan international puisqu'elle est considérée comme un défi éthique pour les pouvoirs publics.

---

[473] Dans le secteur des télécoms, comme la société Orange Mali, la société *Malitel*, disposent des fondations dont l'objectif est d'effectuer des dons, de soutenir certaines œuvres sociales etc.

CONCLUSION DE LA PREMIÈRE PARTIE

L'émergence des pratiques de la gouvernance d'entreprise et de la RSE est un indicateur crucial révélant un certain nombre d'informations dans le système juridique malien. Elles permettent de faire une évaluation de la vie de nos entreprises. En grande partie, ces nouveaux concepts mettant en rapport deux normes juridiques différentes, mais interdépendantes se présentent comme des outils d'évaluations. Le droit des sociétés introduit de plus en plus le droit social dans la sphère de l'entreprise. Mais cela est pour l'instant, dans une situation mitigée face à un environnement juridique hostile qui traine les pieds à s'adapter au changement ou au renouveau du droit.

Pour le volet de la gouvernance d'entreprise, on constate un affaiblissement du système. Ce qui entraîne forcément des risques pour l'ensemble des acteurs concernés dans la vie de l'entreprise. C'est ainsi qu'on y retrouve une ineffectivité dans l'application des principes de la gouvernance d'entreprise. De ce fait, plusieurs indicatifs révèlent cette ineffectivité. Il s'agit entre autres des dysfonctionnements et l'absence d'un cadre juridique conforme aux principes de la gouvernance d'entreprise au regard des principes de l'OCDE.

En effet, la question essentielle qui se pose aux dirigeants des sociétés depuis l'entrée en vigueur de l'AUSC est celle de savoir comment diriger les entreprises dans le strict respect des règles de l'OHADA et générer un capital de confiance à l'égard de toutes les personnes intéressées. A notre connaissance, à ce jour, bien que des séminaires[474], ateliers et autres réunions aient été régulièrement organisés dans tous les États-parties de l'OHADA notamment au Mali, la question de la gouvernance d'entreprise n'a pas été clairement posée et traitée. C'est ce qui explique la difficulté pour les dirigeants des entreprises maliennes, en partie les sociétés anonymes, à mieux identifier et appliquer les principes de gouvernance d'entreprise inscrits dans le texte de l'AUSC. Dès lors, l'absence d'une gouvernance d'entreprise efficace peut entraîner d'importantes pertes de richesse qui vont

---

[474] Séminaire international, « Droit des sociétés-Gouvernance d'entreprise », *Training by informatique*, du 14 au 16 janvier 2009.

au-delà de la perte du capital social. Les sociétés ont donc besoin de processus et de structures de gouvernance pour créer de la valeur.

S'agissant de la RSE, l'étude donne l'occasion de peindre à gros traits le rôle des entreprises, des pouvoirs publics dans la protection des droits sociaux et environnementaux. Protection efficace ? La question reste en suspens. S'il apparaît clairement que la RSE se répand inéluctablement, que les entreprises, même de moindres importances, sont directement influencées par ces mécanismes, s'il est désormais admis par toutes les organisations et de nombreux pays que la RSE est à prendre en compte, voire à encadrer, on ne sait toujours pas quelle portée celle-ci peut avoir. Sa principale caractéristique de *soft Law* ou droit mou lui appose un sceau de non-droit qu'il est difficile de dépasser. Les mécanismes de droit dur qu'on a tenté de lui superposer se révèlent souvent de faible efficacité du fait de leur inadéquation originelle. Se pose alors la question de sortir de cette échelle d'analyse allant du droit dur au droit mou. Peut-on imaginer une nouvelle façon de conceptualiser la règle molle sans se référer à la sanction et au juge ? Par exemple, l'impossibilité d'établir de frontière tangible entre le non-droit et le droit, l'observation de la *procéduralisation* du droit de la RSE au plan mondial, ou encore le constat que l'action et le conflit précèdent le droit ou la norme dévoilent des changements d'approche. Le fait que juger devienne progressivement secondaire dans l'ordre du raisonnement amène à sortir de la logique classique de droit toujours tiraillée entre la crainte de la sanction et le juge. Autre exemple, la multiplication des textes de référence en matière de droits sociaux fondamentaux donne une très grande flexibilité aux garants de la loi. Ce constat conduit encore à remettre en question l'application juste et uniforme du droit. Sans apporter une véritable réponse pour le moment, il faut comprendre la RSE comme un sujet nouveau, pluridisciplinaire qui appelle des analyses en matière de droit national et international, de protection des parties prenantes, peut-être d'organisation incomplète[475] ou encore de théorie de la régulation dans une perspective de la firme construite sur les fondements de l'analyse économique du droit, à partir de la *corporate governance*. Un détour par les politiques économiques[476] ou les techniques managériales[477] ou la sociologie pourrait se révéler utile. Il s'agirait alors de repenser les systèmes de décision au sein des entreprises[478].

---

[475] G. E. AHRNE, N. BRUNSSON, « L'organisation en dehors des organisations, ou l'organisation incomplète », *AEGIS le Libellio*, pp. 1-20, p. 2.

[476] M. KITZMUELLER, *Economics and corporate social responsibility*, Thèse, Florence, European University Institute, 2008.

[477] J. JONKER, M. DE WITTE, *Management models for corporate social responsibility*, Berlin, New York, Springer, 2006.

[478] D. VOGEL, *The market for virtue: the potential and limits of corporate social responsibility,* Washington, Brookings Institution Press, 2005.

DEUXIÈME PARTIE

La stabilisation du cadre juridique de la RSE dans la gouvernance d'entreprise

Il semblerait être évident que les concepts émergents comme la gouvernance d'entreprise et la RSE sont des paradigmes qui peuvent permettre aux entreprises maliennes d'avoir une meilleure protection juridique et financière, mais également d'être considérés comme des acteurs majeurs du développement durable. Une vision de cette taille nécessite pour les entreprises maliennes de coordonner les deux concepts en adaptant la RSE dans la gouvernance. Cela peut d'ailleurs renforcer l'amélioration du secteur privé qui constitue une volonté politique[479]. La pratique malienne de la gouvernance d'entreprise doit ainsi se diriger vers des mécanismes juridiques de stabilisation de la RSE dans la gouvernance d'entreprise. Un tel conformisme serait la résultante de l'évolution des pratiques internationales. En effet, conformément à cela, il est important de procéder à la fois à une « intégration dans la stratégie » et de la « collaboration étroite avec les parties prenantes » concernées[480]. La coordination du cadre juridique de la RSE à travers son intégration dans la gouvernance d'entreprise peut être un moyen de croissance économique à travers la pérennisation des activités. A ce propos le MEDEF (note du 25 septembre 2013) souligne que la RSE produit, pour les entreprises, des : « bénéfices (...) en termes de développement d'opportunités commerciales, d'amélioration de leurs processus, de mobilisation interne, d'amélioration de leurs relations avec les parties prenantes, d'attractivité pour les jeunes talents. »

---

[479] Mahamoud MAGASSOUBA (Coordinateur), « Programme de réforme au Mali : Améliorer le climat des affaires pour le développement du secteur privé », *Programme IFC Mali*, 17 Mars 2011.

[480] Communication du 25 octobre 2011 : « Responsabilité sociale des entreprises : une nouvelle stratégie de l'UE pour la période 2011-2014 », dans « Une gouvernance adaptée pour la RSE », *Commissariat Général à la Stratégie et à la Prospective*, Thématique de travail possible n° 2, Paris, 27 sep. 2013, p. 1.

Pour y parvenir, le droit positif malien doit élaborer un cadre juridique pouvant faciliter l'intégration voire l'acception de la RSE dans la gouvernance d'entreprise. Celle-ci qui manque de précision surtout dans le droit communautaire OHADA peut faire l'objet d'une règlementation au niveau interne. En effet, les pratiques de la gouvernance d'entreprise sont assez disparates au niveau national. Pour y remédier, l'uniformisation autour des pratiques de la gouvernance d'entreprise peut permettre aux entreprises de se rallier aux pratiques émergentes (titre 1). Cette uniformisation peut faciliter l'intégration de la RSE dans la gouvernance des entreprises maliennes. Les entreprises seront en mesure de prendre en charge la RSE dans les règles de gouvernance (titre 2).

TITRE 1

L'uniformisation autour des pratiques de la gouvernance d'entreprise

Les constats révèlent que la pratique malienne de la gouvernance d'entreprise souffre d'une grande insuffisance. Le mode de gouvernance au regard du droit OHADA[481] ne prend pas en compte toutes les exigences recommandées par l'OCDE. Le droit positif malien se trouve ainsi fragilisé dans la règlementation de la gouvernance d'entreprise. Cela est, sans doute, un risque juridique auquel les entreprises sont confrontées, dans la mesure où les risques financiers sont de plus en plus mondialisés et tout échec financier peut retomber sur n'importe quelle entreprise dans le monde. Les crises récentes en témoignent puisqu'elles ont secoué l'économie mondiale. C'est d'ailleurs suite à ces scandales financiers que la règlementation de la gouvernance d'entreprise a eu une proportion juridique et économique. Les pays en voie de développement comme le Mali ne doivent pas rester en marge de cette évolution juridique qui peut, sans doute, être un moyen de protection et surtout une garantie pour les investisseurs. C'est pourquoi il est impératif de procéder à une consécration juridique de la gouvernance d'entreprise à travers un code (chapitre 1) et de définir des règles pour l'institutionnalisation de la gouvernance d'entreprise (chapitre 2).

[481] S.A. BADJI, « OHADA et bonne gouvernance d'entreprise » *Revue de l'ERSUMA, Droit des affaires - Pratique Professionnelle*, n°2 – mars 2013.

CHAPITRE 1

L'élaboration d'un code de gouvernance d'entreprise

La protection des actionnaires ainsi que toutes les parties prenantes, justifie la consécration juridique de la gouvernance d'entreprise. En effet, le cadre de la gouvernance en droit malien ne réunit pas toutes les mesures pour assurer la protection des actionnaires. Ceux-ci sont souvent victimes des actes délibérément pris par les dirigeants d'entreprise qui poursuivent des objectifs contraires à l'intérêt social. Le droit OHADA, certes, prévoit des moyens pouvant engager la responsabilité des dirigeants, mais ceux-ci se révèlent inefficaces ou insuffisants dans la protection des intérêts des actionnaires. Par ailleurs, la mise à l'écart des parties prenantes offre une opportunité certaine à l'adoption d'un code de gouvernance d'entreprise qui nécessitera l'implication de l'ensemble des acteurs (section1). Une fois adoptés, des mécanismes doivent être identifiés pour assurer sa mise en œuvre (section 2).

SECTION 1. L'IMPLICATION DE L'ENSEMBLE DES ACTEURS

Tout projet d'élaboration d'un texte de loi nécessite une forte implication de l'ensemble des acteurs concernés. S'agissant de la gouvernance d'entreprise, elle est toute aussi particulière. Elle relève, en partie, de la science économique et, par conséquent, la vision juridique doit être subtile. Il est donc difficile d'ignorer la place prise par les considérations économiques dans le droit, et dans le droit public en particulier[482]. L'élaboration d'un code de gouvernance d'entreprise exige aux législateurs

---

[482] Pour preuve de l'intérêt croissant porté à ces considérations par les juristes, un colloque organisé en France conjointement le vendredi 30 septembre 2005 par le Programme de Recherches « Attractivité Economique du Droit » (Ministère de la Justice – Services des Affaires Européennes et Internationales SAEI-AED-GIP), l'Université de Paris X Nanterre et le laboratoire Economie sur « Les interactions entre le Droit et l'Économie », in T. KIRAT, L. VIDAL, « Le droit et l'économie : étude critique des relations entre les deux disciplines et ébauchées de perspectives renouvelées », *Annales de l'Institut André TUNC, Université de Paris I Panthéon-Sorbonne*, 2005, p. 1.

de s'ouvrir à l'analyse économique à travers les rapports et les pratiques des entreprises. Le législateur a donc un rôle majeur dans le processus d'élaboration du code (paragraphe 1). Pour une bonne coordination de l'ensemble des procédures, il est important d'instituer un institut pour les administrateurs (paragraphe 1).

Paragraphe 1. Le rôle du législateur dans le processus d'élaboration

Tout processus d'élaboration d'un texte de droit doit impliquer le législateur. Dans le cadre de l'élaboration d'un code de gouvernance d'entreprise, le législateur doit tenir compte de plusieurs aspects. C'est le cas par exemple de la vision économique qui doit être appréhendée en l'adaptant aux exigences souhaitées notamment le développement durable. C'est ainsi qu'il doit procéder à l'organisation des différentes phases préalables pour l'élaboration du code. Il peut s'appuyer à la technique de la *légistique* étant donné que son rôle « privilégié » qui est la rédaction de la loi est de plus en plus amenuisé. En effet, la rédaction de la loi n'est pas la seule affaire de juristes : elle est le produit d'une langue et d'institutions politiques[483]. De ce fait, son rôle doit être plus simple. Il lui revient d'abord de tirer les conséquences des contraintes constitutionnelles en matière d'intelligibilité et d'accessibilité de la loi. Il doit également intervenir sur les règles existantes pour garantir leur sécurité juridique. Il lui incombe enfin d'apporter des changements de fond à des dispositifs normatifs trop complexes[484]. Pour le bon déroulement du processus, le législateur doit avoir une souplesse dans sa participation (A) en vue d'avoir une vision dans l'élaboration du projet du code (B).

A. La souplesse dans sa participation

L'encadrement normatif de la gouvernance d'entreprise exige au législateur une certaine malléabilité pour faciliter l'adhésion de tous les acteurs dans le processus. Il doit simplifier son intervention pour appréhender toutes les subtilités nécessaires aux pratiques de la gouvernance d'entreprise. Il s'agit pour lui de procéder à la modification du contenu des règles, sachant qu'à ce niveau il s'agit moins de proposer des dispositifs normatifs nouveaux que de mieux concevoir ce qui existe déjà. En effet, il est clair que la meilleure politique de simplification est celle qui saura éviter toute simplification *« réparatrice » a posteriori*. Seuls les dispositifs d'évaluation de la qualité de la règle applicable à la source de la production

---

483 C. BERGEAL (avant-propos), « La légistique ou l'art de rédiger le droit », *La documentation française Courrier Juridique des Finances et de l'Industrie*, Juin 2008, p. 3.

484 J.-L. WARSMANN « Simplifier le droit : une obligation pour le législateur », in « La légistique ou l'art de rédiger le droit », *op. cit.*, p. 7.

normative constitueront un réel progrès[485]. Ainsi, l'exercice consiste principalement à réduire autant que possible les conséquences que peut avoir l'empilement des normes de droit. Pour cela, il serait nécessaire de procéder à une phase de concertation avec les acteurs (1) et de s'adapter à d'autres pratiques (2).

1. La phase de concertation avec les acteurs

Pour une règlementation adéquate et performante, tous les acteurs concernés doivent être impliqués. C'est pourquoi une concertation est nécessaire et indispensable. Cette méthode répond à des préoccupations multiples et parfois complexes dans l'application d'une loi. En effet, l'analyse juridique sur des questions de substance économique ne peut s'effectuer sans le concours des professionnels. D'ailleurs, la logique du droit économique exige cette cohabitation entre le juriste et l'économiste pour mieux forger les règles adaptées et adaptables à l'environnement des entreprises. Il faut donc un tissage de liens étroits entre le droit et l'économie[486].

En effet, KIRAT et VIDAL démontrent le tissage entre le droit et l'économie. Ils l'appréhendent comme une question cruciale qui développe des formes nouvelles de régulation. Celles-ci sont de pans entiers de la vie économique et font apparaître des considérations économiques au cœur même de la régulation juridique, comme le démontrent l'essor du droit de l'énergie et des réseaux ou les pratiques étrangères de partenariats public-privé.[487] Les nouvelles formes de contrats entre personnes publiques et personnes privées supposent en effet de recourir à l'analyse économique et financière dans la négociation du contrat, son financement et sa supervision.

Pour l'élaboration d'un code de gouvernance d'entreprise, les acteurs comme les professionnels des entreprises ou autres ne peuvent plus être mis à l'écart. En effet, il n'est plus possible d'ignorer leur importance au sein de l'entreprise. Ils disposent de plusieurs responsabilités dues à des considérations économiques. Une ouverture doit être faite à l'ensemble des parties prenantes pour une meilleure coordination. C'est en cela que le dialogue sera renouvelé entre le législateur et les entreprises pour une bonne définition du code de la gouvernance d'entreprise[488].

L'amélioration de la qualité de la législation en matière de la gouvernance d'entreprise doit ainsi prendre en compte certaines

---

485 J.-L. WARSMANN, *ibid.*, p. 7.

486 Th. KIRAT, L. VIDAL, « Le droit et l'économie : étude critique des relations entre les deux disciplines et ébauches de perspectives renouvelées », *Annales de l'Institut André TUNC – Université de Paris I Panthéon-Sorbonne*, 2005, p. 1.

487 F. MARTY, S. TROSA, A. VOISIN, « La construction des méthodes de comparaison de coûts public-privé : les enseignements des expériences étrangères », *Politiques et management public, vol. 22,* n° 3, sept. 2004, pp. 43-64.

488 D. LEGEAIS, *Droit commercial et des affaires*, 20ème éd., SIREY, 2012, pp. 6-12.

préoccupations que pourraient soulever les parties prenantes. C'est en cela que le code peut avoir une adhésion uniforme des différents acteurs concernés. Cela est dû au concept qui impose une certaine régularité. En droit comparé et au regard du code MEDEF, il en est ainsi puisque le processus d'élaboration du code de la gouvernance d'entreprise a vu la participation de l'ensemble des acteurs clés. Ceux-ci, pour la plupart, ont contribué pour l'orientation des objectifs fixés par le code.

Il y a par ailleurs une prise de conscience de plus en plus exprimée dans la sous-région. Beaucoup d'entreprises sont conscientes de l'intérêt pour l'encadrement juridique de la gouvernance d'entreprise[489]. La nécessité pour la modernisation de certaines pratiques est plus que nécessaire. C'est pourquoi le législateur dans son rôle doit encourager la participation des praticiens en vue d'élaguer les insuffisances possibles. C'est ce qui explique l'importance de la *légistique* tant matérielle que formelle : analyses d'impact, réduction des coûts, simplification, recours accru aux méthodes de la codification et de la refonte[490]. Plusieurs méthodes peuvent être adoptées. En effet, l'expérience a montré que la qualité ne se greffe pas sur un acte à un stade trop avancé de la rédaction, mais qu'elle doit être une préoccupation constante tout au long de la chaîne d'élaboration du code. Néanmoins, quels que soient les efforts des rédacteurs, il faut aussi une intervention horizontale du conseil d'administration, de vérification et d'assistance. Tel est le rôle joué en particulier par les administrateurs des entreprises.

Il faut ainsi mettre à profit les consultations interservices. Ces consultations servent de moyens pour recueillir les avis de tous les services intéressés notamment les conseils d'administration des entreprises sur le projet d'acte. La consultation peut s'étendre en amont et en aval dans le cadre de la coopération entre les entreprises. Cette consultation peut être identifiée comme le moment le plus favorable à la prise en compte de la qualité formelle. A ce stade, le projet a déjà reçu une formulation initiale et sort de la sphère technique de l'auteur pour faire l'objet de discussions avec des interlocuteurs multiples. Il s'agit des autres directions générales, notamment les services juridiques des entreprises. Le service juridique a alors l'occasion d'intervenir selon deux axes qui se rejoignent et se complètent : d'une part, la vérification de la légalité et du contenu juridique des textes, qui incombe principalement aux juristes des équipes thématiques du service juridique ; et, d'autre part, la vérification de la technique

---

[489] On s'en tiendra ici à la terminologie juridique résultant des traités en vigueur. Le traité de l'OHADA ; le traité de l'UEMOA ; le traité de Lisbonne, qui introduisent la notion d'actes *« de l'Union »*.

[490] V., à cet égard, le « Livre blanc sur la gouvernance européenne », *Journal officiel de l'Union européenne (JO) C 287,* du 12 octobre 2001, p. 1, qui annonce une approche développée depuis lors dans de nombreux documents internes de la Commission.

législative et de la qualité rédactionnelle, qui incombe principalement aux juristes réviseurs[491].

Dans la pratique, les meilleurs résultats sont obtenus en combinant les deux aspects, qui se révèlent souvent indissociables. Cette intervention débouche sur un avis unique du service juridique, qui comporte à la fois les remarques de fond et certaines remarques sur la qualité formelle[492]. L'avis est très souvent accompagné d'une version retravaillée du texte, avec la mise en évidence des changements qui sont proposés au service auteur.

Les entreprises par le canal de leur service juridique ne se substituent pas au législateur, mais peuvent fournir toutes les orientations utiles pour une amélioration de la rédaction du code de gouvernance d'entreprise. Ce qui peut aller jusqu'à une restructuration complète du texte et à la proposition d'un libellé pour des articles entiers ou des passages-clés de la motivation. L'intérêt de cette méthode réside dans les échanges qu'elle permet entre les services, à un moment où le texte n'est pas encore figé. L'avis du service juridique des entreprises peut être précédé et suivi de multiples discussions entre le service auteur, et l'ensemble des départements de l'entreprise.

Par ailleurs, la nature des interventions doit être identifiée. Ainsi, en plus des questions de choix du type d'acte et de la base juridique, qui relèvent du contrôle au fond, mais comportent aussi des aspects de forme. Les principales vérifications qui sont effectuées pour veiller à la qualité formelle des actes doivent porter sur la définition du contenu du code, la structure du code, de veiller à sa cohérence interne et externe, la terminologie juridique notamment la formulation et enfin créer un environnement législatif pour effectuer des vérifications au regard de la politique législative d'ensemble, des politiques législatives sectorielles et de la simplification.

La concertation peut ainsi aboutir à une harmonisation du code. Mais il faut tenir compte des autres pratiques de la gouvernance d'entreprise.

2. La prise en compte des pratiques régionales et internationales

La gouvernance d'entreprise est une forme d'organisation qui influence de plus en plus plusieurs législations. Déjà le droit OHADA à travers l'AUSC reconnaît cette pratique et incite à cet effet les États parties à élaborer un code de gouvernance d'entreprise. Le Sénégal en est un exemple qui dispose d'un code de gouvernance des entreprises. Le code sénégalais a été élaboré au travers d'un processus qui a permis à l'ensemble des parties

[491] G. LAUTISSIER, « L'élaboration de la législation communautaire par la Commission européenne : maintenir et améliorer la qualité formelle des actes », in « La légistique ou l'art de rédiger le droit », *La documentation française Courrier Juridique des Finances et de l'Industrie*, Juin 2008, p. 57.

[492] Les défauts de qualité formelle ne constituent pas un motif de blocage ni de retardement des procédures. Toutefois, le service auteur est fortement incité à tenir compte des suggestions du service juridique et s'y conforme dans la plupart des cas.

prenantes directement concernées de rapprocher leur point de vue et de dégager un consensus.

Le législateur OHADA donne ainsi la possibilité aux entreprises de se conformer à un code de gouvernance des entreprises. Le code a tout de même un caractère non contraignant puisqu'il laisse une grande liberté de choix aux entreprises de s'y conformer ou non[493]. Cela peut constituer un modèle et une référence pour le code malien de la gouvernance des entreprises.

En effet, au regard de toutes les latitudes, la vie économique et financière a connu une profonde crise au cours des dix dernières années. Les organisations communautaires ont été touchées. C'est le cas ainsi de l'OHADA dont plusieurs entreprises ont été touchées suite à la mauvaise gouvernance des entreprises. C'est ce qui a incité davantage les entreprises des pays voisins à relever le défi de la compétitivité dans un environnement fortement marqué par la globalisation des marchés et par la mondialisation des investissements entraînant une standardisation de l'ensemble des normes. La compétitivité pour les entreprises dans un tel environnement rend nécessaire l'existence de modes de gouvernance basés sur la transparence, gage d'efficacité et de réussite. C'est ainsi que plusieurs entreprises même en l'absence d'un code de gouvernance d'entreprise se conforment davantage à d'autres codes pour asseoir une transparence dans la gouvernance de leurs activités. Il y a donc une pratique évolutive non négligeable et pouvant servir de réflexion pour la mise en place du code malien de la gouvernance d'entreprise.

Dans l'espace OHADA, la diffusion massive du terme de gouvernance relève essentiellement du contexte de la coopération internationale pour le développement. Ce nouvel impératif de gouvernance est, depuis quelques années, dans les débats. Les constitutions sur la gouvernance d'entreprise sont au cœur de tous les discours, des réformes, de toutes les initiatives[494] en matière de développement des affaires et du fonctionnement efficace de l'entreprise. Il y a donc un regain d'intérêt de règlementer la gouvernance d'entreprise. Les États-parties qui ont empiété les pas peuvent servir de référence pour rendre encore plus performant le projet du code malien de la gouvernance d'entreprise. Malgré que, les règles et principes de la gouvernance d'entreprise sont limités, il existe néanmoins des actions en faveur de la gouvernance d'entreprise qui peuvent illustrer la pratique malienne.

L'amélioration de la qualité de la législation doit ainsi prendre en compte les pratiques des autres législations. Les pratiques concernées sont celles qui

---

[493] V. Le code de gouvernance des entreprises du Sénégal qui a été élaboré par le Conseil Présidentiel de l'Investissement pour renforcer et moderniser les principes de gouvernement d'entreprise.

[494] « La gouvernance d'entreprises dans l'espace OHADA », *Séminaire de formation à Porto Novo-Benin*, du 20 au 22 juin 2012, in www.ohada.com consulté le 07 mai 2015.

sont conformes aux recommandations des principes de l'OCDE qui jettent les bases de la gouvernance des entreprises. En effet, l'influence extérieure peut donner plus d'orientations et peut jouer un rôle central pour faire connaître et respecter les bonnes pratiques. Les pratiques extérieures constituent à la fois une aide pour le rédacteur et un point d'appui pour la vérification de la qualité formelle. Elles servent également de base à des formations internes pour la rédaction législative en vue de procéder à l'élaboration du projet du code.

B. L'élaboration du projet de code

Un projet de code doit être soumis à un certain nombre de principes. Dès lors, il incombe à l'autorité investie du pouvoir de décision d'évaluer du mieux possible, l'impact d'une nouvelle règlementation, il appartient au rédacteur, au juriste d'anticiper les difficultés que susciteront sa lecture, son interprétation, sa mise en œuvre. Cela exige, dorénavant, de recourir à une approche *légistique* et une étude d'impact qui se rejoignent en ce qu'elles procèdent toutes deux d'une même préoccupation : adopter une conception réaliste de l'activité normative. C'est en cela que le projet peut définir les objectifs du code (1) avec une particularité juridique du code (2).

1. Les objectifs du code

Tout projet de code fixe des objectifs. Il doit en être ainsi pour la gouvernance d'entreprise. L'encadrement juridique de la gouvernance d'entreprise s'oriente davantage à une consécration juridique. C'est pourquoi l'adoption d'un code de gouvernance d'entreprise bénéficie d'un accompagnement du législateur OHADA. En effet, la révision de l'AUSC en janvier 2014 a permis de faire une reconnaissance à tout projet de code de gouvernance d'entreprise[495]. Il y a donc une opportunité, pour l'environnement juridique malien, de se doter d'un code encadrant la gouvernance des entreprises.

En effet, les entreprises sont, plus qu'hier, confrontées aux problèmes d'organisation, de financements, de circulation et de fiabilité de l'information liés à la globalisation des économies, aux nouvelles technologies d'information et de communication. Tous ces problèmes affectent les modes de pensée, la rentabilité des entreprises et, par conséquent, la croissance économique. L'une des réponses consiste à trouver un cadre, un environnement, des dispositifs, des règles qui canalisent les comportements des acteurs, renforcent la confiance des investisseurs, optimisent les ressources, définissent clairement les responsabilités des uns et des autres. De ce point de vue, l'adoption d'un code sur la gouvernance d'entreprise doit nécessairement faire référence aux relations entre la

[495] V. art. 831-2, al. 2 de l'AUSC.

direction d'une entreprise, son conseil d'administration, ses actionnaires et d'autres parties prenantes. Elle détermine également la structure par laquelle sont définis les objectifs d'une entreprise, ainsi que les moyens de les atteindre et d'assurer une surveillance des résultats obtenus. Sur le plan financier, une bonne gouvernance d'entreprise est celle qui participe à un emploi optimal des ressources en capital[496].

Mais, il ne suffit pas de dégager les enjeux d'une bonne gouvernance d'entreprise. Il faut aussi indiquer préalablement les principes qui permettent d'évaluer et d'améliorer le cadre juridique, institutionnel et réglementaire. S'il est admis qu'il n'existe pas de modèle unique d'une bonne gouvernance d'entreprise, néanmoins, l'OCDE (2004) a dégagé les principes ou certains éléments communs qui sont le fondement d'une bonne gouvernance d'entreprise et qui s'énoncent comme suit :

1. mise en place des fondements d'un régime de gouvernance d'entreprise efficace. Ce régime de gouvernance d'entreprise doit concourir à la transparence et à l'efficience des marchés, être compatible avec l'état de droit et clairement définir la répartition des compétences entre les instances chargées de la surveillance, de la règlementation et de l'application des textes ;

2. mise en place d'un régime d'entreprise protégeant les droits des actionnaires et principales fonctions des détenteurs du capital ;

3. traitement efficace de tous les actionnaires y compris les actionnaires minoritaires et étrangers ;

4. reconnaissance des droits des différentes parties prenantes à la vie d'une société et action en faveur de coopérations activent entre les sociétés et les différentes parties prenantes en vue de la création des richesses et des emplois et assurer la pérennité des entreprises financièrement saines ;

5. garantie par un auditeur indépendant d'une information transparente et de qualité concernant la situation financière, les résultats, l'actionnariat et la gouvernance d'entreprise ;

6. responsabilisation du conseil d'administration par la mise en place des systèmes de pilotage et de surveillance effective de la gestion, ainsi que sa loyauté vis-à-vis de la société et de ses actionnaires[497].

L'OCDE jette ainsi une série d'objectifs dans le cadre de la gouvernance d'entreprise. Le code en perspective peut ainsi s'identifier par ces principes qui se rapprochent plutôt à la « bonne gouvernance »[498]. Le code doit mettre en avant les points suivants. Il faut d'abord procéder à la composition du conseil d'administration composé d'administrateurs externes indépendants. Ensuite, le fonctionnement du conseil d'administration avec

---

[496] E. EBONDO WA MANDZILA E, « Gouvernance de l'entreprise et cadre légal de l'audit dans la zone euro-méditerranéenne : une comparaison entre la France et les pays de la méditerranée arabe », *Comptabilité, Contrôle, Audit et Institution (s)*, May 2006, Tunisie, p. 5.

[497] OCDE, « Principes de gouvernement d'entreprise de l'OCDE », 2004, 14.

[498] En réalité, chaque pays doit fixer un cadre favorable à l'investissement et à la création de valeur et qui tiennent compte de ses réalités culturelles économiques et sociales.

une prise en compte de la structure du conseil par la séparation des fonctions de président et de directeur général, création des comités spécialisés, respect du principe une action une voix, exercice du droit de vote. La transparence de l'information (publication des résultats trimestriels et d'information concernant la rémunération totale des dirigeants, utilisation des normes comptables internationales pour la présentation des comptes publiés). Enfin, la rémunération des dirigeants notamment la mise en place de systèmes d'incitation à la performance.

Les objectifs ainsi définis doivent contribuer à l'amélioration de la gouvernance des entreprises maliennes. Mais, étant donné qu'il n'existe pas de modèle unique, le mode de gouvernance de l'entreprise au Mali peut avoir une particularité juridique.

2. La particularité juridique du code

Au regard des textes communautaires, l'environnement juridique des affaires au Mali est confronté à une législation foisonnante. Ce contexte juridique est parfois troublant compte tenu des disparités constatées. C'est pourquoi le code doit tenir compte de cette ambivalence pour forger un modèle de gouvernance d'entreprise flexible et pouvant répondre aux préoccupations des entreprises. L'ambivalence est d'ailleurs amenuisée puisque le droit OHADA reconnait dorénavant le code de gouvernance d'entreprise[499]. Dès lors, le code en perspective sera modelé conformément aux exigences des entreprises maliennes.

Il existe déjà un système de gouvernance d'entreprise. Mais, celui-ci intègre moins les principes de la gouvernance d'entreprise. Bien avant l'adoption du droit OHADA, le code de commerce malien ne définissait pas un système de gouvernance qui répondait aux modèles internationaux. C'est pourquoi le code doit prendre en compte ces particularités en définissant mieux le cadre juridique et au regard de la règlementation internationale comme l'OCDE[500]. Les attitudes constatées doivent être encadrées afin de caractériser le cadre juridique de la gouvernance d'entreprise.

En effet, la structure de l'actionnariat et la règlementation montrent de toute évidence la concentration de l'actionnariat et la composition des conseils d'administration dans les entreprises maliennes. Le code doit entrevoir ces points pour faire une ouverture en vue de déconcentrer l'actionnariat et d'inciter les grandes entreprises maliennes à être cotées en

---

[499] V. art. 831-2, al. 2 de l'AUSC.

[500] Une étude mandatée par la Commission européenne et réalisée par Weil, Gotshal et Manges, en 2002 (http://europa.eu.int/comm/internal_market/en/company/company/news/corp-gov-codes-rpt_en.htm.) sur 35 codes européens, montre une convergence des recommandations.

bourse. Peu d'entreprises maliennes sont cotées en bourse[501]. Cela indique la faiblesse et surtout une absence de compétition voire de leadership. A cela, le code doit faciliter l'actionnariat afin de soutenir la valorisation des activités économiques. Le poids de l'État dans l'économie a été considérable que symbolisèrent les vagues de privatisations dans les années 1990 et au début des années 2000. Mais, l'État reste toujours influent dans certaines sociétés d'où la nécessité de promouvoir l'actionnariat. On constate aussi que les formes juridiques les plus répandues des sociétés sont la SA[502] et la SARL. Cette préférence doit être encadrée pour contrôler leur organisation et leur fonctionnement. Puisque les sociétés de capitaux pratiquent une délégation du contrôle à des dirigeants qui peuvent posséder ou pas une partie du capital. Par contre, dans les sociétés de personnes, il n'y a pas de séparation entre la propriété et le contrôle. C'est pour cette raison d'ailleurs que dans ces sociétés, les propriétaires surveillent plus étroitement les dirigeants d'une SARL que dans le cas d'une SA, où se posent les problèmes de coûts d'agence[503]. Les statuts juridiques des entreprises constituent un indicateur pour apprécier le code de gouvernance d'entreprise. Il convient également d'encadrer la diversité des tailles dans la mesure où l'environnement économique malien est dominé par la présence des PME et de PMI. Celles-ci peuvent améliorer leur gouvernance à travers le code. En raison de leur taille, et de la non-séparation des fonctions de gestion et de contrôle qui caractérisent ces entreprises, leur culture de gouvernance ne se pose pas dans les mêmes termes que dans les grandes entreprises.

La composition des conseils d'administration hérités des mouvements successifs de privatisations et du droit communautaire trouve l'opportunité d'un encadrement juridique analogue au système de gouvernance d'entreprise défini par l'OCDE. Le mode de sélections des administrateurs doit reposer sur des critères de transparence. Ce regain d'efficacité du modèle de gouvernance exige une complémentarité entre les systèmes les plus prolifiques notamment celui des Anglo-saxons. L'économie de marché crée des avantages. C'est pourquoi, de plus en plus, dans certaines législations comme en France, une évolution s'oriente progressivement vers l'économie de marché au désavantage de l'économie administrée[504]. Cela est le reflet de la politique européenne et les États membres s'efforcent d'endiguer les priorités en mettant un accent sur la croissance du marché européen. En effet, les principes de bonne gouvernance préconisés par les groupes de travail, à l'initiative du patronat français et des investisseurs notamment américains. Et portant sur la structure et la composition des

---

[501] La première entreprise malienne à être coté à la BRVM est la BOA Mali en décembre 2015. V. B. POLLE, J. TE-LESSIA, « BOA Mali va lever près de 9 milliards de F CFA », *Jeune Afrique, Economie / Fianance*, in www.jeune afrique.com ; www.essor.ml

[502] La société Orange Mali, la société Malitel, la BNDA, la BDM, la BRAMALI SA, Randgold, TOGUNA (…) sont toutes des SA.

[503] E. EBONDO WA MANDZILA E, *op. cit.*, p. 8.

[504] E. EBONDO WA MANDZILA E, op. cit., p. 9.

conseils d'administration avec la séparation des fonctions de président et de directeur général, la présence des comités d'audit, des rémunérations et des nominations, l'exercice des droits de vote et l'exigence de transparence en matière de production et de publication des comptes annuels sont adoptés notamment par les entreprises cotées ou évoluant sur des marchés internationaux.

Pour se conformer à ce nouvel environnement, des codes de bonne conduite doivent être soutenus par le code de gouvernance d'entreprise. Les points les plus importants des principaux codes de bonne conduite peuvent ainsi être définis dans le code. Celui-ci une fois élaboré nécessitera la mise en place d'une structure pour sa mise en application.

Paragraphe 2. La mise en place de l'institut des administrateurs

Toute norme juridique, une fois adoptée, doit être mise en application. Il ne fait aucun doute que l'environnement des affaires au Mali est favorable à l'adoption d'un code de gouvernance d'entreprise. Ce code de gouvernance d'entreprise doit être encadré dans sa mise en œuvre. Pour cela, un institut des administrateurs pourrait se révéler nécessaire en étant une institution dont la mission est de veiller à la mise en application du code de la gouvernance d'entreprise. Cela est d'autant plus évident au regard des pratiques extérieures notamment en France qui dispose d'une institution dont la mission est de faciliter l'exécution des principes définis par le code français de la gouvernance d'entreprise. Il en est de même au Sénégal qui dispose aussi d'un institut des administrateurs pour accompagner les entreprises dans la pratique de la gouvernance d'entreprise. C'est ainsi qu'il est important d'instituer un institut pour les administrateurs. Il sera doté de plusieurs compétences notamment l'identification des entreprises (A) et recouvré les rapports que doivent fournir les entreprises (B).

A. L'identification des entreprises

L'adoption des principes de bonne gouvernance apparait comme le seul moyen d'attirer les investisseurs et par conséquent de contribuer à l'amélioration des performances des entreprises et au développement économique d'un pays[505]. Mais, la pratique de la gouvernance d'entreprise a toujours été recommandée à certaines entreprises. Ces entreprises ont une certaine dimension au regard de leur activité. L'application du code par les grandes entreprises (1) ne doit plus épargner l'adhésion des PME et PMI (2) qui d'ailleurs ont un poids énorme dans le tissu économique.

---

[505] E. EBONDO WA MANDZILA E, « Gouvernance de l'entreprise et cadre légal de l'audit dans la zone euro-méditerranéenne : une comparaison entre la France et les pays de la méditerranée arabe », *op. cit.*, p. 1.

1. La prééminence des grandes entreprises

L'encadrement des grandes entreprises aux principes de la gouvernance d'entreprise soulève une grande importance. Avec les multiples crises auxquelles les entreprises ont subi et qui continuent de préoccuper la bonne gouvernance, l'adoption et l'application des principes de la gouvernance constituent une opportunité pour la bonne organisation des entreprises maliennes. Celles-ci bénéficient aujourd'hui d'une panoplie des règlementations communautaires qui n'excluent pas un accompagnement juridique au plan national pour renforcer et consolider leur organisation. Pour cela, il conviendrait d'accorder une place de préférence aux grandes entreprises au regard de la dimension de leurs activités et surtout leurs influences dans l'environnement juridique des affaires.

Les grandes entreprises se développent progressivement dans le contexte juridique malien. Elles sont identifiées dans plusieurs secteurs d'activités notamment dans les télécommunications, les mines, les industries, mais aussi les transports. L'institut des administrateurs doit, ainsi répertorier les grandes entreprises maliennes, pour mettre en place des projets visant à soutenir la règlementation et l'application des principes de la gouvernance d'entreprise. Cela implique une mobilisation et la sensibilisation des différentes entreprises. Il s'agit d'effectuer des formations sur la gouvernance d'entreprise afin d'encadrer les différents acteurs en l'occurrence les mandataires des entreprises voire l'ensemble des parties prenantes ayant des intérêts dans la bonne marche des activités.

L'institut des administrateurs doit accompagner les administrateurs des grandes entreprises pour la mise en application des principes du code de la gouvernance d'entreprise. Il s'agit entre autres de l'information, la formation et l'expertise nécessaires pour l'exercice de leur fonction. L'institut doit associer à ses activités tous ceux qui souhaitent contribuer à l'évolution des normes professionnelles et des meilleures pratiques de gouvernance[506].

Cette implication des grandes entreprises pourrait résulter de la mise en œuvre des projets de concertation. L'institut doit valoriser certaines pratiques, notamment, faciliter l'accès à toute information relative aux pratiques de la gouvernance d'entreprise, l'adhésion des entreprises aux différentes activités organisées, apporter sa contribution au débat sur l'évolution des normes professionnelles et des pratiques de gouvernance.

L'identification des grandes entreprises doit concourir à l'encadrement de certaines pratiques. C'est le cas des options d'achats. En effet, il est constaté que quelques dirigeants de grandes sociétés ayant fait un usage manifestement abusif du système des options d'achat d'actions, l'opinion publique s'en est à juste titre émue et le monde politique s'est emparé de la

[506] Institut français des administrateurs, *Administrateur, la lettre de l'IFA*, N°11 octobre 2006 in www.ifa-asso.com

question[507]. Il convenait en effet de mieux encadrer et de mieux contrôler l'attribution et l'exercice des options par les mandataires sociaux.

L'identification des grandes entreprises et leur implication dans les différents processus de la gouvernance d'entreprise peuvent résoudre certaines préoccupations à savoir la régulation de la rémunération des dirigeants de sociétés et la mise en place des règles de conduite à appliquer en la matière. Cela doit s'étendre aussi aux PMI et PME.

2. L'adhésion des PME/PMI

L'échiquier de l'environnement des entreprises est dominé par l'abondance des PME et PMI. L'environnement des affaires des entreprises maliennes accorde une importance de premier choix aux entreprises de tailles réduites. C'est ainsi que des initiatives sont prises par les autorités y compris l'État, mais aussi les institutions privées comme l'Association Professionnelle des Banques et Établissement Financiers du Mali pour accompagner les activités des PME et PMI. En effet, des projets de financement existent pour soutenir leurs activités. L'Association Professionnelle des Banques et Établissements Financiers œuvre dans ce sens en les accordant une préférence malgré les difficultés constatées[508]. Les PME et PMI sont donc au cœur des activités et jouent un rôle non négligeable dans la promotion du secteur économique. C'est pourquoi leur adhésion dans l'application de la gouvernance d'entreprise est nécessaire. Cela peut consolider les actions entreprises par les structures d'appui en l'occurrence le centre du secteur privé[509].

Les PME et PMI constituent un moyen indispensable pour le renforcement du tissu industriel occupant 90% du secteur industriel[510]. Les PME/PMI peuvent ainsi accroître l'implication optimale des forces productives avec un encadrement juridique approprié. En effet, l'encadrement juridique des moyennes entreprises aux principes de la gouvernance d'entreprise est opportun. Le constat révèle que les difficultés rencontrées par ces entreprises sont principalement liées à leur mauvaise

---

[507] Le rachat de la COMATEX SA ou alors de l'HUICOMA en illustre cette parenthèse. Cette société HUICOMA a été privatisée dans une totale absence de transparence. L'Etat malien a violé les engagements qui ont fait subir à la société d'énorme conséquence. Il a mis en place une stratégie de grande envergure pour créer des difficultés à l'entreprise HUICOMA. Cela a été confirmé par une sentence rendue par la cour commune de justice et d'arbitrage condamnant l'Etat à payer 12 199 000 000 FCFA et -11 100 000 000 FCFA au groupe TOMOTA in http://koulouba.com/maliweb/cour-commune -de-justice-et-d'arbitrage consulté le 11 juin 2015 à 10 heures.

[508] Mali : Financement des PME-PMI et PEM : Les banques maliennes optent pour la préférence nationale, in maliactu.net/mali 16 mars 2015.

[509] Assane KONE, « Promotion des PME/PMI : Le rôle des structures d'appui », *Le républicain*, 30 mai 2008 publié par afribone in www.afribone.com consulté le 11 juin 2015.

[510] A. BERTHE, *Stratégies de promotion et de financement des PME au Mali*, Université Mouloud Mammeri Tizi, mémoire de maîtrise, 2007, p. 30.

organisation qui d'ailleurs est à l'origine des difficultés de financement. La pratique de la gouvernance d'entreprise constitue dès lors une possibilité pour obtenir un soutien auprès des partenaires techniques et financiers dans la mesure où cela consolide la transparence.

En effet la prédominance des entreprises patrimoniales ne fait pas de doute dans le paysage malien. Tout d'abord, elles se caractérisent par un double engagement de la part de leurs actionnaires qui, non seulement, exercent un contrôle capitalistique, mais aussi, la plupart du temps, des fonctions managériales significatives en matière de gouvernance. Ensuite, elles occupent une place prépondérante dans l'économie malienne. C'est pourquoi l'institut des administrateurs doit élaborer un recueil de lignes de conduite à destination des propriétaires, administrateurs et dirigeants de ces entreprises familiales. Ce faisant, l'institut doit se fixer trois objectifs principaux. Tout d'abord, il doit aider les responsables d'entreprise et les administrateurs à réaliser une performance optimale, professionnelle et constante. Ensuite, contribuer à la diffusion d'informations et de recommandations permettant de pérenniser le succès des entreprises patrimoniales. Enfin, soutenir l'action des administrateurs et dirigeants face à leurs nombreux défis professionnels par la promotion de l'éthique entrepreneuriale.

Pour leur implication dans l'adoption et la pratique du code de gouvernance d'entreprise, un groupe de travail peut être mis en place. Ce groupe doit être composé de représentants de l'ensemble des entreprises, des administrateurs, des commissaires aux comptes et de représentants patronaux. Le groupe doit rétablir le panorama des pratiques actuelles des PME patrimoniales sur la gouvernance d'entreprise. Pour cela, les recommandations en matière de gouvernance d'une entreprise patrimoniale ne doivent pas instaurer une quelconque rigidité ; le formalisme devant être adapté afin que l'esprit prime sur la forme. Elles doivent également tenir compte du stade de maturité de l'entreprise, de la culture de l'actionnariat et de la nature des parties prenantes. Un modèle de gouvernance peut être adapté en faveur des PME patrimoniales. Cela doit être structuré autour de cinq objectifs conformément aux dispositions du code de la gouvernance d'entreprise et aux regards des principes de gouvernance d'entreprise de l'OCDE.

La phase d'identification doit nécessairement aboutir à une forte implication des entreprises par la mise à disposition des rapports sur la gouvernance d'entreprise.

B. La mise à disposition des rapports

L'institution des administrateurs est tenue de recueillir les rapports auprès des différentes entreprises. En effet, chaque entreprise en vertu des dispositions de l'AUSC est tenue de produire un rapport dans le cadre de ses activités. L'adoption d'un code de gouvernance d'entreprise va renforcer cette obligation puisqu'il exigera aux entreprises de fournir des rapports au regard des dispositions du code compte tenu de la marge accordée par l'AUSC. L'institut peut ainsi se référer à l'institut français de gouvernement des entreprises tout comme l'autorité des marchés financiers qui produit un rapport sur l'état des pratiques de la gouvernance d'entreprise. Ainsi, l'institution doit pouvoir présenter des rapports de gestion (1) et des rapports des assemblées générales des entreprises (2).

1. Les rapports de gestion

Les rapports de gestion sont des indicateurs qui définissent la santé de l'entreprise. Le droit OHADA à travers l'AUSC y consacre une disposition dans le cadre de l'approbation des comptes. En vertu de l'article 138 de l'AUSC, « le gérant, le conseil d'administration ou l'administrateur général, selon le cas, établit un rapport de gestion dans lequel il expose la situation de la société durant l'exercice écoulé, son évolution prévisible, les événements importants survenus entre la date de clôture et la date à laquelle il est établi et, en particulier, les perspectives de continuation de l'activité, l'évolution de la situation de trésorerie et le plan de financement ». La mise à disposition du rapport de gestion est donc obligatoire. L'adoption du code de la gouvernance d'entreprise peut consolider cette règle de transparence. C'est pourquoi le code peut se proposer à travers l'institut des administrateurs, d'exiger aux entreprises de fournir un rapport pour édifier les activités auprès de l'institution.

Il est clair que l'image de l'entreprise se traduit dans le rapport établi par le conseil d'administration. Les entreprises devraient publier leurs résultats financiers et résultats d'exploitation dans un rapport[511]. En effet, l'une des principales responsabilités du conseil d'administration est de veiller à ce que les actionnaires et les autres parties intéressées reçoivent des informations de grande qualité sur les résultats financiers et les résultats d'exploitation de l'entité qu'il est chargé de diriger. Le conseil d'administration doit informer les actionnaires et les autres parties intéressées des états financiers de synthèse annuels[512]. Les résultats financiers et ceux d'exploitation donnent la possibilité aux parties intéressées de comprendre la nature des activités de l'entreprise, sa situation au moment de la publication des informations et son plan d'expansion pour l'avenir.

Cette exigence mentionne la mise en disposition d'un rapport de gestion. Ce rapport donne toute information relative à l'entreprise. Il doit être accessible à l'ensemble des parties prenantes, mais aussi à l'institut des administrateurs. Cela nécessite et oblige dorénavant aux entreprises de

---

[511] Guide de bonnes pratiques en matière d'information sur la gouvernance d'entreprise, Nations Unies New York et Genève, 2006, p. 3 ; Banque mondiale, *Rapport Doing Business 2004, 2005, 2006, 2007, 2008, 2009, 2010, 2011, 2012, 2013, 2014,* Oxford University Press (www.doingbuisness.org).

[512] Art. 137 de l'AUSC.

renforcer la crédibilité des contrôles. L'utilité des informations pourrait encore dépasser le stade de sa relativité grâce à la mise en place de contrôles indépendants. Or, lorsqu'ils existent, on doit déplorer la faible crédibilité des contrôles organisés. Le *soft law* conduit à une autorégulation dépourvue de sanction juridique. Ainsi, en dépit des contrôles internes, certaines entreprises maliennes ont fermé les yeux sur des violations pratiquées par leurs sous-traitants, notamment le secteur des télécommunications et des mines, alors même qu'un code de conduite existait. Tel a été le cas du groupe Orange Mali. Même si ce dernier prévoyait l'interdiction du travail des enfants et des horaires limités à 48 heures, les salariés étaient souvent très jeunes, en dessous de l'âge requis par la charte, effectuaient des semaines de plus de 60 heures et subissaient des brimades et des sanctions, telles des interdictions de repas. Pourtant, le code éthique prévoyait la concrétisation de ses mesures éthiques dans les activités commerciales et industrielles. En raison de telles violations, de nombreux rapports d'audit ont été remis en cause[513].

Ce rapprochement entre la gouvernance d'entreprise et les codes éthiques donne une orientation aux entreprises et surtout à l'institut des administrateurs dans le cadre de la mise à disposition du rapport de gestion. Il s'agit, en effet, d'un contrôle ex post effectué sur les entreprises. Cette évolution revient à admettre que le contrôle externe pouvant être effectué par l'institut des administrateurs sur l'état de la mise en œuvre du code de gouvernance d'entreprise est une nécessité fondamentale pour l'application des principes du code. Or, cette fonction est normalement dévolue à l'État, les entreprises ne pouvant être juges et parties. Si des contrôles externes effectués par des cabinets d'audit notamment l'institut des administrateurs sont utiles, il n'en demeure pas moins que le contrôle légal est garant d'une égalité de traitement.

Ainsi, en référence sur le fondement de l'article 138 de l'AUSC l'établissement d'un rapport de gestion est obligatoire. Mais cette disposition est moins explicite, car en droit comparé et au regard des principes de la gouvernance d'entreprise il en va autrement. En vertu de l'article L. 621-18-3 du code monétaire et financier[514], le rapport de gestion doit rendre compte de l'évolution des pratiques de gouvernance des principales sociétés cotées à

[513] Ce type de contrôle existe déjà, même s'il n'est pas encore très développé. Il s'agit des évaluations sociales des entreprises, effectuées par des organismes indépendants. Par exemple, on cite aujourd'hui la *« Global Reporting Initiative »* (GRI) : il s'agit d'un partenariat entre les organismes gouvernementaux, les entreprises, les ONG et les syndicats, partenariat qui a pour objet de mettre en place des critères de contrôle, afin d'établir des rapports utiles. Il s'agit, en réalité, de déterminer un cadre commun de contrôle de l'entreprise en se basant sur les critères économiques, environnementaux et sociaux. On peut rapprocher cette démarche de celle de la certification, qui consiste à soumettre l'entreprise à des contrôles opérés par des cabinets d'audit indépendants. Aux Etats-Unis, l'ONG Social Accountability International a mis en place la norme SA 8000.

[514] Voir « 2. L'organisation des travaux du Conseil » de la partie « II. Gouvernement d'entreprise ».

l'aune d'un triple référentiel. Les dispositions législatives, en particulier celles relatives au principe « appliquer ou expliquer », à la représentation équilibrée des hommes et des femmes, au comité d'audit ou aux mentions du rapport de gestion sur les rémunérations des mandataires sociaux[515].

Le rapport de gestion soumis à l'institut des administrateurs est primordial dans la consolidation de la mise en œuvre des principes de la gouvernance d'entreprise. En effet, la Commission européenne a consacré des développements substantiels à ce principe dans son livre vert précité. Dans son plan d'action pour le droit européen des sociétés et la gouvernance d'entreprise, la commission indique qu'elle prendra en 2013 une initiative, éventuellement sous la forme d'une recommandation, pour renforcer la portée du principe « appliquer ou expliquer » et la qualité des explications, conformément à ce que le livre vert de 2011 laissait présager. Les exemples de la Finlande, de la Belgique et du Royaume-Uni sont cités.

L'AMF estime qu'il pourrait être opportun que l'harmonisation de cette interprétation au niveau communautaire soit réalisée par une modification législative, dans la directive 2006/46/CE sur les comptes annuels et consolidés (article 46 bis sur la déclaration de gouvernement d'entreprise dans le rapport de gestion). Le législateur malien peut ainsi avoir une forte implication dans la mission d'information de l'Assemblée nationale. Celle-ci peut proposer d'améliorer la quantité et la qualité des informations du rapport de gestion, prévue par l'article 138 de l'AUSC sur les questions se rapportant à la situation des entreprises.

En référence à l'AMF qui avait suggéré[516] qu'une réflexion sur la diversité dans la composition des conseils soit engagée. En effet, au-delà de la nécessité de disposer, au sein des conseils, de qualités individuelles spécifiques (indépendance, compétence, expérience...), une plus grande diversité (femmes, administrateurs étrangers, etc.) peut contribuer à la qualité de leurs travaux.

L'AUSC, et au regard des dispositions du code de gouvernance d'entreprise[517], prévoit que le rapport de gestion consolidé indique le montant des rémunérations et avantages de toute nature versé aux dirigeants par les sociétés contrôlées. Il existe différentes interprétations de cette recommandation, qui impose aux sociétés l'obligation d'établir des comptes

---

[515] Recommandation AMF n° 2013-15, Rapport 2013 de l'AMF sur le gouvernement d'entreprise et la rémunération des dirigeants.

[516] Rapport AMF 2012 sur le gouvernement d'entreprise et la rémunération des dirigeants (recommandation AMF n° 2012-14) ; AFEP, *Rapport 2008 sur le gouvernement d'entreprise et le contrôle interne*, D. 2008, p. 281.

[517] En effet, lorsqu.il existe un code local de gouvernance, les entreprises devraient respecter le principe « se conformer ou s'expliquer », c'est-à-dire indiquer dans quelle mesure elles suivent les recommandations du code local ou expliquer pourquoi elles ne le font pas. Lorsqu.il n'y a pas de code local de gouvernance d'entreprise, elles devraient se conformer aux bonnes pratiques internationales généralement admises. V. Guide de bonnes pratiques en matière d'information sur la gouvernance d'entreprise, Nations Unies New York et Genève, 2006, p. 31.

consolidés dès lors qu'elles contrôlent de manière exclusive ou conjointe une ou plusieurs autres entreprises ou qu'elles exercent une influence notable sur celles-ci.

Le rapport de gestion doit ainsi fournir une information très complète qu'exige le code. L'assemblée générale des actionnaires doit en faire de même.

2. Les rapports des assemblées générales

L'un des objectifs d'une société commerciale est de profiter des résultats sociaux. La répartition de ces résultats est dévolue à un organe clé à savoir l'assemblée générale. Celle-ci est un exercice dont chaque société est tenue d'organiser. Elle procède ou décide de l'affectation des résultats dans le respect des dispositions légales et statutaires[518]. Ainsi, les modalités de paiement des bénéfices distribués ou dividendes sont fixées par l'assemblée générale qui peut déléguer ce pouvoir au directeur général. Les états financiers et annexes sont présentés à l'assemblée générale de la société pour y être statués[519]. L'AUSC précise que la société anonyme est tenue de déposer au greffe du tribunal, pour être annexés au registre du commerce et du crédit mobilier, dans le mois qui suit, leur approbation par l'assemblée générale des actionnaires, les états financiers de synthèse à savoir le bilan, le compte de résultat, le tableau financier des ressources et des emplois et l'état annexé de l'exercice écoulé. En cas de refus d'approbation de ces documents, une copie de la délibération de l'assemblée est déposée dans le même délai.

L'assemblée générale est ainsi considérée comme une instance fondamentale dans la gestion et le contrôle de l'entreprise. Elle constitue l'organe qui procède à l'approbation des activités enregistrées aux comptes de l'entreprise. La nomination des administrateurs représentant les salariés actionnaires relève de la compétence de l'assemblée générale ordinaire des actionnaires en vertu des dispositions du code de gouvernement d'entreprise. Cela dit, l'assemblée générale met ainsi à la disposition des actionnaires et de l'ensemble des partenaires de l'entreprise un rapport qui démontre l'état de la transparence et surtout de la conformité aux dispositions légales et statutaires. De ce fait, conformément aux exigences des principes de la gouvernance d'entreprise et dans le cadre de l'implication de l'institut des

---

518 En effet, l'assemblée qui statue sur les comptes annuels procède à l'affectation des résultats. Après l'approbation des états financiers de synthèse et constatation de l'existence de sommes distribuables, l'assemblée générale détermine :
- le cas échéant les dotations à des réserves facultatives (se référer, aux statuts de la société) ;
- la part de bénéfices à distribuer ;
- le montant du report à nouveau éventuel,
La distribution de bénéfices en violation des règles précitées est sanctionnée.
Dans ce cas on considère, qu'il y a dividende fictif. Voir les art. 142 et 144 de l'AUSC.

519 Voir l'art. 140 de l'AUSC.

administrateurs, l'assemblée générale doit ainsi mettre son rapport à la disposition des autorités indépendantes de surveillance et de contrôle. Une telle exigence consolide davantage la mise en application du code en vue.

En effet pour une évolution des pratiques, la mise en disposition des rapports fournis par les assemblées générales s'avère nécessaire. Le code de gouvernance d'entreprise laisse une large possibilité aux entreprises maliennes de forger à l'interne un certain nombre de règles dans le cadre de la consolidation de la gouvernance d'entreprise. Mais cela doit être accompagné par la mise en disposition des différents rapports notamment celui des actionnaires. Les actionnaires constituent sans nul doute un rempart au regard des normes prévues par l'AUSC notamment la possibilité de contrôler les dirigeants qui sont sous le contrôle des assemblées générales d'actionnaires, dans un esprit qui se veut de démocratie actionnariale.

Dans l'organisation interne de l'entreprise, l'assemblée générale garde un œil de contrôle aux possibilités accordées notamment l'élaboration d'une charte de gouvernance d'entreprise qui signifie pour une société la capacité d'adapter sa structure aux circonstances, à l'évolution de la législation ainsi qu'à tout autre événement significatif. Les amendements significatifs lors des assemblées générales des actionnaires sont toujours effectués.

Les rapports des assemblées générales permettent de constater l'état de la protection des actionnaires minoritaires. La protection des droits politiques[520] doit être constatée dans le rapport établi par les assemblées générales. En effet, le droit communautaire reconnaît aux actionnaires des droits qui sont multiformes[521] et cela conformément aux prérogatives reconnues par la gouvernance d'entreprise. Ils ont des droits financiers à travers lesquels en cas de résultat positif, des dividendes leur seront accordés. Les actionnaires ont également des droits patrimoniaux qui leur donnent la possibilité de céder les actions avec une certaine liberté. Ils ont enfin des droits politiques lesquels peuvent porter sur plusieurs éléments. Il s'agit notamment du droit à l'information, du droit au vote. L'assemblée générale des entreprises doit veiller aux respects des droits reconnus aux actionnaires et doit relayer par le biais de son rapport à l'institut des administrateurs les informations nécessaires. Cette structure peut ainsi procéder à la mise en examen des différents rapports. L'institut pourra évaluer les démarches et procédures empruntées par les assemblées générales d'actionnaires dans le cadre du traitement équitable de l'ensemble des actionnaires. Il peut se rendre compte et en toute évidence si les opérations d'initiés et les opérations pour compte propre abusives ont été interdites de façon opportune. L'organisation des assemblées générales des actionnaires ne doit pas être confuse ni compromise[522].

---

[520] M. COZIAN, A. VIANDIER, Fl. DEBOISSY, *Droit des sociétés*, *op. cit.*, p. 378

[521] V. art. 125 de l'AUSC.

[522] Ainsi, il ressort des dispositions juridiques certaines protections reconnues aux actionnaires. L'article 125 AUSC prévoit le droit pour tout associé de participer aux

L'institut des administrateurs peut ainsi jouer un rôle primordialement dans la mise en application du code. Cela ne doit pas occulter la sollicitation des mécanismes pour l'application du code.

SECTION 2. LES MÉCANISMES POUR LA MISE EN ŒUVRE DU CODE EN FORMATION

Pour l'application de tout texte de loi, il faut mettre en place des moyens juridiques pour sa mise en œuvre. C'est ainsi qu'il est évident de définir les moyens pour encadrer le processus d'application du code. Cela est d'autant plus que nécessaire dans la mesure où l'application d'un code de gouvernance d'entreprise doit envisager des mesures drastiques. En droit comparé, notamment les pays où la pratique est développée, des mesures ont été définies pour accompagner le processus d'application des principes de la gouvernance d'entreprise. Ainsi, l'application du code de la gouvernance d'entreprise doit s'orienter à une approche souple et incitative[523]. C'est pourquoi, il est nécessaire de responsabiliser l'institut des administrateurs en attribuant des compétences (paragraphe 1) et aussi en instaurant le principe d'origine anglo-saxonne « appliquer ou expliquer » (paragraphe 2) pour une bonne visibilité des pratiques de la gouvernance d'entreprise.

Paragraphe 1. L'attribution des compétences à l'institut des administrateurs

Il est indispensable pour une effectivité de la mise en pratique des principes du code de gouvernance d'entreprise d'attribuer une large compétence à l'institut des administrateurs. Cela constitue un moyen de contrôle et de suivi dans l'application du code. Comme toute règle juridique, il faut une organisation qui implique la participation d'un comité de suivi (A). Celui-ci peut renforcer les missions de l'institut notamment dans l'élaboration du rapport annuel (B).

---

assemblées générales. Ce droit est tellement important au point où aucune clause statutaire ne peut l'éluder. De même, toute personne qui empêche un associé d'exercer son droit peut être sanctionné pénalement. Les actionnaires représentant au moins le dixième du capital social s'il s'agit d'une assemblée générale ou le dixième des actions de la catégorie intéressée s'il s'agit d'une assemblée spéciale peuvent demander la désignation d'un mandataire si le conseil d'administration ou l'administrateur général ne le fait pas. Le contexte de la désignation de l'administration provisoire est celui de conflits entre associés, dissension, bloquant la gestion normale de la société, entrainant couramment sa paralysie et, finalement, mettant en péril son existence. C'est dire donc que l'actionnaire laisse son costume de spectateur pour endosser celui d'acteur. V. P. S.A. BADJI, « OHADA et bonne gouvernance », *op. cit.*,

[523] J. CARBONNIER, *Le flexible droit, Pour une sociologie du droit sans rigueur*, LGDJ, 2001, 10ème éd.

A. L'organisation du comité de suivi

Le comité de contrôle et de suivi constitue un moyen de renforcement pour la mise en application du code. Celui-ci doit prévoir un comité pour veiller au respect du code. Il a en effet un rôle d'assistance et doit disposer des ressources nécessaires pour son fonctionnement. Il peut être constitué par des organes ou des équipes. Il peut faciliter la diffusion des différentes pratiques au sein des entreprises maliennes. Pour cela, il est important que sa composition soit collégiale (1) afin de faciliter l'exécution des missions (2).

1. La composition collégiale

Dans les codes de gouvernance d'entreprise les plus usités, la collégialité accompagne tout le processus notamment la constitution du conseil d'administration[524]. Celui-ci est appréhendé comme l'organe indispensable pour la sauvegarde de la transparence au sein de l'entreprise. Sa composition doit être effectuée dans une certaine collégialité afin de préconiser un principe de transparence dans l'entreprise. C'est la même approche qui doit être sollicitée dans la composition du comité de suivi au sein de l'institut des administrateurs.

Ainsi, quelles que soient la composition ou les modalités d'organisation du comité de suivi, ce dernier est et doit demeurer une instance collégiale. Il représente collectivement l'institut en incarnant les objectifs fixés par le code notamment son application effective et à qui s'impose l'obligation d'agir en toute circonstance pour le respect du code.

Pour y parvenir, une ouverture doit être faite à des professionnels au regard de leur expertise dans le domaine de la gouvernance d'entreprise. Celle-ci dans sa pratique évolue dans une certaine dynamique. En France, l'AMF constate des améliorations en termes d'information donnée et d'évolution des pratiques, dont certaines sont devenues des normes de place. L'AMF mentionne également une progression constante de la représentation des femmes au sein des conseils soit 25% au 31 décembre 2012 contre moins de 10% au 31 décembre 2009[525]. Une telle évolution peut servir de référence pour mettre en place un comité de suivi équilibré et ayant toutes les représentativités pour constituer une équipe dynamique et transparente.

Il est donc nécessaire d'impliquer les entreprises dans la mise en place du comité de suivi. Leur participation peut élaguer les difficultés éventuelles notamment le profil des administrateurs ne correspondant pas aux missions qui seront dévolues à l'institut voire au comité. De ce fait, les professionnels des entreprises peuvent composer le comité de suivi pour accompagner le code dans sa mise en application.

---

[524] « Code de gouvernement d'entreprise des sociétés cotées », AFEP-AMF, déc. 2008, p. 5.

[525] « Rapport annuel 2013 de l'AMF sur le gouvernement d'entreprise et la rémunération des dirigeants », *Recommandation AMF,* n° 2013-15 10 octobre 2013, p. 7.

Une telle ouverture est indispensable au regard de la nature des missions du comité de suivi. La gouvernance d'entreprise est d'ailleurs règlementée conformément aux recommandations issues de la pratique ou des rapports fournis par les entreprises[526]. Pour éviter les conflits d'intérêts ou, à tout le moins, d'en chercher une solution impartiale, les membres du comité de suivi doivent s'écarter de toute pratique pouvant remettre en cause la transparence dans la constitution et surtout les missions auxquelles ils doivent faire face.

2. L'exécution des missions

Pour la bonne exécution des missions, une large attribution doit être faite au comité de suivi par le code de la gouvernance d'entreprise. En effet, le comité de suivi doit nécessairement mettre en place les stratégies pouvant réactualiser les objectifs fixés par le code. La mise en œuvre effective du code doit être une préoccupation essentielle pour le comité de suivi. Cela se concrétise à travers l'adoption des initiatives opportunes et profitables pour la bonne application du code. La définition de la politique générale de l'institut des administrateurs doit constituer une étape à travers laquelle le comité de suivi posera les principes pour la mise en application du code.

Le respect du code est un gage pour la bonne gouvernance d'entreprise et permet d'assurer l'équilibre dans la gestion des entreprises, à travers le renforcement des contrôles et une saine gestion des risques. Il s'agit de structurer les activités de l'institut pour l'accompagnement du code dans sa mise en œuvre. L'exécution des missions doit renforcer la bonne gouvernance qui relève de la transparence et du leadership, mais également de l'apport de toutes les parties prenantes à tous les niveaux de l'entreprise[527]. Cette mission d'orientation et de culture d'entreprise doit nécessairement être incluse dans les projets initiés par le comité de suivi.

Le code de gouvernance d'entreprise doit laisser une large possibilité aux administrateurs mandatés au compte de l'institut pour forger ainsi certains principes dans le cadre de la consolidation de la gouvernance d'entreprise et du respect du code. Il peut s'agir de la possibilité d'élaborer une charte d'éthique en vue d'asseoir la transparence dans l'exécution des missions. En effet, le respect du code exige une plus grande transparence et signifie pour le comité un moyen de justification et de clarté des missions dévolues. Le comité peut se référer à d'autres pratiques plus efficaces pour se doter les moyens d'atteindre les objectifs.

En exerçant ses prérogatives légales, le comité de suivi emplit les principales missions suivantes : il définit la stratégie de l'institut, désigne les

---

[526] Y. PACLOT, « L'influence des rapports à la française », in Dossier « La gouvernance d'entreprise, entre réalité et faux-semblants », *Revue la semaine juridique*, n° 5 septembre-octobre 2005, *op. cit.*, p. 30.

[527] V. Ageas, « Charte de gouvernance d'entreprise », p. 2, in www.ageas.com/fr/Pages/governance.aspx

administrateurs autrement dit les mandataires sociaux chargés d'effectuer des contrôles au sein des entreprises dans le cadre de l'application du code. Il doit aussi définir le cadre stratégique ainsi que le mode d'organisation. Le plan stratégique permet d'orienter le comité dans le cadre du contrôle de l'application du code en s'octroyant à toute information pour contribuer à l'évaluation de l'état de la pratique de la gouvernance d'entreprise.

Dans d'autres domaines, les missions du comité de suivi doivent mettre des principes qui viseront à mettre en place un système efficace d'équilibrage des pouvoirs entre le comité et l'institut. Les membres du comité, en grande partie professionnels, ont un rôle essentiel à jouer pour rendre effectif le code dans la mise en œuvre. C'est pourquoi, au regard de sa diversité et pour éviter les éventuels abus de leur position, il faut notamment que le comité de suivi exerce un suivi efficace sur les actions menées par ses membres. Le suivi ne doit pas s'immiscer dans les opérations de contrôle, mais plutôt assurer le pilotage stratégique des différentes missions de contrôle et la supervision des mécanismes de contrôles.

Étant donné que les codes de gouvernance d'entreprise en grande partie, ont un caractère nom obligatoire, le comité doit avoir une certaine flexibilité dans les contrôles. Cela peut favoriser l'élaboration d'un rapport annuel sur les différentes pratiques.

B. L'élaboration d'un rapport annuel

Pour une application effective du code de gouvernance d'entreprise, il est nécessaire pour les entreprises de fournir un rapport annuel sur l'état de la mise en œuvre des principes de la gouvernance d'entreprise. Mais, étant donné la mise en place d'une structure qui veille au respect du code de gouvernance d'entreprise, cet institut des administrateurs doit accomplir certaines obligations. En comparaison de l'agence des marchés financiers qui est investie de plusieurs compétences notamment l'élaboration d'un rapport annuel sur la gouvernance d'entreprise[528] en indiquant les évolutions effectuées procède également à la mise en œuvre des moyens incitatifs pour le respect du code. L'institut des administrateurs peut procéder de même en établissant l'état sur la gouvernance d'entreprise (1) et sur la rémunération des dirigeants (2).

1. L'état de la gouvernance d'entreprise

L'adoption d'un code sur la gouvernance d'entreprise nécessite un accompagnement notamment le suivi de sa mise en application par les entreprises maliennes. Celles-ci doivent dorénavant se conformer aux principes édictés par le code. Les entreprises doivent élaborer un rapport annuel faisant l'état de la mise en œuvre des principes de la gouvernance

[528] Rapport AMF 2013 sur le gouvernement d'entreprise et la rémunération des dirigeants des sociétés cotées, *Recommandation AMF*, n° 2013-15, 10 oct. 2013.

d'entreprise. Cela s'apparente largement au principe « appliquer ou expliquer ». Les entreprises au regard du code doivent fournir toutes les argumentations nécessaires pour justifier leur abstention dans l'application du code ou en revanche donner des orientations sur leur pratique de gouvernance d'entreprise.

Pour y parvenir, l'institut des administrateurs sera doté d'une large compétence pour veiller au respect de l'application du code. Cette structure doit ainsi élaborer un rapport annuel faisant état du respect du code de la gouvernance d'entreprise. Une telle exigence trouve son fondement dans l'AUSC qui exige aux entreprises d'élaborer un rapport annuel de gestion. Ainsi l'article 831 alinéa 2 précise que « ... lorsqu'une société se réfère volontairement à un code de gouvernement d'entreprise élaboré par les organisations représentatives des entreprises, le rapport prévu au présent article précise également les dispositions qui ont été écartées et les raisons pour lesquelles elles l'ont été... » Toutes les mesures sont donc prises en compte pour l'élaboration d'un rapport qui détaille l'état de la pratique de l'entreprise concernée.

L'institut des administrateurs au regard des informations reçues par les entreprises procède à l'élaboration d'un rapport. Ce rapport donne une information sur la pratique des principes de la gouvernance d'entreprise. Au regard des autres approches,[529] il s'agit pour l'institut des administrateurs de procéder à des recommandations sur la pratique de la gouvernance d'entreprise. De ce fait, une constatation peut être effectuée pour faire une évaluation. Elle consiste à donner une appréciation sur la transparence et l'information donnée par les sociétés. Cette constatation peut révéler un état de satisfaction sur la mise en œuvre du code. En effet, elle doit porter sur l'état de la mise en œuvre du principe « appliquer ou expliquer », le système de gouvernance et le rôle du président du conseil d'administration, les administrateurs représentant les salariés actionnaires ou les salariés, les administrateurs indépendants et la gestion des conflits d'intérêts, la diversité de la composition des conseils, l'état des différents comités, etc.

Il s'agit aussi pour l'institut de proposer des solutions en vue d'améliorer les pratiques en matière de la gouvernance d'entreprise et de la rémunération des dirigeants. Les recommandations consistent à rectifier les différentes insuffisances constatées dans la pratique notamment la composition du conseil, le renforcement des critères d'indépendance des administrateurs, etc.

Dans ces orientations stratégiques, l'institut doit se conformer aux exigences du code. Cette optique peut faciliter l'élaboration de l'état de la pratique de la gouvernance d'entreprise et ajuster les orientations sur l'état de la rémunération des dirigeants.

[529] Rapport AMF 2013, ibid., p. 8.

2. L'état de la rémunération des dirigeants

L'une des recommandations de la gouvernance d'entreprise c'est l'encadrement de la rémunération des dirigeants. En effet, la justification du « prix » des dirigeants dans l'idéologie libérale est une interprétation *girardienne* de la controverse publique sur la rémunération des dirigeants. Il y a sans doute des problèmes de justification posés par certains montants et pratiques de rémunération.

L'institut des administrateurs doit avoir comme objectif de comprendre comment et en quoi la controverse étudiée fait problème, comment et en quoi interroge-t-elle, en miroir, la nature et le fonctionnement des sociétés commerciales. La démarche est donc « compréhensive », au sens où il s'agit de prendre appui sur le discours des acteurs de la controverse pour « déconstruire » un modèle de justification en apparence élémentaire, qui est aussi l'expression de l'idéologie dominante[530].

Ainsi, l'institut à travers le comité de suivi de la mise en œuvre du code doit se démarquer de ces approches ou du moins adopter une approche flexible. En effet, depuis quelques années, les révélations qui ont été faites sur la rémunération des dirigeants de grandes entreprises. Elles suscitent un certain émoi dans l'opinion publique qu'il s'agisse des indemnités de départ attribuées à certains patrons, ou des primes (en numéraire ou en titres) octroyées par des conseils d'administration à des patrons de banques privées ayant par ailleurs demandé le soutien de l'État. De tels niveaux de primes, tout comme leurs conditions d'attribution, conduisent naturellement à s'interroger sur les pratiques en cours dans ce domaine[531].

L'institut doit avoir des objectifs notamment l'analyse des contrats de rémunération dont bénéficient les dirigeants d'entreprise ainsi que le fonctionnement des organes de décision qui attribuent ces contrats et les conseils d'administration. Il doit proposer également des modifications, dans les contrats comme dans le fonctionnement des conseils d'administration, pour améliorer les pratiques en matière de rémunération. Mais les caractéristiques des contrats doivent être prises en compte dans la mesure où le niveau et la structure de la rémunération (c'est-à-dire ses différentes composantes et leur lien avec les performances de l'entreprise) sont différenciés. En ce qui concerne les niveaux de rémunération, la question n'est pas de savoir s'ils sont trop élevés ou trop bas. Que le PDG d'une

---

[530] En effet, selon Benjamin CHAPAS, ce modèle laisse à penser, dans son épure théorique, que cette controverse n'a tout simplement pas lieu d'être ; le « prix » du dirigeant étant censé refléter fidèlement sa « valeur » en raison de la concurrence qui s'exerce sur le « marché des dirigeants ». Aussi, pour expliquer malgré tout l'existence de la controverse sur rémunération des dirigeants, il pose une hypothèse : celle de l'inculture économique des acteurs. V. B. CHAPAS, *La justification du prix des dirigeants dans l'idéologie libérale : une interprétation girardienne de la controverse publique sur la rémunération des dirigeants (1989-2008)*, Université Lumière Lyon 2, Ecole Doctorale Sciences Economiques et gestion, 23/11/2008.

[531] F. PALOMINO, « Comment faut-il payer les patrons », *op. cit.*, p. 9 ; v. L. AMIEL-COSME, *Rémunération des dirigeants sociaux*, Ençy. Dalloz, 2002.

entreprise bien gérée et qui obtient de meilleures performances que ses concurrents soit bien payé ne doit pas constituer de polémique. Il y a donc un intérêt pour l'encadrement de la rémunération des dirigeants des entreprises maliennes.

Ces précisions doivent servir d'indication pour l'élaboration d'un rapport faisant l'état de la rémunération des dirigeants. Dans une large mesure, l'institut doit avoir un œil sur les rémunérations variables des entreprises maliennes. Son rôle est de veiller au respect du code de gouvernance d'entreprise tout en recommandant un équilibre entre la part fixe et la part variable, laquelle doit être indexée sur des critères qualitatifs et quantitatifs objectifs. C'est d'ailleurs ce qu'estime Martine CHARBONNIER dans le rapport 2013 de l'AFM[532]. Outre les exigences légales relevant de l'AUSC, le système de régulation du gouvernement d'entreprise et des pratiques en matière de rémunération des dirigeants repose assez largement sur la mise en œuvre de codes élaborés par les organisations représentatives des entreprises et du principe « appliquer ou expliquer ».

Le rapport annuel de l'institut doit faire un état sur la rémunération des dirigeants. Il doit procéder à des constats, faire des recommandations et des pistes de réflexion. Il s'agit entre autres de la présentation des informations relatives aux rémunérations, le non-cumul du contrat avec un mandat social, les indemnités de départ et de non-concurrence, la part variable de la rémunération des dirigeants, les régimes de retraite supplémentaire, les conventions de prestation de services, etc. L'institut des administrateurs peut donc se référer à l'autorité des marchés financiers qui a à ce jour une grande expérience dans l'évaluation du respect de la gouvernance d'entreprise.

Il y a sans doute des paradoxes sur l'encadrement juridique de la rémunération des dirigeants. Pendant qu'au Mali, la rémunération est relativement faible dans d'autres pays comme en France on constate des excès qui ont conduit une partie de l'opinion (hommes politiques, journalistes…) à souhaiter un encadrement des pratiques dans ce domaine[533]. Avec l'adoption du code et l'exécution des missions de l'institut, le risque de dysfonctionnement au sein des entreprises maliennes, et plus particulièrement au sein des conseils d'administration, qui ont la charge de déterminer la rémunération des dirigeants exécutifs peut être écarté. Cela peut d'ailleurs être consolidé par l'adoption du principe « appliquer ou expliquer ».

---

[532] Recommandation AMF n° 2013-15, Rapport 2013 de l'AMF sur le gouvernement d'entreprise et la rémunération des dirigeants.

[533] F. PALOMINO, « Comment faut-il payer les patrons », *op. cit.*, p. 68.

Paragraphe 2. L'instauration du principe « appliquer ou expliquer »

La mise en œuvre du code de la gouvernance d'entreprise peut s'appuyer sur le principe appliquer ou expliquer. Celui-ci révèle une grande originalité, car il est adapté aux mutations actuelles du droit économique[534]. Il fait partie des concepts juridiques nés des mutations du droit suite à la crise de l'État moderne[535], mais aussi à une redéfinition du rôle de l'État[536] et occupe une place importante. C'est un principe qui permet d'apporter des précisions aux nouvelles méthodes d'encadrement des comportements, mais aussi un outil d'exploitation des notions de régulations et de gouvernance. Le principe, appliquer ou expliquer, s'est développé à travers l'organisation et l'administration des règles de gouvernance des entreprises[537]. Son instauration peut faciliter l'application du code au regard de ces objectifs du principe « appliquer ou expliquer » (A). Mais il faut une mobilisation des différents acteurs pour sa réussite (B).

A. Les objectifs du principe « appliquer ou expliquer »

L'application de tout principe vise des objectifs. Dans le cadre de la mise en œuvre du code de gouvernance des entreprises, le principe, appliquer ou expliquer, offre une opportunité en termes d'efficacité et d'effectivité de son application. Cela est dû à la particularité du principe. Le principe tient compte des standards de gouvernance d'entreprise ce qui traduit sa flexibilité (1) et exige une transparence accrue pour les entreprises (2).

1. La prise en compte de l'impératif de flexibilité des standards

Les standards de la gouvernance d'entreprise sont à l'image des pratiques qui les ont vus naître[538]. C'est pourquoi les modalités d'organisation du pouvoir dans l'entreprise doivent pouvoirs être adaptées selon le contexte actuel des activités exercées par l'entreprise au regard des transformations de son environnement. Cette approche est une exigence affirmée par les

---

[534] En effet, cette approche explique l'importance de l'autorégulation en matière de gouvernance d'entreprise ; v. S. MENETREY, *L'*amicus curiae, *vers un principe commun de droit procédural ?*,
Paris, Dalloz, collection Nouvelle bibliothèque de thèses, 2010, 506 p ; G. FARJAT, « Bibliographie », *Revue internationale de droit économique* 2010/4 (t.XXIV), p. 519-527.

[535] J. CHEVALLIER, *L'Etat post-moderne*, LGDJ, 3ème éd., 2008.

[536] F. OST, M. VAN DE KERCHOVE, *De la pyramide au réseau ? Pour une théorie dialectique du droit*, Publications des Facultés universitaires Saint-Louis Bruxelles, 2002, p. 29.

[537] J.-B. POULLE, « L'apparition du principe ''se conformer ou expliquer'' en droit français », *RTDF*, 2008/1, p. 41.

[538] A. PIETRANCOSTA, J.-B. POULLE, « Le principe appliquer ou expliquer », in E. Le DOLLEY (dir), *les concepts émergents en droit des affaires*, *op. cit.*, p. 383.

institutions internationales[539] qui doit être retenue dans le cadre de l'application du code de la gouvernance d'entreprise par les entreprises maliennes. Mais il y a une corrélation à cette évolutivité notamment la flexibilité associée à la régulation qui constitue sans doute un facteur externe de compétitivité des émetteurs. En effet, la gouvernance d'entreprise traite des façons dont les fournisseurs de sources de financement aux sociétés s'assurent qu'ils obtiendront un retour sur leur investissement.

Le principe « appliquer ou expliquer » est un tout entier fondé sur l'idée qu'il n'existerait pas de prêt-à-porter en matière de gouvernement d'entreprise. Cela dit, il crée une certaine flexibilité afin de permettre à chaque entreprise de choisir les modèles à adopter dans l'éventail des recommandations disponibles[540]. Cette flexibilité doit être prise en compte par l'institut des administrateurs, car, l'analyse économique des standards de gouvernement d'entreprise a confirmé que le recours au principe appliquer et expliquer, à travers son aptitude à intégrer cet élément idiosyncrasique, semblait constituer l'approche la plus efficiente.

L'adoption du principe présente un intérêt économique et surtout financier pour les entreprises maliennes en particulier celles cotées en bourse. Certaines législations sont beaucoup avancées dans la pratique. Il en est ainsi du Royaume-Uni où il est apparu dans le cadre du célèbre « rapport Cadbury »[541] énonçant les meilleures pratiques de gouvernance des sociétés cotées, la doctrine a longtemps rejeté l'idée « *one-size-fits-all approach* ». On a pu observer que les sociétés ne respectant pas certaines pratiques recommandées, pour des raisons qui leur sont propres et qu'elles peuvent expliquer, connaissent un sort financier et boursier prolifique contrairement aux autres entreprises. La surperformance n'est pas liée à l'application stricte des standards de gouvernance. Le principe, appliquer ou expliquer n'exige pas une rigidité dans l'application des règles du code de gouvernance des entreprises. Plutôt donne une marge de manœuvre aux entreprises. Cela témoigne sa flexibilité notamment la souplesse de son application.

L'objectif fondamental de ce principe est surtout de faciliter la mise en œuvre des mécanismes censés contrôler efficacement la gouvernance des entreprises maliennes. Il est donc évident que le meilleur gouvernement n'est pas celui où l'on suit la lettre et les lois[542]. Le principe ne manque donc pas

---

[539] Le gouvernement d'entreprise, améliorer la compétitivité des entreprises et faciliter leurs accès aux marchés financiers mondiaux, Rapport à l'OCDE du groupe consultatif du secteur privé sur le gouvernement d'entreprise présidé par M. Millstein, avr. 1998.

[540] S. BHAGAT, B. BOLTON, R. ROMANA, « The promise and peril of corporate governance indices, ECGI », *Law Working Paper,* n° 89/2007.

[541] M. YEOMANS, N. HARVEY, « Le corporate governance au Royaume-Uni », *Magazine Fusions / Acquisitions*, mai-juin 2004 ; J.-B. POULLE, « La mise à l'épreuve du principe se conformer ou expliquer au Royaume-Uni », *JCPE*, 29 janv. 2009, n° 5, p. 43 in A. PIETRANCOSTA, J.-B. POULLE, « Le principe appliquer ou expliquer », *op. cit.*, p. 380.

[542] Aristote, Livre III Chapitre X.

de flexibilité[543] dans sa mise en œuvre. Il veille à un contrôle, mais aussi impose aux investisseurs de réaliser un travail d'introspection. Les obligations de déclaration de conformité ou de non-conformité contraignent les émetteurs à faire l'examen de leurs modes de fonctionnement, puis à confronter leurs pratiques et leurs modes de fonctionnement aux standards de marché. Un tel examen doit ensuite être dévoilé publiquement chaque année et donne l'occasion pour les entreprises maliennes de se remettre en cause et, le cas échéant, d'envisager de nouveaux modes d'organisation supposés plus performants[544]. Pour cela, il est nécessaire d'imposer la transparence.

2. L'instrumentalisation de la transparence

Le principe, appliquer ou expliquer repose sur la transparence des informations fournies par les entreprises maliennes. Le point focal pour sa réussite exige aux entreprises maliennes de veiller à la transparence des informations fournies. C'est pourquoi il est tout à fait objectif d'instrumentaliser la transparence pour la mise en œuvre effective du principe. Les informations fournies par les entreprises maliennes doivent s'écarter de manœuvre visant à falsifier les données dans le cadre des activités.

En effet, l'information joue un rôle essentiel dans la bonne gouvernance notamment les entreprises intervenant dans les marchés financiers. Au plan juridique, l'information est la matière première et constitue un objectif privilégié de la règlementation[545]. La transparence s'impose alors comme une condition d'existence dans la mesure où les produits échangés ne sont perceptibles que par l'information qui les décrit. L'information fournie par les entreprises dans le cadre de l'application du code de la gouvernance d'entreprise dans le cadre du principe appliquer ou expliquer est en réalité le produit proposé, et réciproquement, le produit est le reflet de l'information donnée à cet effet.

Les entreprises maliennes sont donc tenues à une obligation de transparence dans la divulgation des informations produites. Une telle exigence en témoigne les vertus disciplinaires de l'information. La transparence est alors une contrainte selon le principe appliquer ou

[543] Comme le sollicite la doyen CARBONNIER qui est le repère de cette approche juridique aujourd'hui en pleine consolidation. V. J. CARBONNIER, *Le flexible droit, Pour une sociologie du droit sans rigueur*, *op. cit.*

[544] A. PIETRANCOSTA, J.-B. POULLE, « Le principe appliquer ou expliquer », *op. cit.*, p. 384.

[545] A. PIETRANCOSTA, « Concurrence et marchés financiers : croisons les droits ! », *RTDF*, 2006/3, p. 71 ; J.-B. POULLE, « La régulation par l'information en droit des marchés financiers », *LPA*, 21 janv., 2009, n°15, p. 6.

expliquer. C'est ainsi que Michel FOUCAULT exprime le rôle coercitif de la transparence.[546]

L'obligation d'information est ainsi un outil coercitif permettant d'assurer à moindre coût la discipline des entreprises et en particulier les opérateurs sur les marchés. Le principe appliquer ou expliquer utilise ainsi les ressorts de la transparence afin de rendre pratiquement contraignants des règles qui ne le sont pas juridiquement, au risque d'être perçu comme un cheval de Troie juridique d'une concurrence potentielle faite au droit objectif dans sa fonction essentielle et distinctive[547].

Ainsi, l'application du principe appliquer ou expliquer peut être un indicateur pour la bonne gouvernance du code. Il peut s'appuyer sur l'inexistence de règle juridique. Cela se traduit par l'exclusion, l'appartenance (refusée ou reprise), ou le rejet qui sanctionnent ainsi le sujet hétérodoxe ou déviant avec une force particulière sans qu'il y ait une règle juridique prévue. Ce sont précisément ces mécanismes dont les obligations de transparence cherchent à organiser en érigeant le marché en juge. Dans ce cas, le marché sera apte à prononcer divers types de sanctions notamment les notations attribuées aux émetteurs, les articles de presse, mais aussi les réactions des investisseurs, etc. La volonté de faire du marché un juge capable de sanctionner ses membres apparaît encore plus clairement à la lumière du principe appliquer ou expliquer et en particulier des explications exigées des sociétés déviantes[548].

Au-delà de ces différents objectifs, il est nécessaire de réunir des conditions pour consolider les pratiques. Pour cela, la participation des acteurs est indispensable.

B. L'implication des principaux acteurs

La mise en œuvre effective du principe appliquer ou expliquer nécessite la participation de l'ensemble des acteurs. Cela est une conditionnalité indispensable pour permettre aux entreprises maliennes de se conformer aux dispositions du code de gouvernement d'entreprise dans le but d'accroître leur performance. En droit comparé, notamment les législations les plus avancées dans la pratique de la gouvernance d'entreprise, l'introduction du principe appliquer ou expliquer a permis de consolider les objectifs par les entreprises notamment le renforcement de la transparence qui corrobore à

[546] « Celui qui est soumis à un champ de visibilité, et qui le sait, reprend à son compte les contraintes du pouvoir ; il les fait jouer spontanément sur lui-même ; il devient le principe de son propre assujettissement », M. FOUCAULT, *Surveiller et punir, Naissance de la prison*, Gallimard, 1998, p. 234, in A. PIETRANCOSTA, J.-B. POULLE, « Le principe appliquer ou expliquer », *op. cit.*, p. 385.

[547] A. PIETRANCOSTA, J.-B. POULLE, *ibid.*, p. 385.

[548] *Ibid.*, p. 386.

une performance économique[549]. Pour y parvenir, un accent sera mis à l'information des émetteurs (1) afin de favoriser l'exercice d'un contrôle par les investisseurs (2).

1. L'information des émetteurs

Les entreprises maliennes ont une possibilité au regard de la marge laissée par l'AUSC de se référer à un code de gouvernement d'entreprise[550]. Dans cette disposition, une reconnaissance est faite au principe appliquer ou expliquer. Le code de gouvernement d'entreprise en gestation peut ainsi exiger aux émetteurs de fournir des informations dans leur rapport annuel de gouvernance. Les informations fournies doivent permettre aux actionnaires des entreprises de comprendre les circonstances particulières justifiant éventuellement le non-respect de certaines dispositions. Cette approche flexible de l'application du principe appliquer ou expliquer résulte des dispositions du code britannique sur la gouvernance d'entreprise. En effet, au Royaume-Uni, le code ne prescrit pas de formalisme particulier que les sociétés devraient observer à l'occasion de leur déclaration annuelle de gouvernance. Les explications présentées doivent simplement être suffisantes[551].

Les émetteurs des entreprises maliennes peuvent adopter cette approche. En effet, lorsque les sociétés se conforment aux dispositions du code de gouvernance des entreprises, aucune information spécifique n'est requise, sauf si la société a mis en œuvre des mesures supplémentaires pour améliorer sa gouvernance, auquel cas il est alors recommandé d'en faire mention dans le rapport annuel. Lorsque les sociétés ne se conforment pas à ses dispositions, l'AUSC reconnaît que le code de gouvernance d'entreprise auquel se réfère l'entreprise peut exiger à la société de fournir une explication claire et soignée permettant aux actionnaires d'évaluer les raisons d'un tel écart. Le code doit également préciser que la société ayant choisi de ne pas appliquer une disposition technique doit s'efforcer de montrer que ses pratiques demeurent tout de même cohérentes par rapport au

549 B. De JUVIGNY, M. CHARBONNIER, « Rapport AMF 2013 sur le gouvernement d'entreprise et la rémunération des dirigeants des sociétés cotées », *AMF,* 10 oct. 2013, p. 13 ; le code britannique de la gouvernance d'entreprise consacre plusieurs dispositions pour la reconnaissance du principe appliquer ou expliquer ; il en est de même dans le code AFEP/MEDEF.

550 En effet, l'article 831-2 alinéa 2 de l'AUSC dispose que : « lorsqu'une société se réfère volontairement à un code de gouvernement d'entreprise élaboré par les organisations représentatives des entreprises, le rapport prévu au présent article précise également les dispositions qui ont été écartés et les raisons pour lesquelles elles l'ont été. Se trouve de surcroît précisé le lieu où ce code peut être consulté. Si une société ne se réfère pas à un tel code de gouvernement d'entreprise, ce rapport indique les règles retenues en complément des exigences requises par la loi et explique les raisons pour lesquelles la société a décidé de n'appliquer aucune disposition de ce code de gouvernement d'entreprise ».

551 A. PIETRANCOSTA, J.-B. POULLE, « Le principe appliquer ou expliquer », *op. cit.*, p. 386.

principe général adéquat et pouvant contribuer à la bonne gouvernance de l'entreprise.

Pour la bonne divulgation des informations, le code doit donner des indications pour la présentation des informations qui doivent figurer dans le rapport de la gouvernance d'entreprise. En effet, les informations doivent être explicites en vue de faciliter l'évaluation. Cela nécessite aux émetteurs de donner les détails les plus élémentaires notamment l'application des recommandations et expliciter, le cas échéant, les raisons pour lesquelles les entreprises n'auraient pas mis en œuvre certaines d'entre elles. On constate alors une certaine exigence indiquant que les entreprises doivent fournir des informations en toute transparence. C'est d'ailleurs ce qui ressort dans les dispositions de plusieurs codes de gouvernance d'entreprise[552].

Pour la bonne divulgation des informations, le code doit laisser un espace de liberté[553] afin de faciliter l'application des recommandations du principe appliquer ou expliquer. Une telle marge de manœuvre ne doit pas guider les entreprises à occulter les informations. Les entreprises maliennes doivent impérativement se conformer aux dispositions du code de gouvernance d'entreprise. La divulgation dans la transparence faciliterait l'analyse voire le contrôle des informations publiées par les entreprises.

2. L'exercice d'un contrôle par les investisseurs

L'efficacité de tout système est tributaire à l'exercice d'un contrôle. Celui-ci est un moyen de consolider la transparence du système. En effet, le principe, appliquer ou expliquer donne ainsi, la légitimité aux investisseurs de procéder à des contrôles au regard des informations données par les dirigeants des entreprises. L'opportunité d'un tel contrôle incarne un intérêt de transparence au sein de l'entreprise notamment l'accompagnement des relations entre les actionnaires et les dirigeants. D'ailleurs, c'est ce qui ressort dans l'analyse de la gouvernance d'entreprise comme l'indique Yves CHAPUT. Selon lui, « le maître mot de l'art de gouverner est celui de communication »[554] qui constitue une exigence dans le cadre de l'application du principe appliquer ou expliquer.

---

552 « Code de gouvernement d'entreprise des sociétés cotées », *AFEP/MEDEF*, déc. 2008, p. 29.

553 Le code britannique donne cette opportunité aux entreprises. Mais, il peut y avoir des difficultés puisque les déclarations de non-conformité fournies par plusieurs entreprises britanniques ne se situent pas à la hauteur des exigences du principe. Les informations sont souvent brèves et peu instructives. On constate même que beaucoup de sociétés, adeptes du principe appliquer ou expliquer, ne prennent pas la peine d'expliquer leurs écarts. V. S. R. ARCOT, V. G. BRUNO, « In letter but not in Spirit : An analysis of corporate governance in the UK », *SSRN*, May 2006.

554 Y. CHAPUT, « Le monde idéal : les principes de la gouvernance d'entreprise », in Dossier « La gouvernance d'entreprise, entre réalité et faux-semblants », *Revue la semaine juridique*, n° 5 septembre-octobre 2005, supplément à la semaine juridique n° 44-45 du 3 novembre 2005, Hebdomadaire, p. 26.

Les investisseurs doivent avoir une grande implication dans le cadre du contrôle des informations fournies par l'entreprise notamment les dirigeants sociaux. Toute la portée régulatrice du principe appliquer ou expliquer est tributaire du niveau d'implication des investisseurs dans leur mission de surveillance de la bonne application du code portant sur la gouvernance d'entreprise[555]. Les investisseurs doivent procéder à des contrôles dans la plus grande rigueur. Leur rôle est d'analyser les informations fournies par les mandataires au regard du code de la gouvernance d'entreprise. Lorsque les mandataires dans leur rapport donnent des informations détaillées et précises, un simple contrôle peut suffire. Dans le cas où certaines dispositions du code n'ont pas été appliquées, les investisseurs en l'occurrence les actionnaires ont la possibilité d'exiger des explications en vue de comprendre les raisons pour lesquelles des omissions ont été faites dans le code.

Cependant, le code doit avoir une certaine prévisibilité sur les situations ne donnant pas la possibilité aux entreprises d'appliquer le principe encore moins de fournir des explications. En effet, les actionnaires doivent avoir un regard aux circonstances particulières auxquelles les entreprises peuvent être confrontées. Cette flexibilité n'est pas synonyme d'une exemption de contrôle, mais plutôt une obligation de vigilance qui incombe aux actionnaires. C'est d'ailleurs ce qui ressort dans le préambule du code britannique qui exige aux actionnaires de « prêter attention aux circonstances particulières auxquelles sont confrontées les sociétés ainsi que leurs spécificités. Les actionnaires ont toute la légitimité pour mettre en question les explications fournies par les sociétés si celles-ci ne sont pas convaincantes, ils ne doivent pas raisonner de manière mécanique et tout écart par rapport aux dispositions du code ne devrait pas être systématiquement considéré comme une violation (...) ils devraient faire part de leurs réflexions à la société et être préparés à entrer dans un dialogue s'ils n'acceptent pas la position de la société »[556]. Il ressort de cette disposition une souplesse dans l'exercice des contrôles. Les actionnaires jugent ainsi l'opportunité d'exiger aux mandataires sociaux de fournir des explications selon le cas. C'est d'ailleurs toute l'originalité de cette disposition.

L'implication des actionnaires dans l'évaluation de l'application du principe est un gage d'efficacité et de transparence, mais aussi un moyen d'éviter la contreperformance sociale de l'entreprise. Les actionnaires des entreprises maliennes ont ainsi une large opportunité de veiller sur leurs intérêts, mais aussi de faciliter sinon d'accompagner le principe appliquer ou expliquer dans sa mise en œuvre. Les actionnaires disposeront d'une liberté

---

[555] A. PIETRANCOSTA, J.-B. POULLE, « Le principe appliquer ou expliquer », *op. cit.*, p. 388.

[556] Financial Reporting Council, The combined code on corporate governance, 2008, in A. PIETRANCOSTA, J.-B. POULLE, « Le principe appliquer ou expliquer », *op. cit.*, p. 388.

pour l'exigence des informations à fournir par les dirigeants. Ce qui ne laisse pas le choix aux mandataires sociaux qui seront dans l'obligation d'apporter plus de précision à l'application ou en cas d'inobservation du principe appliquer ou expliquer.

L'adoption du code doit être accompagnée par un processus visant à faciliter son application. En effet, la pratique de la gouvernance d'entreprise nécessite une institutionnalisation au sein des entreprises maliennes. Cela est consacré dans plusieurs législations ayant adopté un code de gouvernance d'entreprise.

CONCLUSION DU CHAPITRE 1

Dans une certaine connaissance, il apparaît clairement que la stabilisation de la gouvernance d'entreprise passe par l'adoption d'un code. En effet, la question de la gouvernance d'entreprise doit être clairement posée et traitée dans un code. Cela pourrait sans doute améliorer la gestion des risques et surtout des intérêts au sein de l'entreprise. L'identification des principes de gouvernance d'entreprise est aujourd'hui pour les entreprises maliennes un gage de protection et de croissances. Le code vient donc s'ajouter à un dispositif juridique communautaire en état de faiblesse puisque l'AUSC se borne à reconnaître le concept, mais s'abstient à prévoir des dispositions encadrant la gouvernance d'entreprise.

Toutefois, si on admet que l'absence d'une gouvernance d'entreprise efficace peut entraîner d'importantes pertes de richesse qui vont au-delà de la perte du capital social, la disposition d'un code doit inciter les entreprises maliennes à faire preuve de conformisme. Les différents outils permettront ainsi aux entreprises de créer de la valeur et de contrôler de manière satisfaisante les risques potentiels. La protection des actionnaires ainsi que toutes les parties prenantes attribueront au code une certaine légitimité à travers la reconnaissance par les entreprises, des mécanismes sûrs et indispensables pour assurer la mise en œuvre du code.

CHAPITRE 2

L'institutionnalisation de la gouvernance d'entreprise

Les exigences de la gouvernance d'entreprise conduisent l'entreprise à dépasser les principes pour instaurer une prise en compte concrète et une mise en œuvre pratique des différents mécanismes à tous les niveaux de l'organisation de l'entreprise. La formalisation ne constitue qu'un aspect de l'élaboration d'un système plus global d'institutionnalisation des concepts de la gouvernance d'entreprise. Ainsi, l'institutionnalisation de la gouvernance d'entreprise est plus que nécessaire pour garantir les intérêts et avoir une meilleure attractivité du côté des investisseurs. Il s'agit là d'instaurer des règles éthiques pour encadrer le fonctionnement de l'entreprise[557]. A l'instar des grandes entreprises occidentales[558], l'institutionnalisation de la gouvernance d'entreprise permet de mettre en place au sein des entreprises tous les outils pour accompagner en toute transparence la gestion et le contrôle de l'entreprise. C'est pourquoi il est important dans le cadre de l'application de la gouvernance d'entreprise de procéder à une réorganisation du système. Cela passe par la redéfinition du conseil d'administration. En effet, les entreprises doivent mettre le conseil d'administration au cœur de la gouvernance d'entreprises (section 1). Il faudrait aussi procéder à l'instauration des mécanismes de gouvernance pour garantir le conseil d'administration (section 2).

---

[557] S. MERCIER, *L'éthique dans les entreprises*, La découverte, 3e éd., 2014, pp. 23-34 ; G. FARJAT, « Réflexions sur les code de conduite privés », in Etudes B. GOLDMAN, Litec, 1982, p. 4.

[558] W. PETER « Facteurs psychologiques de l'institutionnalisation des « meilleures pratiques » de gouvernance en France », *XVIème Conférence Internationale de Management Stratégique, Université Lumière (Lyon II) – COACTIS/COPISORG Faculté de Sciences Economiques et de Gestion*, Montréal, 6-9 Juin 2007, p. 2.

SECTION 1. LE CONSEIL D'ADMINISTRATION AU CŒUR DE LA GOUVERNANCE D'ENTREPRISE

La meilleure protection de l'intérêt des actionnaires et de l'ensemble des parties prenantes nécessite un repositionnement avec des compétences solides du conseil d'administration [559]. Son rôle est essentiel pour une pratique effective de la gouvernance d'entreprise. Le droit OHADA appréhende ces enjeux puisqu'il donne des pouvoirs étendus au conseil d'administration notamment la fixation des rémunérations des administrateurs, du président et des gestionnaires. L'AUSC reconnaît la compétence pour les administrateurs de surveiller la gestion et de vérifier les comptes de l'entreprise. Néanmoins, cette reconnaissance juridique doit être améliorée à travers une redéfinition des missions et la composition du conseil d'administration (paragraphe 1). Pour une bonne conformité des pratiques internationales, le conseil d'administration doit insérer des comités spécialisés (paragraphe 2).

Paragraphe 1. La redéfinition des missions et la composition du conseil d'administration

Il est généralement admis que la gouvernance des entreprises maliennes au regard du droit OHADA confond souvent les fonctions de direction et de contrôle entre les mains du président directeur général. Or l'analyse de l'évolution de la gouvernance montre qu'il n'en est rien[560]. Pour parvenir à une implication effective du conseil d'administration dans le cadre de la gouvernance d'entreprise, il est nécessaire de renforcer ses compétences en vue de faciliter l'exécution des missions indispensables à son fonctionnement (A). Un tel renforcement doit nécessairement prendre en compte les nouvelles physionomies du conseil d'administration d'où la nécessité de revoir sa composition (B).

A. L'exécution des missions

Plusieurs missions sont attribuées au conseil d'administration. En effet, l'AUSC mentionne les missions réservées au conseil d'administration des entreprises. Les plus usités permettent de définir la politique générale de l'entreprise (1). L'article 435 de l'AUSC indique que le conseil d'administration détermine les orientations des activités menées par la

---

[559] G. CHARREAUX, « Le conseil d'administration dans les théories de la gouvernance », *Université de Bourgogne, Pôle d'économie et de gestion (Iae-Latec)*, Décembre 2000, p. 4.

[560] En effet, le même constat est fait en France où il existe une grande confusion dans les compétences dévolues au président directeur général. La même concentration existe en France et soulève beaucoup de difficulté dans le cadre de la délimitation des compétences. V. P.-Y. GOMEZ, Z. GUEDRI (dir.), « 20 ans d'évolution des conseils d'administration en France 1992-2010 », *Institut Français de Gouvernement d'Entreprise, Cahiers preuves à l'appui*, n° 3, octobre 2012, p. 4.

société. Cette disposition est quelque peu biaisée dans la pratique notamment lorsqu'il s'agit de l'exécution de la politique générale (2) préalablement définie par le conseil d'administration. De ce fait, à travers l'adoption d'un code de gouvernance d'entreprise, des précisions doivent être données pour faciliter et accompagner le conseil d'administration dans ses tâches.

1. Définir la politique générale de l'entreprise

Une large attribution est faite au conseil d'administration par l'AUSC. En effet, le conseil d'administration doit nécessairement mettre en place les stratégies pouvant réactualiser les objectifs fixés par l'entreprise. La progression de l'entreprise doit être une préoccupation essentielle pour le conseil d'administration. Cela se concrétise à travers l'adoption des initiatives opportunes et profitables à l'entreprise. La définition de la politique générale de l'entreprise doit constituer une étape à travers laquelle le conseil d'administration posera les jalons d'une bonne gouvernance.

La bonne gouvernance d'entreprise consiste à assurer l'équilibre entre l'esprit d'entreprise, le contrôle et une saine gestion des risques. Il s'agit de structurer l'ensemble des activités puis les mettre dans le sens d'une croissance et d'une réussite durables et, simultanément, de contrôler et de gérer efficacement les risques inhérents à cette croissance. La bonne gouvernance relève de la transparence et du leadership, mais également de l'apport de chaque salarié à tous les niveaux de l'entreprise[561]. Cette mission d'orientation et de culture d'entreprise doit nécessairement être incluse dans les projets initiés par le conseil d'administration.

Le code de gouvernance d'entreprise doit laisser une large possibilité aux entreprises maliennes de forger à l'interne un certain nombre de règles dans le cadre de la consolidation de la gouvernance d'entreprise. Il peut s'agir de la possibilité d'élaborer une charte de gouvernance d'entreprise. En effet, une bonne gouvernance d'entreprise signifie pour une société la capacité d'adapter sa structure aux circonstances, à l'évolution de la législation ainsi qu'à tout autre événement significatif. Lorsque l'entreprise dispose d'une charte de gouvernance d'entreprise en conformité avec les dispositions du code de gouvernance d'entreprise, le conseil d'administration doit dès lors réviser régulièrement la charte de gouvernance d'entreprise (en tout cas chaque fois que les circonstances l'exigeront) et y apporter les changements qu'il estime utiles. Il en explique les amendements significatifs lors des assemblées générales des actionnaires.

Par ailleurs, le conseil d'administration peut également prendre en compte l'intégration d'une démarche RSE dans la politique générale de l'entreprise. En effet, l'intégration d'une démarche RSE est subordonnée à une reconnaissance dans la politique définie par l'entreprise. C'est ainsi qu'il

561 V. Ageas, « Charte de gouvernance d'entreprise », p. 2, in www.ageas.com/fr/Pages/governance.aspx

est nécessaire de redéfinir le rôle et les tâches du conseil d'administration. Étant l'organe de décision ultime des entreprises, excepté des pouvoirs expressément réservés aux assemblées des actionnaires au regard de l'AUSC[562], le conseil d'administration doit veiller à la bonne marche de l'entreprise. Dans son processus décisionnel, le conseil d'administration vise à la pérennité et au succès des activités et des services de l'entreprise. Il doit privilégier le rendement financier à long terme, tout en restant attentif aux intérêts des parties prenantes qui sont essentielles au succès des activités de l'entreprise.

Il incombe aussi des tâches au conseil d'administration. Celui-ci a, avant tout, la responsabilité de la direction stratégique de l'entreprise notamment à travers le contrôle de la conduite de ses affaires, des décisions relatives aux différentes structures impliquées dans la gestion de l'entreprise. Le conseil d'administration doit définir les pouvoirs et les obligations qui doivent être confiés aux différentes structures de l'entreprise. A ce titre, les activités clés du conseil d'administration doivent porter sur la définition de la stratégie et l'appétence des risques auxquels l'entreprise peut être exposée. La définition d'une telle stratégie doit se faire sur la base d'une compréhension précise des défis stratégiques et des risques y afférents auxquels l'entreprise peut être confrontée. Les priorités stratégiques du conseil d'administration doivent être concentrées sur le développement opérationnel, la gestion financière, la gestion des actifs et passifs et la gestion des risques. Il doit veiller à ce que l'entreprise dispose des ressources et du management le plus approprié pour atteindre ses objectifs stratégiques.

A cet égard, le conseil d'administration doit accorder une attention aux politiques de rémunération et à l'approche dont celles-ci contribuent à éviter tout risque excessif. La reconnaissance de certaines valeurs notamment les politiques et normes pouvant soutenir la réalisation des objectifs stratégiques, y compris les éléments pertinents de la RSE. Il doit approuver les cadres appropriés de la gestion et du contrôle des risques, y compris les procédures nécessaires pour garantir que les activités soient exercées en conformité avec la législation malienne et communautaire, les règlementations, les politiques et procédures que l'entreprise peut fixer à l'interne[563].

Il n'est pas souhaitable, étant donné la grande diversité des sociétés, d'imposer des modes d'organisation et de fonctionnement formalisés et identiques à tous les conseils d'administration. L'organisation des travaux du conseil comme sa composition doit être appropriée à la composition de l'actionnariat, à la dimension et à la nature de l'activité de chaque entreprise comme aux circonstances particulières qu'elle traverse. Chaque conseil en est le meilleur juge et sa première responsabilité est d'adopter le mode

---

562 V. l'art. 435 de l'AUSC.

563 V. Ageas, « Charte de gouvernance d'entreprise », p. 12, in www.ageas.com/fr/Pages/governance.aspx

d'organisation et de fonctionnement qui lui permet d'accomplir au mieux sa mission[564].

Il y a donc un intérêt et une opportunité de consolider l'implication du conseil d'administration dans la gouvernance des entreprises maliennes. Le code de gouvernance d'entreprise peut faciliter une telle consécration juridique dont l'objectif est de renforcer le fonctionnement des entreprises[565]. Dès lors que les stratégies ont été identifiées, elles doivent être mises en œuvre.

2. L'exécution de la politique générale

Le conseil d'administration doit nécessairement mettre en place des moyens pour faciliter l'exécution des stratégies définies aux comptes de l'entreprise. Il s'agit de procéder à des contrôles et le suivi des activités auxquelles l'entreprise doit entreprendre. Le conseil d'administration doit *a priori* s'appuyer sur les moyens dont il dispose pour veiller à la mise en œuvre des activités de l'entreprise. Les moyens portent essentiellement sur les ressources humaines dont l'entreprise dispose et qui peuvent selon les rôles procéder à des contrôles. Certaines théories peuvent faciliter cette approche notamment la théorie de la firme de *Rajan* et *Zingales* qui conduit à attribuer au conseil un rôle d'arbitre indépendant entre les intérêts du capital financier et ceux du capital humain[566]. Ce rôle de médiateur peut à l'évidence être élargi à d'autres parties prenantes. Au-delà des décisions sur le partage de la rente organisationnelle, la dimension productive est évoquée de façon superficielle. C'est pourquoi le conseil doit encourager le travail en équipe de façon à accroître le capital organisationnel.

La mise en œuvre de la politique générale de l'entreprise doit nécessairement s'appuyer sur des moyens de contrôle interne. Ces moyens doivent contribuer à l'efficacité de la mise en œuvre des activités approuvées par le conseil d'administration. En effet, le conseil d'administration doit veiller à la mise en œuvre des différents projets auxquels il aurait approuvé. L'AUSC dans ses dispositions mentionne cette exigence en précisant que le conseil d'administration dans le cadre des activités, doit mettre en œuvre des moyens pour faciliter leur exécution. Il s'agit d'un processus de suivi des activités de l'entreprise. Le conseil d'administration doit sauvegarder la

564 « Code de gouvernement d'entreprise des sociétés cotées », AFEP-AMF, déc. 2008, p. 5.

565 Cette nécessité est témoignée par plusieurs auteurs qui reconnaissent l'importance et le rôle dont le conseil d'administration peut jouer dans le cadre de la bonne gouvernance des entreprises. V. G. CHARREAUX, « Le conseil d'administration dans les théories de la gouvernance », *Revue du Financier*, n° 127, 2000, p. 3 ; G. CHARREAUX, « La théorie positive de l'agence : positionnements et apports », *Revue d'Economie Industrielle*, n° 92, 2e et 3e trimestres 2000, p. 193-214.

566 G. CHARREAUX, « Variation sur le thème : A la recherche de nouvelles fondations pour la finance et la gouvernance d'entreprise », *Finance Contrôle Stratégie – Volume 5, N° 3*, septembre 2002, p. 45.

réputation de l'entreprise. Cela passe par la bonne exécution des activités définies par l'entreprise.

L'exécution des activités de l'entreprise est une consolidation des principes de bonne conduite qui visent à garantir la réputation de l'entreprise auprès des partenaires. L'application des principes est destinée à orienter l'entreprise dans ses activités. L'application des principes de bonne conduite des affaires s'adresse à toutes les parties prenantes de l'entreprise. Pour la mise en application des activités, le conseil d'administration doit respecter également les normes et règlementations en vigueur. Cela est d'ailleurs recherché par la gouvernance d'entreprise notamment l'intégrité et la transparence dans les différentes activités. A cet effet, le président du conseil d'administration doit fournir toute information utile aux administrateurs de l'entreprise[567].

L'exécution des stratégies de l'entreprise est la phase de concrétisation des objectifs fixés par l'entreprise. L'AUSC se contente de mentionner cette exigence, mais ne donne pas de précision. Il revient donc au code de gouvernance d'entreprise de définir cette mission réservée au conseil d'administration. Pour le renforcement de la gouvernance d'entreprise à travers les chartes élaborées à l'interne par les entreprises, cette mission peut davantage être explicitée en vue de faciliter l'exécution des politiques initiées par le conseil d'administration. La mise en œuvre des stratégies ne doit pas être entravée sur des questions de conflits d'intérêts entre les dirigeants et les actionnaires notamment dans la recherche de la maximisation des profits[568]. Le conseil d'administration doit pouvoir déterminer la relation entre l'investissement et la performance de l'entreprise. Celui-ci doit constituer une priorité pour consolider l'efficacité des activités. C'est pourquoi il est nécessaire de procéder à une restructuration au regard des nouvelles tendances.

B. La composition du conseil d'administration

Les entreprises maliennes disposent en général un conseil d'administration. En effet, le droit OHADA prévoit des dispositions juridiques pour l'organisation des sociétés commerciales. Ces dispositions mentionnent les règles d'organisation des entreprises notamment la constitution des conseils d'administration. Cependant, l'AUSC se détourne des recommandations de la gouvernance d'entreprise. Or, en toute évidence la première qualité d'un conseil d'administration se trouve dans sa composition[569]. Celle-ci doit

---

[567] V. art. 435 al. 3 de l'AUSC.

[568] B. SELLAMI MEZGHANNI, « investissement en recherche et développement et performance de l'entreprise : l'effet modérateur de la gouvernance d'entreprise », *30ème congrès de l'Association Francophone de Comptabilité,* Strasbourg mai 2009, p. 3.

[569] L'analyse de l'AUSC démontre que la loi n'impose aucune condition pour devenir administrateur. Néanmoins, eu égard aux responsabilités qu'il encourt, le candidat-administrateur sera prudent de n'accepter de mandat que s'il se sent la capacité et la

aboutir à la mise en place des administrateurs intègres qui auront comme objectifs de veiller au fonctionnement de l'entreprise, de protéger l'intérêt des actionnaires, etc. Le conseil d'administration des entreprises maliennes doit ainsi disposer des compétences, d'expérience et d'indépendance au service de l'intérêt de la société et de ses actionnaires. Cette analyse met en relief l'importance de la compétence des administrateurs notamment leur indépendance.[570] L'intégration des administrateurs indépendants est plus que nécessaire (1) ainsi que la diversification au sein de l'équipe dirigeante (2).

1. L'intégration des administrateurs indépendants

La théorie financière suppose que différents modes de contrôle peuvent être utilisés par les actionnaires pour contraindre les dirigeants à gérer l'entreprise conformément à leurs intérêts. La structure de l'actionnariat et la composition du conseil d'administration constituent deux systèmes directs de contrôle de la gestion des dirigeants. Ainsi, la concentration de l'actionnariat ou la présence d'actionnaires financiers ou institutionnels sont supposées avoir un effet positif sur la performance de la firme. De même, la présence de certains administrateurs (financiers ou institutionnels), la part de capital détenue par le conseil d'administration ou le recours aux administrateurs externes supposés plus indépendants et plus compétents que les administrateurs internes devraient avoir une influence positive sur le contrôle de la gestion des dirigeants[571].

Cette approche peut soutenir les entreprises maliennes qui sont de plus en plus à la recherche d'une transparence et surtout d'une impartialité dans la gestion de leurs activités. Pour y parvenir, le conseil d'administration des entreprises doit revoir son organisation afin d'y inclure les profils pouvant soutenir certains principes de bonne gouvernance. En toute évidence, le conseil d'administration doit dorénavant procéder à l'intégration des administrateurs intègres voire indépendants. Cette indépendance est définie par l'article 8 du code de gouvernance d'entreprise préconisée par la Commission européenne, en date du 21 octobre 2003 dispose que : « un administrateur est indépendant lorsqu'il n'entretient aucune relation de quelques natures que ce soit avec la société, son groupe ou sa direction qui puisse compromettre l'exercice de sa liberté de jugement ». Au regard de cette définition, la qualification d'administrateur indépendant est fixée par le comité des rémunérations et doit être revue chaque année par le conseil

disponibilité pour l'exercer. Ce qui ne semble pas être le cas d'où la nécessité de recours à l'instauration des critères plus protecteurs. V. HAINAUT-HUMENDE P., RAUCQ G., *Les sociétés anonymes (...), op. cit.*, p. 453.

570 B. RICHARD, D. MIELLET, « La dynamique du gouvernement l'entreprise », *Editions d'Organisation*, 2003, p. 25.

571 H. ALEXANDRE, M. PAQUEROT, « Efficacité des structures de contrôle et enracinement des dirigeants », *Finance Contrôle Stratégie – Volume 3,* N° 2, juin 2000, p. 13.

d'administration avant la publication du rapport annuel qui mentionnera, pour chaque administrateur, s'il est ou non indépendant[572].

Les voies de l'indépendance révèlent ainsi une double exigence. L'administrateur indépendant doit faire preuve d'une indépendance intellectuelle. Cette qualité se rapproche de l'impartialité et de l'objectivité attendue d'un juge et du non-conformisme manifesté par un libre esprit. L'administrateur indépendant doit s'abstenir de tout favoritisme et doit statuer que sur le bien-fondé des prétentions en présence.[573] Il doit donc exercer sa liberté de jugement, et si nécessaire, avoir le courage de se démettre. Ces vertus pourraient être atteintes par des formations *ad hoc* que les entreprises maliennes pourront initier. Cela va largement multiplier les viviers de recrutement des administrateurs[574]. En effet, la formation permettra l'éclosion d'un état d'esprit. Les entreprises maliennes doivent s'organiser pour éviter de tomber dans des situations auxquelles certaines de nos entreprises sont encore confrontées. Les administrateurs recrutés ne doivent pas être issus de la technostructure de l'État[575].

L'administrateur indépendant doit également être doté de moyens matériels notamment un statut particulier, un droit d'information plus large et un code de gouvernance d'entreprise plus légitime.[576] Dans les rapports Vienot et Bouton, l'administrateur indépendant est un administrateur libre d'intérêt[577]. L'administrateur indépendant est à même titre que les autres administrateurs un mandataire social censé représenter les actionnaires[578]. D'ailleurs, les administrateurs indépendants représenteraient cependant davantage les actionnaires, s'assurant que leurs intérêts ne sont pas méconnus par les dirigeants. En toute évidence, l'administrateur indépendant manifeste l'émergence d'un contre-pouvoir[579].

---

[572] Les critères sont d'ailleurs largement définis par le code de gouvernance d'entreprise préconisé par la commission européenne dans son article 8.4 qui énumère les différents critères que doivent probablement examiner les comités et le conseil afin de qualifier un administrateur indépendant. Celui-ci ne doit pas être un salarié ou un mandataire social, de l'une quelconque des sociétés du groupe, etc., ou encore ne doit pas être un client, un fournisseur, le banquier de la société ou d'une société du groupe, etc. V. J.-J. CAUSSAIN, « L'Etat des recommandations », *Revue la semaine juridique*, n° 5 septembre-octobre 2005, supplément à la semaine juridique n° 44-45 du 3 novembre 2005, Hebdomadaire, p. 38.

[573] V. H. CAPITANT, *Vocabulaire juridique*, v° Impartialité, *op. cit.*, p. 519.

[574] E. SCHOLASTIQUE, « L'administrateur indépendant, quelle indépendance ? », *Revue la semaine juridique*, *op. cit.*, p. 34.

[575] F. BANCEL, « Les dirigeants et l'internationalisation de l'actionnariat des grandes entreprises », *Revues française de gestion, 2004*, vol. 30, n° 151, p. 45.

[576] E. SCHOLASTIQUE, *op. cit.*, p. 34.

[577] M. STORCK, « Gouvernement d'entreprise et gestion collective », in *Droit et actualité, Etudes offertes à Jacques BEGUIN*, Litec, 2005, pp. 701-702. – Comm., Recomm., 15 févr. 2005, JOUE, 25 févr. 2005.

[578] J. DELGA, « L'administrateur indépendant en France : un mythe ? », *JCPE*, 2004, p. 150.

[579] C. ALIX, J. MISTRAL, « Le législateur, le régulateur et le juge : Remarques sur la dynamique de la réforme financière aux Etats-Unis », in *Rapport Moral*, pp. 329-330.

Pour son intégration au sein des entreprises maliennes, l'administrateur indépendant doit disposer d'un droit à l'information en vue d'assaisonner sa compétence. Il pourra dès lors déceler les vices d'information dans la gestion de l'entreprise. Cela dit, le conseil d'administration doit l'autoriser à solliciter tous les conseils juridiques et financiers indépendants des conseils mandatés par l'entreprise. Une telle possibilité va permettre à l'administrateur indépendant de forger sa propre opinion. Il doit ainsi pouvoir gérer les conflits d'intérêts qui constituent une préoccupation majeure pour les entreprises maliennes. Les administrateurs indépendants semblent être les seuls, à pouvoir se prononcer sur le caractère équitable des opérations décidées par la société contrôlant[580]e. Dans toutes les sociétés, y compris lorsque l'actionnariat est très dispersé, la présence de l'administrateur indépendant peut améliorer la procédure très formelle des conventions règlementées et pallier l'absence de contrôle de certaines conventions, notamment les opérations qui échappent au contrôle. L'administrateur indépendant doit disposer d'un droit au regard de son régime particulier. En effet, le code de gouvernance d'entreprise doit définir l'indépendance notamment la façon dont le conseil d'administration doit fonctionner et la fonction particulière des administrateurs indépendants. Le conseil doit pouvoir fixer le cap et vérifie la progression[581]. Au-delà de l'intégration des administrateurs indépendants, le conseil doit également procéder à la diversification au sein de son équipe dirigeante.

2. La diversification dans la composition du conseil d'administration

La pratique de la gouvernance d'entreprise évolue dans une certaine dynamique. En France, l'AMF constate des améliorations en termes d'information donnée et d'évolution des pratiques, dont certaines sont devenues des normes de place. L'AMF mentionne également une progression constante de la représentation des femmes au sein des conseils soit 25% au 31 décembre 2012 contre moins de 10% au 31 décembre 2009[582].

Si, en France, le parlement examine des propositions de loi relatives à la représentation équilibrée des femmes et des hommes au sein des conseils d'administration et de surveillance, le législateur OHADA n'en est pas à cette réflexion. Le législateur malien à travers le code de gouvernance d'entreprise peut prendre des dispositions incitant voire exigeant aux entreprises de procéder à une représentativité équilibrée au sein du conseil

[580] Rapport du groupe de travail sur l'évaluation financière indépendante, *AMF*, 2005.

[581] Ph. BISSARA, « Indépendance et coopération des organes sociaux de la société anonyme classique » in *Aspects actuels du droit des affaires*, Mélanges en l'honneur d'Yves GUYON, Dalloz, 2003, p. 115.

[582] « Rapport annuel 2013 de l'AMF sur le gouvernement d'entreprise et la rémunération des dirigeants », *Recommandation AMF,* n° 2013-15 10 octobre 2013, p. 7.

d'administration. Un projet est d'ailleurs en vue notamment la loi sur le genre qui pourrait consolider cette recommandation.

De nos jours, le développement de la parité « hommes et femmes » dans la gestion des entreprises fait l'objet d'un fort consensus pour la plupart des autorités (actionnaires ou associé, partenaires, etc.). Les volontés politiques semblent favorables au développement d'un management paritaire des entreprises commerciales. Ainsi, pour encourager les femmes à devenir chefs d'entreprise, il faut leur proposer des archétypes solides et positifs[583]. C'est dans ce but que certains pays ont lancé des initiatives, tant dans le secteur public que dans le secteur privé, afin d'attirer l'attention sur les aspects positifs des modèles de la femme entrepreneur et de leur conférer une crédibilité. On peut citer à cet égard la création dans certains pays d'un prix et/ou d'une récompense décernée à une femme élue patronne de l'année, ainsi que des manifestations à fort retentissement médiatique, comme la semaine de la femme-chef d'entreprise[584], etc.

Les femmes occupent également une grande place dans le développement socio-économique. Elles doivent être mieux impliquées dans les activités économiques. Pour cela, les sociétés commerciales doivent leur accorder plus de responsabilités afin qu'elles puissent jouer leur rôle dans la dynamisation de l'économie malienne. Selon un constat, aucune économie ne pourra se développer sans une participation élevée des femmes. En Afrique, cela est une évidence dans la mesure où les femmes contribuent beaucoup dans l'épanouissement de la société. Elles peuvent mieux faire si les entreprises les accordent plus de responsabilités[585]. D'ailleurs dans certains pays européens, comme la France, la représentation équilibrée dans les conseils, qui rentre dans le cadre des recommandations des principes du gouvernement d'entreprises, a fait l'objet d'une règlementation. En vertu donc de la loi n°2011-103 du 27 janvier 2011, il est assigné à toutes les SA, d'avoir une représentation équilibrée dans les conseils d'administration et de surveillance[586]. Le droit communautaire OHADA, ou à défaut, le droit positif

---

[583] I. CISSE, *La responsabilité des dirigeants sociaux en droit OHADA, un modèle controversé dans sa mise en œuvre*, *op. cit.*, pp. 116-117.

[584]. Les femmes entrepreneurs à la tête de PME : « Pour une participation dynamique à la mondialisation et à l'économie fondée sur le savoir » Paris, 29 – 30 novembre 2000. OCDE (2000b), « Le financement des entreprises dirigées par les femmes : défis et opportunités », document de référence de l'OCDE pour la 2ème Conférence de l'OCDE sur les femmes entrepreneurs à la tête de petites et moyennes entreprises : « Pour une participation dynamique à la mondialisation et à l'économie du savoir », Paris, France.

[585]. Le crédit mutuel du Sénégal est un exemple de réussite où la direction est assurée par une femme.

[586] Cette loi a été consacrée par l'article L. 225-18-1 du code de commerce français, qui l'introduit le 27 janvier 2011. Ladite loi est relative à la représentation équilibrée des femmes et des hommes au sein des conseils d'administration et de surveillance et à l'égalité professionnelle, qui fixe la proportion minimale d'administrateurs de sexe féminin requise au sein des conseils, selon deux étapes (à compter du 1er janvier 2014 et du 1er janvier 2017). Le Code AFEP-MEDEF à travers la recommandation 6.3 du code, actualisée en avril 2010, rappelle que « (…) chaque conseil doit s'interroger sur l'équilibre souhaitable de sa

malien, peut en faire de même, en promouvant le renforcement de la présence des femmes à la tête des entreprises.

Ainsi, un bulletin récent du pacte mondial des Nations Unies[587] recommande le soutien des dirigeants d'entreprises aux principes pour le renforcement de l'autonomie des femmes. Les principaux cadres des entreprises signataires de ce pacte mondial sont invités à signer la déclaration de soutien des dirigeants d'entreprises aux principes pour le renforcement de l'autonomie des femmes, « *Equality means business* ». Ces principes proposent des conseils aux entreprises sur la manière de renforcer l'autonomie des femmes au travail, sur le marché et dans la communauté. Ils mettent également l'accent sur l'analyse de rentabilité de la promotion de l'égalité des sexes au sein de l'entreprise. En signant cette déclaration, les dirigeants d'entreprises montreront leur volonté à servir d'exemple dans le domaine de l'égalité des sexes et du renforcement de l'autonomie des femmes, et ils encourageront ainsi d'autres dirigeants d'entreprises à les imiter ou à faire autant.

Les entreprises maliennes par le biais de leur conseil d'administration peuvent s'enquérir de cette évolution juridique pour empiéter les pas. Le conseil d'administration est donc amené à intégrer cette nouvelle donne de la gouvernance d'entreprise. La nomination des personnes qualifiées est certes nécessaire pour l'épanouissement des sociétés commerciales. Mais, pour que celle-ci puisse produire des effets, il faut multiplier la formation professionnelle tout en mettant des mécanismes pouvant inciter les sociétés commerciales à donner de meilleurs résultats. Mais, il faudrait que les entreprises puissent disposer des comités spécialisés au sein du conseil d'administration.

Paragraphe 2. L'insertion des comités spécialisés dans le conseil d'administration

La création des comités spécialisés pour assister le conseil d'administration est un moyen de consolider la gouvernance des entreprises maliennes. Dans beaucoup de systèmes juridiques, ce cap est franchi. En

---

composition et de celle des comités qu'il constitue en son sein, notamment dans la représentation entre les femmes et les hommes et la diversité des compétences, en prenant des dispositions propres à garantir aux actionnaires et au marché que ses missions sont accomplies avec l'indépendance et l'objectivité nécessaires. Pour parvenir à cet équilibre, l'objectif est que chaque conseil atteigne puis maintienne un pourcentage d'au moins 20 % de femmes dans un délai de trois ans et d'au moins 40 % de femmes dans un délai de six ans, à compter de la publication de la présente recommandation ou de l'admission des titres de la société aux négociations sur un marché réglementé si celle-ci lui est postérieure.(…) » ; v. « Rapport annuel 2013 de l'AMF sur le gouvernement d'entreprise et la rémunération des dirigeants », *Recommandation AMF,* n° 2013-15 10 octobre 2013, pp. 56-59 ; v. M. ROUSSILLE, « Regard sur la représentation équilibrée dans les conseils », *La semaine juridique*, n°2 du 12 janvier 2012, p. 5.

587. www.unglobalcompact.org/NewsAndEvents/UNGC_bulletin Publié le 8 juillet 2010.

France, la loi du 24 juillet 1966 prévoyait déjà la possibilité de créer des comités spécialisés. Dans plusieurs codes de gouvernance d'entreprise[588], il est exigé aux entreprises d'insérer des comités spécialisés. La mise en place de tels comités a été également préconisée par les divers rapports professionnels. Toutefois, les recommandations quant aux aspects liés à l'indépendance et à la compétence des membres siégeant à ces comités restent particulièrement timides, comparées à celles figurant dans les rapports internationaux. La vague de création de ces organes au sein du conseil d'administration n'a cessé de proliférer. Les entreprises ont essentiellement adopté trois types de comités : les comités d'audit ou des comptes, les comités de nomination (ou de sélection), et les comités de rémunération.[589] Ces différents comités peuvent se regrouper en comité de contrôle (A) et celui de la gestion (B).

A. Les comités de contrôle

Pour une bonne gouvernance des entreprises maliennes, il est nécessaire de mettre en place des comités de contrôle en vue de renforcer la transparence et surtout la sauvegarde de l'intérêt social. Les avantages sont surtout au plan institutionnel. La préconisation de la mise en place des dispositifs de contrôle est de nature à éviter la collusion entre dirigeants et administrateurs et à établir des règles de comportement. Les comités de contrôle apparaissent ainsi comme des structures de dynamisation du rôle du conseil d'administration dans le cadre du contrôle de l'action managériale et redistribution de l'information. Ceci est de nature à améliorer la qualité de l'information produite et divulguée par l'entreprise. Les missions de ces comités portent essentiellement sur la vérification des comptes (1) et la gestion des risques de l'entreprise (2).

1. La vérification des comptes

L'audit a été toujours une priorité dans le fonctionnement des entreprises maliennes. Sa pratique se limitait à des vérifications classiques confiées généralement à des administrateurs non indépendants. Pourtant, l'AUSC exige à ce que le comité d'audit soit exclusivement composé d'administrateur non-salariés de la société ou n'exerçant aucun mandat dans l'équipe dirigeante d'une entreprise[590]. Ce cap consacré juridiquement est à la rusée de plusieurs entreprises maliennes. Celles-ci nomment souvent des

---

[588] Code Français de gouvernance d'entreprise des sociétés cotées adoptée depuis 2008 par l'AFEP/MEDEF prévoit plusieurs comités spécialisés dont celui de la rémunération, de la sélection des administrateurs, des comptes etc.

[589] H. Ben AYED-KOUBAA, « L'impact des mécanismes internes de gouvernement de l'entreprise sur la qualité de l'information comptable », *Cahiers de Recherche PRISM-Sorbonne, CR 10-18,* pp. 6-7.

[590] V. l'art. 829-1 al. 2 de l'AUSC.

auditeurs ayant un mandat électif au sein d'une entreprise. Cela constitue une violation des dispositions juridiques du droit communautaire qui constituent pourtant l'ossature du droit positif malien dans la règlementation du droit des sociétés commerciales.

Cette approche d'attribution des compétences dans le cadre de la vérification des comptes des entreprises maliennes doit être écartée au profit d'un système juridique renforcé à travers la gouvernance des entreprises. Celle-ci donne une dimension de transparence et d'indépendance aux organes en charge du contrôle des comptes de l'entreprise. Les administrateurs qui composent le comité de contrôle notamment la vérification des comptes doivent être indépendants et s'écarter de toute relation pouvant influencer leur mission.

En effet, le comité de vérification des comptes permet de veiller sur la clarté et la sincérité des comptes. Il assure aussi la fonction de recrutement essentiel, et choisit les auditeurs en toute indépendance pour apprécier avec eux le résultat des opérations de contrôle. Pendant que cette pratique se développe et imposée aux entreprises comme une obligation, l'AUSC au contraire se montre plus clément envers les entreprises. Au regard des dispositions de l'article 437, il reste facultatif pour le conseil d'administration de créer un comité d'audit. Cela donne une possibilité d'exiger dans le code de la gouvernance d'entreprise la mise en place d'un comité de contrôle ou de vérification des comptes et doté d'une indépendance. Le comité doit agir en toute transparence et en toute indépendance pour fournir un rapport fiable des états financiers et de synthèse de l'entreprise.

Par ailleurs, l'analyse de la gouvernance d'entreprise présume que les administrateurs en charge de la vérification des comptes disposent de compétences particulières leur permettant de mieux apprécier les performances de l'équipe dirigeante et donc de mieux la contrôler. Un certain nombre d'arguments mis en avant par cette analyse pour justifier les effets positifs de la présence de tels profils d'auditeurs dans le contrôle de l'entreprise. Leur présence au conseil d'administration est supposée engendrer la performance dans la transparence. Ajoutons que leur notoriété et leur réputation peuvent accroître leur pouvoir sur les dirigeants et les contraindre à suivre leurs recommandations pour éviter les effets désastreux pouvant résulter de contestations médiatiques.

Pour consolider cette efficience des auditeurs qui peuvent à la fois être internes et externes, certaines actions doivent être interdites. Ils ne doivent pas bénéficier de relations informelles avec les dirigeants de l'entreprise notamment les réseaux. Ces auditeurs doivent plutôt dévoiler aux actionnaires les comportements opportunistes des dirigeants pour éviter de forger au sein de l'entreprise une asymétrie d'information parfois encouragée par les dirigeants[591].

---

[591] Cette analyse tient un lien étroit avec la théorie de l'agence qui révèle les interactions pouvant exister entre les administrateurs institutionnels et financier avec les équipes

Le contrôle ne se limite pas à la vérification des comptes. Il peut porter également sur la gestion des risques auxquels l'entreprise peut être confrontée.

2. La gestion des risques

Les risques sont inhérents dans le fonctionnement d'une entreprise. Ils sont nombreux et multiformes. Le conseil d'administration peut voir ses responsabilités s'élargir lorsque certaines situations se présentent dans l'entreprise. Pour soutenir le conseil à s'acquitter de ses responsabilités, la mise en place d'un comité de gestion des risques est indispensable.

Auparavant, cet organe ne figurait pas dans les structures des entreprises maliennes. Son insertion peut être soutenue à travers le code de gouvernance d'entreprise. En effet, le comité de gestion des risques est chargé de superviser la gestion des risques des activités menées par l'entreprise. Il doit établir un équilibre entre les risques et les récompenses tout en s'assurant que la direction dispose de politiques, procédures et méthodes conçues pour déterminer et gérer efficacement les risques importants auxquels l'entreprise peut être exposée. Le comité peut aider également le conseil dans son rôle de surveillance de l'efficacité et de l'indépendance de la fonction de gestion des risques de l'entreprise.

Le comité doit remplir également le rôle de comité de révision pour l'entreprise. Il pourra examiner les politiques et procédures établies par la direction visant le respect des dispositions sur les opérations avec apparentés du code de gouvernance d'entreprise. Le comité peut être chargé de surveiller les mécanismes de résolution de conflits d'intérêts, d'examiner et d'approuver le code de déontologie de l'entreprise et d'obtenir l'assurance que l'entreprise dispose de processus propres à garantir le respect du code d'éthique[592]. En effet, la gestion des risques est un moyen de protection de l'intérêt social et de celui des parties prenantes y compris les actionnaires de l'entreprise. Les conflits d'intérêts susceptibles de s'élever entre les actionnaires et les dirigeants doivent être soumis à un mode résolutoire qui peut être le mieux indiqué pour équilibrer la divulgation des informations. Le comité de gestion des risques a un rôle fondamental à jouer au sein de

dirigeantes de l'entreprise. Ladite théorie révèle des intérêts pour la participation des administrateurs institutionnels et financiers mais également les risques pouvant contribuer à l'enracinement des dirigeants d'entreprise. En effet, si ces administrateurs n'ont pas réussi à déjouer les stratégies d'enracinement des dirigeants qu'ils doivent contrôler, il est fort probable qu'ils tenteront de couvrir leur inefficience en soutenant l'équipe managériale en place. Ces différents arguments proposés par la théorie de l'enracinement permettent d'aboutir à l'hypothèse que la présence d'administrateurs financiers et institutionnels n'améliore pas l'efficacité du contrôle réalisé par le conseil d'administration sur la gestion des dirigeants. V. H. ALEXANDRE, M. PAQUEROT, « Efficacité des structures de contrôle et enracinement des dirigeants », *op. cit.*, p. 20.

[592] RBC, « Le cadre de gouvernance », *Banque Royale du Canada*, mai 2013, p. 8.

l'entreprise notamment la réduction de l'asymétrie d'information[593]. En effet, la résolution des conflits d'intérêts est une préoccupation majeure de la gouvernance des entreprises maliennes. Les dissensions entre les actionnaires sont prégnantes d'où la nécessité d'un comité de gestion des risques.

Le conseil d'administration dans la mise au point et de l'exécution de la stratégie de l'entreprise, une phase de consultation du comité de gestion des risques est toujours nécessaire. Le conseil recommande à l'approbation du comité de gestion des risques dans l'élaboration de toute activité. Le rôle de surveillance du risque de l'entreprise doit s'exercer principalement par l'entremise du mandat du comité de gestion des risques.

Pour une transparence dans l'exécution de ses missions, le signalement et la communication des informations exclusives à l'entreprise doivent être communiqués au comité de gestion des risques. Les questions importantes doivent être remises au comité d'audit et au comité de gestion des risques, selon le cas. Au regard des dispositions du code de gouvernance, les administrateurs, dirigeants et employés de l'entreprise seront tenus de signaler sans tarder les irrégularités et agissements malhonnêtes présumés. Le code crée un cadre de référence pour traiter les questions complexes et délicates et prévoit l'imputabilité en cas de non-respect des normes de conduite. Un rapport sur l'application du code, portant notamment sur les manquements importants au code, doit être présenté selon l'échéance convenue par les entreprises au comité de gestion des risques.

Les comités en charge du contrôle de l'entreprise doivent disposer d'une grande indépendance en vue de pérenniser la transparence dans les tâches respectives. Mais, ceux-ci doivent être accompagnés par des comités de gestion.

B. Les comités gestion

L'un des points focaux de la gouvernance d'entreprise est la mise en place des comités de gestion notamment sur les questions de rémunération (1) et celles de la nomination des administrateurs (2). L'existence d'un tel comité est favorable à la bonne pratique de la gouvernance d'entreprise. Dans le cadre du droit communautaire OHADA, le conseil d'administration a la possibilité de créer des comités composés d'administrateurs pour les questions qu'il juge nécessaires[594]. Cette disposition donne ainsi la possibilité, aux entreprises maliennes, de déterminer le type de comité en

[593] A. A. GRAMLING, M. J. MALETTA, A. SCHNEIDER; B. K. CHURCH., « Role of the internal audit function in Corporate Governance : A Synthesis of the Extant Internal Auditing Literature and Directions for Future Research », *The Journal of Accounting Literature*, 2004.
[594] V. art. 437 de l'AUSC.

dehors des sociétés faisant appel public à l'épargne[595]. Cette flexibilité du législateur donne ainsi une ouverture au code de gouvernance d'entreprise de préconiser un comité de gestion aux entreprises maliennes pouvant gérer la rémunération et la nomination des administrateurs. C'est en cela que l'institutionnalisation des principes de la gouvernance d'entreprise peut être profitable aux entreprises maliennes.

1. La rémunération des mandataires sociaux

Il est constaté, que la plupart des fraudes connues d'un conseil d'administration, résultent des pratiques comptables à haut risque, les conflits d'intérêts, les opérations hors bilan et les rémunérations excessives des dirigeants. C'est pourquoi le conseil d'administration de plusieurs entreprises maliennes a contribué à l'effondrement de la société et en porte une part conséquente de responsabilité. Les pratiques les plus négatives seraient la rémunération excessive des dirigeants sociaux. Or, avant la révision de l'AUSC, les rémunérations des dirigeants sociaux n'étaient pas soumises à l'approbation du conseil d'administration.

La mise en œuvre d'un comité de rémunération est ainsi nécessaire pour une gouvernance d'entreprise efficace. L'AUSC jette les bases de cette nouvelle exigence de la gouvernance des entreprises maliennes. Le comité est appelé à se prononcer sur les niveaux de rémunération des dirigeants et sur les avantages qui leur sont accordés, notamment en matière d'options d'achat d'actions. Le comité est appelé à se prononcer sur les niveaux de rémunération des dirigeants et sur les avantages qui leur sont accordés, notamment en matière d'options d'achat d'actions.

Le conseil d'administration doit jouer un rôle fondamental dans la rémunération des mandataires sociaux. Selon le rapport Vienot 1, le conseil d'administration remplit une quadruple mission : il définit la stratégie de l'entreprise, désigne les mandataires sociaux chargés de gérer celle-ci dans le cadre de cette stratégie, contrôle la gestion et, enfin, veille à la qualité de l'information fournie aux actionnaires ainsi qu'aux marchés à travers les comptes ou à l'occasion d'opérations très importantes. Le code de gouvernement d'entreprise de l'AFEP précise que « (...) le conseil d'administration représente l'ensemble des actionnaires. Il répond collectivement de l'exercice de ses missions devant l'assemblée générale envers laquelle il assume légalement les responsabilités essentielles (...) »[596].

La rémunération est l'ensemble des flux perçus par un dirigeant en lien avec l'exercice de son mandat. Cela implique que la rémunération soit séparée en deux parties : une composante contractuelle qui prévoit (ou

[595] L'alinéa 1 de l'art. 829-1 de l'AUSC dispose que « le conseil d'administration des sociétés visées aux articles 828 à 853 du présent acte uniforme est obligatoirement doté d'un comité d'audit ».

[596] F. PALOMINO, « Comment faut-il payer les patrons ? », *éd. Rue d'Ulm/Presses de l'Ecole normale supérieure*, 2011, p. 51.

devrait prévoir) pour chaque performance réalisée un niveau de rémunération durant un certain nombre d'années ; une composante non contractuelle qui concerne la fin effective du mandat, laquelle peut intervenir au terme contractuel du mandat ou avant la fin de celui-ci[597]. Ainsi, la gouvernance des entreprises maliennes doit intégrer la mise en place d'un comité de rémunération. La gestion des rémunérations est en grande partie attribuée au conseil d'administration. Cela est évidemment le choix du législateur qui donne une certaine compétence au conseil d'administration dans la gestion des rémunérations des cadres de l'entreprise. Les rémunérations des dirigeants sociaux au regard des dispositions de l'AUSC[598] ont seulement bénéficié d'un encadrement juridique plus défini. En effet, toutes les rémunérations perçues par les dirigeants sociaux (PDG, le directeur général adjoint, le PCA et le DG), hormis les sommes perçues et les avantages accordés dans le cadre d'un contrat de travail, doivent être approuvées et déterminées par le conseil d'administration. Celui-ci dispose donc d'une large compétence. Une analyse laisse penser que le conseil a la possibilité de mettre en place un comité spécialisé en charge de la rémunération des mandataires sociaux.

Cet aménagement permettra ainsi d'instituer un comité de rémunérations. Ce comité doit veiller à ce que la rémunération ne soit pas dispersée, notamment une forme de décentraliser la rémunération des mandataires sociaux. L'instauration d'un tel comité peut résoudre à des préoccupations rencontrées par des entreprises maliennes. Il en est le cas de l'opacité dans la fixation de la rémunération du personnel par les dirigeants. La gestion des contrats de rémunération des dirigeants d'entreprise peut être un indicateur pour les entreprises de fixer un réel objectif d'aligner les incitations des dirigeants avec les objectifs de l'entreprise.

La gestion de la rémunération est facteur de transparence et de bonne gouvernance. Mais, elle doit s'étendre à la nomination des administrateurs.

2. La nomination des administrateurs

Le statut juridique des administrateurs est au cœur des débats dans la gouvernance des entreprises. L'accès au profil d'administrateur est dorénavant soumis à des critères de plus en plus définis par les textes notamment le code de gouvernance d'entreprise[599]. La première qualité d'un conseil d'administration se trouve aussi dans sa composition en l'occurrence la nomination des administrateurs. Ceux-ci doivent avoir une certaine intégrité et la compétence requise pour gérer l'entreprise au profit de l'ensemble des parties prenantes. Les administrateurs doivent s'écarter des

[597] F. PALOMINO, *ibid.*, p. 11.
[598] V. les art. 474, 482 et 490 de l'AUSC.
[599] En effet, plusieurs codes de gouvernance d'entreprise réitèrent cette exigence en recommandant aux entreprises des mesures devant être appliquées. Il s'agit des dispositions relatives au principe légalement reconnu « se conformer ou expliquer ».

conflits managériaux avec les investisseurs en protégeant l'intérêt social de l'ensemble des *stakeholders*. Les membres en l'occurrence les administrateurs qui composent le conseil doivent représenter toutes les parties prenantes de l'entreprise à savoir les salariés et prendre en compte les nouvelles impératives de la gouvernance d'entreprise[600].

Cette parenthèse indique la nécessité de nommer des administrateurs indépendants[601]. Un administrateur est indépendant lorsqu'il n'entretient aucune relation de quelque nature que ce soit avec la société, son groupe ou sa direction, qui puisse compromettre l'exercice de sa liberté de jugement[602]. Ainsi, par administrateur indépendant, il faut entendre, non pas seulement administrateur non exécutif c'est-à-dire n'exerçant pas de fonctions de direction de la société ou de son groupe, mais encore dépourvu de lien d'intérêt particulier (actionnaire significatif, salarié, autre) avec ceux-ci[603].

La nomination d'un administrateur donne ainsi lieu à une large opportunité dont le code de gouvernance d'entreprise pourrait saisir afin de renforcer la composition du conseil d'administration des entreprises maliennes. La nomination des administrateurs par des comités spécialisés est gagée d'efficacité pour le conseil d'administration. Celui-ci peut procéder à la répartition entre les administrateurs internes et externes ; le pourcentage de capital détenu par les administrateurs ; la nature des administrateurs (financiers, institutionnels ou autres).

Pour nommer un administrateur, le conseil doit retenir un certain nombre de critères. Le premier critère fait référence à l'indépendance des administrateurs par rapport aux dirigeants. Le deuxième met en relief les incitations des actionnaires à remplir leurs fonctions de contrôleur. Enfin, la troisième proposition concerne la compétence des administrateurs. La répartition entre les administrateurs internes et externes au regard de la théorie de l'agence suppose que les administrateurs internes ne disposent pas du pouvoir suffisant pour s'opposer aux décisions des dirigeants. Ces administrateurs sont des cadres de l'entreprise ou des salariés qui dépendent hiérarchiquement de la direction. Il leur est, en conséquence, difficile de s'opposer à leurs responsables hiérarchiques directs sans compromettre leur carrière et leur avenir dans l'entreprise.

Leur manque d'indépendance nuit donc gravement à l'efficacité de leur contrôle. En effet, les administrateurs des entreprises maliennes sont confrontés à ces difficultés. Plusieurs d'entre eux exercent leur fonction sans

---

[600] F. LEMEUNIER, *Société anonyme*, Editions Delmas, 20ème éd., 2007, pp.300-304.

[601] Dans le cadre de la réflexion sur le « gouvernement d'entreprise », le rapport Vienot a suggéré que les conseils d'administration des sociétés cotées désigne au moins deux « administrateurs indépendants ». V. Rapport Viénot CNPF-AFEP (dit « Viénot 1 ») « le conseil d'administration des sociétés cotées », juill. 1995.

[602] V. J. PAILLUSSEAU, « La corporate governance (à propos du rapport Bouton) », *D. 2002, Point de vue*, p. 2722.

[603] V. Code Français de gouvernance d'entreprise des sociétés cotées adoptée depuis 2008 par l'AFEP/MEDEF, qui définisse un administrateur indépendant, p. 9.

une grande autorité pouvant contribuer à l'efficacité dans la gestion de l'entreprise.

En revanche les administrateurs externes sont recrutés pour leurs compétences. Leur indépendance à l'égard des dirigeants leur permet de s'opposer aux décisions les plus contestables[604]. Mais, l'absence de lien hiérarchique ou commercial n'est pas nécessairement le gage de l'indépendance des administrateurs par rapport aux dirigeants. En France, l'absence de recours juridique des actionnaires à l'encontre des administrateurs n'incite guère ces derniers à rentrer en conflit avec la direction de l'entreprise pour assumer leur rôle de contrôleur.

Le conseil d'administration doit ainsi être en mesure de porter un jugement objectif et indépendant sur la conduite des affaires de la société. La mise en place d'un comité pour les nominations des administrateurs est ainsi indispensable. Le comité va ainsi faire des propositions au conseil pour la nomination des administrateurs, ainsi que pour la succession des mandataires sociaux, notamment en cas de vacance imprévisible, après avoir diligenté les enquêtes utiles[605]. Pour cela, le comité de nomination doit être en partie composé d'administrateurs indépendants afin qu'il puisse donner un avis diligenté et transparent sur la nomination des principaux mandataires sociaux.

Dans le cadre de la révision récente de l'AUSC, le fonctionnement des sociétés anonymes a été renforcé. En effet, la limite de nombre pour les membres non-actionnaires est supprimée[606]. Les membres du conseil d'administration peuvent ainsi composer par des administrateurs non actionnaires. Il n'existe plus de limites quant au nombre d'administrateurs non actionnaires[607].

Le conseil d'administration, dont on a rappelé le rôle éminent qu'il doit jouer dans la conception « orientée actionnaire » de la gouvernance d'entreprise n'a le plus souvent pas rempli ses missions de contrôle des dirigeants. Subjugués par la personnalité du président, impressionné par les résultats obtenus qui se traduisent par une envolée du titre, les administrateurs ont adhéré dans leur quasi-totalité aux orientations stratégiques qui leur ont été présentées et aux décisions qui demandaient l'aval explicite du conseil[608]. On observe, par ailleurs, que les groupes *ad hoc*, issus du conseil et répondant devant lui en l'occurrence le comité de nomination ou de rémunération, soit n'existaient pas, soit sont restés

---

604 ALEXANDRE, M. PAQUEROT, « Efficacité des structures de contrôle et enracinement des dirigeants », *op. cit.*, p. 17.

605 Rapport RSE, « Gouvernance et orientations stratégiques », *Société Générale*, 2013-2014, p. 10.

606 V. les art. 416 et 417 de l'AUSC.

607 OHADA, « Principales innovations de l'acte uniforme révisé du 30 janvier 2014 », *Réseau PWC*, p. 10 in www.pwc.fr

608 R. LOPEZ, *La gouvernance de l'entreprise*, éd. La Découverte, *op. cit.*, p. 90.

formels. Ce qui corrobore l'idée qu'un système de gouvernance d'entreprise ne se limite pas seulement à un dispositif institutionnel[609].

Ce constat ne s'écarte pas à la pratique des entreprises maliennes. Le code doit ainsi prévoir des moyens pouvant renforcer la compétence des comités qui appuient le conseil d'administration. Mais, il faut nécessairement instaurer des garanties pour accompagner le conseil.

SECTION 2. L'INSTAURATION DES MÉCANISMES DE GOUVERNANCE POUR GARANTIR LE CONSEIL D'ADMINISTRATION

L'exécution des missions du conseil d'administration passe nécessairement par la mise en œuvre des instruments de contrôles. Ceux-ci sont en grande partie des mesures complémentaires dans le cadre du renforcement des contrôles. En effet, tout régime de gouvernement d'entreprise doit être en mesure d'assurer un pilotage stratégique de l'entreprise et la surveillance effective de la gestion par le conseil d'administration. Ces instruments mettront en exergue la responsabilité et la loyauté du conseil d'administration envers la société et en partie aux actionnaires[610]. Cela nécessite de faire recours à des mécanismes externes pour influencer le conseil d'administration (paragraphe 1) et interne pour améliorer la gestion de l'entreprise (paragraphe 2).

Paragraphe 1. Le recours à des mécanismes externes pour influencer le conseil d'administration

L'amélioration des mécanismes de contrôle est indispensable pour la bonne gouvernance des entreprises maliennes. Plusieurs moyens existent à cet effet. Il y a des mécanismes de contrôle marchand qui d'un point de vue d'économiste, le marché semble la forme naturelle de sanction et de contrôle des comportements[611]. A cela s'ajoute le contrôle des conflits d'agence par les normes légales et les règles de conduite qui s'imposent à l'ensemble des acteurs de l'entreprise. Tous ces moyens peuvent renforcer l'assemblée générale (A) ainsi que l'amélioration des pressions financières (B).

A. L'assemblée générale

Toute entreprise dispose d'une instance pouvant encadrer ses activités. Dans le cadre du renforcement de la gouvernance d'entreprise, l'assemblée générale des actionnaires constitue un véritable rempart contre les mauvais comportements des mandataires sociaux. C'est l'instance qui a la possibilité

---

[609] R. LOPEZ, *ibid*, p. 90.

[610] « Principes de gouvernement d'entreprise de l'OCDE », *OCDE*, Paris, 2004, p. 24.

[611] A. COURET, H. Le NABASQUE, M.-L. COQUELET, Th. CRANIER, D. PORACCHIA, Ar. RAYNOUARD, Ar. REYGROBELLET, D. ROBINE, *op. cit.*, pp. 797-823.

de soutenir le conseil d'administration dans ses missions. Elle finalise plusieurs étapes dans les différentes phases processuelles des activités de l'entreprise. Son implication pour la bonne marche de l'entreprise est indispensable. De ce fait, elle doit s'impliquer davantage à l'approbation des comptes (1) et en procédant à des sanctions (2).

1. L'approbation des comptes

A la suite des chocs produits par Enron, WorldCom et les autres sociétés coupables d'indélicatesses comptables, la production et l'utilisation de l'information financière sont remises en cause. Les affaires récemment révélées portent sur des manipulations comptables massives par lesquelles les entreprises ont donné aux marchés une image fausse de leur situation. De ce fait, le contrôle de la préparation de l'information financière est devenu plus essentiel au regard des enjeux de la gouvernance d'entreprise notamment les mécanismes qui encadrent la gestion de l'entreprise. Il s'agit surtout de l'acte essentiel que constitue, l'élaboration et l'approbation des comptes[612].

L'approbation des comptes est un exercice attribué à l'assemblée générale des actionnaires[613]. C'est l'argument reconnu par la théorie de l'agence. Selon elle, le droit de vote des actionnaires leur donne la possibilité d'avoir un droit de regard notamment d'approuver les comptes et se prononcer sur certains nombres de résolutions. Tous ceux-ci sont couronnés par la possibilité de sanctionner les équipes dirigeantes lorsqu'elles font de mauvais résultats[614]. Les instances dirigeantes de l'entreprise à savoir l'assemblée générale des actionnaires disposent des opportunités pouvant constituer de moyens de dissuasion contre les mandataires sociaux.

Pour asseoir une certaine transparence dans la gouvernance des entreprises maliennes, le conseil d'administration peut intervenir en amont en vue d'interdire certaines pratiques qui peuvent affaiblir l'assemblée générale des actionnaires. Les attributs du conseil peuvent contraindre les mandataires sociaux de l'entreprise à apporter une grande transparence dans leur gestion et au grand avantage des actionnaires. Avant l'approbation des comptes, les informations fournies doivent être légitimes au risque d'une révocation que l'AUSC reconnaît au conseil d'administration.

Le recours juridique des actionnaires à l'encontre des administrateurs doit inciter ces derniers à rentrer en conflit avec la direction de l'entreprise en

[612] H. Ben AYED-KOUBAA, « L'impact des mécanismes internes de gouvernement de l'entreprise sur la qualité de l'information comptable », *op. cit.*, p. 1.

[613] L'approbation des comptes est de la compétence de l'assemblée générale des actionnaires mais il appartient au conseil de formuler, à leur sujet, ses observations à l'assemblée générale. V. L. BRUNOUW, *L'exercice du contrôle dans les sociétés anonymes*, LILLE II, université du droit et de la santé, Faculté des Sciences Juridiques, Politiques et Sociales, Ecole doctorale n° 74, Mémoire de DEA, oct. 2003, pp. 27-28.

[614] F. PARRAT, *op. cit.*, p. 17.

vue d'assumer leur rôle de contrôleur. L'incitation au contrôle est une phase cruciale qui pourrait consolider les moyens de pressions des actionnaires. Les administrateurs doivent développer un esprit critique pour conduire la direction à présenter un compte fidèle et performant. Pour y parvenir, les dirigeants ne doivent pas bénéficier d'opportunité de s'enraciner dans l'entreprise. Ils ne doivent pas avoir une influence sur les administrateurs. Ceux-ci ne doivent pas porter leur influence à travers la détention d'actions qui pourrait les conduire à modifier l'arbitrage des administrateurs en faveur de l'exercice de contrôle[615].

Les mandataires sociaux doivent être lucides dans la gestion. Cela dit, ils doivent avoir des conduites conformément aux dispositions légales et réglementaires. Le manquement à ces devoirs peut occasionner des sanctions.

2. Les sanctions envisageables

Les mandataires sociaux sont dorénavant à travers la gouvernance d'entreprise sous une grande surveillance et de contrôle. Les dirigeants tout comme les administrateurs sont tenus à des devoirs. Les administrateurs d'une société sont tenus par le droit à un devoir de prudence, de diligence, de loyauté et de bonne foi. Du point de vue juridique, ces devoirs découlent du statut de mandataire[616]. Du point de vue économique, ces devoirs ont pour fonction d'atténuer le risque de comportement opportuniste. Le risque pour un dirigeant d'être sanctionné constitue donc une incitation à éviter de promouvoir son intérêt aux dépens de celui de la société.

Une distinction peut-être faite notamment la coexistence de la norme juridique et de la règle de bonne conduite. La première est plus exigeante et peut conduire l'entreprise à infliger des sanctions lorsqu'il est établi que les mandataires sociaux ont commis une faute pouvant engager leur responsabilité. L'AUSC ainsi que l'AUPCAP prévoient des dispositions définissant les actes pouvant engager la responsabilité des organes sociaux. La violation des dispositions légales et réglementaires peut encourir aux dirigeants sociaux à des sanctions[617].

La seconde beaucoup plus souple prévoit des conduites à tenir dans la gestion de l'entreprise. Il s'agit des règles de bonne conduite qui sont plus adaptées à la gouvernance des entreprises. Chaque entreprise peut prendre des mesures pour sanctionner les mandataires qui s'écarteront aux règles de conduite.

---

615 H. ALEXANDRE, M. PAQUEROT, « Efficacité des structures de contrôle et enracinement des dirigeants », *op. cit.*, p. 18.

616 V. les dispositions relatives aux pouvoirs et aux obligations des mandataires sociaux de l'AUSC

617 I. CISSE, *La responsabilité des dirigeants sociaux en droit OHADA, un modèle controversé dans sa mise en œuvre*, *op. cit.*, p. 11.

Par ailleurs, le devoir de prudence et de diligence au regard de la règle de l'appréciation commerciale, on pose le principe de non-ingérence des tribunaux dans les choix des stratégies commerciales. Mais les tribunaux peuvent sanctionner les administrateurs et les dirigeants s'ils établissent que le processus décisionnel normal prudent et diligent n'a pas été suivi. Pour apprécier si le processus décisionnel a été diligent et prudent, il faut examiner deux volets. Le premier est procédural où les tribunaux vérifient que les administrateurs ont collecté de façon la plus efficace et complète possible l'ensemble de l'information qui était disponible sur le marché. Le second qui est substantiel exige aux tribunaux de vérifier si les administrateurs ont pris une décision raisonnable, ce qui n'est pas forcément la meilleure des décisions. Il est très difficile ex post de restituer les conditions exactes dans lesquelles la décision a été prise.

Les administrateurs sont censés être loyaux par rapport à la société. Cette notion converge avec l'approche économique de l'entreprise qui la présente comme un réseau de contrats. L'économiste se demande si d'autres décisions auraient été prises par les administrateurs s'ils avaient été guidés par l'intérêt de la personne morale dans son ensemble.

Certains conflits sont interdits notamment les conflits verticaux qui sont des situations dans lesquelles le dirigeant abuse du patrimoine de la société, affectant d'abord les actionnaires, mais tout le reste de la société également. D'autres conflits peuvent opposer les actionnaires ou les dirigeants à d'autres membres de la société. Il en est aussi des conflits horizontaux celui opposant des groupes situés au même niveau dans l'entreprise. On peut par exemple imaginer un conflit entre les créanciers (partie au réseau de contrats sociaux) et les actionnaires. En règle générale, le droit souligne la primauté de l'intérêt des actionnaires. En effet, si les administrateurs sont loyaux vis-à-vis des créanciers, ils peuvent être tentés de rembourser les dettes et de fragiliser l'entreprise, et les actionnaires par le même effet. Le fondement économique de cette primauté des actionnaires était l'idée que l'action entrepreneuriale était *a priori* plus risquée et moins diversifiée que l'action de financement. En conséquence, elle devrait être protégée. Lorsqu'une entreprise fait l'objet d'un rachat, cela peut engendrer des licenciements. Là aussi, la primauté des actionnaires conduit à recommander aux administrateurs de défendre la maximisation de la valeur de l'entreprise au détriment de l'emploi.

L'entreprise peut ainsi mettre à profit ces moyens de pression pour servir de sanction à l'encontre des violations dont les mandataires peuvent être auteurs. Les instances de contrôle ont plusieurs possibilités au regard des dispositions juridiques qui encadrent les entreprises maliennes. Au-delà de l'approbation des comptes, les actionnaires ont la possibilité de sanctionner les équipes dirigeantes jugées peu performantes[618]. Il en est de même pour le

[618] F. PARRAT, *Le gouvernement d'entreprise*, *op. cit.*, p. 17.

conseil d'administration qui a la possibilité de révoquer les équipes dirigeantes insuffisamment performantes.

L'implication de l'assemblée générale des actionnaires doit être couronnée par des pressions financières sollicitées par les règles de gouvernance d'entreprise.

B. Le recours à des pressions financières

La délimitation du pouvoir discrétionnaire des dirigeants a une dimension exponentielle dans la gouvernance d'entreprise. Plusieurs auteurs s'accordent à cette limitation afin de mieux contrôler les mandataires sociaux[619]. Cette approche met en exergue un mécanisme qui résulte de la volonté explicite de contrôler ou de limiter l'espace discrétionnaire du dirigeant. Un exemple de mécanisme spontané peut être donné par le marché financier (1) ; inversement, le conseil d'administration représente un mécanisme intentionnel, tout au moins aux yeux du législateur[620]. Les actionnaires peuvent jouer aussi un rôle dans le cadre de la pression exercée contre les mandataires sociaux (2).

1. Les marchés financiers

La qualité des mécanismes internes peut être estimée par le respect des recommandations des codes de bonne pratique. Mais, il est nécessaire de préciser l'efficacité des mécanismes externes au regard des pressions exercées par les marchés financiers. En effet, si le marché financier est efficient, le prix des titres reflète à tout moment l'information disponible publiquement. Le prix des titres intègre donc l'information disponible sur les conflits d'agence (actionnaires / dirigeant par exemple) au sein de l'entreprise. Par essence, le marché financier est celui sur lequel l'asymétrie d'information est la plus fréquente. Les dirigeants d'entreprise sont en général mieux informés que le public de la réalité des projets d'investissement. En conséquence, les actifs financiers ne reflètent pas nécessairement la valeur de l'entreprise.

A l'inverse, il y a des situations où le marché surévalue les actifs financiers pour des raisons de politique monétaire macroéconomique, par exemple les différentes politiques de relance monétaire exprimées par les grandes puissances et même au plan régional notamment la zone UEMOA. Celle-ci multiplie depuis quelques années des politiques pouvant faciliter la

---

619 G.CHARREAUX, P. DESBRIÈRES, « Gouvernance des entreprises : valeur partenariale contre valeur actionnariale », *Finance Contrôle Stratégie*, vol. 1, n°2, juin 1998 ; K.H. WRUCK, M.C. JENSEN, « Science, specific knowledge, and total quality management », *Journal of Accounting & Economics*, vol. 18, 1994, pp. 247-287 ; L. ZINGALES, « Corporate governance », *Working Paper* 6309, National Bureau of Economic Research, December 1997.

620 G. CHARREAUX, « Le rôle de la confiance dans le système de gouvernance des entreprises », *IAE DIJON - CREGO / LATEC*, mai 1998, p. 7.

relance économique et surtout promouvoir la BRVM qui pourrait renforcer les stratégies de la gouvernance d'entreprise.

La gouvernance des entreprises maliennes peut être renforcée par le biais des marchés financiers. L'efficacité du marché financier ou boursier dans le domaine de la gouvernance d'entreprise va dépendre de sa capacité à sanctionner une mauvaise gestion de l'entreprise ou un comportement déviant de la part des dirigeants, par une baisse du cours de l'action de l'entreprise. Cette baisse permet alors d'activer d'autres mécanismes pour sanctionner les dirigeants, tels que les OPA hostiles, une baisse de la rémunération des dirigeants, si cette dernière comprend une partie variable, définie en fonction du cours boursier ou encore une dégradation de la réputation des dirigeants.

L'importance de la capitalisation boursière peut alors servir d'estimateur à de nombreux éléments favorisant l'efficacité du marché boursier dans le cadre de la gouvernance d'entreprise. La capitalisation boursière est ainsi fortement liée avec le nombre d'analystes suivant l'entreprise, une liquidité suffisante du titre, la présence d'investisseurs institutionnels parmi les actionnaires ou encore le suivi médiatique de l'entreprise.

Plusieurs études sur la publication volontaire montrent que la fréquence est plus importante pour les entreprises de grande taille[621]. Concernant le respect des recommandations des codes de bonne pratique, on constate qu'une capitalisation boursière importante influence positivement le respect des recommandations du code de bonne pratique.

Ainsi, si les marchés fonctionnent de façon parfaite, les entreprises ont intérêt à produire de bons produits au meilleur prix, donc les comportements opportunistes des dirigeants et des actionnaires devraient être limités. Ce postulat repose tout de même sur une grande confiance dans le marché, qui n'est souvent pas assez efficace pour sanctionner les comportements.

Quand on s'intéresse au détail, un dirigeant ou un actionnaire peut échapper à la sanction des marchés en se faufilant dans une imperfection du marché. Cela peut résulter du monopole où l'actionnaire se vote d'importants dividendes, ce qui entraîne une carence d'investissements, mais il se rattrape sur la qualité du produit. C'est aussi la différenciation du produit par laquelle l'entreprise ayant perdu un marché peut réintroduire une différence attirant le consommateur pour récupérer ses parts et se remettre à verser des dividendes exceptionnels. Enfin, le marché financier peut subir des restrictions suite à une asymétrie d'information qui constitue une pratique courante des mandataires sociaux.

Les pressions financières peuvent encourager la performance financière de l'entreprise. En effet, les besoins en capital sont satisfaits par une forte atomisation des actionnaires et par l'existence d'un marché financier très

[621] F. LEDENTU, *Système de gouvernance d'entreprise et présence d'actionnaire de contrôle : le cas Suisse*, Thèse, Université de Fribourg (Suisse), Faculté des Sciences économiques et sociales, févr. 2008, p. 156.

développé. La dispersion de la structure du capital et donc des droits de vote, des exigences de transparence de l'information, sont les grands traits caractéristiques de ce système. La régulation du comportement opportuniste de certains dirigeants s'effectue alors de manière externe sur le marché de la prise de contrôle d'entreprises ou sur le marché des dirigeants.

2. L'influence des offres publiques d'achat

L'un des encrages de la gouvernance d'entreprise est la possibilité pour les investisseurs en l'occurrence les actionnaires de disposer des moyens pour sanctionner les mandataires sociaux. La gouvernance d'entreprise offre des moyens aux actionnaires de se prémunir contre les agissements des dirigeants surtout lorsque ceux-ci enregistrent de mauvais résultats ou tentent de dissimuler les informations de l'entreprise. Les actionnaires à travers les instruments financiers peuvent vendre les titres pour manifester leur mécontentement suite aux manœuvres répréhensibles des dirigeants sociaux. Cette liberté est fondamentalement inscrite dans la gouvernance d'entreprise. Les actionnaires ont la possibilité de menacer les dirigeants à travers les OPA en vue de gérer l'entreprise conformément à leurs attentes[622].

En effet, lorsque les bons résultats de l'entreprise ne sont pas atteints, les actionnaires sont incités à céder leurs titres, faisant ainsi planer sur l'entreprise une cible potentielle d'offre publique d'achat (OPA). Cette menace est de nature à inciter les dirigeants à s'aligner sur les intérêts des actionnaires. Dans ce système, les investisseurs institutionnels (les fonds de pension notamment) sont souvent présents[623].

La répartition des pouvoirs entre les différents actionnaires est déterminante pour l'efficacité de mécanismes externes tels que les assemblées générales et les menaces d'OPA. Il faut ainsi différencier le pouvoir des actionnaires principaux, qui peuvent exercer un contrôle constant et efficace sur la gestion de l'entreprise, du pouvoir des autres actionnaires de l'entreprise, qui ne peuvent exercer qu'une influence indirecte sur la gestion des entreprises.

La domination de l'assemblée générale permet aux actionnaires principaux de contrôler la constitution du conseil d'administration et ainsi, d'influencer directement ou indirectement ses agissements. Comme mentionné précédemment, ces actionnaires n'ont ainsi pas besoin des mécanismes internes de gouvernance pour contrôler les agissements du conseil d'administration. L'application des mécanismes internes pourrait au contraire diminuer l'asymétrie d'informations avec les actionnaires externes et ainsi réduire le pouvoir des actionnaires principaux dans l'entreprise.

---

622 F. PARRAT, *Le gouvernement d'entreprise*, *op. cit.*, p. 18.

623 E. E. WA MANDZILA, « Gouvernance de l'entreprise et cadre légal de l'audit dans la zone euro-méditerranéenne : une comparaison entre la France et les pays de la méditerranée arabe », *Comptabilité, Contrôle, Audit et Institutions*, May 2006, Tunisie, p. 4.

D'autre part, la présence d'actionnaires détenant une large proportion des droits de vote ou encore le non-respect du principe « une action – une voix » lié à leur présence, limite fortement la menace d'une OPA hostile sur l'entreprise, réduisant ainsi l'influence de ce mécanisme externe sur le conseil d'administration[624].

Le recours à des OPA, une pratique qui a émergé dans les grandes entreprises hexagonales, est un moyen de consolidation de la gouvernance d'entreprise. Les OPA peuvent renforcer la protection de l'intérêt social et celui des actionnaires. L'interdiction des clauses anti-OPA est donc nécessaire et réduirait le pouvoir discrétionnaire des dirigeants sociaux. Les mécanismes externes peuvent ainsi exercer une forte pression sur le conseil d'administration. Cette pression est appréhendée comme un renforcement des mécanismes de contrôle dont le conseil tire les ficelles. Les mécanismes externes relayent en pratique les mécanismes internes.

Paragraphe 2. L'amélioration de la gestion de l'entreprise par des mécanismes internes

La gouvernance d'entreprise recommande des caractéristiques au conseil d'administration notamment sa taille, son indépendance et surtout la fréquence des réunions pour créer une fluidité dans la divulgation des informations. La gestion des résultats est au cœur des objectifs que le conseil d'administration doit se fixer. C'est pourquoi il est opportun de procéder à l'organisation du conseil d'administration et de la direction (B) qui semble dans le contexte juridique malien être confuse[625]. Mais avant de redéfinir cette organisation, une attention doit porter sur la protection des droits des actionnaires (A).

A. Le respect des droits des actionnaires

L'un des objectifs de la gouvernance d'entreprise est de sauvegarder l'intérêt des actionnaires. La contradiction lancinante entre les intérêts des actionnaires et ceux des dirigeants est une source de contentieux et de conflit d'intérêts. Une interrogation peut être soulevée, à savoir comment les entreprises, via leurs dirigeants, réagissent-elles aux nouveaux comportements de leurs partenaires financiers visant à leur faire adopter une attitude générale et des choix stratégiques orientés prioritairement, voire exclusivement, vers la satisfaction des actionnaires. En effet, dans ces nouvelles relations interentreprises que constituent, en fait, les systèmes contemporains de gouvernances d'entreprise, les dirigeants des entreprises

[624] F. LEDENTU, *Système de gouvernance d'entreprise et présence d'actionnaire de contrôle : le cas Suisse*, *op. cit.*, p. 157.

[625] V. art. 465 de l'AUSC. Cette disposition donne la possibilité au président d'assurer à la fois les fonctions de contrôle et celles de la direction.

visées sont amenés à s'adapter en infléchissant leurs choix stratégiques, en modifiant leurs structures, leur organisation, leur processus d'incitation et de contrôle, et parfois en mettant en scène la représentation de leurs performances et en faisant de la communication sur celle-ci un objet de management[626]. Au regard de ces informations, l'accent peut être mis sur l'accès à l'information (1) et le traitement équitable des actionnaires (2).

1. L'accès aux informations

Pour contrôler efficacement une entreprise, les actionnaires doivent avoir un accès libre aux informations qui concernent la gestion de l'entreprise. Les dysfonctionnements rencontrés dans la gouvernance des entreprises maliennes relèvent des difficultés pour les actionnaires autrement dit les investisseurs d'accéder aux informations se rapportant à la gestion de leur portefeuille. Pourtant, les actionnaires sont titulaires d'un certain nombre de droits, dont l'accès à l'information. A ce propos, Maurice COZIAN exprime que l'associé est un citoyen qui a droit de participer aux décisions collectives et que cette prérogative dans sa première forme témoin que l'associé a droit à l'information sur les comptes et la politique sociale de l'entreprise[627].

La gouvernance d'entreprise consolide ce droit d'accès à l'information pour les actionnaires qui est consacré juridiquement par le droit positif malien à travers l'AUSC[628]. D'après ce qui précède, les actionnaires institutionnels doivent disposer d'un meilleur accès à l'information ainsi que bénéficier de meilleures compétences pour traiter celle-ci. Ces actionnaires doivent disposer également des ressources qui leur permettent d'exercer un contrôle peu onéreux. Ces différents avantages leur permettent d'exercer un contrôle plus important, et ce notamment en matière de production de l'information financière. Ces derniers seront, notamment, capables de dissuader les dirigeants de recourir à la gestion des résultats comptables[629] en chiffrant des objectifs de performance pour l'entreprise.

Le code de gouvernance d'entreprise doit organiser les relations entre les actionnaires et les mandataires sociaux. Ces derniers doivent pouvoir s'abstenir de toute asymétrie d'information en créant une ouverture aux actionnaires d'accéder aux informations comptables et financières. Des systèmes d'information et de communication doivent être privilégiés. C'est le cas du *reporting* interne et la communication financière externe. Si la gouvernance d'entreprise « orientée actionnaire » pousse à l'adoption d'une structure organisationnelle déconcentrée, elle incite en revanche à développer un système d'information et de communication puissant et centralisé. Ces deux orientations sont liées dans la mesure où l'entreprise a

---

[626] R. LOPEZ, *La gouvernance de l'entreprise*, *op. cit.*, pp. 66-67.

[627] M. COZIAN, A. VIANDIER, Fl. DEBOISSY, *Droit des sociétés*, *op. cit.*, p. 198.

[628] V. art. 713 de l'AUSC.

[629] H. Ben AYED-KOUBAA, « L'impact des mécanismes internes de gouvernement de l'entreprise sur la qualité de l'information comptable », *op. cit.*, p. 11.

créé des unités opérationnelles relativement autonomes dont elle a besoin, avec une périodicité de plus en plus courte allant jusqu'à la fourniture instantanée, d'informations en provenance desdites unités sur les différents aspects de leurs activités et sur les performances qu'elles réalisent[630].

On doit assister dorénavant à la mise en place d'un système et de procédures de rapports *(reporting)*, de plus en plus contraignants, pas tant au plan technique, compte tenu des possibilités offertes par les technologies de traitement de l'information, mais en termes de préoccupation et de pression sur les cadres concernés. De même, c'est la pression que les dirigeants des entreprises peuvent subir de leurs partenaires financiers qui explique l'importance donnée à la présentation et l'analyse comparée des performances financières dans la communication externe de l'entreprise.

Pour parvenir à une bonne divulgation des informations à l'égard des actionnaires, les entreprises maliennes notamment les mandataires sociaux ne doivent plus jouer à une surreprésentation de la performance et de la communication financière[631] à son sujet qui devient non seulement le reflet, mais objet de management. Au-delà du risque de « court-termisme », un nouveau risque doit être écarté, celui né de la tentation de jouer sur l'instrument lui-même, c'est-à-dire sur le système d'information et sur les indicateurs de représentation des performances qui constituent des dérives pour la gouvernance d'entreprise.

Le droit d'accès aux informations permet aux actionnaires d'effectuer des contrôles sur l'ensemble des équipes de gestion et de contrôle à savoir le conseil d'administration. C'est un droit politique qui doit être sauvegardé en vue de procéder à un traitement équitable.

<u>2. Le traitement équitable des actionnaires</u>

Les actionnaires ont des droits qui doivent être protégés dans l'entreprise. Ces droits sont multiples et variés. Il s'agit entre autres des droits politiques dont l'information et le droit de participer aux décisions stratégiques notamment le droit de participer aux assemblées et d'y exprimer un vote[632]. En effet, le phénomène du gouvernement d'entreprise tend notamment à restaurer les prérogatives des actionnaires à la fois en imposant de stricts devoirs aux dirigeants et en facilitant l'exercice des droits qui sont naturellement ceux de l'actionnariat, dont les intérêts sont très largement sinon exclusivement présentés comme constitutifs de l'intérêt social. Parmi les droits des actionnaires dont il est souhaitable de restaurer la plénitude,

---

[630] R. LOPEZ, *La gouvernance de l'entreprise*, *op. cit.*, p. 76.

[631] C'est ce qui explique le processus de la privatisation en Afrique franconphone dans les années 80 qui avait pour objectif d'assainir le système financier et d'améliorer la gestion publique ; v. B. CHAVANE, « Bilan et perspectives des privatisations en Afrique francophone : une étape de la démocratisation ? », *Bureau international du Travail*, Genève - Avril 1996.

[632] M. COZIAN, A. VIANDIER, Fl. DEBOISSY, *op. cit.*, p. 198.

figure au premier rang le droit de vote[633]. Celui-ci doit être protégé au même titre que les droits financiers et patrimoniaux. Lorsque l'entreprise fait des bénéfices ou des économies, ils doivent profiter proportionnellement aux apports. L'actionnaire est aussi titulaire des parts sociales ou des actions[634].

Le régime de la gouvernance d'entreprise ne s'écarte pas de ce principe puisque veille à la protection des droits des actionnaires et faciliter leur exercice. En effet, selon les principes de l'OCDE, les droits élémentaires des actionnaires doivent comprendre le droit de bénéficier de méthodes fiables d'enregistrement de leurs titres ; de pouvoir céder ou de transférer des actions ; d'obtenir en temps opportun et de façon régulière des informations pertinentes et significatives sur la société ; de participer et de voter aux assemblées générales des actionnaires ; d'élire et de révoquer les administrateurs ; et d'être associés au partage des bénéfices de la société[635].

Ces droits doivent bénéficier d'une large protection au grand intérêt des actionnaires. Cela explique qu'un régime de gouvernement d'entreprise doit assurer un traitement équitable de tous les actionnaires, y compris les actionnaires minoritaires et majoritaires, voire étrangers. Tout actionnaire doit avoir la possibilité d'obtenir la réparation effective de toute violation de ses droits.

Tous les actionnaires détenteurs d'actions d'une même série à l'intérieur d'une classe doivent être traités sur un pied d'égalité. Cela ne remet pas en cause certaines recommandations qui peuvent obliger l'entreprise à faire des réserves en vue de se prémunir contre les risques d'insolvabilités. Ces réserves peuvent être de source légale ou statutaire[636]. Il y a la possibilité pour valider les clauses d'inégalité de traitement. Le plus souvent, les statuts prévoient que la répartition des bénéfices et des pertes se fera proportionnellement aux apports ; ainsi celui qui a apporté 10% du capital a vocation à recevoir 10% des bénéfices. Cette règle peut être sous-entendue en cas de silence des statuts. Mais il ne s'agit pas d'une règle d'ordre public. Cela dit, les statuts peuvent prévoir un mode de répartition inégalitaire où certains actionnaires peuvent recevoir une part de bénéfice nettement supérieur à leur participation au capital ou à l'inverse participant aux pertes dans une proportion moins élevée[637].

Cette parenthèse soulevée donne une orientation dans le traitement équitable des actionnaires. En effet, toutes les actions d'une série d'actions d'une classe donnée doivent conférer les mêmes droits. Tous les investisseurs doivent pouvoir obtenir des informations sur les droits attachés à chaque série et classe d'actions avant même d'acquérir des titres. Toute

---

[633] A. COURET, « Première traduction législative de la corporate governance : la loi sur les fonds de pension (libres propos autour de la loi n° 97-277 du 25 mars 1997) », *Recueil Dalloz*, 1997, p. 241.

[634] V. art. 51 de l'AUSC.

[635] « Principes de gouvernement d'entreprise de l'OCDE », *OCDE*, 2004, p. 18.

[636] M. COZIAN, A. VIANDIER, Fl. DEBOISSY, *ibid.*, pp. 214-215.

[637] M. COZIAN, A. VIANDIER, Fl. DEBOISSY, *ibid.*, p. 75.

modification des droits de vote doit être soumise à l'approbation des classes d'actionnaires affectées négativement par cette décision.

Les actionnaires minoritaires doivent être protégés contre les actes abusifs commis directement ou indirectement par les actionnaires de contrôle ou dans leur intérêt, et disposer de voies de recours efficaces. Les droits de vote doivent être exercés par les dépositaires des titres ou les fondés de pouvoir en accord avec les propriétaires effectifs. Aussi, il convient d'éliminer les obstacles entravant l'exercice des votes transnationaux. Les démarches et procédures relatives aux assemblées générales d'actionnaires doivent assurer un traitement équitable de l'ensemble des actionnaires. Les procédures propres aux sociétés ne doivent pas rendre l'exercice du droit de vote par les actionnaires inutilement difficile ou onéreux.

Par ailleurs, les opérations d'initiés et les opérations pour compte propre abusives doivent être interdites. Les administrateurs et les principaux dirigeants doivent informer le conseil d'administration de tout intérêt significatif qu'ils pourraient avoir, directement, indirectement ou pour le compte de tiers dans une opération ou une affaire affectant directement la société[638]. L'intérêt des actionnaires est donc largement pris en compte par les principes de l'OCDE sur la gouvernance d'entreprise. Pour consolider cette protection, il est important de revoir l'organisation des instances dirigeantes et de contrôle de l'entreprise.

B. L'organisation du conseil d'administration et de la direction

Dans l'objectif de rééquilibrer les pouvoirs au sein de l'entreprise, le droit positif malien au regard des préoccupations soulevées doit revoir l'organisation de la gouvernance. Celle-ci souffre d'une grande opacité qui discrédite les organes sociaux de l'entreprise. Une telle approche est d'office vouée à l'échec. C'est ce qui explique la nécessité de veiller au principe de la séparation des pouvoirs (1). Ce principe doit être accompagné par des mesures de transparence dans la divulgation des informations (2).

1. Le respect du principe de la séparation des pouvoirs

Le droit positif malien à travers l'AUSC donne en toute évidence des indications nuancées. Il y a en effet une séparation sous-entendue des fonctions du conseil d'administration et de la direction. En effet, la forme la plus répandue pour les sociétés anonymes au Mali est le monisme d'où une quasi-absence des sociétés anonymes duales dans lesquelles il existe une réelle séparation de pouvoirs plus claire entre le directoire et le conseil de surveillance. L'AUSC ne dissocie pas la présidence du conseil

[638] « Principes de gouvernement d'entreprise de l'OCDE », *OCDE*, 2004, p. 20.

d'administration et celles de la direction puisque le président du conseil est également celui de la direction[639].

Cette imprécision doit être dissipée malgré que l'AUSC précise les attributs du conseil d'administration et de la direction. La dissipation s'explique par le fait que l'AUSC attribue à la direction de l'entreprise les pouvoirs les plus étendus pour agir en toute circonstance dans l'intérêt social. La direction est composée de plusieurs départements qui sont sous le contrôle du directeur général. Celui-ci est investi des pouvoirs les plus étendus pour agir en toute circonstance au nom de la société. Il doit pour cela exercer ses pouvoirs dans la limite de l'objet social. Cet exercice doit prendre en compte les pouvoirs attribués par l'assemblée générale des actionnaires et le conseil d'administration. Le directeur général est appelé aussi à représenter la société dans ses rapports avec les tiers[640].

Il est en réalité le vrai patron de l'entreprise à moins qu'il existe une dissociation effective entre la direction et le conseil. C'est lui qui dirige opérationnellement l'entreprise, et en contrepartie, est responsable devant le conseil d'administration et assure la responsabilité civile du chef d'entreprise. Un exercice pourtant difficile à réaliser puisqu'il est aussi administrateur et préside le conseil d'administration dans la plupart des entreprises maliennes.

Certes, le contrôle du conseil d'administration se présente comme le point de jonction entre actionnaires et gestionnaires. Sa composition comme l'a souligné Jack BUSSY[641], a été démocratisée à travers la suppression des dispositions subordonnant la qualité d'administrateur à celle d'actionnaire et la représentation de catégories spécifiques d'actionnaires en son sein. Le législateur OHADA a entendu limiter le nombre de mandats. Cette question du nombre maximum de mandats que peut détenir un administrateur est évidemment importante puisqu'elle conditionne le temps disponible que chaque administrateur est en mesure de consacrer aux sociétés dont il est administrateur[642]. Dans la pratique malienne, cela est d'autant plus évident dans la mesure où ces organes ne disposent pas d'autorité suffisante pour effectuer des contrôles intransigeants.

Cette crise de transparence dans les contrôles effectués par le conseil d'administration est due à la centralisation des pouvoirs. Pourtant, on

---

639 La dissociation de fonctions de président du conseil d'administration et de directeur général le législateur OHADA est dorénavant confuse puisque l'article 477 AUSC a été abrogé lors de la révision de 2014. En effet, la séparation des pouvoirs est une notion confuse. Il est généralement admis que la gouvernance des entreprises maliennes confond souvent les fonctions de direction et de contrôle entre les mains du PDG. Or l'analyse de l'évolution de la gouvernance montre qu'il n'en est rien. C'est le même constat effectué en France. P.-Y. GOMEZ, Z. GUEDRI (dir.), « 20 ans d'évolution des conseils d'administration en France 1992-2010 », *op. cit.*, p. 4.

640 V. art. 465 de l'AUSC.

641 J. BUSSY, *Droit des affaires*, Presses de Sciences Politiques et Dalloz, Paris, 1998, pp. 177-178.

642 P. S.A. BADJI, « OHADA et bonne gouvernance », *ibid.*

s'attendait lors de la révision de 2014 à la résolution de cette préoccupation. En effet, les deux modes d'administration du conseil d'administration dans les sociétés anonymes qui est la forme la plus rependue dans les grandes entreprises maliennes sont presque identiques. Que ça soit par exemple de la SA avec conseil d'administration ou avec administrateur général, le problème est identique[643]. Il n'y a pas une séparation entre la gestion et le contrôle de l'entreprise. Cela doit nécessairement être résolu pour apporter un équilibre au sein des équipes dirigeantes de l'entreprise. Les administrateurs doivent dorénavant disposer des attributs en termes d'indépendance pour contrôler les managers qui ne doivent plus se voir en position de force.

La séparation des pouvoirs peut constituer un moyen de renforcement des systèmes de contrôle. Ceux-ci sont ainsi inhérents à la personne morale de l'entreprise[644]. Il y a dans le cadre du droit OHADA un effort de conformité aux standards internationaux[645] de la gouvernance des entreprises. Le droit communautaire donne en partie des indications sur le mode de gouvernance des entreprises surtout la façon dont celles-ci doivent être dirigées et contrôlées[646]. Mais, il y a un contraste dans la réalité des contrôles[647] sur la gestion des dirigeants, qu'ils soient menés en interne par le conseil ou en externe par les auditeurs. L'absence de séparation entre les fonctions de gestion et de contrôle est un handicap dans la gouvernance des entreprises maliennes. La direction de la gestion et celle de contrôle doivent dorénavant être séparées. Cela peut d'ailleurs être un moyen de renforcer la transparence dans la divulgation des informations.

---

643 V. Les art. 414, 415, 494 de l'AUSC.

644 D. LEDOUBLE, « Les systèmes de contrôle, élément essentiel de l'anatomie des personnes morales », *Revue Semaine Juridique, Entreprise et Affaires*, n° 31-34, 31 juil. 2014, p. 23.

645 En référence à la notion du « raisonnable » en droit des affaires, le standard juridique illustre encore un autre visage, c'est une notion particulièrement malléable, qui sert de guide d'analyse à l'interprète dont on se doit de préciser ici que c'est une notion typique d'un *droit jurisprudentiel* comme le sont le droit anglais ou le droit américain et le droit administratif (…) Il s'est développe de manière considérable, en droit interne, le « raisonnable » (…) l'intérêt de l'entreprise, (…). V. P. MORVAN, *Les principes de droit privé*, Presses Univ. Pantheon-Assas, 1999 dans D. MAINGUY, « Le « raisonnable » en droit (des affaires) », in E. Le DOLLEY (dir), *les concepts émergents en droit des affaires*, LGDJ, coll. droit et économie, 2010, p. 320-321.

646 Nous précisons que les entreprises doivent disposer d'un système de contrôle afin de gérer les fonctions précises. Elles doivent disposer d'un système de contrôle interne pour protéger le patrimoine social, un système de conformité aux lois et règlement et un système d'information. D. LEDOUBLE, *op. cit.*, p. 23.

647 B. RICHARD, D. MIELLET, *La dynamique du gouvernement d'entreprise*, Éditions d'Organisation, 2003, p. 3.

2. La transparence dans la divulgation des informations

La divulgation des informations doit accompagner les activités de l'entreprise. L'information consolide la confiance entre l'entreprise et son environnement. Elle doit être accessible surtout pour les partenaires de l'entreprise. Elle se présente dès lors comme une obligation imposée par l'entreprise et précisément les dirigeants sociaux. L'information doit être accessible au public en vertu de l'article 86 AUSC. C'est pourquoi elle doit être publiée dans des journaux habilités à recevoir les annonces légales.

La divulgation d'information doit surtout être accessible aux actionnaires qui sont les propriétaires des portefeuilles de l'entreprise. C'est d'ailleurs à ce niveau qu'elle révèle une importance capitale pour les actionnaires. Car c'est grâce à l'information qu'ils ont sur la société qu'ils estimeront utile de l'opportunité d'user d'autres droits dont ils disposent. Pour essayer de satisfaire au mieux à ce but, différents droits vont pouvoir être mis en œuvre.

L'importance de l'information pour les actionnaires constitue une préoccupation dans le système de gouvernance. Cette interrogation est transnationale. En effet, la théorie des droits de l'actionnaire date de la fin du XIXe siècle en France où Thaller l'a importée d'Allemagne. Elle répond à deux préoccupations : déterminer quels sont les droits qui qualifient l'actionnaire, et que l'on ne peut lui enlever ni par convention ni par la loi, sans lui faire perdre sa qualité d'actionnaire, et plus pratiquement, elle cherche à percevoir quelles sont les conséquences, mêmes éventuelles, de la qualité d'actionnaire[648]. Le droit à l'information des actionnaires est perçu traditionnellement comme le moyen d'éclairer le droit de vote de l'actionnaire. Aujourd'hui, ces deux droits sont dissociés, en effet, les actionnaires porteurs d'actions à dividende prioritaire sans droit de vote et les porteurs de certificats d'investissement doivent posséder le même droit à l'information que les autres pour la défense de leurs intérêts pécuniaires. Les premiers textes relatifs à l'information, décrets lois des 30 octobre 1935 et 31 août 1937, ont donné lieu à de nombreux procès, car les administrateurs craignaient souvent que les renseignements qui leur étaient demandés ne puissent être utilisés contre eux pour la constitution d'une majorité hostile ou la critique de leur gestion[649]. De plus, l'information coûte cher et le secret des affaires doit être préservé. On voit donc le rôle que peut jouer l'information dans le contrôle exercé par les actionnaires. C'est grâce à elle qu'ils peuvent se renseigner sur la gestion effectuée par les dirigeants, et s'ils ne sont pas d'accord avec les directions adoptées, prendre les mesures qui s'imposent. Outre le rôle de l'information pour attirer et retenir les souscripteurs qui seront en confiance face à une société qui ne masque pas la réalité, il est normal que les actionnaires connaissent l'état des affaires sociales puisqu'ils sont les maîtres, les propriétaires, de la société.

---

[648] P. LE CANNU, *Droit des sociétés*, 1ère édition, Paris, Montchrestien, 2002, p. 519, n° 860.
[649] G. RIPERT, R. ROBLOT, M. GERMAIN, *Traité de droit commercial*, tome 1, volume 2, 18ème éd., Paris, L.G.D.J., 2002, p. 348, n° 1568.

L'information va donc leur permettre d'apprécier les performances de la société et de connaître sa richesse. Selon une loi française, l'information a pour finalité « l'exercice d'un pouvoir de participation, ou envers de ce dernier, d'un pouvoir de contestation…la loi de 1966, après avoir définitivement réglé la question de la répartition du pouvoir, le pouvoir de gestion pour les dirigeants et le pouvoir de surveillance pour les actionnaires, a tout naturellement renforcé l'information que les premiers doivent aux seconds »[650]. L'information n'est pas une innovation de la loi de 1966, mais les textes qui l'organisaient auparavant se révélaient, « insuffisants pour permettre aux associés d'exercer leur droit de vote de façon éclairée et contrôler ainsi réellement les affaires sociales »[651].

L'assemblée est le lieu où s'élabore et s'exprime la volonté sociale. L'actionnaire a des pouvoirs qui lui permettent d'influer sur le fonctionnement de la société, pour les exercer, il doit être informé. C'est également lors de l'assemblée qu'il va approuver ou désapprouver la politique sociale, pour cela il doit en être informé. Le droit à l'information est donc inhérent à l'appartenance de l'associé à la société. C'est pourquoi, en 1966 le législateur a voulu réellement organiser ce droit à l'information de l'actionnaire, la loi relative aux nouvelles régulations économiques a, par la suite, également amélioré cette information.

Par ailleurs, certains droits peuvent réaliser cette information. Le droit positif malien doit encourager cette disposition et en exigent aux entreprises une transparence dans la divulgation qui pourrait faciliter pour les actionnaires d'accéder aux informations. L'actionnaire doit disposer en permanence d'une prérogative d'information. Ce droit à l'information va se réaliser par l'exercice d'un droit de communication que les entreprises doivent dorénavant renforcer. En vertu de l'AUSC, tout actionnaire peut, à toute époque, mais dans le respect de l'intérêt social, consulter au siège social les documents suivants : les comptes annuels des trois derniers exercices et, le cas échéant, les comptes consolidés ; la liste des administrateurs ou des membres du directoire et du conseil de surveillance ; les rapports de gestion des organes sociaux établis lors des trois derniers exercices ; les procès-verbaux et feuilles de présence des assemblées tenues dans la même période. Tout refus de la société d'accéder à la demande faite par un actionnaire expose celle-ci à des dommages-intérêts. De plus, l'associé qui n'aurait pu exercer son droit à l'information peut solliciter en référé une mesure d'injonction judiciaire sous astreinte ou la nomination d'un mandataire chargé de procéder à la communication[652]. Cette possibilité est réaffirmée dans plusieurs législations notamment en France à travers

[650] A. BRUNET, M. GERMAIN, « L'information des actionnaires et du comité d'entreprise dans les sociétés anonymes depuis les lois du 28 octobre 1982, du 1er mars 1984 et du 25 janvier 1985 », *Revue Sociétés,* 1985, Doctrine p. 1.

[651] I. URBAIN-PARLEANI, M. BOIZARD, « L'objectif d'information dans la loi du 24 juillet 1966 », *Revue Sociétés*, 1996, p. 447, n° 2.

[652] V. art. 525, 526, 708 de l'AUSC.

l'article L. 238-1 du Code de commerce. Ce droit d'information permanent est utile, car il permet les comparaisons. Au même titre, pendant toute l'année, tout actionnaire peut poser des questions écrites aux dirigeants sur tout fait de nature à compromettre la continuité de l'exploitation, en application de l'article 526 de l'AUSC.

En outre, l'information de l'actionnaire peut également se réaliser de façon occasionnelle, préalablement à la tenue d'une assemblée. Tout d'abord, un premier type d'informations est envoyé par la société sans que l'actionnaire n'ait à le demander, il s'agit de l'information jointe à l'envoi d'une procuration. Assez souvent, une formule de procuration est jointe à la lettre de convocation envoyée par la société aux actionnaires qu'elle connaît. Il ne s'agit pas d'une obligation, mais selon le Professeur Y. GUYON, d'une pratique assez couramment suivie[653]. A toute formule de procuration doivent être joints l'ordre du jour, le texte des projets de résolution, ce qui permet à l'actionnaire d'examiner ce qui sera soumis au vote de l'assemblée d'une manière plus précise que l'ordre du jour, un résumé du rapport du conseil d'administration ou du directoire et un tableau comparatif des résultats obtenus au cours des cinq derniers exercices ; un formulaire de vote par correspondance, une formule de demande d'envoi de documents complémentaires. Selon Yves GUYON, il faut approuver ce mécanisme qui facilite l'information de l'actionnaire dans la mesure où celui-ci doit seulement lire ce que la société lui adresse, il serait encore mieux que l'envoi de ces documents soit lié à l'envoi de la lettre de convocation et non seulement de la procuration[654].

Le conseil d'administration et la direction doivent faciliter cette transparence en vue de permettre à l'ensemble des parties prenantes d'accéder aux informations inhérentes à la gestion de l'entreprise. L'effectivité des mécanismes de contrôle interne peut ainsi s'appuyer sur ces différentes mesures qui sont indispensables dans la gouvernance des entreprises. L'opacité élevée peut ainsi être dissipée surtout lorsque la gouvernance doit prendre en charge la RSE.

---

[653] Y. GUYON, *Droit des affaires*, tome 1, 11ème éd. Paris, Economica, 2001, p. 295, n° 295.
[654] Y. GUYON, *op.cit.,* p. 295, n° 295.

CONCLUSION DU CHAPITRE 2

Pour une attractivité auprès des investisseurs, les entreprises maliennes sont contraintes à mettre en place des institutions conformément au code de la gouvernance d'entreprise. L'élaboration d'un code est une étape qui doit être suivie par des mesures d'accompagnement favorables à une application effective des principes de la gouvernance d'entreprise. Les entreprises doivent ainsi procéder à l'institutionnalisation des structures de la gouvernance d'entreprise. Cela va sans doute garantir les intérêts de l'ensemble des parties prenantes. C'est d'ailleurs le meilleur moyen d'asseoir la transparence et d'avoir une meilleure attractivité du côté des investisseurs.

A l'instar des grandes entreprises occidentales[655], l'institutionnalisation exige de mettre en place au sein des entreprises, toutes les structures permettant d'accompagner efficacement et en toute transparence la gestion et le contrôle de l'entreprise. Il en est ainsi pour le conseil d'administration qui est qualifié comme étant le noyau central dans la gouvernance des entreprises. De ce fait, il doit bénéficier des garanties afin de jouer son rôle en tant que garant de la transparence. C'est ce qu'indique un auteur[656], car le conseil d'administration doit comprendre en son sein, des administrateurs internes, c'est-à-dire des individus qui participent quotidiennement à la vie de l'entreprise et possèdent des informations spécifiques. Leurs rôles sont d'informer les autres administrateurs de ce qui se passe concrètement dans l'entreprise. Cela suffit à contrôler l'opportunisme du dirigeant, sauf en cas de collusion entre les administrateurs internes et le dirigeant qu'ils sont chargés de contrôler. Dans ce cas, afin de garantir l'indépendance du conseil d'administration, la présence en son sein, d'administrateurs externes et indépendants et spécialistes du contrôle, est préconisée.

---

[655] W. PETER « Facteurs psychologiques de l'institutionnalisation des « meilleures pratiques » de gouvernance en France », *XVIème Conférence Internationale de Management Stratégique, Université Lumière (Lyon II) – COACTIS/COPISORG Faculté de Sciences Economiques et de Gestion*, Montréal, 6-9 Juin 2007, p. 2.

[656] E.F.FAMA, « Agency problems and the Theory of the firm », *Journal of Political Economy*, 1980, p.288-307.

CONCLUSION DU TITRE 1

Il apparait trop souvent négligé dans le débat sur la *corporate governance*, il ne peut être nié que le droit a, un rôle important à jouer. L'adoption d'une démarche exploratoire sur les apports de la construction juridique en matière de bonne gouvernance d'entreprise dans un domaine qui fait à l'heure actuelle couler beaucoup d'encre est plus que nécessaire. A travers une comparaison des législations américaines, canadiennes et françaises et des évolutions les plus récentes dont elles ont fait (ou font) l'objet, nous estimons qu'une orientation du droit permet d'esquisser les préoccupations constatées au sein des entreprises maliennes.

Si la gouvernance d'entreprise se définit simplement comme tout système par lequel une société est dirigée et contrôlée, le recours à une norme juridique s'avère nécessaire. Sa consécration juridique permettra donc d'apporter des solutions à certaines préoccupations. Il s'agit entre autres des préoccupations liées à la séparation des pouvoirs entre le conseil d'administration et les dirigeants ; les relations entre dirigeants, administrateurs et actionnaires, et leurs conséquences sur la composition des conseils d'administration ; la responsabilité des dirigeants, des administrateurs, avec ce que cela implique de droits et devoirs vis-à-vis des actionnaires ; la réalité des contrôles sur la gestion des dirigeants, qu'ils soient menés en interne par le conseil ou en externe par les auditeurs ; la façon dont sont prises les décisions stratégiques de l'entreprise[657].

Les constats révélés dans la pratique et au regard du droit OHADA[658] montrent la nécessité de s'orienter vers une uniformisation autour des pratiques de la gouvernance d'entreprise. La règlementation de la gouvernance d'entreprise est plus que nécessaire puisqu'elle permettra de réduire les risques juridiques auxquels les entreprises sont exposées. C'est pourquoi la consécration juridique de la gouvernance d'entreprise est impérative. Cela va créer des possibilités d'aller vers une institutionnalisation de la gouvernance d'entreprise. En effet, les structures

---

[657] B. RICHARD, D. MIELLET, « La dynamique du gouvernement d'entreprise », *éd. d'organisation*, 2003, p. 1.

[658] S.A. BADJI, « OHADA et bonne gouvernance d'entreprise » *Revue de l'ERSUMA, Droit des affaires - Pratique Professionnelle*, n°2 – mars 2013.

mises en place dans la plupart des entreprises maliennes sont moins efficaces et incapables d'assurer certaines missions. C'est pourquoi il faut procéder à des restaurations en vue de créer des structures conformément aux dispositions du code de la gouvernance d'entreprise.

TITRE 2

La prise en charge par les entreprises maliennes de la RSE dans les règles de gouvernance

L'intégration de la RSE dans la gouvernance des entreprises maliennes est sans nul doute un moyen de croissance économique et surtout une moralisation des activités de l'entreprise. La RSE peut être le levier de la performance[659]. L'amélioration de la gouvernance de la RSE inclut, après l'adoption de méthodes rationnelles d'identification des parties prenantes, la définition des modalités pertinentes de leur « collaboration étroite » avec l'entreprise pour l'aider à définir sa stratégie sociale et environnementale afin d'accroître sa performance globale (économique, sociale, environnementale et la gouvernance). Il y a plusieurs modalités d'associer la gouvernance d'entreprise à la RSE. Ainsi, peut être identifié notamment le dialogue avec les parties prenantes qui est à plusieurs égards méconnus par les entreprises maliennes. Celles-ci ont intérêt aujourd'hui à aller vers le dialogue social[660]. Pour y parvenir, il faut redéfinir les règles de gouvernance. C'est pourquoi il est opportun de préciser le domaine de la RSE dans la gouvernance des entreprises maliennes (chapitre 1) et de fixer les modalités de prise en charge de la responsabilité sociétale (chapitre 2).

---

659 Guide pratique, « CAP vers la RSE : Faire la responsabilité sociétale de l'entreprise un levier de performance », *MEDEF*, Paris, 2012.

660 Celui-ci se traduit par l'amélioration de la participation des salariés et la gouvernance. La prise en compte des attentes des parties prenantes est prioritairement dégagée par plusieurs rapports (emploi, capital humain, rémunération, bien-être…) et constitue l'une des voies d'amélioration de l'efficacité des processus de décisions. Cela signifie que la responsabilité d'une entreprise ne se limite pas à ses actionnaires et à ses administrateurs, mais qu'elle s'étend à d'autres parties directement ou indirectement touchés par les activités de l'entreprise, notamment les travailleurs, les fournisseurs, les clients, les consommateurs, la communauté locale, les pouvoirs publics, les associations environnementales et d'autres ONG. Une entreprise est moins performante sur les plans économique, social et environnemental si elle ne connaît pas les besoins et les attentes de la société qui l'entoure ainsi que ceux de ses parties prenantes. V. « Cadre de référence : La responsabilité sociétale des entreprises en Belgique », *LA CIDD,* 29 mars 2006, p. 8 ; « Une gouvernance adaptée pour la RSE », *Commissariat Général à la Stratégie et à la Prospective*, Thématique de travail possible n° 2, *op. cit.* p. 3.

CHAPITRE 1

Le domaine de la RSE dans la gouvernance d'entreprise

La gouvernance d'entreprise est de plus en plus séduite par la RSE. En effet, l'analyse du droit dans les États de l'Union européenne montre que la responsabilité sociétale s'exerce à l'intérieur d'un cadre juridique de plus en plus précis, qui incite les entreprises à adopter un comportement socialement responsable et à en rendre compte de manière transparente. Ces incitations peuvent s'adresser, soit aux fonds d'investissement qui exercent ensuite une pression économique sur les entreprises, soit directement aux entreprises[661]. C'est ainsi que les changements institutionnels autour de la RSE ont pris des formes récentes dans les entreprises occidentales. Pour les entreprises maliennes, elles peuvent se rallier à travers la reconnaissance de la RSE dans la gouvernance (section 1), mais également la reconnaissance du *reporting* social et environnemental consacré par les textes internationaux (section 2).

Section 1. La reconnaissance de la RSE dans la gouvernance

Il est incontestable que l'entreprise est un acteur clé du développement durable. De ce fait, elle doit adopter une forme de gouvernance pouvant intégrer la RSE. S'il ne fait aucun doute que la préservation des ressources est un moyen de pérennisation de l'entreprise, la gouvernance de celle-ci doit prendre en compte les directives préconisées par la norme ISO 26000 qui constitue le socle voire la base de toute démarche RSE. Cette norme est une méthode que les entreprises maliennes peuvent adopter pour la mise en place d'une démarche RSE uniforme et compatible aux pratiques internationales (paragraphe 1). La mise œuvre d'une telle démarche doit s'accompagner par un déploiement progressif de la pratique RSE au sein des entreprises maliennes (paragraphe 2).

---

661 J.-P. SEGAL, A. SOBCZAK et Cl.-E. TRIOMPHE, « La responsabilité sociale des entreprises et les conditions de travail », *Fondation européenne pour l'amélioration des conditions de vie et de travail*, 2003 p. 24.

Paragraphe 1. La mise en place d'une démarche RSE

La RSE se présente comme un nouveau partenariat que s'offrent les entreprises maliennes. Cela n'est pas un hasard puisqu'elle est consacrée dans les textes internationaux[662] et elle est omniprésente sur le plan politique[663]. C'est un terme à la mode pour beaucoup d'auteurs[664], la « (...)

---

662 C'est le Programme des Nations Unies pour l'environnement (le PNUE a été mis en place le 15 décembre 1972 par la Résolution 2997 (XXVII) de l'Assemblée générale des Nations Unies : Documents officiels, 27ème sess., suppl. n°30 (A/8730)) qui a donné, en 1972, pour la première fois, un nom au concept d'intégration des préoccupations environnementales et du développement en le baptisant « éco-développement ». Quelques temps plus tard, l'ONU renvoyait à la notion de développement durable dans le libellé de la *Charte mondiale de la nature* (Rés. 37/7 (XXXVII), Doc. off. A.G. N.U., suppl. n° 51, Doc. N.U. A/37/51, 5ème alinéa (28 octobre 1982)) sans toutefois que ces mots n'apparaissent. La référence française au « développement durable » se retrouve dans un document de 1980 intitulé *Stratégie mondiale de la conservation : la conservation des ressources vivantes au service du développement durable* (IUCN, PNUE, WWF, FAO, UNESCO, *Stratégie mondiale de la conservation : la conservation des ressources vivantes au service du développement durable*, UICN, 1980). Lors de la conférence de Stockholm, Madame Brindtland définit ce concept comme un développement qui répond aux besoins du présent sans compromettre la capacité des générations futures à satisfaire les leurs (Commission mondiale sur l'environnement et le développement (CMED), « Our Common Future », Oxford University Press, 1987). Le premier « Sommet de la terre » à Rio arrête les principes d'une politique de développement « économiquement viable, écologiquement durable, socialement équitables (...) l'être humain est l'objectif du développement durable ainsi que les exigences d'équité et de subsidiarité » (Conférence des Nations Unies sur l'environnement et le développement, « Déclaration de Rio sur l'environnement et le développement » du 13 juin 1982, *Rapport de la Conférence des Nations Unies sur l'environnement et le développement*, Doc. NU A/CONF. 151/26 (vol. I), annexe I (1992)). Depuis lors, le développement durable est devenu un principe, une référence reprise dans toutes les conférences internationales organisées par l'ONU. Aussi, en 2002, la troisième conférence de l'ONU, à Johannesburg, a donné lieu à la « Déclaration de Johannesburg sur le développement durable » (*Déclaration de Johannesburg sur le développement durable*, Décl. n°199/204, Doc. N.U. A/CONF (4 septembre 2002)). Pour un historique sur la notion de développement durable au niveau international : V. BOISVERT et F.-D. VIVIEN, « Le développement durable : une histoire de controverses économiques », dans C. AUBERTIN et F.-D. VIVIEN (dir.), *Le développement durable : enjeux politiques, économiques et sociaux*, Paris, La documentation française, 2006, p. 15, à la page 45 ; K. BARTENSTEIN, « Les origines du concept de développement durable », *Revue juridique de l'environnement*, 3/2005, p. 290.

663 V. M.-C. SMOUTS, A. COLIN, *Le développement durable : les termes du débat*, Paris, Dalloz, 2005, p.65 et s. ; J. MORAND-DEVILLER, *Le droit de l'environnement*, Paris, P.U.F., 2003, p. 16 ; À titre d'illustration, il n'est qu'à constater qu'au lendemain de l'inscription de la Charte de l'environnement dans la Constitution, le Premier ministre a conforté le Conseil national du développement durable créé par le décret du 13 janvier 2003 et chargé de contribuer à l'élaboration et au suivi de la stratégie nationale du développement durable adoptée le 3 juin 2003 (« Collectivités territoriales Intercommunalité », avril 2005, Alerte 17). Comme le note Monsieur Brodhag, « [...] aujourd'hui, la France dispose d'une stratégie nationale élaborée principalement au niveau gouvernemental [et a] un Conseil National qui fonctionne bien » (M.-C. SMOUTS et A. COLIN, préc. p. 81).

664 C. AUBERTIN, F.-D. VIVIEN, *Le développement durable : enjeux politiques, économiques et sociaux*, Paris, La documentation française, 2006, p. 11 ; J. MORAND-DEVILLER, préc., note 2, p. 16.

notion contradictoire en perpétuel porte-à-faux »[665] de développement durable n'en est pas plus claire au regard du droit OHADA[666] et malien. Pourtant, pour qu'un tel concept puisse avoir un avenir, il est nécessaire de s'assurer de son appréhension par les mécanismes juridiques[667]. Ainsi que le note le professeur JAVILLIER, le droit doit être nécessairement « rencontré » puisque « (...) l'appropriation d'une norme juridique (...) est sans doute le chemin privilégié de toute effectivité durable, singulièrement en présence de complexes et changeantes situations économiques, environnementales comme sociales »[668]. Or, répondre de manière affirmative à cette question de la rencontre du droit et du développement durable et, corrélativement, de la place de ce dernier dans la reconfiguration du paysage juridique qui s'opère est plus que délicat[669]. Pour ce faire, ses domaines d'actions doivent être indiqués (A) ainsi que les instruments pour la bonne gouvernance de la RSE (B).

A. Les domaines d'actions

L'adoption de toute démarche RSE nécessite la détermination des domaines sur lesquels les actions vont porter. Les domaines d'actions de la RSE portent sur un nombre d'outils utilisés par les entreprises. Ces outils permettront aux entreprises d'agir sur le terrain pour le bien commun. Les domaines de la RSE sont variés et multiples. L'objectif est de faire des entreprises un pôle de développement durable. Les plus usités sont entre autres les volets exclusifs (1) et surtout la reconnaissance des parties prenantes (2).

---

[665] J.-P. DELÉAGE, « Paradoxes du développement durable », dans J.-P. MARECHAL et B. QUENALUT (dir.), *Le développement durable : Une perspective pour le XXIe siècle*, Rennes, P.U.R., 2005, p. 83, à la page 86.

[666] En effet, les Etats africains disposent de diverses législations régissant la création et l'activité des entreprises. Mais, l'obligation de reddition de comptes financiers est consacrée par les articles 13 à 17 de l'acte uniforme sur le droit commercial général de l'OHADA et l'article 19 du règlement relatif au droit comptable dans les Etats de l'UEMOA. Ces textes n'obligent nullement ni ne recommandent aux entreprises l'intégration de considérations d'ordre social ou environnemental dans leurs rapports ou dans leur comptabilité.

[667] Insistant sur la nécessité d'une intervention de l'État pour assurer une effectivité à la responsabilité sociale des entreprises : A. MARCHILDON, « La responsabilité sociale des entreprises : entre obligation et volontarisme », dans D.-G. TREMBLAY et D. ROLLAND (dir.), *Responsabilité sociale d'entreprise et finance responsable : quels enjeux?*, Québec, Presses de l'Université du Québec, 2004, p. 25, à la p. 33.

[668] J.-C. JAVILLIER, « Responsabilité sociétale des entreprises et Droit : des synergies indispensable pour un développement durable », dans J.-C. JAVILLIER (dir.), *Gouvernance, droit international et responsabilité sociétale des entreprises*, Genève, Institut international d'études sociales, p. 24, à la page 34.

[669] I. TCHOTOURIAN, « La responsabilité sociale des entreprises vue sous l'angle du développement durable ou quand le monde des entreprises change », *Lex Electronica*, vol. 13 n°3 (Hiver / Winter 2009), p. 4.

1. Les volets exclusifs

L'adoption d'une démarche RSE porte essentiellement sur trois domaines essentiels. Il s'agit d'abord de la responsabilité sociétale qui fait référence aux relations avec les clients, les fournisseurs et la société civile. Ces partenaires font partie de l'environnement économique de l'entreprise. Les actions de l'entreprise ne doivent pas méconnaître les alliés qui concourent à son émergence. Il existe une relation d'interdépendance entre l'entreprise et ses partenaires. C'est pourquoi, avec l'adoption de la norme de référence, iso 26000, une importance a été accordée à cette approche puisqu'auparavant, le domaine de la RSE était restreint. Avec cette approche sociétale, beaucoup plus étendue, de nouvelles couches sociales ont été intégrées et reconnues par les lignes directrices de la norme iso 26000.

Il s'agit ensuite de la dimension sociale de l'entreprise. Cette approche qui dominait avant l'adoption des lignes directrices de l'iso 26000, constitue aussi un outil indispensable pour la bonne marche de la RSE. Le volet social met en exergue la lutte contre les discriminations au sein de l'entreprise. Il met l'accent sur l'amélioration des conditions de travail et la gestion des emplois. C'est un volet limité à l'entreprise et permettant de protéger les droits sociaux des salariés de l'entreprise. C'est une sorte de reconnaissance que l'entreprise est appelée à faire à l'égard des travailleurs.

Dans la pratique actuelle de la RSE au sein des entreprises maliennes, ce volet a déjà fait un chemin. En effet, dans beaucoup d'entreprises maliennes, des efforts ont été faits pour améliorer les conditions de travail des salariés. Ainsi, la société Orange Mali veille depuis l'adoption de la RSE à sauvegarder les droits des salariés malgré que cette protection soit profitable aux seuls salariés titulaires d'un contrat à durée indéterminée[670]. C'est une initiative qui peut être améliorée pour faire profiter à tous les emplois des opportunités. La même initiative est prise par les sociétés extractives, mais également la société EDM-SA. Celle-ci veille depuis l'obtention de ses certifications iso, à protéger les droits des salariés. EDM-SA met des dispositions sécuritaires pour protéger ses agents, mais également protéger la population. Cela témoigne la prise en compte du volet social dans le cadre des activités des entreprises maliennes.

Enfin, le plus redoutable est la protection de l'environnement. En effet, l'objet recherché par une démarche RSE est de contribuer au développement durable. Pour cela, les entreprises doivent impérativement être soldées dans la lutte contre le changement climatique et la gestion économe des ressources et la préservation de la biodiversité. Il ne fait aucun doute qu'il existe des tentatives auprès des entreprises en matière de la protection environnementale. Ces efforts doivent néanmoins être améliorés dans le cadre d'une démarche progressive de la RSE.

---

[670] Abdoulaye SIDIBE, Assistant du chef de service management projet RSE, Orange Mali, Entretien effectué le 5
août 2014 de 10 heures à 13 heures.

Ainsi, ces volets doivent faire l'objet d'une prise de conscience dans une logique redondante de « gagnant-gagnant ». Les entreprises doivent se sentir concerner en entreprenant des mesures en faveur des activités sociétales, sociales et environnementales afin contribuer à un développement profitable à toutes les parties prenantes de l'entreprise. Il ne s'agit pas d'une politique de « social-business » comme préconise Thibaut MASSART[671].

2. La reconnaissance des parties prenantes

L'une des actions indispensables pour la réussite de la démarche RSE est la reconnaissance des parties prenantes. La reconnaissance des parties prenantes constitue un enjeu majeur dans la gouvernance d'entreprise tout comme de la gouvernance sociétale[672]. Les domaines préalablement mentionnés mettent en exergue l'intérêt des parties prenantes. En effet, les entreprises doivent se soucier de leur rentabilité économique et de leur croissance, mais elles ne doivent pas occulter l'intérêt des parties prenantes. Celles-ci sont indispensables pour la pérennisation de l'entreprise. Reconnaître les parties prenantes est synonyme de croissance pour l'ensemble des chaines relationnelles.

Les entreprises doivent être plus attentives aux préoccupations de ses différentes parties prenantes. C'est pourquoi, la reconnaissance est prioritairement dégagée par la RSE à travers les lignes directrices de la norme iso 26000. Cette norme à caractère mou[673] inscrit la reconnaissance des parties prenantes comme l'un des objectifs clés de la démarche RSE. En effet, les parties prenantes de l'entreprise constituent l'ensemble des acteurs direct ou indirect au tour d'une entreprise. La notion de partie prenante est née d'une exigence éthique de la société civile qui sollicite désormais que les entreprises rendent compte des conséquences sociales et environnementales de leur activité. C'est dans cette perspective que les parties prenantes de la société ont eu des intérêts dans le bon fonctionnement de l'entreprise[674]. On peut donc distinguer, d'une part, les parties prenantes de premier rang c'est-à-dire celles dont l'entreprise ne peut se passer sans remettre en cause son fonctionnement ou sa survie. Il s'agit des actionnaires, dirigeants de l'entreprise, employé, syndicat, scientifique et spécialiste (chercheurs) et créancier.

D'autre part, les parties prenantes de second rang c'est-à-dire celles qui ne sont pas essentielles pour le fonctionnement ou la survie de l'entreprise. Il

---

671 Selon lui, l'entreprise doit solidement s'enraciner dans l'économie de marché tout en poursuivant une finalité sociale dont le but consiste à procurer des avantages sociaux à des personnes extérieures à l'entreprise. V. T. MASSART, « Le concept du social-business », in E. LE DOLLEY, *Les concepts émergents en droit des affaires*, *op. cit.*, pp. 121-122.

672 J. OSTARENA, *Comprendre le concept de partie prenante*, *op. cit*, p. 21.

673 C. MARZO, *op. cit.*, p. 2.

674 D.CAZAL, « Parties prenantes et RSE : des enjeux sociopolitiques au-delà des contrats », *op. cit.*, p. 12-23.

s'agit des communautés, organismes et règlementations, groupes minoritaires, associations professionnelles, médias, organismes religieux, etc. Cette deuxième composante s'apparente au concept de social business de Thibaut MASSART[675]. Elle est en général celle qui a du mal à être reconnue par les entreprises maliennes. L'intégration des préoccupations sociales et environnementales exige *a priori* une reconnaissance de l'ensemble des parties prenantes. Leur mise à l'écart contreviendrait aux principes pourtant partagés par l'ensemble des acteurs de la RSE.

Dans l'adoption d'une démarche RSE, l'entreprise doit s'engager seule et sans contrepartie envers ses travailleurs, mais ne se contraint pas. La Commission européenne reconnaît l'intérêt des parties prenantes dans une démarche RSE. Cela dit, la reconnaissance des parties prenantes est primordiale pour la réussite d'une démarche RSE.

Cette lecture fait suite au constat effectué dans les entreprises maliennes où l'heure n'est pas à la reconnaissance des parties prenantes. Les entreprises maliennes doivent faire une large ouverture pour la reconnaissance des parties prenantes. La reconnaissance des parties prenantes doit être effective. Leur reconnaissance peut contribuer à la mise en place des instruments pour la gestion de la RSE.

B. Les instruments de gestion de la RSE

Plusieurs instruments s'offrent aux entreprises pour administrer la RSE. Ces instruments ont cependant une originalité au regard du caractère mou de la démarche RSE. Il y a sans doute des normes standards notamment les lignes directrices de la norme iso 26000. Il existe aussi de la charte RSE qui indique la marche à suivre pour la mise en œuvre d'une démarche RSE. Ces différentes normes sont flexibles et laissent une large ouverture pour les entreprises d'établir des normes internes en vue de faciliter la pratique. C'est le cas notamment du code de conduite (1) et l'adoption d'une politique visant à soutenir les investissements socialement responsables (2).

1. Le code de conduite

L'élaboration d'un code de conduite est une pratique qui répond aux préoccupations de la RSE. Toute entreprise doit nécessairement disposer d'un code de conduite pour la bonne marche des activités. Le code de conduite est une déclaration officielle des valeurs et des pratiques commerciales, parfois élargie aux fournisseurs de l'entreprise. Le code de conduite définit un ensemble cohérent des règles qui gouvernent une entreprise. Pour la bonne marche de la RSE, le code de conduite est un instrument permettant de formaliser un certain nombre de principes d'actions et de normes. Toute entreprise disposant d'un code de conduite doit

[675] Th. MASSART, *op. cit.*, p. 122.

s'engager à observer ces normes et à les faire respecter par les sous-traitants et autres partenaires de l'entreprise.

Une démarche RSE suppose pour l'entreprise l'adoption d'un code de conduite. Il définit en effet, le cadre stratégique du développement durable et de la RSE. Les entreprises voulant adopter une démarche RSE doivent nécessairement disposer d'un code de conduite. C'est un instrument privilégie pour la gouvernance de la RSE. Quelques entreprises disposent d'un code de conduite[676] voire un code d'éthique. Au sein de la BNA, le code de conduite trace les conduites à tenir. Il interdit aux employés de certains comportements contraires à l'éthique de la banque. Les employés doivent ainsi avoir un comportement responsable en s'abstenant de toute pratique prohibée par la banque notamment les pratiques corruptibles. Il en est de même pour la société Orange Mali, disposant plutôt d'un code d'éthique, les employés sont tenus d'agir en professionnels et éviter des pratiques qui sont interdites par les lois maliennes.

Ces codes élaborés par certaines entreprises se penchent en général à l'éthique et prennent moins en compte les aspirations de la RSE. Ils concourent néanmoins à la protection des lois nationales surtout en matière de lutte contre la délinquance financière. Le secteur bancaire est le mieux indiqué puisque les banques ont en effet un rôle important à jouer surtout dans la lutte contre les blanchiments d'argent. En ayant un code de conduite, les employés de ces entreprises sont dissuadés et risquent de perdre leur emploi lorsqu'ils ont été reconnus complices d'une pratique prohibée par le droit positif malien. Par exemple, le secret professionnel exige au banquier de ne pas révéler les informations de son client à une tierce personne[677].

Pour la pratique de la RSE, le code doit être étendu afin d'intégrer les objectifs fixés par la norme iso 26000. Il ne doit pas être conçu pour activité limitée à la gestion de l'entreprise. Il doit plutôt être global pour prendre en compte les pratiques sociales de l'entreprise, mais aussi les pratiques éthiques et surtout environnementales. Il incarne ainsi les valeurs fondamentales de l'entreprise.

Ainsi, toutes les entreprises ayant adopté une démarche RSE disposent d'un code de conduite RSE. Il en est le cas du groupe Total, la Banque

---

676 En effet, une campagne dénommée « No Durty Gold 2004 » a été soutenue par Oxfam America et les Amis de la Terre sur le thème : « 20 tonnes de déchets pour une seule bague » a concouru à émerger l'idée d'un « Code de bonne conduite » en septembre 2006 par le conseil for Responsible Jewellery Practices. (source) Ahmed M. THIAM, « Secteur minier au Mali : Bientôt le cœur battant de l'économie nationale », *Malijet / Irenees*, 27 oct. 2014.

677 Dans le cadre de son activité, un professionnel se voit communiquer un certain nombre d'informations. Parmi celles-ci, il faut distinguer celles qui peuvent être divulguées à autrui et celles qui ne peuvent pas l'être du fait de leur caractère confidentiel. La loi pénale malienne sanctionne ainsi d'une peine de six mois à deux ans d'emprisonnement et d'une amende de 20.000 FCFA à 150.000 FCFA la personne qui révélerait une information à caractère secret alors qu'elle en est dépositaire soit par état ou par profession, soit en raison d'une fonction ou d'une mission temporaire (art. 130 du code pénal). V. T. BONNEAU, *Droit bancaire*, 8ème éd., Montchrestien, 2009, n° 416.

africaine de Développement, du Crédit Agricole, etc. Le code de conduite est donc le fil conducteur pour la marche d'une entreprise[678]. Il peut s'appuyer sur quelques points. Il s'agit notamment la responsabilité personnelle de l'entreprise, le respect des lois nationales et internationales, l'amélioration des rapports avec le public, la gestion des conflits d'intérêts au sein de l'entreprise, l'interdiction de toute pratique qui encouragerait la délinquance financière, etc.

L'adoption d'un code de conduite renforcerait les instruments pour la mise en œuvre de la RSE. Le code peut d'ailleurs faciliter le soutien des investissements socialement responsables.

2. Les investissements socialement responsables

L'instrument privilégie qui s'offre aux entreprises maliennes est la relance des investissements socialement responsables. Le contexte économique est fragilisé, marqué des crises multidimensionnelles, dont la pauvreté, la dégradation des conditions de travail[679], la faillite des entreprises, la perte des emplois, etc. A travers des investissements responsables, l'entreprise peut largement contribuer à une émergence économique pour un développement durable et prospère.

L'objectif pour l'adoption d'une démarche RSE est d'apporter une contribution aux actions de développement durable. C'est un instrument en parfaite émergence dans plusieurs pays. C'est une démarche qui mérite d'être intégrée au sein de l'environnement des affaires, en se focalisant sur le rôle des sociétés de gestion[680]. Sa mise en œuvre peut s'appuyer sur plusieurs méthodes notamment la diffusion d'un nouveau modèle d'évaluation de la performance des entreprises peut apparaître comme le vecteur d'intégration

---

678 R. A. GANLEY, « Code de conduite en entreprise »,*Ivoclar Vivadent*, p. 1, in www.ivoclarvivadent.com consulté le 13 fév. 2015.

679 Un arrêt de la cour suprême des Etats Unis a largement conduit les entreprises à respecter les codes de conduite. V. L'arrêt de la Cour suprême des Etats-Unis intervenu dans l'affaire Nike a révélé l'ampleur des difficultés que peut engendrer une communication institutionnelle qui se prévaudrait d'avancées éthiques, sociales ou environnementales, alors que les conditions de travail des employés du groupe communicant peuvent paraître discutables (v. Responsabilité sociale des entreprises et liberté d'expression : Rev. sociétés 2004, p. 261). Cette société elle-même a largement tiré les enseignements de ses « mésaventures » devant les juridictions américaines et, incitée par ses actionnaires, a eu recours à une expertise extérieure afin de veiller à l'application par ses fournisseurs de son code de conduite. La société Nike s'est de la sorte effectivement engagée contre le travail des enfants et pour l'amélioration des conditions de travail dans les ateliers de ceux-ci (salaires minimums, horaires etc.), c'est d'ailleurs dans cette perspective que la société a accepté de communiquer les références de tous ses fournisseurs. On peut y voir une illustration du fait que le retentissement de l'affaire portée devant la Cour suprême, loin de l'avoir dissuadée de poursuivre sur la voie de la RSE, l'a conduite à améliorer la sincérité et la fiabilité de sa démarche.

680 V. F. DEJEAN, *Contribution à l'étude de l'investissement socialement responsable - Les stratégies de légitimation des sociétés de gestion,* Université Paris Dauphine, Business administration, Paris IX, 2004.

de l'investissement socialement responsable au sein d'environnement économique malien.

C'est un instrument en mode et en parfaite évolution. Les grands investisseurs l'utilisent comme un outil stratégique dans le cadre de leur activité. Les entreprises maliennes peuvent l'utiliser dans le domaine social et celui de la protection de l'environnement. Ces deux volets constituent une indication fiable de la bonne gestion interne et externe de l'entreprise. Les stratégies d'investissement responsable contribuent à minimiser les risques en anticipant et prévenant les crises susceptibles de nuire à la réputation de l'entreprise et de provoquer une chute spectaculaire du prix ces actions.

Pour la réussite de cette stratégie qui peut sans nul doute renforcer la pratique RSE, le secteur privé avec les concours de l'État et des partenaires financiers peut créer un fonds pour appuyer les entreprises soutenant les investissements responsables. Les entreprises maliennes peuvent bénéficier ces fonds pour des objectifs chiffrés en vue de contribuer au développement socio-économique et renforcer la préservation de l'environnement. Elles doivent par conséquent obtenir des résultats représentatifs. Pour se faire, un certain nombre de critères doit être défini. Il s'agit surtout des critères sociaux et environnementaux. Ces critères doivent inclure les entreprises ayant adopté une démarche volontariste dans le domaine de la RSE. Cela est d'ailleurs un moyen de promouvoir la pratique RSE.

La réussite d'un tel instrument pour la gouvernance sociétale des entreprises sollicite le soutien des patrons de l'entreprise. Ceux-ci en collaboration avec les investisseurs, peuvent inciter la direction d'une entreprise à adopter des pratiques socialement responsables. Cela nécessite d'évaluer la performance des entreprises dans le domaine social et celui de l'environnement. Pour garantir la qualité et l'objectivité des indices obtenus, l'évaluation des performances sociales et environnementales des entreprises devrait se fonder sur l'information soumise non seulement par la direction de l'entreprise, mais aussi toutes ses parties prenantes. En outre, les audits externes et les procédures internes d'assurance qualité devraient servir à surveiller et préserver l'exactitude des données fournies, des procédures d'évaluation et de leurs résultats[681].

Les instruments de la RSE fleurissent dans un environnement réformateur de la gouvernance sociétale. Ils sont loin de provoquer un foisonnement dans la gouvernance des entreprises. Plutôt, ils contribuent à un déploiement progressif de la RSE.

Paragraphe 2. Le déploiement progressif de la RSE

Le cadre économique des entreprises maliennes doit adopter une politique en vue de déployer progressivement la RSE. Ce déploiement progressif

[681] Livre vert, « Promouvoir un cadre européen pour la responsabilité sociale des entreprises », *Commission des communautés européennes*, Bruxelles, 2001, pp. 23-24.

permettra d'éradiquer aux difficultés socio-économiques des entreprises. La RSE dans toutes ses dimensions économique, sociale, sociétale et environnementale, doit désormais être une partie intégrante de la gouvernance sociétale des entreprises maliennes[682]. L'intégration de cette forme de gouvernance doit pouvoir intégrer le respect des engagements nationaux et internationaux. De ce fait, les entreprises maliennes doivent se projeter à des engagements exponentiels (A), et initier des approches et modèles de développement en vue d'intégrer la RSE (B).

A. Vers des engagements exponentiels

Le contexte juridico-économique actuel incite les entreprises maliennes à se fixer des objectifs chiffrés dans le domaine de la RSE. La démarche RSE se présente désormais comme une contrainte à la fois juridique et économique. C'est pourquoi les actions philanthropiques doivent être relayées par une démarche RSE plus conséquente et plus favorable au développement durable (1). Les entreprises doivent également se projeter à des investissements couvrant l'ensemble des populations (2).

1. Le dépassement du mécénat

L'environnement économique malien a été longtemps marqué dans le cadre de la participation du secteur privé par des activités philanthropiques. Les secteurs d'activité ayant le plus souvent sollicité cette forme de contribution sont en partie les entreprises minières. Celles-ci affichaient la volonté au regard de la protection des droits de l'homme d'aider les populations avoisinantes en réalisant des infrastructures de bases. Cette réaction est compatible avec l'ordre public philanthropique qui relayait les bonnes mœurs[683]. En effet, les politiques menées en la matière et l'esprit qui anime les entreprises maliennes sont toujours limités au mécénat. L'accent porte toujours sur les initiatives volontaires notamment les améliorations apportées à l'hygiène et à la sécurité du travail, mais surtout les initiatives philanthropiques[684].

---

[682] C'est l'objectif choisi par beaucoup de grandes entreprises européennes. Il en est ainsi pour la Société Générale qui affiche dans son rapport des objectifs pour intégrer la RSE dans toutes ses composantes. V. Société Générale, « La responsabilité sociale et environnementale », *Rapport 2013-2014*, p., 3.

[683] D. FENOUILLET, « Les bonnes mœurs sont mortes ! Vive l'ordre public philanthropique », in *Le droit privé français à la fin du XXème siècle. Etudes offertes en l'honneur de P. CATALA*. Litec, Paris, 2001. p. 486-528.

[684] En effet, la RSE est née avec le mécénat des grands philanthropes industriels du XIXème siècle, qui estimaient qu'ils devaient retourner à la société une partie de la fortune que celle-ci leur avait permis de gagner (création de musées, de bibliothèques publiques, d'hôpitaux). La fondation Bill et Melinda Gates est aujourd'hui l'héritière directe de cette tradition. Depuis un siècle, la notion a toutefois connu plusieurs transformations. La forme actuelle que prend la RSE est issue d'une conception américaine du rôle de l'entreprise qui remonte aux années 1950(...), v. J. PASQUERO, « Commentaire, Éthique des affaires, responsabilité sociale et

Cette approche participative des entreprises doit être relayée par une démarche progressiste de la RSE. Les entreprises maliennes doivent aller au-delà du simple mécénat. Celui-ci est très limité et répond infiniment aux préoccupations du développement durable. La RSE doit désormais être soutenue par les entreprises maliennes. Pour cela, à travers une refondation de la gouvernance sociétale des entreprises maliennes. Celles-ci doivent être associées aux pouvoirs publics pour l'atteinte des objectifs publics. En effet, les gouvernements ont de plus en plus besoin de faire partager leurs objectifs publics par les entreprises. De plus en plus, la mondialisation se caractérise par une montée en puissance des entreprises et un affaiblissement parallèle de la capacité des États à maîtriser leur gouvernance, au niveau des aspirations de leur société civile. Cette dissymétrie trouve son apogée dans la recherche du modèle de développement durable. D'où la tentative d'inventer une autre forme de relation, négociée, entre les agents économiques et les institutions politiques dans l'ensemble du monde, que caracterise l'incitation à la RSE en vue de relayer le mécénat.

L'impulsion publique pour la RSE apparaît désormais comme, une opportunité regorgée d'avantages multiples. C'est pourquoi le droit positif malien a tout intérêt dans le cadre de la règlementation du développement durable, de contribuer activement à ce nouveau paradigme en l'intégrant en son sein[685]. De telles mesures peuvent dorénavant inciter les entreprises à se hisser vers une participation large et contributive.

Par ailleurs, la RSE est de nos jours une pratique de pionniers dans une économie de marché mondiale qui recherche la croissance quantitative plus que la durabilité. Si le concept de RSE s'est précisé depuis une décennie, il est loin d'être partagé de par le monde et les dirigeants sont peu nombreux à avoir fait l'effort de se l'approprier. Le chemin parcouru est d'abord dû aux investisseurs qui ont élargi la gestion des risques au champ social, environnemental et sociétal. La mise en place d'une information extrafinancière (qui va au-delà du mécénat) est l'avancée en cours la plus dynamique, qui permet de crédibiliser la RSE. Pour autant, la RSE n'est pas rentrée dans les démarches de gouvernance privée et les politiques publiques et la situation mondiale de la RSE se caractérise par des stratégies dispersées d'acteurs publics et privés, sans qu'on sache s'il y a un moteur légitime qui émerge dans le jeu. Ce constat révèle l'urgence d'une harmonisation des pratiques qui peut aboutir à des actions étendues de la RSE.

---

gouvernance sociétale : démêler l'écheveau », in DOSSIER, L'éthique en gestion : au-delà de la réglementation, *Gestion*, volume 32, numéro 1, printemps 2007, p.114.

[685] En ce sens, le professeur Mc BARNETT de l'université d'Oxford met en lumière les interactions entre le droit et la RSE. Parmi ces interactions, il relève que le droit permet à la RSE de prendre corps en renforçant son caractère obligatoire (D. MC BARNETT, « Corporate social responsibility beyond law, through law, for law : the new corporate accountability », dans D. MC BARNETT, A. VOICULESCU et T. CAMPBELL (dir.), *The New Corporate Accountability : Corporate Social Responibility and the Law*, Cambridge University Press, 2007, p. 9, à la page 12).

2. Des actions autres que les investissements communautaires sociaux

Le mécénat est parfois limité et profitable à une communauté limitée. La RSE par contre doit être profitable à l'ensemble de la population, mais également dans la perspective du développement durable, être profitable aux générations actuelles et futures. En effet, dans le cadre du développement social, plusieurs initiatives ont été prises par les autorités maliennes ainsi que les entreprises maliennes. Il en est ainsi du mois de la solidarité marqué par des actions sociales notamment l'assistance sociale auprès des personnes démunies, des personnes âgées, des handicapés et surtout les personnes atteintes des maladies. Les autorités nationales avec la participation du secteur privé profitent de cette occasion pour faire des contributions auprès de ces personnes.

Au cours du mois de la solidarité du mois d'octobre 2014 a été marquée par la contribution de la fondation Orange qui a offert 46.534.269 FCFA à travers une journée organisée le 20 octobre. C'était la 17e édition du mois de la solidarité sur le thème « solidarité et genre pour un partage équitable ». Elle a aussi offert des dons importants à ses partenaires[686]. Beaucoup d'autres entreprises se contentent de faire des gestions de nature philanthropique. Ces pratiques ne concourent pas à un développement durable et étendu. Seules les communautés identifiées peuvent bénéficier ces actions et cela crée une dépendance sociétale. En effet, les communautés locales vont toujours compter sur les actions sociales qui ne sont pas à mesure de satisfaire leur attente dans le long terme. Il faut dorénavant pour les acteurs notamment les entreprises de mener des actions socialement responsables et pouvant être profitables pour les générations actuelles et futures.

Les pouvoirs publics doivent répandre des mesures publiques appréhendant la RSE comme un tout (plan d'action RSE, *reporting* RSE, lignes directrices et principes RSE). Ils doivent procéder à la mise en place de moyens d'action variés visant un équilibre d'engagement positif et de mesures obligatoires, pour atteindre des objectifs de développement durable pour l'essentiel. La montée de l'impulsion publique pour la RSE doit prolifique afin de faire engager les entreprises sur des défis de plus en plus complexes, et pour lesquelles la loi seule ne suffit pas, tout en répondant aux attentes de la société et en ménageant les intérêts des entreprises[687].

Les entreprises maliennes à travers ces pressions doivent se fixer des objectifs d'intérêt public. En effet, le concours des entreprises est indispensable puisque l'action conjuguée de l'État et des groupes de pression rencontre cependant vite des limites, car elle est souvent elle aussi

---

[686] Pierre FO'O MEDJO, « Mois de la solidarité : la fondation Orange Mali contribue pour 46.534.269 », *DiasporAction*, in www.diasporaction.com consulté le 10 déc. 2014.

[687] J. BROHIER MEUTER, P. d'HUMIERES, « L'état des politiques publiques de la RSE dans le monde : Panorama et tendances de l'incitation publique à la RSE », *Les études de veilles de l'IRSE*, n° 2, sept., 2011, p. 4.

perturbatrice ou inefficace pour le développement durable. Ces limites ne peuvent être surmontées que si l'entreprise fait preuve d'éthique et de responsabilité sociale. C'est le cas par exemple des activités industrielles et extractives. Ces entreprises conformément aux lois et pressions publiques ont longtemps été impuissantes à assurer une gestion durable des activités. Il manque de la part des entreprises une éthique fondamentale, celle du respect de l'environnement. Ces entreprises n'assument pas effectivement leurs responsabilités sociales envers cet élément de leur contexte sociétal, pourtant essentiel à leur survie[688]. Elles ne font toujours pas preuve de gestion responsable.

Le renforcement des actions est un bon indicateur du changement de paradigme qui est en train de s'opérer dans la conception du rôle des entreprises maliennes. Il est conforme à la philosophie du développement durable. Il insiste sur les dimensions éthiques de la gestion. Il se présente comme un instrument de gouvernance mondiale, peut-être limité dans ses moyens d'action, mais clairs dans ses prescriptions. En définissant les fondements d'une gestion socialement responsable, il invite les multinationales à agir non seulement pour leur bien particulier, mais aussi pour le bien de tous. A long terme, les actions des entreprises maliennes doivent servir l'ensemble des parties prenantes et surtout les générations futures à travers aussi des initiatives intégrées.

B. L'initiation des approches et modèles de développement intégrant la RSE

La gouvernance de la RSE est multiforme avec des approches différentes. En effet, c'est une panoplie d'instrument notamment un continuum normatif dans lequel se mêlent les instruments publics et privés dont l'efficacité et les zones d'ombres éclairent le rôle de l'autorégulation privé dans la gouvernance mondiale[689] . La RSE donne ainsi naissance à des concepts pointus tels que la sensibilité sociétale, la performance sociétale qui sont fortement marqués par les spécificités culturelles du pays qui les a vus naître. La dimension religieuse est présente dans le déploiement de la RSE[690]. Cette approche large et diversifiée de la RSE un rapprochement entre le modèle occidental (1) et les pratiques nationales (2).

---

[688] J. PASQUERO, « Commentaire, Éthique des affaires, responsabilité sociale et gouvernance sociétale : démêler l'écheveau », *op. cit.*, p 116.

[689] El. DUFOURCQ (Présidente), G. BESSE (Rapporteur), « Rapport sur la RSE, Synthèse des travaux du groupes inter-directions », *République Française, Inspection Générale des Affaires Sociales, Direction de l'Animation de la Recherches des Etudes Sociale*, Mars 2004, p. 21.

[690] A. ACQUIER, J.-P. GOND, J. IGALENS, « Des fondements religieux de la responsabilité sociale de l'entreprise à la responsabilité sociale de l'entreprise », *Centre de Gestion Scientifique, Ecole des Mines de Paris, LIRHE, Université de Toulouse I-Sciences Sociales*, p. 21, in www.seminar.hec.ac.be consulté le 04 nov. 2014.

1. L'intégration rationnelle du modèle occidental

Le modèle occidental de la RSE suscite un intérêt grandissant dans le monde académique et managérial francophone. Cette gouvernance sociétale, parfois assimilée à la diffusion d'une véritable mode managériale « importée » des États-Unis vers les pays européens, révolutionne le cadre juridico-économique des entreprises. En effet, l'analyse du droit dans les États de l'Union européenne montre que la responsabilité sociale s'exerce à l'intérieur d'un cadre juridique de plus en plus précis, qui incite les entreprises à adopter un comportement socialement responsable et à en rendre compte de manière transparente. Ces incitations peuvent s'adresser, soit aux fonds d'investissement qui exercent ensuite une pression économique sur les entreprises, soit directement aux entreprises[691].

L'approche européenne s'est penchée sur une incitation indirecte dont l'obligation de transparence pèse sur les fonds d'investissement. Plusieurs législations nationales dans les États de l'Union européenne imposent aux fonds d'investissement de préciser s'ils tiennent compte dans le choix de leurs investissements de critères sociaux et environnementaux. L'intérêt croissant des épargnants pour une gestion socialement responsable de leur argent incite désormais les entreprises européennes à faire preuve de transparence et cela a conduit plusieurs fonds à modifier leur politique d'investissement. De manière indirecte, on agrandit donc la pression économique sur les entreprises à la recherche d'investisseurs en faveur de la reconnaissance de leur responsabilité sociale.

L'approche occidentale prévoit aussi une incitation directe dont l'obligation de transparence pèse sur les entreprises. En effet, les pouvoirs publics européens ont adopté des mesures en vue de favoriser la RSE, en imposant aux entreprises une plus grande transparence sur leurs pratiques sociales et environnementales. Sans les obliger à adopter des normes de responsabilité sociale, cette transparence constitue incontestablement une incitation très forte pour les entreprises à formaliser leurs politiques sociales et environnementales, notamment en adoptant des codes de conduite. Au niveau de l'Union européenne, l'obligation de publier un tel rapport social est proposée par le Parlement européen dans sa réponse au Livre vert de la Commission sur la responsabilité sociale[692]. Cette approche existait déjà en France puisque la loi sur les nouvelles régulations économiques de mai 2001 introduit en effet une obligation pour le conseil d'administration ou le directoire des sociétés cotées, de présenter chaque année un rapport aux

[691] J.-P. SEGAL, A. SOBCZAK, Cl.-E. TRIOMPHE, « La RSE et les conditions de travail », *Fondation européenne pour l'amélioration des conditions de vie et de travail*, p. 21, in www.eurofound.eu.int.

[692] Draft Report on the Commission Green Paper on Promoting a European Framework for Corporate Social Responsibility, Committee on Employment and Social Affairs, European Parliament, 5 mars 2002.

actionnaires sur la manière dont la société prend en compte les conséquences sociales et environnementales de son activité[693].

Ces approches peuvent être initiées dans le contexte malien de la RSE. En effet, le modèle occidental est de plus en plus imprégné de la gouvernance de la RSE. Au-delà, les restructurations font l'objet d'un encadrement juridique important dans les différents États de l'Union européenne[694]. Ainsi, dans le cadre de l'amélioration des conditions de travail, en vue de procéder à des restructurations, l'employeur doit respecter certaines règles, en particulier de nature procédurale, qui ont été établies par le droit du travail aussi bien au niveau communautaire qu'aux différents niveaux nationaux afin de protéger les intérêts des travailleurs lors des licenciements collectifs ou des transferts d'entreprise, mais on doit considérer que l'ensemble de ces règlementations ne visent qu'à atténuer les conséquences sociales des décisions économiques, qui restent entre les seules mains de l'employeur. Cela montre donc clairement que même dans ce domaine qui est fait l'objet d'une règlementation détaillée, il reste un espace pour la responsabilité sociale.

L'intégration de ces modèles européens peut faciliter l'adoption d'une démarche RSE. En effet, ces méthodes incarnent des outils pouvant faire engager l'ensemble des acteurs d'entreprises notamment les instances dirigeantes des entreprises. Il ne fait aucun doute que **le** « business malien » aurait un grand intérêt aujourd'hui à se mobiliser dans une démarche de reconnaissance de la RSE. C'est sa meilleure marque d'exportation. L'objectif final doit être de pouvoir introduire le critère RSE dans les logiques des échanges commerciaux et d'affaires. La généralisation du *reporting* et la promotion du *reporting* intégré sont aussi des conditions nécessaires à une universalisation souhaitable de la RSE au Mali. C'est d'ailleurs dans ce contexte, que les autorités européennes depuis 2001[695], soucieuses à la fois d'encourager un certain « modèle social européen » et de promouvoir de « bonnes pratiques » parmi les entreprises européennes, se sont saisies du thème de la responsabilité sociale avec l'ambition de le faire mieux connaître et de favoriser un entendement aussi homogène que possible de son contenu au sein des entreprises européennes. L'intégration de ces approches ne doit pas occulter les pratiques nationales.

2. La valorisation des pratiques nationales

L'environnement juridique malien est marqué par certaines pratiques qui répondent à quelques aspirations de la RSE. Bien avant la création des

---

[693] Article 116 de la loi 2001-420 du 15 mai 2001 sur les nouvelles régulations économiques.

[694] G. GUÉRY, *Restructuration d'entreprises en Europe. Dimension sociale*, De Boeck, Paris, 1999.

[695] La publication en juillet 2001 du Livre Vert, destiné à ouvrir largement le débat sur ce sujet en Europe, a constitué un moment fort de ce processus de recherche d'une définition aussi largement partagée que possible de la RSE.

entreprises sous la forme occidentale, les activités économiques soutenaient les actions sociales à travers des donations et autres formes d'aides pouvant aider les populations à améliorer leur condition de vie. Cette tendance a été renouvelée avec l'avènement des grandes entreprises qui ont respecté ces pratiques et les intégrants dans les programmes d'activités. Ainsi, la RSE acquiert une dimension de plus en plus internationale à partir des années 1980. Au début restreint aux entreprises des pays développés, puis aux multinationales présentes dans les pays en voie de développement, le champ d'application de la RSE s'élargit enfin aux entreprises des pays en voie de développement, notamment les fournisseurs et prestataires des multinationales. C'est ce qui fait dire Anne C. PEETERS que la RSE est un enjeu du réaménagement du rapport de forces entre organisations internationales et multinationales surpuissantes dans un contexte d'affaiblissement de la loi étatique (*hard Law*) en faveur de celle des normes (*soft Law*)[696].

En effet, dans le contexte juridico-économique malien, des urgences se posent : la lutte contre la pauvreté. Ce combat a amené beaucoup de pays africains à adopter des politiques en faveur du développement durable. Cette vision oblige dorénavant les entreprises à se conformer à des cadres réglementaires et institutionnels. L'environnement juridique malien n'est pas totalement dépourvu de modèle RSE. A travers l'émergence des droits communautaires, le cadre juridique et économique est favorable. On peut mettre en avant l'Organisation pour l'Harmonisation en Afrique du Droit des Affaires (OHADA) qui oblige les entreprises à rendre compte de leurs comptes financiers. Il y a aussi l'Union économique et monétaire ouest-africaine (UEMOA) qui, à travers son programme qualité, vise une plus grande normalisation des pratiques dans l'entreprise[697].

Au regard de cet encrage juridique en plein essor, les pratiques nationales de la RSE au Mali doivent être réadaptées aux standards internationaux. On constate que les pratiques nationales relativement assimilables à la RSE s'approchent largement de la philanthropie ou du mécénat. Beaucoup d'acteurs économiques se contentent d'effectuer des gestes de solidarité sans pourtant avoir à l'esprit de promouvoir des investissements socialement responsables. Cela révèle une approche capitalistique des entreprises maliennes qui se refusent de se soucier de sa rentabilité économique et de sa croissance, mais aussi de son impact environnemental et social et surtout d'avoir un regard attentif aux préoccupations des parties prenantes. Mais au plan social, ces comportements font moins inciter les populations.

---

[696] A. PEETERS, « La responsabilité sociale des entreprises », *Courrier hebdomadaire du CRISP*, n°1828, 2004, pp. 1-47.

[697] Cependant, le développement des postes dédiés à la RSE dans les entreprises reste encore limité voire marginalisé. Les firmes multinationales ont une longueur d'avance dans ce domaine.

Les pratiques nationales ne sont pas en marge des grands défis sociaux, sociétaux et environnementaux qui sont posés à la planète, et font émerger une sensibilité citoyenne en faveur du développement durable partout dans le monde. Les évolutions actuelles de la société obligent les entreprises maliennes à s'engager dans des démarches accélérées de la RSE en référence à la norme méthodique ISO 26000. En effet, le rééquilibrage des pratiques peut accroître les performances des entreprises maliennes, réduire à terme les risques industriels et écologiques, et renforcer leur image et leur compétitivité en mobilisant l'ensemble des parties prenantes autour d'un véritable projet de société durable.

Les pratiques nationales sont limitées. La valorisation par le biais des lignes directrices ISO 26000 et l'expérience des organisations internationales comme l'ONU et l'UE peut faciliter le déploiement progressif de la RSE. Les enjeux pour les communautés locales sont multiples. Le renforcement des engagements des entreprises auprès de la société civile permet non seulement la promotion des valeurs éthiques, mais participe aussi à la valorisation des compétences et des talents des populations locales. En outre, l'accroissement de la protection de l'environnement permet de garantir aux communautés maliennes des conditions de santé et d'hygiène saines, et par conséquent, une amélioration de l'espérance de vie des populations[698].

Par ailleurs, le cadre juridique doit se prémunir d'un outil essentiel dans une démarche RSE. Il s'agit du *reporting* social.

SECTION 2. LA RECONNAISSANCE DU *REPORTING* SOCIAL ET ENVIRONNEMENTAL

Le rapportage ou « *reporting* » est l'une des pratiques recommandées par la RSE. Il consiste pour les entreprises à divulguer les informations autres que celles des finances. En effet, la publication de rapports relatifs aux activités, aux performances et aux objectifs de l'entreprise constitue un des instruments les mieux connus pour la promotion de la transparence. Une telle reconnaissance oblige les entreprises maliennes à prendre en compte le rapportage social et environnemental dans les rapports publiés par le conseil d'administration. C'est une pratique de mieux en mieux implantée dans le monde des entreprises[699]. Dorénavant, les entreprises seront tenues de communiquer les informations extra financières (paragraphe 1). Pour cela, il est souhaitable de mettre en place un système d'évaluation à travers la notation et la valorisation de la RSE (paragraphe 2).

---

[698] « Indice CELA D'Evaluation de la Responsabilité Sociétale des Entreprises En Afrique » *Club of Emerging Leaders for Africa (C.E.L.A)*, p. 3, in www.celafrik.com.

[699] La CIDD, « Cadre de référence, la responsabilité sociétale des entreprises en Belgique », « Annexe 2, Instruments de la RSE », 29 Mars 2006, in *CIDD_CadreRefRSE.29.03.06_fin (fr).doc*, p. 2.

Paragraphe 1. La communication des informations extrafinancières

L'enjeu majeur de la gouvernance sociétale repose désormais sur la publication de l'information extrafinancière. Toute l'originalité d'une démarche RSE résulte de l'élaboration d'un rapport annuel pour informer le public de l'ensemble des activités menées par une entreprise notamment l'impact de son activité au plan sociétal et environnemental. C'est une pratique en pleine reconnaissance juridique dans certains pays[700] qui doit être reconnue par la législation malienne en vue d'amener les entreprises à prendre en compte les volets exclusifs de la RSE dans leur rapport annuel (A). Cela va indirectement créer des obligations à l'égard des dirigeants sociaux (B).

A. La prise en compte des volets exclusifs dans le rapport de gestion

La gouvernance de la RSE est tributaire à la reconnaissance du *reporting* social. Celui-ci est un outil de transparence et de performance pour l'entreprise et l'ensemble des parties prenantes. Les entreprises maliennes vont dorénavant élaborer un rapport faisant état du bilan sociétal des activités. Une telle évaluation est rarissime dans la gouvernance des entreprises puisque les entreprises étaient seulement tenues à élaborer un rapport de gestion faisant les états financiers et de synthèse annuelle[701]. Cette exigence purement capitaliste ne permet pas de découvrir l'image réelle de l'entreprise d'où la prise en compte du volet social (1) et environnemental (2) dans le rapport annuel produit par l'entreprise.

1. Le volet social

L'entreprise est un acteur indispensable pour le développement économique. Son rôle est éminent pour la réussite des objectifs du millénaire. En effet, de plus en plus, la gouvernance mondiale réclame une justice sociale dans l'objectif de lutter contre les inégalités et toute forme de discrimination surtout au sein des entreprises. Si les salariés heureux font les entreprises qui gagnent, les salariés en bonne santé, présents et en forme sur leur lieu de travail contribuent certainement à la productivité et à la compétitivité de leur entreprise. Les entreprises ont une obligation légale incontournable de prévenir les risques professionnels qui représentent d'ailleurs, pour elles, un coût important. Elles peuvent aussi avoir un intérêt

---

[700] En effet, en France, l'article 116 la loi NRE (Nouvelle Réglementation Economique), votée en 2001, a instauré pour la première fois une obligation de *reporting* social et environnemental destiné aux entreprises, sans lui donner toutefois de caractère contraignant. Cette législation a, par ailleurs, été modifiée par l'article 225 de la loi Grenelle 2, adoptée en juillet 2010, qui élargit le champ des entreprises soumises à cette obligation mais ne met pas en place un *reporting* RSE pertinent, fiable et comparable.

[701] L'article 137 de l'AUSC.

à favoriser la prévention de maladies d'origine non professionnelle dans le souci du bien-être de leurs collaborateurs, mais aussi de leur productivité et de leur image[702]. Cette démarche est exprimée par plusieurs institutions internationales ainsi que certains textes internationaux.

Les entreprises maliennes doivent procéder à une vaste politique de reconnaissance du volet social. Elles doivent appréhender le volet social comme un critère de préférence des marques. Cette reconnaissance est un nouveau départ qui doit être soutenu dans le cadre de l'élaboration du rapport extrafinancier. Le volet social est un moyen efficace de servir l'intérêt général, tout en valorisant l'image de l'entreprise. Dans beaucoup de pays, on constate une nette avancée du volet social au sein des entreprises. En effet, contrairement aux idées reçues, la RSE est largement intégrée dans les entreprises de toutes tailles[703]. La promotion des pratiques RSE est donc une obligation pour les entreprises, quelle qu'en soit la taille. Ces pratiques doivent être accomplies avec les différents partenaires notamment les investisseurs, les fournisseurs et autres sous-traitants.

L'exigence de prise en compte du volet social dans le rapport extrafinancier incitera les entreprises à prendre des mesures dans le cadre de la lutte contre l'exclusion, le respect des droits de l'homme, le bien-être des salariés, leur santé, etc. Le volet social permet aux entreprises de mettre en place une stratégie de gouvernance pour le renforcement de l'éducation et de la santé. C'est donc un volet fondamental pour la réussite d'une démarche RSE. La dimension sociale exige à l'entreprise de mettre en place des stratégies d'actions pour assurer une responsabilité citoyenne dans les différents secteurs d'activités.

Pour faciliter une telle exigence aux entreprises, les autorités maliennes doivent faire preuve de flexibilité en termes d'accompagnement fiscal. Les entreprises qui s'engagent dans la démarche RSE doivent bénéficier d'une exonération fiscale. Cette initiation est un moyen efficace dans toute politique visant à consolider la gouvernance des entreprises[704]. C'est le cas par exemple de la loi sur la promotion des investissements au Mali qui crée

---

[702] Guide du MEDEF, « Le développement personnel des collaborateurs, levier de performance de l'entreprise », juillet 2009, in http : // www.medef.com/medef-corporate/publications/fiche-detaillée/browse/1/categorie/societe-management-1/back/110article/le-developpement-personnel-collaborateurs-levier-de-performance-de-lentreprise.html.

[703] En France avec l'adoption de la loi de 2001 sur les nouvelles régulations économiques, les grandes entreprises sont tenues à la présentation d'un rapport extra-financier. Mais, cette loi a permis aussi aux PME d'emboiter le pas en intégrant la démarche RSE ainsi que l'élaboration d'un rapport faisant état de son activité au plan social et environnemental.

[704] Il en est ainsi en France qui a mis en place un dispositif juridique pour favoriser l'adoption des démarches RSE. Il s'agit de la loi Aillagon du 1er août 2003 où l'entreprise bénéficie de 60% de réduction d'impôt, sur les montants engagés, dans la limite de 0,5% de son chiffre d'affaires total hors taxes. V. Observateurs des partenariats Associations Entreprise, *Le Rameau*, 2009 ; Etude Admical-CSA, Le mécénat d'entreprise en France, 2010.

beaucoup d'opportunité et de facilité pour les acteurs du monde des affaires[705].

Par ailleurs, une avancée est constatée dans le cadre des soutiens en faveur du volet social. Les entreprises maliennes disposant des normes de certifications ont mis en place des initiatives visant à assurer et à améliorer les conditions de travail. A titre d'exemple, on peut retenir la société Orange Mali, le groupe *Azalaï Hôtel*, la société *Maifa Mining Corporation*[706], la société EDM SA, etc. Mais, aucune d'entre elles ne dresse un rapport social. De ce fait, les entreprises doivent prendre des mesures pour prendre en compte le *reporting* social. Ce processus doit s'étendre également à la dimension environnementale.

2. Le volet environnemental

Le faible encadrement juridique de la protection environnementale doit pouvoir se renouveler par la reconnaissance du *reporting* social et environnemental. Celui-ci doit désormais faire partie d'une obligation à laquelle l'entreprise est dorénavant exposée à engager sa responsabilité surtout lorsque des dégâts causés sont énormes. La protection ou la présentation erronée ou fallacieuse des informations environnementales doit exposer l'entreprise à des sanctions. Le droit positif malien doit soutenir cette restriction afin de créer un moyen de dissuasion pour encourager davantage les entreprises à produire un rapport intégrant les informations environnementales.

L'information environnementale constitue une priorité pour l'effectivité de la mise en œuvre d'une démarche RSE. Sa prise en compte nécessite une intervention législative au plan national et communautaire. Pour ce dernier, l'urgence de promouvoir le développement durable passe par une consécration juridique pour faire du volet environnement une obligation à l'égard des entreprises. Le droit OHADA n'inscrit pas le volet environnemental[707] ; cela donne une large possibilité aux entreprises et surtout aux investisseurs de s'exempter à toute obligation d'information.

---

705 Code des investissements du Mali, dans son décret d'application (Décret n°95-423/P-RM du 6 décembre 1995 Décret n°05-553/P-RM du 27 décembre 2005) prévoit dans l'article 9 des possibilités d'exonération fiscale.

706 Cette société minière est implantée à Kokoyon dans le cercle de Kangaba. Elle s'engage de s'investir en faveur du développement social de la localité où son site est implanté. De ce fait elle a mis en place en mars 2015 un projet d'une enveloppe de 250 millions de FCFA pour la construction d'un complexe scolaire pouvant accueillir 300 élèves, allant du jardin des enfants à la terminale avec des équipements sportifs. Mais aussi la construction d'une résidence pour les enseignants, un centre de santé et une zone de bureau pour les habitants et orpailleurs. Une telle action qui s'apparente du mécénat mais constitue un intérêt en faveur de la RSE. V. Lougaye ALMOULOUD, « Kokoyon : MMC lance son projet de développement social », *Essor quotidien malien d'information*, 11 mars 2015.

707 Pourtant, les Etats en développement et particulièrement les Etats africains présentent pour les entreprises des conditions attractives dans le cadre du développement de leurs activités ou de leurs investissements. Les ressources naturelles y sont nombreuses, la main d'œuvre y est

La responsabilité des entreprises est difficilement engageable dans le cadre de l'information environnementale. C'est pourquoi en plus de la possibilité de faire recours au droit commun comme le note Madame Rolland[708], le droit national tout comme le droit communautaire, doit faire preuve de juridisme. La responsabilité des entreprises notamment celle des dirigeants doit être mise en œuvre pour omission d'une information[709] motif pris, soit d'une infraction aux dispositions législatives et réglementaires applicables aux sociétés anonymes, soit d'une faute de gestion environnementale.

Il est évident que des difficultés peuvent surgir, notamment celles de la démonstration du non-respect des dispositions[710]. Sa seule reconnaissance peut susciter un intérêt pour la bonne gouvernance de la RSE. Les entreprises maliennes doivent ainsi intégrer dans leur rapport annuel toutes les informations liées à leur activité et qui peuvent avoir un lien avec la protection de l'environnement. La prise en compte des informations environnementales par les entreprises crée par conséquent ces obligations à l'égard de ses mandataires sociaux.

B. L'obligation d'information des dirigeants

L'information extrafinancière est un outil de la bonne gouvernance. Elle influence davantage sur les évolutions constitutionnelles, législatives et réglementaires contemporaines de plusieurs pays. Pour façonner cet outil, l'implication des instances dirigeantes est indispensable. C'est pourquoi nous estimons que les dirigeants des entreprises soient tenus à des

---

bon marché, les conditions d'investissement et de développement d'activités peu contraignantes. Par ailleurs, l'ouverture de l'Afrique aux investissements étrangers reste encore aujourd'hui un instrument essentiel de développement du tissu économique local. Néanmoins, les droits humains et contraintes environnementales n'y sont pas encore bien affirmés et le climat de désorganisation, la « mal gouvernance », et la corruption, y optimisent les risques d'abus de la part des entreprises. Dans ce contexte, la responsabilisation des entreprises dans tous les domaines de leurs activités devient un enjeu majeur de développement, v. F. SERRES, « RSE : L'entreprise entre développement durable et droit au développement ou comment sortir de l' « éthique en toc » ? », RVES, juil. 2011, in http://www.droits-libertes.org consulté le 08 jan. 2013.

[708] B. ROLLAND, « Les nouvelles incidences du droit de l'environnement sur le droit commercial (après la loi n° 2003-699 du 30 juillet 2003) », *J.C.P.*, éd. E., 2004, note 148, p. 7, n° 21.

[709] En ce sens : S. GIULJ, « Guide de préparation des assemblées », *P.A.*, 2002, n° 121, p. 7.

[710] Dans un pays voisin, une entreprise multinationale avait déversé des déchets toxiques en Côte d'Ivoire, ce qui avait causé de nombreux dégâts à de nombreuses victimes. Le 23 juillet 2010, le Tribunal d'Amsterdam condamnait la Société Trafigura à un million d'Euros d'amende, pour les faits s'étant déroulés aux Pays-Bas. A noter que la Cour d'appel de La Haye a rejeté la requête de Greenpeace d'étendre la requête aux faits qui s'étaient déroulés en Côte d'Ivoire, aux motifs qu'aucun des suspects n'avait la nationalité néerlandaise ou ne vivait aux Pays-Bas et que les activités de la Société sont pour l'essentiel localisés à l'étranger : FIDH, *L'affaire du « Probo Koala » ou la catastrophe du déversement des déchets toxiques en Côte d'Ivoire*, avril 2011, pp. 37s.

obligations afin de vulgariser la transparence. L'obligation d'information sociétale environnementale et sociale est une des recommandations des lignes directrices de la norme ISO 26000. Elle repose sur des critères dont chaque entreprise est tenue de réunir pour faciliter l'accès aux informations sur les activités. Cette obligation donne ainsi droit aux actionnaires (1) et aux parties prenantes (2) d'avoir une large possibilité d'information sur la démarche RSE.

1. Le droit pour les actionnaires

L'image de l'entreprise incarne la vision des actionnaires. L'adoption d'une démarche RSE dépend *a priori* des actionnaires de l'entreprise[711]. Une entreprise adoptant la RSE doit en principe sauvegarder l'intérêt des actionnaires. Cette protection n'est pas une approche économique où l'entreprise est tenue de maximiser les ressources au profit des seuls actionnaires[712]. Mais, il s'agit plutôt de faciliter le droit pour les actionnaires d'accéder aux informations sociétales et environnementales.

En effet, la bonne divulgation de l'information constitue un moyen de protection pour l'entreprise et en particulier les actionnaires. Ces derniers peuvent à la fois non seulement renforcer les conditions sécuritaires et surtout limiter les dégâts pour amoindrir la responsabilité de l'entreprise. Lorsque des risques ont été identifiés suite aux informations données par exemple pour la coordination QSE de l'EDM-SA, l'entreprise peut prendre des mesures nécessaires pour limiter les dégâts. Il peut s'agir d'une installation d'électricité pouvant mettre en danger la santé et la sécurité des populations voisines et l'environnement. Les responsables de la société à travers les directives données par les actionnaires agiront en conséquence. L'entreprise se protège en améliorant les conditions notamment la réparation des pannes, et donner des signalisations pour mettre les populations hors des dangers. Au plan sécuritaire c'est donc un mayen efficace et peut contribuer au développement durable de l'ensemble des usagers des services et les

---

[711] Moussa TOGOLA, Coordinateur QSE de l'EDM-SA, Entretien effectué le 13 août 2014 de 10 heures à 12 heure.

[712] S. ROUSSEAU, I. TCHOTOURIAN, « L'« *intérêt social* » en droit des sociétés : Regards transatlantiques » Chaire de droit des affaires et du commerce international (C.D.A.C.I.) sur le thème de la responsabilité sociale des entreprises cotées, 2009, pp. 16-17 ; v. l'arrêt de la Cour Suprême *Magasins à rayons Peoples Inc. (Syndic de) c.rendu en 2004 Wise où* les magistrats rejettent la thèse de la primauté de l'intérêt des actionnaires au profit de la théorie des parties prenantes *; BCE Inc.* (Arrangement relative à), (2008) QCCS 905 CANLII ; *Ventas Inc. c. Sunrise Senior Living Real Estate Investment Trust*, (2007) ONCA 2005 ; *Re Sterling Centrecorp Inc.*, 2007 CANLII 32675 (ON S.C.) ; *Casurina Limited Partnership c. Rio Algom Ltd.*, [2004] O.J. No. 177. Plus ancien : *CW Shareholdings Inc. c. WIC Western International Communications Ltd.*, (1998) 38 B.L.R. (2d) 196 (Ont. Ct. Gen. Div.) ; *Pente Investment Management Ltd. c. Schneider Corp.*, [1998] O.J. N°2036 (Gen. Div.) ; (1998) 42 O.R. (3d) 177 (C.A.). En doctrine : S. Rousseau et P. Desalliers, « Les devoirs des administrateurs lors d'une prise de contrôle : Etude comparative du droit du Delaware et du droit canadien », Thémis, 2007, *spéc.* p.186 et s., n°325 et s.

offres de l'EDM-SA. C'est la même opportunité pour la société Orange Mali. En effet, une installation par exemple un site de réseaux technologique peut être tombée en panne. Pour l'entreprise, la réparation est un moyen de renforcer les capacités et de diminuer les pertes puisque lorsque le réseau est saturé ou en panne, la communication autrement dit tous les services et offres de l'entreprise seront bloqués. Donc l'avantage pour l'obligation d'information est d'abord pour l'entreprise de renforcer la qualité de ses services et de diminuer les risques.

Par ailleurs, le rapport de gestion qui indique toutes les informations nécessaires aux actionnaires peut aussi aider l'entreprise à prendre des mesures pour assurer la gestion de l'indemnisation des victimes en cas d'accident technologique pouvant engager sa responsabilité. Une telle anticipation est un gage de protection. En effet, la gestion de l'indemnisation des victimes en cas d'accident technologique est un acte socialement responsable. L'exécution d'une telle indemnisation selon les accords peut comporter des éléments à caractère social ou environnemental qui prennent en compte les objectifs de développement durable en conciliant développement économique, protection et mise en valeur de l'environnement et progrès social. Ces conditions d'exécution ne peuvent pas avoir d'effet discriminatoire à l'égard des populations. Elles sont indiquées dans l'avis d'appel public à la concurrence ou dans les documents de la consultation de l'entreprise. Parmi ces mesures figure une grande absente : en l'occurrence, la possibilité de faire des préoccupations sociales un critère de choix des offres. Du coup, tout dégât causé est appelé à une réparation par l'entreprise qui lie indirectement les actionnaires.

A travers l'obligation d'information, les actionnaires de l'entreprise peuvent ainsi prendre des mesures pour limiter les responsabilités. D'abord, l'entreprise doit être en mesure de rendre compte de sa capacité à couvrir sa responsabilité civile vis-à-vis des biens et des personnes du fait des actes liés à son activité. Cela nécessite des mesures d'assurance fortes. Les sociétés commerciales en général au Mali sont assurées en vue de se prémunir contre toute situation pouvant mettre en cause son activité. Il y a donc plusieurs avantages pour les actionnaires lorsque les informations relatives aux activités de l'entreprise donnent des indications claires et précises. Dès lors, l'entreprise ne sera pas la seule à profiter des effets positifs.

Toutefois, les actionnaires des entreprises commerciales ou industrielles ayant adopté une démarche RSE peuvent demander en référé au président du tribunal de commerce de prononcer une injonction sous astreinte aux dirigeants d'avoir à communiquer des informations sociales et environnementales. Cependant, il semble falloir être prudent quant à la reconnaissance de cette possibilité au profit des actionnaires pour diverses raisons[713]. Bien que l'étendue de sa mission prête à discussion, il apparaît

[713] F. G. TRÉBULLE, « Responsabilité sociale des entreprises », Répertoire Sociétés, Dalloz, 2003, p. 8, dans I. TCHOTOURIAN, *op. cit.*, note 175, p. 1051.

certain que la responsabilité des commissaires aux comptes est engagée à chaque fois qu'il est établi qu'il n'a pas accompli sa mission correctement en matière environnementale[714] de la même manière que dans ses domaines d'intervention plus habituels. Cependant, si cette responsabilité juridique peut devenir un enjeu, l'expérience du droit français nous montre que l'absence d'information dans le rapport annuel n'a eu aucun effet[715]. L'intégration de la RSE signifie qu'une entreprise doit non seulement se soucier de sa rentabilité économique et de sa croissance, mais aussi de ses impacts environnementaux et sociaux et être plus attentive aux préoccupations de ses différentes parties prenantes.

2. Le droit pour les parties prenantes

Le droit des parties prenantes est inhérent dans une démarche RSE. En effet, les parties prenantes réconfortent davantage leur place dans l'entreprise à travers l'adoption des démarches RSE. C'est ainsi que les interprétations *néo institutionnelles* de la publication de l'information sociétale apportent une nouvelle pierre à la construction théorique de l'entreprise comme objet social encastré sans un univers institutionnel. Ces approches permettent d'envisager l'élaboration des rapports de développement durable au travers d'isomorphismes institutionnels qui expliqueraient le mimétisme des politiques de RSE et de l'information sociétale contenue dans les rapports. Ces considérations jettent le doute sur les pratiques et les discours des entreprises lorsqu'elles mobilisent le concept de partie prenante, « figure sans visage » de la responsabilité sociale de l'entreprise (Moriceau, 2004). Finalement, le débat autour d'une théorie des parties prenantes semble s'essouffler aujourd'hui, particulièrement quant à ses aspects normatifs et par ailleurs, l'interprétation néo-institutionnelle de la publication de l'information sociétale et environnementale semble avoir pris le dessus[716].

Ainsi, le cadre normatif de la RSE reconnaît les droits les plus larges pour les parties prenantes d'obtenir toute information se rapportant aux questions sociétales, sociales et environnementales. De ce fait, dans une perspective de développement durable, l'entreprise doit s'efforcer de publier les informations sociétales et environnementales. Cette obligation se précise davantage dans plusieurs textes sur la RSE notamment la norme ISO 26000. Les parties prenantes peuvent se prévaloir et exiger à l'entreprise ou aux mandataires sociaux toute information nécessaire et pouvant contribuer au développement de la RSE. Cela crée des effets combinés et variés qui concourent à la mise en œuvre effective de la RSE.

Pour les parties prenantes, l'effet d'une bonne information sur les activités de l'entreprise est surtout le renforcement du partenariat. Les parties

[714] F. G. TRÉBULLE, ibid., note 164, p. 13, n° 20.
[715] J. IGALENS, *op. cit.*, note 139.
[716] J. OSTARENA, *Comprendre le concept de partie prenante*, Université Paris-Dauphine, MASTER DE GESTION, Mémoire de Recherche, 2008-2009, p. 5.

prenantes constituent l'ensemble des acteurs clés de l'entreprise. Par parties prenantes, en plus des actionnaires, il y a les créanciers de l'entreprise, les employés, les fournisseurs, des consommateurs, etc. La bonne information environnementale et sociale peut contribuer et renforcer les liens entre l'entreprise et ses alliés. Dans ce contexte, le rôle des informations publiées est crucial et les pressions sur l'entreprise pour divulguer « plus » et « mieux » s'intensifient d'autant que l'évolution de la pratique malienne qui est considérée comme une tentative de la *légistique* en matière d'information démontre que les entreprises ont toujours eu une perception large. Les scandales financiers récents connus dans le monde occidental ne tendent-ils pas d'ailleurs à accélérer le mouvement vers une plus grande transparence ?

L'information sociale et environnementale est devenue un des aspects de la communication financière obligatoirement réalisée[717]. C'est dans ce sens que la Commission des Opérations de Bourse (COB) dans sa recommandation du 16 janvier 2003 pour l'élaboration des documents de référence relatifs à l'exercice 2002[718] mentionnait l'environnement au titre de l'un des quatorze thèmes qui doivent être analysés dans le cadre des contrôles des documents de référence (thème 6 consacré aux risques).

Les entreprises maliennes doivent s'adapter à cette évolution européenne sur la bonne exécution des obligations d'information à la fois sociale et environnementale. Les parties prenantes des entreprises doivent bénéficier de ces avantages. Pour le personnel, il s'agit d'abord d'être informé sur les enjeux des différentes activités de l'entreprise. Ensuite, les moyens de protections doivent être réunis pour permettre au personnel d'être dans les meilleures conditions de travail. Pour les autres partenaires comme les créanciers, les fournisseurs et autres, l'information sur les activités de l'entreprise les donne des indications sur la politique de gestion de l'entreprise. Ils pourront à travers les informations reçues prendre des mesures de conduite en vue de protéger les intérêts. Plusieurs investisseurs exigent de plus en plus aux entreprises maliennes de prendre en compte la protection de l'environnement dans toutes les activités qu'elles mettent en place. C'est donc une forme de conditionnalité imposée par les investisseurs. Ceux-ci doivent donc avoir toutes les informations nécessaires qui concernent l'entreprise. Les investisseurs peuvent prendre des mesures pour aider l'entreprise à résoudre certaines difficultés liées à ses activités. Pour

---

[717] F. G. TRÉBULLE, « Responsabilité sociale des entreprises », Répertoire Sociétés, Dalloz, 2003, p. 8, dans I. TCHOTOURIAN, *op. cit.*, p. 32.

[718] *Bulletin mensuel COB*, n° 375, janvier 2003, p. 17. De plus, à la différence des informations dues aux assemblées générales au titre de la loi NRE, les recommandations de la COB pour l'élaboration des documents de référence (*Bulletin. mensuel COB*, n° 375, janvier 2003, p. 29) ont mis en avant la nécessité de communiquer vis-à-vis du marché sur les risques en tant que tels : « les dispositions relatives aux documents de référence se focalisent sur les éléments significatifs susceptibles d'avoir un impact sur le patrimoine ou sur les résultats de la société et donc du cours en bourse », dans I. TCHOTOURIAN, *ibid.*, p. 33.

cela, ils doivent être informés, quelles qu'en soient les conditions auxquelles l'entreprise est appelée à traverser.

Cependant, l'obligation d'information met souvent les investisseurs, les créanciers, les consommateurs dans l'ombre. Une telle pratique arrive lorsqu'il y a une abondance d'informations et risque de noyer les actionnaires qui finiront soit par donner un blanc-seing aux dirigeants, soit par déléguer leurs pouvoirs aux associations d'actionnaires susceptibles d'adopter une attitude suspecte à l'égard des dirigeants. *A contrario*, s'il y a un surplus d'information des actionnaires, rien n'est prévu pour les autres parties prenantes (fournisseurs, créanciers, investisseurs, consommateurs, médias, etc.) qui peuvent avoir besoin d'un rapport plus détaillé sur certains aspects, moins financier. Et ceci d'autant plus que le rapport de la responsabilité sociale des entreprises répond à une forte attente de la part de ces parties prenantes[719] et que la RSE implique un management de la complexité modifiant la gouvernance des sociétés vers une ouverture plus grande en faveur des *stackholders*[720]. Or, la publication d'un rapport de développement durable en plus du rapport de gestion peut apparaître comme une démarche pertinente pour les entreprises maliennes[721].

L'information extrafinancière est indispensable dans la gouvernance de la RSE. Certes, elle occupe une grande place, mais d'autres outils peuvent faire émerger la RSE.

Paragraphe 2. La notation et la valorisation de la RSE

Pour une avancée effective des démarches RSE, il est nécessaire de faire recours à des moyens incitatifs beaucoup plus appropriés. Ces moyens ne doivent pas reposer sur des contraintes juridiques strictes, mais plutôt des sanctions économiques qui s'adaptent mieux dans la normalisation de l'application de la RSE. En effet, la notation est un outil de la bonne

---

[719] J. IGALENS, M. JORAS, « Le rapport de responsabilité sociale de l'entreprise », dans *L'entreprise exposée à des responsabilités élargies*, P. Imbs (dir.), EMS, 2006, pp.27-37 ; S. EVRAERTS, M. LACROIX, « Responsabilité sociale et reporting de la performance », dans R. PÉREZ, F. Le ROY, M. MARCHESNEAY (dir.), préc., note 28, p. 38. Pour une présentation détaillée des attentes des diverses parties prenantes. ; T. WIEDEMANN-GOIRAN, « D'une communication cloisonnée à une communication transversale », dans *Développement durable et gouvernement d'entreprise : un dialogue prometteur*, Les cahiers de l'ORSE, Éd. Organisation, 2003, note 139.

[720] P. IMBS, Conclusion générale, dans *L'entreprise exposée à des responsabilités élargies*, P. Imbs (dir.), EMS, 2006, note 138, p. 244.

[721] En faveur d'une telle publication : J. IGALENS, « Comment évaluer les rapports de développement durable ? », *Revue française de gestion*, 2004/5 (n° 152), note 139. Parallèlement, le professeur IGALENS rappelle que les grands cabinets d'audit ont des atouts considérables mais qu'une prudence s'impose (risque de perte d'indépendance, application d'une démarche comptable à une matière où la notion de « sens » est fondamentale). Quant à la norme régissant ces rapports, pour le moment, une concurrence a lieu entre les normes ISAE 100 et AA 1000 Assurance Standard.

gouvernance et révolutionne de plus en plus l'économie mondiale. A travers la notation, les différentes entreprises peuvent être évaluées dans l'objectif de valoriser les démarches RSE. Pour cela, la mise en place d'une structure de notation (A) ainsi que la valorisation de la RSE (B) sont nécessaires.

A. La mise en place d'une structure de notation

La pratique de la RSE doit être soumise à une série de contrôle. Comme dans la gouvernance d'entreprise, il est nécessaire de prévoir des systèmes visant à suivre la mise en œuvre la RSE par les entreprises maliennes. Une structure de notation peut être le meilleur instrument possible pour accompagner les entreprises maliennes dans l'adoption et l'exécution de leur démarche RSE. Les structures voire les agences de notation disposent d'une grande influence dans la gouvernance mondiale actuelle. Dans le cadre du contexte juridico-économique malien, la notation sociétale peut être instituée[722] en vue d'être un repère pour les investisseurs dans leur processus de décision. Ainsi, l'évaluation des pratiques (1) et l'attribution des notes (2) sont des missions qui seront effectuées par l'agence de notation.

1. Évaluation des pratiques

L'une des missions fondamentales de l'agence de notation est de procéder à une évaluation des pratiques de la RSE. L'évaluation doit porter sur les différentes approches adoptées pour la mise en œuvre des démarches RSE. L'évaluation de cette agence de notation va mettre en évidence les performances des entreprises dans le processus d'intégration de la RSE. De ce fait, l'agence doit être dotée d'une large compétence. Cela suppose l'accès aux différentes informations voire l'obligation pour les entreprises de divulguer les informations extrafinancières.

L'évaluation de la performance de la RSE doit être un facteur d'évaluation des risques. C'est une méthode intégrée qui peut être utilisée pour évaluer les pratiques sociales, éthiques et environnementales des différentes entreprises. Une telle méthode doit inclure les risques dans le cadre des activités menées par les entreprises. Les évaluations vont mesurer le niveau de risque, notamment en fonction du type d'activité et de la situation géographique. L'agence vérifiera la conformité des activités à la RSE. L'évaluation dans cette dimension est un renforcement de l'audit social qui doit être effectué à l'interne par les entreprises dans une perspective RSE.

---

[722] En effet, la notation sociétale souffre d'une reconnaissance compte tenu des enjeux économiques. Mais avec la vulgarisation des pratiques de la RSE, sa reconnaissance en tant que institution est envisageable. V. Th. LAMARCHE, « Entre finance et environnement : La RSE comme réponse à une double extériorité pour une firme d'un nouveau type », *Colloque du RIODD,* Créteil, 2009, p. 9.

Le système d'évaluation de la RSE doit reposer sur les normes internationales comme le pacte mondial des Nations unies, le *global reporting initiative* et la norme ISO 26000. Ce système permettra à l'agence d'évaluer les pratiques des entreprises en matière de RSE et ces différentes tendances comme l'éthique, l'environnement, la santé, les droits de l'homme, etc. Ces différents points doivent être évalués par une équipe d'expert, qui va se charger d'analyser les réponses des différentes démarches RSE présentées par les entreprises. Les documentations fournies, les informations obtenues de façon indépendante[723] et les facteurs de risques liés au secteur d'activité et surtout les zones d'implantation des entreprises sont les indicateurs pour l'agence de notation en vue de procéder aux évaluations des pratiques.

L'évaluation de la performance des pratiques RSE est initiée par plusieurs entreprises. C'est le cas de la société ALCATEL qui est très avancée dans la pratique RSE. Cette entreprise procède annuellement à des évaluations sur tous les aspects de la RSE. C'est le cas par exemple de l'audit RSE autrement dit à ladite qualité intégrant les critères de développement durable[724]. Ces audits RSE portent en partie sur les aspects environnementaux, les conditions de travail et les droits de l'homme, les pratiques commerciales équitables et les politiques d'achats responsables sont entre autres quelques valeurs protégées et soutenues par ALCATEL. Une telle initiative peut être mise en application par l'agence de notation. C'est le cas aussi du groupe AFNOR. Le groupe reconnaît la RSE comme une contribution au développement durable.

Les investisseurs réclament de plus en plus aux entreprises de procéder à un bon niveau de maîtrise des pratiques sociétales et surtout environnementales. C'est pourquoi nous estimons que l'évaluation est un outil recommandé auquel la structure de notation doit s'en servir pour veiller à une application progressive de la RSE au sein de nos entreprises.

---

[723] L'accès à l'information est l'axe central de la bonne pratique RSE. L'information est parfois occultée par les entreprises qui contournent la règlementation compte tenu des disparités qui existent entre les populations et surtout la méconnaissance des obligations attribuées aux entreprises. C'est ce qui est constaté dans plusieurs ordre juridique de la sous-région comme le cas du Burkina Faso. En effet, la société IAMOGOLD ESSAKANE SA dans le cadre de son implantation et expansion a adopté une politique de communication relativement efficace, pour une gestion efficace des relations avec les communautés impactées. C'est en ce sens que dans leur démarche de développement durable, la gestion des relations avec les communautés s'avère nécessaire pour la pérennité de l'exploitation. Mais le constat tout le contraire car les communautés impactées ne profitent pas suffisamment des retombées économiques de l'exploitation minière. Un constat établi dans plusieurs pays africains disposant des ressources naturelles abondantes comme c'est le cas aussi du Mali. V. C. SANHOUIDI, *Evaluation des pratiques de la RSE liées à la gestion des relations avec les communautés : cas e IAMGOLD ESSAKANE SA (Burkina Faso)*, CESAG, DESS Audit et Contrôle de Gestion, 2012, p. 3.

[724] En 2013, la société ALCATEL a réalisé 41 audits qualité et RSE en Asie particulièrement en Chine et en Europe. 68% de ces audits concernaient des fournisseurs de produits et 32% des fournisseurs de services. V. www.alcatel-lucent.com

L'évaluation va permettre d'exiger aux entreprises de rendre compte de leurs activités et de s'assurer pour l'obtention d'une certaine image vis-à-vis de ses partenaires.

2. L'attribution des notes

Classiquement, la « note » attribuée par une agence de notation exprime une opinion sur la capacité et la volonté d'un émetteur (une entreprise, un État, une collectivité territoriale) à rembourser ses dettes financières, ceci en temps et en heure. Parmi les plus grandes agences de notation, *Standard & Poor's* élabore et publie des notations qui fournissent à la communauté financière un avis indépendant sur la solvabilité d'un émetteur Ces agences de notation disposent des pouvoirs les plus étendus pour procéder à une évaluation financière.

La notation financière est la plus répandue dans le monde économique. Mais, elle peut être appuyée par une forme de notation qui se confirme davantage suite aux progrès de la gouvernance sociétale. En effet, plusieurs financiers affirment l'importance de la notation sociétale. Celle-ci donne une très bonne cote aux entreprises dans le cadre des activités. L'éthique du management est devenue un critère scruté par les financiers. La notation extrafinancière est une opportunité que les entreprises maliennes peuvent saisir en collaboration avec l'ensemble des acteurs concernés pour évaluer les différentes pratiques RSE. Elle permet d'évaluer les entreprises en fonction de critères distincts du seul résultat financier notamment les ressources humaines, le respect de l'environnement, les critères éthiques se rapportant à la gouvernance de l'entreprise, etc.

La notation sociétale ou sociale est très méconnue dans la pratique. Elle doit cependant bénéficier d'une relance dans la perspective de la RSE. La notation sociale peut permettre aux entreprises d'évaluer leur performance. Pour cela, elle doit bénéficier d'une reconnaissance juridique par le droit positif malien et s'inscrivant d'ailleurs dans le cadre du *reporting* social. Pourtant, le concept d'investissement socialement responsable qui est l'équivalent de la RSE gagne une certaine reconnaissance dans le monde financier. De plus en plus, les acteurs considèrent que les aspects sociaux et environnementaux de l'activité économique des entreprises s'inscrivent pleinement dans la logique de performance financière et économique de long terme[725].

Ainsi, la notation financière peut servir de moyen de consolidation pour la mise en œuvre effective des pratiques RSE. Elle ne doit pas être à l'image de la notation financière qui soulève de plus en plus des interrogations. La notation financière est à la rusée des critiques surtout après la crise économique de 2008 notamment la crise des *subprimes*. En effet, durant cette crise, certaines agences de notation ont été soupçonnées de conflits

---

[725] Frédérique ROUSSEL, « La belle cote de la notation sociale », *Libération*, 24 oct. 2012.

d'intérêts avec l'entreprise notée. Les agences de notation financière ont également été accusées d'avoir failli à leur mission d'audit en abaissant tardivement les taux de rendement des titres des entreprises, qui n'ont pu être alertées à temps des effets dévastateurs des *subprimes*. Il est vrai que pour 80% d'entre eux, les produits financiers *titrisés* liés aux *subprimes* étaient, avant la crise, notés AAA, soit la meilleure note[726].

La reconnaissance juridique de la notation sociale est un avantage pour l'encrage juridique malien. Pour cela, il faut mettre en place une structure en charge et dotée d'une compétence étendue. Une telle consécration peut être un moyen pour les entreprises les plus impliquées dans la pratique RSE d'avoir des récompenses en termes d'opportunités. La mise en place d'une institution de telle taille peut aussi contribuer au renforcement des politiques de valorisation de la RSE.

B. Le renforcement des politiques de valorisation de la RSE

La démarche RSE doit être soutenue. Cela nécessite l'adoption des politiques de gouvernance sociétale pour la valorisation des pratiques. Une assistance opérationnelle peut être initiée pour valoriser et communiquer efficacement votre performance auprès des investisseurs. La valorisation de la performance extrafinancière suppose de bien comprendre les besoins des différents acteurs (gérants, analystes…), leurs attentes et d'améliorer la communication au sein de l'entreprise. Une entreprise qui agit en RSE a tout intérêt à faire valoir sa différence, et favoriser l'adhésion des parties prenantes à sa démarche, ses valeurs et ses produits, afin de l'impliquer ou de les fidéliser[727]. C'est ainsi qu'il est nécessaire de prévoir une politique de labélisation (1) et la récompense des meilleures pratiques (2).

1. La labélisation des produits

Les mesures d'accompagnements sont indispensables pour la mise en œuvre effective de la RSE au sein des entreprises maliennes. C'est le cas de la labélisation des produits RSE qui permet de valoriser certaines activités ayant fourni des efforts pour la consolidation des pratiques RSE. La labélisation des produits consiste à attribuer un label de qualité ou un signe d'authentification. C'est un moyen de récompenser les entreprises respectueuses des normes officielles de qualité. Elle permet également d'indiquer aux consommateurs la provenance et l'origine du produit.

Dans la perspective de la RSE, la labélisation peut être introduite pour servir de moyen d'évaluation des différentes activités effectuées par les

---

[726] A. PIQUEMAL, « Les Crises Bancaires et Financières : Une question de régulation ? La régulation en question ?, Les agences de notation en question », *Quatrièmes Journées internationales de Droit bancaire et Financier organisées par l'AEDBF MONACO*, MONACO – 28 novembre 2008, p. 2.

[727] V. www.rse-nantesmetropole.fr

entreprises maliennes. Cela nécessite sa consécration voire son institutionnalisation au même titre que les autres structures en charge de la RSE. La labélisation doit porter sur les mentions officielles des produits et services offerts par les entreprises maliennes. Elle doit respecter un cahier des charges strict relatif à la qualité des matières premières, au processus et au matériel de fabrication, aux aspects sanitaires du produit fini et aux critères bactériologiques.

La labélisation des produits et services offerts par les entreprises maliennes dans le cadre de la RSE doit s'appuyer sur des principes qui permettent d'attribuer un label « malien » à leur activité au plan national et international. En effet, une activité labélisée dispose d'une reconnaissance et surtout une crédibilité au plan national et international. C'est d'ailleurs l'une des préoccupations soulevées par les entreprises maliennes et en particulier les acteurs économiques. Les produits et services offerts par les entreprises maliennes souffrent d'un problème de reconnaissance dans le marché mondial comme c'est le cas des produits agricoles. Cette préoccupation soulevée a occasionné quelques initiatives notamment la production du coton bioéquitable. Ainsi, cette nouvelle filière a rapidement attiré de nombreux producteurs. La production a été de 50 tonnes pour 174 producteurs en 2002. En 2004, la filière a obtenu la certification équitable par FLO[728], et ainsi les produits peuvent être vendus sous le label bioéquitable ; on comptait alors 660 producteurs. En 2007, la surface cultivée en coton biologique atteint 1563 ha (pour une aire de culture biologique de 11 515 ha) et le nombre de producteurs est passé à 3669, dont 38% de femmes[729].

Il existe donc des initiatives de labélisation. Celle-ci reste cependant limitée aux seules activités agricoles. La labélisation doit s'étendre progressivement aux activités des entreprises dans toutes les sphères d'activités. La labélisation doit s'adresser aux produits et aux services qui peuvent avoir un impact environnemental réduit. La réussite d'une telle pratique offre une double garantie, notamment la qualité d'usage et la qualité écologique. Les entreprises maliennes peuvent disposer de cet outil d'évaluation qui pourra les accompagner dans tous leurs processus. Les meilleures entreprises pourront ainsi bénéficier de certaines récompenses.

---

[728] Les normes à respecter selon les filières sont contrôlées par un des organismes de certification adhérant à la Fédération FLO (Fairtrade Labelling Organisation International) qui délivrent le label « commerce équitable » (par exemple Max Havelaar, très présent sur les produits vendus en France). Le label FLO-Cert a été créé en 2003 pour être conforme avec les règles internationales de la certification ; il définit les engagements du commerce équitable tant au niveau des organisations de producteurs que des importateurs et distributeurs.

[729] I. DROY, « Les femmes productrices de coton bio-équitable au Mali », *IRD-UMR C3ED*, mars 2008, p. 1.

2. La récompense des bonnes pratiques

Il ne fait aucun doute que la RSE est un outil de performance et de développement pour l'entreprise. La pratique RSE permet à l'entreprise d'être financièrement plus performante et plus profitable. L'entreprise adoptant la RSE tire des avantages directs au niveau de l'efficacité opérationnelle de leurs activités par la réduction de la consommation d'énergie et des matières premières, la réduction des déchets et leur recyclage systématique. L'entreprise adoptant une démarche RSE peut obtenir une meilleure appréciation des risques, une gestion plus efficace des responsabilités et des processus d'information plus transparents sont également susceptibles de garantir la pérennité des entreprises.

Par ailleurs, la pratique de la RSE peut occasionner des opportunités de récompense. En effet, les entreprises maliennes peuvent être encouragées à travers des reconnaissances à l'égard des efforts accomplis. Toute entreprise adoptant une démarche RSE à travers l'amélioration des relations avec les investisseurs ainsi qu'avec toutes les parties prenantes peut bénéficier de certains avantages. Il peut s'agir d'une attribution de notes par l'agence de notation sociale, une exonération fiscale et surtout une large opportunité auprès des partenaires. Ceux-ci peuvent poser des conditions de partenariat pour inciter davantage les entreprises à intégrer une démarche RSE.

Une telle mesure a été initiée par plusieurs institutions internationales. Il en est ainsi de la commission des communautés européennes. Cette institution reconnaît que le nombre croissant d'entreprises européennes promeuvent leurs stratégies de responsabilité sociale en réponse à une série de pressions sociales, environnementales et économiques. Elles visent à envoyer un signal aux différentes parties prenantes auxquelles elles ont affaire : salariés, actionnaires, investisseurs, consommateurs, pouvoirs publics et ONG. Ce faisant, les entreprises investissent dans leur avenir et espèrent que leur engagement volontaire contribuera à accroître leur rentabilité[730]. La commission des communautés européennes a, depuis cette date, lancé un large débat sur la façon dont l'Union européenne pourrait promouvoir la RSE des entreprises au niveau tant européen qu'international et, notamment, sur les moyens d'exploiter au mieux les expériences existantes, d'encourager le développement de pratiques novatrices, d'améliorer la transparence et de renforcer la fiabilité de l'évaluation et de la validation des diverses initiatives réalisées en Europe. Il propose une approche fondée sur des partenariats plus étroits au sein desquels tous les intéressés ont un rôle actif à jouer.

Cette synergie d'action témoin le progrès réalisé dans la pratique de la RSE au sein de l'Union européenne[731]. Son approche incitative peut être

---

[730] Commission européenne, « Livre vert : Promouvoir un cadre européen pour la responsabilité sociale des entreprises », COM(2001) 366 final, 18 juil. 2001, p. 1.

[731] Le groupe *Soregor* récompensé pour sa politique RSE. En février 2014, *Soregor* a obtenu le Trophée Social – RH de l'IFEC dans la catégorie RSE pour ses actions innovantes en

adoptée dans le cadre de la valorisation de la RSE au sein des entreprises maliennes. Ainsi, les pratiques les plus novatrices doivent bénéficier de certains avantages auprès des partenaires et surtout des autorités publiques. La RSE doit être soutenue comme un investissement capable de démarquer une entreprise, ses produits et ses services. C'est pourquoi il est légitime de valoriser tout investissement en matière de RSE par rapport à son retour pour l'entreprise[732].

Ces différentes précisions faites peuvent faciliter l'intégration de la RSE dans la politique de gouvernance des entreprises maliennes. L'identification des domaines d'intégration doit être consolidée par des modalités de prise en charge.

---

faveur de l'insertion professionnelle de personnes en situation de handicap et du déploiement de l'arrondi solidaire. V. FOCUSRH, art. publié le 16/04/2014 in www.focusrh.com. La filiale COVED du groupe SAUR aussi a été récompensée pour sa politique RSE notamment sa politique sociale vis-à-vis des salariés. V. www.saur.com . C'est le cas aussi de INTRUM JUSTITIA qui a été récompensée pour sa démarche RSE, une première pour une entreprise spécialisée dans le recouvrement de créances décroche le label Responsabilité sociale de relation client, grâce à sa gestion attentive des retards de paiement, Thomas PIKE, « Intrum Justitia récompensée pour sa démarche RSE », *DAFmagf*, publié le 16/12/2014 in www.daf-mag.fr

[732] Institut National pour le Développement Durable et la RSE en France, v. le site www.indr.lu/LABEL

CONCLUSION DU CHAPITRE 1

La RSE est de plus en plus intégrée dans la gouvernance d'entreprise. Elle devient un outil majeur pour la valorisation de l'entreprise en tant qu'actrice du développement durable. C'est pourquoi la RSE est utilisée pour mettre en œuvre des dispositifs formels et informels de la gouvernance d'entreprise, complémentaires de ceux du modèle actionnarial, dans une logique de pérennisation des relations d'emploi et de sous-traitance créatrice de valeur ajoutée[733].

Il apparaît donc que les exigences éthiques des parties prenantes conduisent davantage l'entreprise à dépasser les principes pour instaurer une prise en compte concrète et une mise en œuvre pratique de l'éthique à tous les niveaux de l'organisation. La formalisation ne constitue qu'un aspect (même si c'est le phénomène le plus visible) de l'élaboration d'un système plus global d'institutionnalisation de l'éthique dans la gouvernance.

L'analyse du droit dans les États de l'Union européenne montre que la RSE s'exerce à l'intérieur d'un cadre juridique de plus en plus précis, qui incite les entreprises à adopter un comportement socialement responsable et à en rendre compte de manière transparente. Les changements institutionnels autour de la RSE ont pris des formes récentes dans les entreprises occidentales. C'est pourquoi nous disons que la sphère juridique de l'entreprise malienne doit reconnaître la RSE dans la gouvernance, mais aussi la reconnaissance du *reporting* extra financier.

---

[733] C. CEZANNE, M. RUBINSTEIN, « La RSE comme instrument de la gouvernance d'entreprise : une application à l'industrie française des télécommunications », *Revue de la régulation, Capitalisme, institutions, pouvoirs,* 2012.

CHAPITRE 2

Les modalités de prise en charge de la responsabilité sociétale

La prise en charge de la RSE passe nécessairement par une réorganisation institutionnelle. En effet, s'il est clair que les changements institutionnels autour de la RSE ont pris des formes récentes ; cela exige des mesures pour accompagner la formation d'un type particulier d'entreprises dans lequel se construisent des compromis entre managers et actionnaires, et avec des acteurs agissant en tant que représentants de l'environnement. L'évolution des dispositifs institutionnels traitant des externalités (appropriation de la rente *vs* coûts environnementaux et sociaux) nous éclaire sur une évolution du droit. La production juridique en matière de RSE atteste de la capacité d'acteurs privés à le produire. Le pouvoir n'est pas uniquement celui de l'entreprise, c'est aussi celui des collectifs, qu'ils soient professionnels, sectoriels ou territoriaux. Si les dispositifs sont mis en place à l'échelle des entreprises (autoréglementation), ils s'élaborent dans des espaces plutôt mésoéconomies qui constituent ainsi de nouveaux espaces de régulations[734]. Ces mesures doivent permettre de procéder à une réorganisation institutionnelle des entreprises maliennes (section 1), mais également de renforcer le rôle des pouvoirs publics dans la mise en application de la RSE (section 2).

SECTION 1. LA RÉORGANISATION INSTITUTIONNELLE DES ENTREPRISES

Les entreprises font face désormais à des exigences d'une norme loin d'imposer des impératifs, mais qui exige pour son application une réorganisation au sein des structures de l'entreprise. En effet, les changements institutionnels autour de la RSE ont pris des formes récentes et

---

[734] Th. LAMARCHE, « Entre finance et environnement : La RSE comme réponse à une double extériorité pour une firme d'un nouveau type », *Université Lille 3 et GERME, Paris 7*, 2009, p. 1.

renouvelées. Ce processus accompagne la formation d'un type particulier d'entreprises dans lequel se construisent des compromis entre managers et actionnaires, et avec des acteurs agissant en tant que représentants de l'environnement. Le pouvoir que développent les managers ne se fait pas sans confrontations ni contradictions, ce qui impose d'ajouter à la notion de compromis, celles de conflits et de pouvoir. La capacité de la finance de marché à structurer l'entreprise constitue une force extérieure qui s'est instituée (...)[735]. Cela dit, les entreprises sont appelées à institutionnaliser une direction RSE (paragraphe 1). Cet effort doit aussi être accompagné par l'élaboration d'une charte RSE auquel les entreprises peuvent se conformer pour une démarche uniformisée (paragraphe 2).

Paragraphe 1. L'institutionnalisation d'une direction RSE

La RSE se présente aujourd'hui comme un atout majeur pour le développement durable. Elle offre ainsi une opportunité pour atteindre les objectifs du millénaire. La réalisation de ces objectifs exige une bonne planification de la pratique RSE au sein des entreprises. Ainsi, il est nécessaire d'institutionnaliser la RSE dans l'organigramme des entreprises. Cela se concrétise par une reconnaissance statutaire (A) et l'identification des compétences (B).

A. La reconnaissance statutaire

Elle est l'étape fondamentale pour la mise en œuvre d'une démarche RSE. La reconnaissance par les entreprises permet de renforcer et de légitimer la pratique RSE. Il s'agit en effet d'une réorganisation de la gouvernance des entreprises avec l'adoption des nouvelles pratiques. De ce fait, les textes internes régissant des entreprises doivent reconnaître l'institution (1) et définir son autonomie (2).

1. L'intégration dans les textes internes

La justice sociétale doit de nos jours pénétrer les institutions des entreprises. Elle doit se manifester par la création d'un ordre juridique et social qui informe en quelque sorte toute la vie économique[736]. C'est pourquoi les entreprises maliennes sont tenues de mettre en place et de reconnaître une institution RSE au sein de leur organisation. Une telle reconnaissance est indispensable pour la mise en place d'une démarche RSE.

En effet, d'une part, le processus d'institutionnalisation de la RSE est marqué par les interactions entre les règles de droit, qui ne sont pas

---

[735] Th. LAMARCHE, *ibid* p. 1.

[736] A. ACQUIER, J.-P. GOND, J. IGALENS, « Des fondements religieux de la responsabilité sociale de l'entreprise à la responsabilité sociale de l'entreprise comme religion », *Actes du colloque de l'AGRH*, 2005, p. 9.

radicalement ni rapidement disqualifiées. Il est marqué aussi d'autre part, par les institutions qui sont créées au niveau des entreprises ou des secteurs, en lien avec les nouvelles formes d'engagement volontaire que prennent les grandes entreprises. Les institutions de la RSE qui se mettent en place révèlent une logique de production normative particulière, issue de la confrontation entre des règles légales produites par l'État, des engagements privés au regard de l'autorégulation des entreprises.

Une fois créée, l'institution doit être reconnue par les textes internes de l'entreprise pour qu'elle ait une force obligatoire. Cette institutionnalisation pourrait donner une nouvelle catégorie singulière d'acteurs veillant à rendre effectifs les engagements de l'entreprise. Les textes internes doivent ainsi modifier le régime d'action des entreprises. Cela va sans doute créer un problème de cohérence puisque l'institution de la RSE est au regard de la gouvernance des entreprises une innovation dont le contrôle des décideurs politiques peut être réduit[737].

L'intégration d'une institution RSE est loin d'être une consécration juridique rigide, mais plutôt les règles autoproduites par les entreprises. C'est ce qu'on appelle la *solf Law*, en référence au caractère non obligatoire et non contraignant. Cette reconnaissance est une forme de participation à la structuration d'un système *a priori* non contraignant pour les entreprises. C'est une forme de gouvernance qui donne la possibilité aux entreprises dans le cadre de l'adoption des démarches RSE de forger leur propre règle institutionnelle[738]. Une telle flexibilité de la gouvernance institutionnelle des entreprises permet d'attribuer à une institution RSE, certaines autonomies.

2. La précision de son autonomie

Toute institution créée doit être dotée d'une autonomie afin d'avoir des pouvoirs dans la prise des décisions. C'est d'ailleurs, le constat opéré dans

[737] C. BODET, Th. LAMARCHE, « La RSE comme innovation institutionnelle. Une lecture *régulationniste* », *Revue de la régulation, capitalisme, institutions, pouvoirs*, 11 juin 2007, n° 6.

[738] Il est évident que la caractérisation du régime de *solf law* ne suffit pas pour éclairer les transformations institutionnelles du capitalisme. Il ne fait que participer aux évolutions institutionnelles. D'où le besoin d'un travail « génétique », comme le défend Théret notamment, dans une perspective institutionnelle historicisée qui permet de caractériser le processus de construction des règles juridiques (juridiques, sociales…). Une méthode « généalogique » telle que celle que développent Deakin et Wilkinson (2005) en étudiant les processus d'émergences des catégories juridiques à propos du droit du travail, nous ouvre la perspective d'un droit considéré comme une institution sociale, dépendante de son histoire. Les pratiques de *solf law* sont insérées dans un contexte réglementaire ancien qui n'est pas propre à la RSE. Dans cette analyse il est évident que l'urgence d'un droit rigide est nécessaire. Mais, au regard de la réticence grandiose des entreprises, l'approche volontariste relativement encadrée par les pouvoirs publics peut préparer la consécration juridique future de la RSE. V. H. R. BOWEN, « Social responsabilities of the businessman » *Harpes/Brothers* New-York,, 1953.

certaines entreprises maliennes qui tentent d'adopter une démarche RSE[739]. Beaucoup de ces entreprises ne disposent pas d'une véritable institution en charge de la RSE.

Cette autonomisation de l'institution RSE est indispensable au regard de ses enjeux sociaux et environnementaux. L'institution doit avoir une indépendance au sein de l'organisation de l'entreprise. Elle ne doit cependant pas être rattachée à d'autres institutions de l'entreprise. Cela affaiblirait ses missions et son influence au sein de l'entreprise.

L'institutionnalisation de la RSE selon une lecture conventionnelle qui se développe, avec notamment l'influence de la notion de justification, doit ainsi se référer à la capacité des entreprises maliennes à forger des règles institutionnelles pour des besoins de légitimité. Pour cela, elle doit être indépendante des autres départements de l'entreprise. Ce qui peut renforcer le processus d'élaboration d'une politique responsable dans l'entreprise[740].

Le processus d'institutionnalisation de la RSE met en lumière une action décentralisée des entreprises. A travers son autonomie, les entreprises peuvent adopter une démarche cohérente de la RSE. L'institution RSE peut ainsi engager l'entreprise à défendre et à promouvoir les principes directeurs de la RSE. L'entreprise pourra ainsi irriguer toutes les actions en faveur du développement durable. Ainsi, l'adaptation des lignes directrices de la RSE peut s'appuyer sur toute institution RSE mise en place par les entreprises maliennes. Celles-ci auront une nouvelle forme de gouvernance à travers l'intégration des institutions RSE. Le degré de leur indépendance doit être accompagné aussi par l'identification de ses compétences.

B. L'identification des compétences

Toute institution est dotée d'une compétence pour son fonctionnement. L'institution de la RSE doit disposer des compétences en vue d'exécuter ses missions. Au regard de son autonomie voire son indépendance au sein de l'entreprise, ses compétences doivent être étendues en vue d'une application effective de la démarche RSE. Pour cela, les entreprises sont invitées à se concerter pour élaborer des projets (1) en vue de respecter les principes directeurs d'une démarche RSE (2).

---

[739] La Société Orange Mali reconnait la RSE dans le cadre de ses activités. Pour cela, elle a mis en place une division RSE. En effet, la Société Orange Mali a adopté une démarche volontaire en intégrant quelques volets exclusifs de la RSE. Cela nécessitait une organisation institutionnelle d'où la création de la division RSE. Mais, cette structure est rattachée à la direction marketing. Elle n'est pas donc autonome. Or dans les normes, lé département de la RSE doit être autonome et doit disposer des pouvoirs les plus étendus pour une application effective de la RSE. Cela dit, un tel rattachement est inapproprié. Le service marketing a un domaine restreint et bloque les activités de la division RSE. A. SIDIBE, Assistant du chef de service management projet RSE, *op. cit.*

[740] C. BODET, Th. LAMARCHE, « La RSE comme innovation institutionnelle. Une lecture *régulationniste* », *op. cit.*, n° 31 ; BOLTANSKI. L., E. CHIAPELLO, *Le nouvel esprit du capitalisme*, Gallimard, Paris, 1999.

1. Une préalable consultation dans l'élaboration des projets de l'entreprise

L'adoption d'une démarche RSE doit impérativement reposer sur des projets. Les entreprises ayant jusqu'à ce jour entrepris la démarche RSE, se sont fixées des objectifs en rapport avec la protection de l'environnement et promouvoir des actions responsables. C'est le cas en l'occurrence de la société Orange Mali qui intègre plusieurs objectifs dans le cadre de la mise en œuvre de sa politique RSE. Il s'agit entre autres de la protection des employés en termes sécuritaire et surtout des possibilités d'opportunité financière. La société affiche une réelle volonté de se projeter vers les énergies renouvelables en contrepartie réduire la consommation électrique. Quelques sociétés minières en dehors de toute contrainte juridique se mobilisent pour préserver l'environnement malgré que la situation reste toujours préoccupante. La société EDM-SA qui produit de l'électricité et qui est la principale distributrice de l'électricité est de nos jours beaucoup avancée dans l'exploitation des énergies renouvelables. Beaucoup de ces centrales thermiques fonctionnent avec le solaire[741].

Les entreprises doivent faire une consultation pour avoir une orientation sur l'adoption d'une démarche RSE. A l'interne de l'entreprise, toutes les parties notamment les organes sociaux et l'ensemble du personnel à savoir les salariés doivent être impliqués. Les points de vue au cours des échanges peuvent contribuer à l'élaboration du projet de la RSE. Cette approche a été adoptée par plusieurs entreprises internationales[742]. Ces entreprises estiment que la RSE est devenue progressivement une valeur incontournable du monde des affaires. En effet, pour ces entreprises, le rôle principal n'est pas de la création de la richesse. L'entreprise doit aussi contribuer au développent durable. Pour cela, elles n'ont pas attendu l'adoption des politiques publiques pour l'élaboration d'un cadre juridique favorable au déploiement de la RSE. Beaucoup d'entreprises ont pris conscience que le développement d'une dynamique de RSE n'est pas tributaire du contexte législatif.

La consultation peut ainsi contribuer à la bonne coordination pour l'élaboration du projet de la RSE. Les parties prenantes y compris les personnes extérieures doivent ainsi appréhender la RSE comme une contrainte auquel toute entreprise doit s'imposer. Dès lors, il est important de développer un dialogue régulier avec ses parties prenantes, car celles-ci sauront aiguiller utilement les entreprises dans leur démarche en contribuant

[741] En effet, trois centrales hybrides fonctionnent avec le solaire et du diesel. Plusieurs projets sont en cours. Cet effort peut être appréhendé comme une contribution de la société EDM-SA à la protection de l'environnement qui est fondamentalement inscrite par les conventions internationales auxquelles le Mali a ratifié. Moussa TOGOLA, Coordinateur QSE de l'EDM-SA, Entretien effectué le 13 août 2014 de 10 heures à 12 heure.

[742] Guide pratique, « CAP vers la RSE faire de la RSE un levier de performance », *Mouvement des Entreprises De France (MEDEF)*, Juil. 2012, consulté le 04 nov., in http://www.medef.com.

en termes d'efficacité. Cette coopération volontaire, si elle ne vise pas le consensus à tout prix, enrichira les décisions de l'entreprise et en confortera la légitimité[743]. C'est ainsi que la RSE atteste d'une vision postmoderne du droit à travers le pluralisme qu'elle consacre[744]. En effet, la RSE donne lieu à une grande diversité dans la production de la norme et témoigne du nécessaire ajustement du droit à la complexité des réalités contemporaines incarnée par la mondialisation. Les acteurs économiques privés concourent dorénavant les États, en élaborant leurs propres normes par autorégulation. Comme le note DELMAS-MARTY, l'État n'est plus le seul acteur et son territoire n'est plus le seul espace normatif[745].

Cette approche peut guider les entreprises maliennes dans l'élaboration du projet de la RSE. A travers cette approche, on constate que les entreprises peuvent parfaitement établir des normes transposables en matière de RSE en vue de respecter les lignes directrices imposées la norme iso 26000.

2. Le respect des principes de la RSE

Les entreprises maliennes font dorénavant face à une reconfiguration de la gouvernance sociétale. La remise en cause de l'entreprise du système de gouvernance donne l'opportunité pour les entreprises de faire des performances aussi bonnes que possible. L'institutionnalisation de la RSE peut aboutir au respect des principes édictés par la norme iso 26000. Cette norme est la norme de référence indiquant les démarches à suivre pour l'adoption d'une gouvernance RSE. L'application de la norme iso 26000, peut amener les entreprises à apporter plus de mouvement et d'action à l'atteinte des objectifs du millénaire.

Pour instituer une direction RSE au sein des entreprises, il est important de se fixer des objectifs chiffrés, car « qui ne mesure pas n'avance pas »[746]. L'intégration d'objectifs précis de RSE dans la feuille de route d'une entreprise est aussi un bon moyen de dynamiser la démarche. Il y a de ce fait plusieurs raisons de mettre en œuvre une démarche RSE. En tant qu'acteur du développement durable, l'entreprise doit nécessairement démultiplier les impacts positifs et de minimiser les impacts négatifs. Cela peut contribuer à son efficacité économique et financière notamment la réduction des coûts qui est un facteur d'innovation et de création de recettes nouvelles.

---

[743] Cette approche est d'ailleurs inscrite dans la norme iso 26000 qui dans sa structuration exige aux entreprises voulant adopter une démarche RSE d'identifier d'abord sa responsabilité sociétale et dialoguer avec les parties prenantes.

[744] B. De SOUSA SANTOS, « Droit : une carte de la lecture déformée. Pour une conception post-moderne du droit », *Droit et société*, 2008, vol. 10, p. 363, spéc. p. 382.

[745] M. DELMAS-MARTY, « Le pluralisme ordonné », éd. seuil, 2006, spéc. p. 27.

[746] Guide pratique, « CAP vers la RSE faire de la RSE un levier de performance », *Mouvement des Entreprises De France (MEDEF)*, Juil. 2012, p. 6, consulté le 04 nov., in http://www.medef.com.

Les principes de la RSE reposent fondamentalement de la norme iso 26000. Cette norme fournit des lignes directrices concernant le fonctionnement des entreprises et des organisations dans une optique de responsabilité sociétale. Elle permet de clarifier le concept de responsabilité sociétale, aide les entreprises et les organisations à transposer les principes en mesures concrètes et permet le partage des bonnes pratiques de responsabilité sociétale entre pays. Les lignes directrices de l'iso 26000 se veulent aussi claires et instructives. Elles sont applicables à tous types d'organisations (grandes entreprises, petites et moyennes entreprises, administrations publiques, organisations gouvernementales et non gouvernementales)[747].

Pour le respect des principes de la RSE, les entreprises maliennes doivent d'abord identifier leur responsabilité sociétale. Elles doivent aussi identifier les parties prenantes pour organiser des dialogues en vue d'améliorer la pratique. La gouvernance de l'entreprise doit prendre en compte les questions centrales de la RSE. Il s'agit entre autres de la protection des droits de l'homme, la relation et les conditions de travail, l'environnement, la loyauté des pratiques, la protection des consommateurs, et enfin, les actions visant à renforcer le développent local des communautés.

La mise en œuvre de ces principes peut ainsi qualifier une entreprise comme socialement responsable. Ces principes jettent donc les bases de toute démarche RSE. Ils peuvent être appuyés par d'autres conditions. L'entreprise doit appréhender la RSE comme un levier de performance. L'entreprise peut aussi mobiliser toute son équipe pour sa réussite en vue d'intégrer une feuille de route. La sensibilisation et surtout l'intégration d'un *reporting* social permettent d'évaluer la pratique. La mise en place d'une politique d'achat responsable est un bon indicateur au même titre que le dialogue régulier avec les parties prenantes. Tout cela peut être couronné par l'élaboration d'un dispositif éthique qui est aujourd'hui une nécessité et un atout concurrentiel pour la conduite des affaires ainsi que la réputation de l'entreprise.

Paragraphe 2. L'élaboration d'une charte de la RSE

La réorganisation de la gouvernance sociétale des entreprises passe aussi par l'adoption d'une charte pour la RSE. En effet, la consécration par les entreprises de principes et de valeurs éthiques, à la faveur de l'adoption de chartes RSE est un moyen de renforcer la pratique de la RSE. Cela peut dans certains cas, soulever des interrogations notamment sa portée à l'égard des

---

[747] Global *Reporting* Initiative, l'Organisation internationale de normalisation, « Lignes directrices G4 du GRI et ISO 26000 Pour une utilisation conjointe des lignes directrices G4 du GRI et de l'ISO 26000 », *GRI-ISO*, janv. 2014, p. 3. V. http://www.iso.org/iso/home/standards/management-standards/iso26000.htm.

parties prenantes de l'entreprise[748]. Mais, cette analyse juridique est inopportune. Ce qui prévaut, c'est d'élaborer une charte en impliquant tous les acteurs (A) pour faciliter sa reconnaissance (B).

A. La coordination de la phase préparatoire par le Patronat

Les entreprises maliennes sont de plus en plus organisées à travers la multiplication des organisations tantôt gérées par l'État[749], tantôt par les associations d'entreprises notamment l'association professionnelle des banques et établissements financiers[750]. Toutes ces structures mènent des actions en faveur du développement des entreprises maliennes. Mais, par elles, le patronat peut servir de guide et d'orientation dans la gouvernance sociétale des entreprises maliennes. De ce fait, son implication dans l'élaboration de la charte est opportune pour mobiliser l'ensemble des conseils d'administration des entreprises (1) en vue de définir le contenu de la charte (2).

1. L'implication des CA des entreprises

Pour réussir une bonne gouvernance sociétale, l'implication des décideurs de l'entreprise est indispensable. En effet, le conseil d'administration est l'instance de contrôle fondamentale dans une entreprise. Il est réputé être une petite élite « d'administrateurs puissants » essentiellement détenteurs de mandats dans les très grandes entreprises. D'ailleurs, les théoriciens de l'agence[751] estiment qu'il est le mécanisme de contrôle le plus puissant dans l'entreprise. Leur concours peut faciliter l'élaboration d'une charte RSE.

Le patronat peut en effet s'appuyer sur les organes exécutifs influents dans les entreprises. Pour leur implication, il est nécessaire d'organiser des rencontres périodiques en vue de créer un cadre d'échanges et de partages. Les entreprises participantes vont partager leur expérience dans le cadre de la pratique RSE et émettre des propositions pour l'élaboration de la charte RSE.

La représentativité des entreprises par le conseil d'administration est un moyen d'orienter le patronat. Le conseil d'administration peut s'impliquer dans la planification stratégique de la charte RSE. Les différents conseils d'administration peuvent élaborer un projet de charte RSE qui sera soumis au patronat pour approbation. Les administrateurs composants les conseils

---

[748] Brigitte PEREIRA, « Chartes et codes de conduite : le paradoxe éthique », *Revue des sciences de gestion*, n° 230, fév. 2008, p. 25 ; C. THIBIERGE, « Le Droit souple. Réflexion sur les textures du droit », *RTD cv.* 2003, p. 600 s ; F.-G. TREBULLE, « Responsabilité sociale des entreprises (Entreprise et éthique environnementale) », *Encycl. Dalloz, Rép. Sociétés*, mars 2003.

[749] C'est le cas des chambres notamment celle du commerce et d'industrie et celle des mines.

[750] V. www.cefib.com/apbef/.

[751] JENSEN, MECKLING, « La théorie de l'agence », *Journal of Financial Economics*, 1976, dans F. PARRAT, *op. cit.*, p. 15.

d'administration ne peuvent aujourd'hui méconnaître l'enjeu des questions sociétales et environnementales[752]. En effet, beaucoup d'entreprises occidentales mettent en valeur l'implication de leurs conseils d'administration en matière RSE dans leurs rapports annuels et leurs rapports de développement durable[753].

Cette prise de conscience peut se concrétiser dans le contexte juridique malien. Le patronat peut profiter de leur concours pour élaborer la charte RSE. Ainsi, il peut être opportun de déterminer son contenu.

2. Le contenu de la charte

Face aux grands enjeux du développement durable, les entreprises maliennes s'exposent à un certain nombre de responsabilités. Les entreprises doivent dorénavant se placer au cœur du système de la gouvernance sociétale. Elles doivent donc s'engager dans une démarche RSE dans le but de s'adapter aux évolutions de la société tout en s'assurant de leur performance et stabilité. L'élaboration du contenu de la charte doit être une œuvre des entreprises. Le patronat peut ainsi s'appuyer sur les entreprises pour définir le contenu de la charte.

En effet, pour répondre aux enjeux environnementaux, sociétaux et éthiques, le patronat doit à travers une charte s'engager en faveur de la RSE. Celle-ci est envisagée comme un gage de progrès et de pérennité voire comme une clé de croissance partagée pour l'ensemble des parties prenantes[754]. Ainsi, les engagements doivent être formalisés dans la charte RSE. La charte peut être retenue comme le document de référence définissant les objectifs, les principes et le rôle des entreprises. Cette charte peut être accompagnée par un guide d'écoresponsabilité permettant aux entreprises maliennes de participer et d'investir dans des projets de développement durable.

Dans le cadre de la charte RSE, certains engagements doivent être pris en compte. Il s'agit pour les entreprises de réduire leur empreinte écologique pour bâtir un héritage pérenne pour les générations futures. La charte doit prévoir des mesures visant à encourager les entreprises à adhérer à ses valeurs et à apporter leur contribution dans la poursuite des objectifs. Elle doit favoriser le développement des compétences et la promotion sociale des entreprises. La garantie de l'environnement de travail stimulant et ouvert au dialogue, dans le respect des règles et des normes de travail. Le contenu de la charte doit aussi promouvoir la diversité et l'égalité des chances et

---

[752] J.-D. BRISSON, « L'implication du conseil d'administration dans la planification stratégique », *RCGT*, 18 sept., 2013, in www.rcgt.com. Consulté le 10 fév. 2015.

[753] Y. PETITEAUX, « Les conseils d'administration s'impliquent davantage dans la RSE », *Magazine stratégique*, 23 janv., 2014 in www.daf-mag.fr.

[754] « Charte de RSE », *Synchrone Technologies*, in www.synchrone-technologie.fr consulté le 10 fév. 2015.

sensibiliser les salariés des entreprises adhérentes aux enjeux environnementaux en vue de prendre des mesures d'adaptation adéquate.

L'adoption de la charte RSE est un moyen pour les entreprises maliennes de se distinguer en tant qu'entreprises socialement responsables et volontairement engagées dans une démarche de développement durable. C'est aussi un moyen de progresser dans la pratique de la RSE et surtout mieux structurer les actions environnementales, sociétales et de gouvernance. La charte est aussi un support pour la sensibilisation à la RSE des parties prenantes des entreprises.

Pour autant, tant s'en faut que l'élaboration de la charte RSE échappe à toute analyse juridique. Bien au contraire, l'analyse prospective du droit positif malien montre que la RSE s'exerce aujourd'hui dans un cadre juridique mou dont l'élaboration reste toujours une préoccupation des entreprises. Sans doute la charte RSE se trouve-t-elle dans le fait que ce type de démarches renvoie à des considérations d'intérêt général auxquelles l'acteur public ne saurait rester étranger notamment : les préoccupations environnementales et la sauvegarde du bien commun ; le respect des droits et libertés fondamentaux telles la dignité au travail et l'interdiction du travail des enfants... Par ailleurs, peut-être convient-il de faire également état d'une tradition malienne d'intervention des entreprises par le canal du patronat à mettre en parallèle avec une tradition nationale de dialogue social à l'origine, pour sa part, de nombreux accords-cadres nationaux pourront être adoptés par les entreprises comme ce fut le cas dans les entreprises européennes[755]. La charte peut dès lors avoir une reconnaissance juridique pour les entreprises.

B. La reconnaissance de la charte

L'élaboration d'une charte RSE est une étape, mais sa reconnaissance est tout aussi importante. Cette phase doit être coordonnée par le patronat avec le concours des entreprises. En effet, la reconnaissance de la charte est considérée comme un engagement sociétal de l'entreprise. Cette charte RSE donne ainsi l'opportunité aux entreprises de promouvoir les principes universels de RSE. C'est ainsi qu'elle doit faire l'objet d'une approbation par les instances dirigeantes des entreprises (1) pour ensuite mettre en place des mécanismes de suivi (2).

1. L'approbation par le CA

La charte RSE est en effet un label pour les entreprises maliennes. Elle nécessite une reconnaissance solennelle pour les entreprises maliennes. C'est l'opportunité pour elles de respecter leurs engagements respectifs,

---

[755] I. DESBARATS, « L'entreprise citoyenne face à sa responsabilité sociétale : nouveaux enjeux ou vieux débats ? », in *Production et consommation durables*, Éditions Yvon Blais, Québec, 2008.

d'observer, de défendre et de promouvoir les principes édictés par la norme iso 26000. La charte peut aider les entreprises à promouvoir les facteurs d'attractivité pour les investissements productifs, la croissance à long terme. Celui-ci peut protéger les droits sociaux notamment le développement humain, le respect des droits fondamentaux de la personne humaine et de l'état de droit, la qualité des conditions d'emploi, la régulation des relations professionnelles, la protection de l'environnement, la transparence et l'effectivité des règles concurrentielles[756].

Au regard de ces avantages sommairement cités, les instances dirigeantes des entreprises notamment le conseil d'administration doit prendre des mesures internes en vue d'appliquer la charte RSE. Sa reconnaissance peut faire valoir à la charte une valeur juridique. Cela n'est pas sans conséquence juridique compte tenu de sa provenance. La charte est en effet l'œuvre juridique conçue en dehors de l'intervention du législateur. Dans cette prospective juridique marquée par la prééminence de la *légistique,* l'hypothèse d'éventuelle difficulté peut resurgir dans la mise en œuvre de la charte.

En principe, il s'agit de normes privées, adoptées volontairement par des entreprises soucieuses de concilier leurs activités économiques avec l'impératif de développement durable. Il faut savoir que, faisant preuve de volontarisme, les entreprises peuvent se pencher sur deux des principaux instruments auxquels elles doivent reconnaître la charte qui identifie leur responsabilité sociétale. Le code de conduite et surtout la charte RSE doivent suffire aux entreprises d'adopter une démarche RSE.

La charte issue d'un droit mou n'est pas totalement dépourvue d'une valeur juridique. Les instances de l'entreprise doivent prendre des dispositions internes pour matérialiser la reconnaissance de la charte. A travers cette reconnaissance, les entreprises se verront obliger de déceler leur responsabilité au cours des activités menées. La charte obligera les entreprises à évaluer leur activité tout en prenant en compte les dégâts causés à l'environnement sociétal.

Les entreprises pourront s'appuyer sur la charte RSE pour développer une politique RSE. Cela est sans doute un moyen de réduire les inégalités sociales et surtout la prise en compte de l'intérêt des générations futures. Mais, au-delà de la reconnaissance, il est nécessaire de mettre en place des moyens de suivi et de contrôle pour rendre effective l'application de la charte.

2. La mise en place d'une cellule pour le suivi de la charte

L'application de toute norme nécessite une évaluation. C'est la problématique de l'effectivité des normes juridiques. Pour anticiper à une

[756] V. Confédération Générale des Entreprises du Maroc, « Label CGEM pour la RSE », *CGEM*, in www.cgem.ma/fr/label-rse consulté le 11 fév. 2015.

éventuelle ineffectivité de la charte dans sa mise en œuvre et surtout son respect auprès des entreprises, une structure de suivi doit être mise en place.

Les missions de la cellule pour le contrôle de la charte doivent être préalablement définies. Elle doit effectuer des contrôles au sein des entreprises. Celles-ci doivent fournir toutes informations se rapportant à la charte notamment leur démarche RSE respective. Sur la base de ces informations, la cellule va effectuer des évaluations en vue d'établir un rapport. Ce rapport indiquera l'état de la pratique de la RSE conformément aux dispositions de la charte. De telles approches se rapprochent du principe « appliquer ou expliquer » en matière de gouvernance d'entreprise.

Cette méthode de contrôle est incitative pour les entreprises, qui se verront obliger, de prendre des dispositions internes en vue de respecter ou d'appliquer la charte. La cellule à travers son contrôle va indirectement mettre les entreprises sous pression pour le respect de la charte. Cela est une approche purement prospective forgée dans un système flexible du droit comme indique CARBONNIER[757]. La cellule exercera indirectement une sanction économique, dans la mesure où, les entreprises ayant intégrées et appliquées les recommandations de la charte peuvent bénéficier de certains avantages en termes de marchés voire d'opportunités et surtout l'image.

La cellule va ainsi appuyer l'intégration du *reporting* social. Celui-ci au regard de la charte est un moyen pour les entreprises de rendre compte de leur responsabilité. Ce *reporting* social fournit des renseignements à la cellule de faire l'état des lieux notamment connaître le positionnement de l'entreprise par rapport à la charte et surtout avoir une vision réaliste de l'organisation des entreprises. La cellule peut aussi évaluer la pertinence d'une démarche entreprise par une entreprise pour ensuite vérifier sa mise en œuvre et les résultats obtenus. En effet, pour renforcer la crédibilité de la démarche RSE, il faut la mise en place par une entreprise et valoriser auprès de l'ensemble des parties prenantes, il convient de l'évaluer. Lorsqu'une entreprise a mis en place une politique RSE conformément à la charte RSE et considère avoir atteint une certaine maturité, elle est naturellement encline à vouloir le vérifier. L'entreprise doit pouvoir démontrer à elle-même qu'elle a dépassé le stade de l'incantation. La première étape consiste alors à mener une autoévaluation de son engagement RSE, voire à soumettre sa démarche à un audit interne[758]. Il peut s'agir aussi d'une évaluation externe en s'appuyant sur la cellule chargée d'effectuer le suivi de la charte RSE. Cette cellule peut servir d'outil de labélisation pour les entreprises maliennes.

Pour accompagner les entreprises dans la mise en œuvre d'une démarche RSE, il est intéressant de redéfinir le rôle des autorités publiques nationales afin qu'elles puissent avoir un œil dissuasif.

---

[757] J. CARBONNIER, *Le flexible droit, Pour une sociologie du droit sans rigueur*, *op. cit.*

[758] Académie des Sciences et Techniques Comptables et Financières, « Mettre en place une politique RSE avec la norme iso 26000 », *Revue financière et comptable*, n° 399, 11 nov. 2012, in www.rfcomptable.grouperf.com consulté le 12 fév. 2015.

Section 2. Le renforcement du rôle des pouvoirs publics dans la promotion de la RSE

L'effectivité de la mise en œuvre d'une démarche RSE passe nécessairement par le renforcement du rôle des pouvoirs publics[759]. S'il est évident que le comportement éthique de l'entreprise et les démarches RSE font l'objet d'efforts d'information, de sensibilisation et d'incitation importantes, c'est parce qu'ils sont considérés comme présentant un nombre important d'avantages. D'ailleurs, les bénéficiaires de ces avantages ne se retrouvent pas simplement au niveau de la société ou des ressources humaines de l'entreprise. En effet, les entreprises elles-mêmes peuvent y trouver leur compte avec entre autres l'amélioration de la motivation et de l'implication du personnel. Et l'amélioration de l'image de marque de l'entreprise au niveau de ses parties prenantes telles que ses clients, ses partenaires d'affaires ou les pouvoirs publics. Ces derniers sont des acteurs majeurs de ces actions d'incitations qui viennent compléter un certain nombre d'obligations légales qui ont conduit les entreprises à s'engager sur la voie de l'éthique et de la responsabilité sociétale. Pour cela, ils doivent procéder à l'élaboration des politiques visant à inciter les entreprises à adopter une démarche RSE (paragraphe 1) et à l'adoption d'une règlementation uniforme et adéquate (paragraphe 2).

Paragraphe 1. L'élaboration des politiques de la RSE

La nature de la pratique RSE exige une certaine souplesse pour les pouvoirs publics. A cet effet, les pouvoirs publics doivent disposer de divers instruments allant de l'interdiction de certaines pratiques ou activités à l'imposition de normes minimums spécifiques. C'est le cas par exemple des émissions de gaz à effet de serre, aux déversements, aux conditions de travail des salariés. L'élaboration d'une politique RSE permet de réguler le comportement des entreprises. Pour y parvenir, l'élaboration d'une politique nationale (A) et internationale (B) est nécessaire.

---

759 Plusieurs organisations ont témoigné cette recommandation comme l'Initiative RSE Sénégal qui constitue une approche novatrice en Afrique de l'Ouest en matière de promotion de la RSE. Elle a été créée en 2008 par un acteur du Secteur privé, cette initiative vise à :
- promouvoir la RSE auprès des entreprises du Sénégal et de l'Afrique de l'Ouest (…),
- susciter l'intérêt des pouvoirs publics et des parties prenantes autour des questions liées à la Responsabilité Sociétale,
- initier et accompagner des approches et modèles de développement économique intégrant la RSE, v. Ph. BARRY, A. BA, « forum francophone de Lyon préparant RIO+20 contribution RSE Sénégal pour l'atelier sur la RSE, 07 février 2012 », *l'Initiative RSE Sénégal § Afrique de l'Ouest*, Dakar, le 03 Février 2012, p. 3.

A. L'élaboration de la politique nationale de la RSE

Au regard de sa nature, les pouvoirs publics doivent mettre en place une stratégie nationale pour inciter les entreprises à adopter une démarche RSE. En effet, compte tenu des enjeux sociaux et environnementaux, en tant que législateurs et régulateurs, les pouvoirs publics doivent assurer un rôle de régulateur lorsque l'action des entreprises nuit aux intérêts de la société[760]. Cette forme de régulation doit se conformer aux standards internationaux notamment les lignes directrices de la norme iso 26000. Une telle régulation suppose l'identification des lignes directrices (1) et l'encadrement juridique des acteurs (2).

1. L'identification des lignes directrices

La stratégie nationale pour la mise en œuvre d'une démarche RSE doit reposer sur des principes qui intègrent les différentes préoccupations sociétales et environnementales. Elle peut servir de moyen de repère pour une démarche RSE. Cela suppose que la stratégie nationale pour la RSE va dégager les lignes de conduite qui seront observées par les entreprises dans leur activité. Les pouvoirs publics doivent recenser les différentes activités exercées par les entreprises pour adapter un type de démarche RSE.

La stratégie nationale de la RSE doit prendre en compte les lignes directrices de la norme iso 26000. Pour une utilisation conjointe, les lignes directrices de la norme iso 26000 doivent être intégrées afin d'intégrer le *reporting* social au développement durable, à l'élaboration et la publication des rapports annuels. En effet, cette norme est issue de l'Organisation internationale pour la normalisation qui est le plus grand producteur mondial de normes internationales d'application volontaire. Les normes internationales fournissent des spécifications correspondant à l'état de l'art pour les produits, services et bonnes pratiques, contribuant ainsi à une meilleure efficacité de l'industrie. Élaborées sur la base du consensus, elles contribuent à lever les obstacles au commerce international.

L'ISO 26000 fournit des lignes directrices concernant le fonctionnement des entreprises et des organisations dans une optique de responsabilité sociétale. Elle permet de clarifier le concept de responsabilité sociétale, aide les entreprises et les organisations à transposer les principes en mesures concrètes et permet le partage des bonnes pratiques de responsabilité sociétale entre pays. Les pouvoirs publics maliens peuvent se référer à ces lignes directrices dans l'élaboration de la stratégie nationale pour la RSE. Les lignes directrices de l'ISO 26000 sont claires et instructives[761].

---

[760] La CIDD, « Cadre de référence, la responsabilité sociétale des entreprises en Belgique », *op. cit.*, p. 9.

[761] Global *Reporting* Initiative, l'Organisation internationale de normalisation, « Lignes directrices G4 du GRI et ISO 26000 Pour une utilisation conjointe des lignes directrices G4 du GRI et de l'ISO 26000 », *op. cit.*, p. 3.

L'ISO 26000 peut ainsi aider les pouvoirs publics maliens à contribuer au développement durable. Elle vise à encourager une entreprise à aller au-delà du simple respect de la loi, et a vocation à promouvoir une compréhension commune dans le domaine de la responsabilité sociétale et à compléter les autres instruments et initiatives de responsabilité sociétale.

En outre, les pouvoirs publics doivent être en mesure d'interdire les comportements peu respectueux et d'imposer les lignes de conduite à tous les secteurs d'activités du monde des entreprises. Dans ce cas, la RSE sera synonyme d'entrepreneuriat proactif et prévoyant. Elle n'exclurait aucune entreprise compte tenu de sa taille ou de son domaine d'activité. Les PME comme les PMI doivent avoir une forte implication dans la promotion de la RSE. La stratégie nationale doit prendre en compte les petites entreprises au regard de leur abondance et de leur influence dans l'échiquier économique du Mali. L'exclusion des petites entreprises dans la mise en œuvre de la RSE peut constituer un déséquilibre pour soutenir l'entrepreneuriat *sociétalement* responsable. Dans tous les pays du monde, la majorité des entreprises sont pour la plupart des petites ou moyennes entreprises. Il est pertinent de tenir compte de cette réalité et de leurs spécificités dans la mise en œuvre de politiques et d'actions RSE qui les concernent. C'est précisément leur taille et le fait qu'elles sont plus que toute autre intégrée et dépendante de leur environnement immédiat qui les rend plus susceptibles de pratiquer la RSE pour des raisons managériales, même sans s'en apercevoir[762].

Par exemple, les dirigeants de ces entreprises moyennes au Mali sont en contact direct avec les riverains, les clients, les travailleurs, les fournisseurs. Leur taille en fait aussi des acteurs potentiellement plus sensibles aux questions de temps, personnel et moyens financiers qui vont de pair avec les engagements en RSE. Souvent, ces entreprises ne communiquent pas explicitement sur leurs activités en la matière, lesquelles font d'ailleurs moins fréquemment l'objet d'une approche continue et intégrée dans le cadre de la stratégie de l'entreprise. Ainsi, leur rôle doit être renforcé dans la pratique RSE. Ce qui nécessite un encadrement juridique.

2. L'encadrement juridique des acteurs

Les acteurs de la RSE sont entre autres les entreprises et l'ensemble des parties prenantes directes et indirectes de l'entreprise. En effet, la gouvernance de la RSE doit s'appuyer sur la transparence. Celle-ci est réaffirmée par les lignes directrices ISO 26000 qui soulignent le principe de transparence et l'importance de l'élaboration de rapports publics relatifs à la performance en matière de responsabilité sociétale à destination de parties prenantes internes et externes, notamment les employés, les différents acteurs locaux, les investisseurs et les autorités réglementaires. Cela reflète l'importance que revêt au niveau national la problématique du *reporting*, et

[762] *Ibid.*, p. 10.

s'inscrit dans la ligne de la mission de l'entreprise socialement responsable, qui consiste à faire du *reporting développement durable* une pratique courante.

Les entreprises doivent être soumises à un encadrement normatif par les pouvoirs publics. Pour cela, certains comportements doivent être interdits notamment les activités polluant l'environnement, la violation des droits sociaux, etc. Cet encadrement permet d'évaluer l'impact des activités effectuées par les entreprises[763]. Celles-ci doivent produire des résultats en faveur de la démarche RSE. L'inscription des volets sociétaux et environnementaux sera exigée dans toute activité pouvant affaiblir ou compromettre le développement durable.

Les pouvoirs publics doivent veiller sur l'application de certains principes comme le *reporting* social. Les éléments généraux d'information d'une entreprise doivent décrire l'organisation et le processus de *reporting* pour l'élaboration des rapports de développement durable. En effet, l'évaluation des pratiques en faveur du développement durable n'a pas échappé le législateur français. Ainsi, l'article 116 de la loi NRE oblige les sociétés cotées à intégrer des informations sociales et environnementales dans leur rapport de gestion. Une nette avancée dans la consécration juridique des principes du développement durable. Dans le contexte OHADA ou selon la législation nationale, cela semble être ignoré malgré la révision récente de l'acte uniforme. Pourtant dans la dynamique des choses, la question du développement durable doit être une priorité afin de pousser les entreprises à jouer un rôle en tant qu'acteur majeur et indispensable d'une croissance prospère et équilibrée.

Pour obliger les entreprises à produire un rapport intégrant les informations sociales et environnementales un texte juridique doit être pris à cet effet. L'obligation peut s'étendre à toutes les entreprises contrairement en France ou elle s'impose aux seules sociétés cotées[764]. De ce fait, les parties prenantes doivent être impliquées dans l'élaboration du rapport sur la responsabilité sociétale[765]. L'encadrement juridique des parties prenantes est fondamental au regard de leurs interactions avec les entreprises. Pour déterminer les caractéristiques liées à la responsabilité sociétale des entreprises, un encadrement au préalable peut couvrir les facteurs tels que le type, l'objectif, la nature des activités et la taille d'une entreprise. Il peut

---

[763] J. IGALENS, « Comment évaluer les rapports du développement durable ? », *Revue française de gestion*, 2004/5 (n°152), p. 151-166.

[764] V. art. 116 de la loi sur les nouvelles régulations économiques.

[765] Les parties prenantes sont écartées dans la gouvernance des entreprises maliennes. Le mode de gestion favorise généralement la création de valeur pour les actionnaires, les rendements à court terme, la compétitivité pour les coûts qui constituent des facteurs défavorisant la prise en compte de l'intérêt des travailleurs et autres acteurs concernés. V. X. ST-DENIS, « Politiques nationales et internationales en matière de RSE », *op. cit.*, p. 12.

s'agir aussi de mettre en place un code de conduite propre aux entreprises conformément aux lignes directrices ISO 26000[766].

Le processus de dérégulation ou de retrait du rôle de l'État au niveau national ne doit pas exclure un encadrement juridique en vue de rendre effective la mise en pratique de la RSE. Mais, cette approche est moins objective au plan international qui nécessite de construire un cadre normatif.

B. L'élaboration de standards internationaux pour l'encadrement de la RSE

La mise en place des principes internationaux est généralement réservée aux institutions internationales. Le contexte malien relatif aux questions prioritaires du développement durable donne l'opportunité d'encadrer certaines activités menées en grande partie par les firmes étrangères. La règlementation des affaires au regard du droit OHADA ne prend pas en compte la nouvelle exigence de la gouvernance sociétale et environnementale. Le traité OHADA exprime certes la volonté de créer un cadre régional pour la promotion des investissements, mais oublie la portée de cette attractivité dans un espace potentiellement doté des ressources naturelles. C'est pourquoi il est important d'encadrer les multinationales (1) en s'appuyant sur les principes de l'OCDE (2).

1. L'encadrement des sociétés multinationales

Il ne fait aucun doute que la présence des sociétés multinationales constitue un enjeu majeur pour le développement durable. Leur encadrement pour la pratique de la RSE est une nécessité compte tenu de la densité des activités menées. La RSE a une nature hybride et par conséquent le rôle différencié des multinationales doit être déterminé. Il convient de définir l'action publique de manière appropriée et de mieux comprendre la manière dont la nature des sociétés multinationales et leur mode de gestion peuvent être influencés en vue de l'application des droits sociétaux et environnementaux de l'ensemble des parties prenantes. Les multinationales dans le cadre de leur activité, doivent prendre en compte l'intérêt des parties prenantes et d'éviter d'affecter les droits qui leur sont reconnus par la RSE[767].

Les multinationales doivent être soumises aux exigences de la RSE. Il s'agit entre autres de l'audit social. En effet, la RSE repose souvent sur des audits sociaux lors desquels une évaluation ponctuelle et basée sur une liste d'indicateurs est utilisée. Cette approche pour être significative doit être suivie par une approche basée sur la coopération, l'assistance technique et sur un engagement soutenu avec les fournisseurs. Une telle conciliation peut être fructueuse pour les entreprises multinationales. L'efficacité pour

---

[766] *Ibid.*, p. 11. V. ISO 26000:2010, 7.2.
[767] X. ST-DENIS, *op. cit.*, p. 7.

l'encadrement des multinationales aux pratiques RSE doit reposer aussi sur des sanctions économiques (boycotts, chute de la demande des consommateurs, mauvaise réputation, perte d'accès à des marchés, etc.).

Les pouvoirs publics ont la possibilité de promouvoir la corégulation. L'efficacité d'une démarche RSE repose sur la corégulation et la participation de la société civile aux initiatives de RSE, y compris les acteurs et travailleurs locaux. En effet, la RSE fait l'objet de plusieurs règlementations au plan international[768]. Pour éviter la fragmentation des initiatives privées et les problèmes d'interprétation des normes internationales qui représentent des obstacles importants à l'efficacité des initiatives de RSE, le recours à l'autorégulation accompagnée d'un encadrement d'assistance ou de régulation des pouvoirs publics peut être un moyen de promouvoir la RSE. Les initiatives d'autorégulation et de corégulation ont pris de multiples formes : codes de conduite, déclarations, chartes, accords, normes, standards, labels. Les liens avec la règlementation sont également très diversifiés, allant de l'autonomie légalement compatible, à des précisions apportées suite à une règlementation-cadre (corégulation), ou encore la définition autonome de règles ensuite appuyées, voire rendues obligatoires par le législateur. Leur succès pour les multinationales dans le cadre de la RSE, dépend de plusieurs facteurs : la prise en compte de l'intérêt général, la transparence du système, la représentativité et la capacité de ses acteurs, l'efficacité du suivi comportant si nécessaire des sanctions et un esprit mutuel de partenariat entre ces acteurs et les pouvoirs publics. Elles présentent de nombreux avantages : suppression d'obstacles au marché unique, simplification des règles, souplesse et rapidité de mise en œuvrent tout en réagissant en temps réel aux changements technologiques et sociétaux, désencombrement des circuits législatifs, coresponsabilité de ses participants[769].

La législation malienne n'est pas vide en toute évidence dans la protection des droits sociétaux et environnementaux. Les multinationales implantées au Mali sont soumises à des règles d'ordre constitutionnel[770]. Mais, les droits sociétaux et environnementaux sont particulièrement affectés. Les entreprises prennent peu à peu conscience de ce rôle

[768] La Déclaration universelle des droits de l'homme; la Déclaration de l'Organisation internationale du Travail relative aux principes et droits fondamentaux au travail; la Déclaration de Rio sur l'environnement et le développement et la Convention des Nations Unies contre la corruption. Les principes relevant de la thématique
de la corruption ne furent ajoutés qu'en 2004.

[769] Comité économique et social européen, « L'autorégulation et la co-régulation européennes », *Observatoire du marché unique (OMU),* p. 6.

[770] Article 19 de la Constitution : « le droit au travail est reconnu et est égal pour tous. Le travail est un devoir pour tout citoyen mais nul ne peut être contraint à un travail déterminé que dans le cas de l'accomplissement d'un service exceptionnel d'intérêt général, égal pour tous dans les conditions déterminées par la loi (Constitution de la troisième république adoptée par référendum le 12 janvier 1992 et promulguée par le décret n° 92-073/P-CTSP du 25 février 1992).

« extraéconomique », mais sont encore quelque peu réticentes à en assumer la responsabilité pourtant exigée par la loi[771]. Les sociétés minières ne remplissent pas les conditions[772], ce qui nécessite un encadrement rigoureux des entreprises transnationales aux pratiques de la RSE.

L'encadrement des entreprises multinationales intervenant dans le secteur économique malien nécessite d'adopter des codes de conduite concernant les relations sociales dans le groupe. A l'instar des codes de conduite professionnels sur les normes sociétales internationales, de tels codes de conduite des entreprises multinationales doivent davantage concerner leurs relations sociétales à l'échelle nationale, voire régionale, à l'image des principes directeurs élaborés par l'OCDE ou du code de conduite pour les multinationales élaboré par le Parlement européen en janvier 1999[773]. Ainsi, les standards internationaux doivent intégrer les principes de l'OCDE.

2. La prise en compte des principes de l'OCDE

L'OCDE est une institution internationale importante dans la gouvernance des entreprises en particulier les multinationales. Elle encadre juridiquement plusieurs questions la protection des droits sociétaux et environnementaux. Les droits protégés sont généralement des droits sociétaux qui sont en général affectés par les entreprises. Ils sont pourtant de différents ordres. On trouve aussi bien des droits procéduraux de citoyenneté industrielle au sens de Marshall tel que le droit de s'organiser au sein de l'entreprise pour protéger ses droits sociaux, le dialogue social, la négociation collective dans chaque État, le dialogue avec les fédérations internationales de représentation des travailleurs dans quelques cas de droit international ; que de droits matériels comme la reconnaissance des droits sociaux, le droit à la sécurité sociale, le droit au *welfare*, le droit au logement, à la santé ou à la sécurité[774].

Les principes de l'OCDE peuvent constituer de lignes de conduite pour les entreprises. Dans la plupart des cas, cette adaptation est préalablement faite par les entreprises multinationales qui reconnaissent les exigences de cette organisation. Le rôle des pouvoirs publics est de mettre en place des stratégies pour l'application de ces principes. Au-delà, de nombreux codes

[771] Code minier de 1999, articles 126 et 127.

[772] Morila a créé des emplois et contribué à la formation du personnel. Cependant, tout ne marche pas comme sur des roulettes. En témoigne la grève de 48 heures observée le 22 octobre par les travailleurs affiliés à la Confédération syndicale des travailleurs du Mali et qui ont mis en avant le manque d'équipements de protection, même si la société assure qu'il n'y a pas d'insécurité dans la mine. Rapport Randgold, décembre 2007, F. BAH, « Les entreprises multinationales et les droits économiques, sociaux et culturels des populations locales au Mali : le cas des sociétés minières de Morila et Sadiola », *op. cit.*, p. 15.

[773] V. JO L 254, 30.9.1994, p. 64-72, Directive 2009/38/EC et directive antérieure 94/45/CE.

[774] Rapport à la Commission européenne, *La responsabilité sociale des entreprises et la sécurité et la santé au travail*, Luxembourg, Office des publications officielles des Communautés européennes, 2006.

de conduites et accords font référence aux normes de l'Organisation internationale du travail (OIT),[775] parfois à sa déclaration de 1998 et à ses quatre droits fondamentaux. Il en est le cas pour la prohibition du travail forcé, du travail des enfants, de la discrimination et la reconnaissance de la liberté d'association[776]. C'est ce qui a permis à P. WIKE de procéder à un recensement des droits sociaux fondamentaux dans les accords pour arriver à la conclusion que le droit de ne pas être discriminé se retrouve dans 90% des accords. La liberté d'association apparaît dans 95% d'entre eux, l'interdiction du travail des enfants dans 90% et l'interdiction du travail forcé dans 90%[777].

Les principes de l'OCDE dans le cadre de la RSE ont acquis une renommée mondiale. Leur prise en compte permet d'encadrer la pratique de la RSE par les multinationales intervenant au Mali. Les pouvoirs publics ont la possibilité de mettre en profit la participation juridictionnelle, voire quasi juridictionnelle, de l'OCDE. En effet, les procédures les moins juridictionnelles sont accessibles dans cette organisation. Les principes directeurs de l'OCDE mettent en place leurs propres systèmes de résolution des litiges tels que des points de contact nationaux. Le point est actionné là où le dommage nait ou là où il risque de naitre ou sur le territoire du siège social de l'entreprise mère. Cette procédure évite un blocage par le passage par le pays du litige. Parce que l'accès au tiers est plus aisé. Une telle procédure est mise en place à l'intention des entreprises multinationales.

Bien que ces initiatives ne soient pas juridiquement contraignantes, elles doivent être appuyées, dans le cas des principes directeurs de l'OCDE, par les pouvoirs publics malgré que le Mali n'a pas souscrit de réelle volonté pour promouvoir leur respect par les entreprises. Ils peuvent s'engager à soutenir activement les principes directeurs de l'OCDE pour l'atteinte des objectifs du millénaire. Cela peut être renforcé par une règlementation adéquate.

Paragraphe 2. L'adoption d'une règlementation adéquate

A l'instar de beaucoup de pays, notamment en Europe, les pouvoirs publics maliens doivent élaborer une règlementation adaptée et adéquate de la RSE. La RSE acquiert de plus en plus une dimension internationale, mais

---

[775]OCDE,voir,http://www.oecd.org/document/12/0,3343,en_2649_34135_35532108_1_1_1_1,00.html (consulté le O4 nov. 20014).

[776] P. WILKE, K. SCHÜTZE, *Background Paper on International Framework Agreements for a meeting of the Restructuring Forum devoted to transnational agreements at company level,* Hamburg, 2 juin 2008, p. 8. Sur un nombre de 59 accords-cadres internationaux, une référence aux textes de l'OIT se retrouve dans 73% des cas. Une référence aux conventions de l'OIT se retrouve dans 58% des cas. Une référence à la Déclaration des Nations unies apparaît dans 27% des cas. Une mention de Global compact se trouve dans 24% des cas et les principes de l'OCDE apparaissent dans 19% des cas.

[777] P. WILKE, K.SCHÜTZE, *op. cit.*, p. 7.

aussi africaine[778]. L'émergence et la prolifération de cette nouvelle exigence tendent à confirmer l'existence d'un processus de « ré-régulation » de l'économie mondiale, qui, pour certains, impliquerait le transfert du pouvoir de règlementation de l'État vers les acteurs non gouvernementaux ainsi que vers de nouveaux partenariats. Dès lors, on constate l'existence des problèmes liés à la fragmentation des espaces juridiques et politiques et au manque de crédibilité des informations tirées du *monitoring* volontaire des pratiques des entreprises en matière de travail. Il y a ainsi des raisons qui motivent les pouvoirs publics maliens à s'investir dans le domaine de la RSE d'où l'opportunité d'une consécration juridique (A) accompagnée par des mesures incitatives (B).

A. La consécration juridique pour la généralisation des pratiques

La RSE en rapport avec le développement durable a des implications au plan juridique. Ces implications se font ressentir avec acuité dans le contexte financier difficile auquel le Mali n'est pas en marge. La crise économique est indéniablement protéiforme et se double d'une crise sociétale tant sociale qu'environnementale[779]. La dernière a affecté toutes les économies à plus forte raison les pays pauvres. La consécration juridique de la RSE peut être une solution pour prévenir, voire éviter ces risques. Ainsi, l'insertion des clauses RSE dans les procédures des marchés publics (1) et la conciliation des formes de règlementations (2) peuvent amener les entreprises à une pratique effective de la RSE.

1. L'insertion des clauses RSE dans les procédures des marchés publics

Le contexte actuel de la gouvernance mondiale recommande aux États de prendre des mesures juridiques pour faire participer les acteurs les plus prolifiques du monde économique. En effet, la pression des ONG et de l'ensemble des parties prenantes donne la possibilité de renforcer le rôle des entreprises afin qu'elles subissent désormais les charges qui deviennent lourdes pour l'État. Le Mali est un pays en voie de développement et a besoin du soutien des entreprises pour couvrir les coûts environnementaux, et la protection des droits sociétaux[780].

---

[778] Lors du forum de Dakar sur la RSE du 22 au 24 mars 2011, plusieurs témoignages ont affirmé l'importance de l'implication des pouvoirs publics dans la promotion de la RSE. Selon Sem. Michèle DOUCIN (Ambassadeur itinérant de la France, chargé de la Bioéthique et de la RSE), l'opportunité pour une implication des pouvoirs publics s'explique entre autres par la logique de complémentarité par rapport au rôle classique d'élaboration des lois, la nécessité de restaurer la régulation publique dans un système international. .

[779] S. ROUSSEAU, I. TCHOTOURIAN, « Normativité et RSE : l'illustration d'une construction polysémique du droit de part et d'autre de l'Atlantique », *op. cit.*, p. 1.

[780] P. D'HUMIERES, J. BROHIER MEUTER, « L'état des politiques publiques de RSE dans le monde : panorama et tendances de l'incitation publique à la RSE », Les études de veille de l'IRSE, n°2 sept. 2011, p. 2.

L'encadrement juridique de la RSE est donc un challenge pour la réussite du développement durable. Le concept de RSE occupe une place aujourd'hui incontournable dans les débats sur les conséquences sociales de la mondialisation. Une première raison tient au fait que cette idée de responsabilité sociétale est profondément renouvelée par l'expansion des groupes à dimension transnationale... et les velléités de certains d'entre eux de pratiquer des politiques dites de « shopping social », notamment dans les pays en voie de développement. Ainsi soumises à une série de pressions sociales, environnementales et économiques, nombre d'entreprises ont donc été conduites à promouvoir des stratégies de responsabilité sociale, encore encouragées dans cette voie par la médiatisation de certains procès (Nike...) et le caractère stratégique de l'image de marque dans un marché de plus en plus concurrentiel. Voilà pourquoi certaines pratiques dites de RSE se sont développées, certaines entreprises décidant de doter leurs produits ou leurs services de labels sociaux ; d'autres prenant des engagements publics ou finançant des initiatives de type caritatif qui les mènent ensuite à communiquer ; les plus nombreuses se dotant de chartes sociales et autres codes de conduites d'ailleurs très hétérogènes, du point de vue de leur contenu comme de leur champ d'application.

Face à cette évolution reposée sur l'autorégulation, les pouvoirs publics doivent intervenir pour imposer certaines normes juridiques en vue d'un encadrement prolifique. La pratique évolue dans un contexte marqué par le caractère éminemment volontaire des démarches dites socialement responsables. Pour autant, tant s'en faut que la RSE échappe à toute analyse juridique. Bien au contraire, l'analyse du droit et en particulier le droit positif malien montre que la RSE s'exerce à l'absence d'un cadre juridique. Elle est simulée à d'autres textes notamment le code minier, le code du travail et autres. Son élaboration est imminente pour un développement durable prospère.

Les pouvoirs publics peuvent mettre en place des normes voire des clauses dans les procédures des marchés publics. Ces clauses se présenteront comme des conditionnalités pour toute entreprise intéressée à une activité. Certains comportements éthiques sans doute se trouvent-ils dans le fait que ce type de démarches renvoie à des considérations d'intérêt général auxquelles l'acteur public ne saurait rester étranger : préoccupations environnementales et sauvegarde du bien commun ; respect des droits et libertés fondamentaux telles la dignité au travail et l'interdiction du travail des enfants... Par ailleurs, peut-être, convient-il de faire également état d'une tradition malienne d'intervention publique à mettre en parallèle avec une tradition communautaire de dialogue social à l'origine, pour sa part, de nombreux accords-cadres internationaux adoptés par les entreprises maliennes, mais en gros par les entreprises européennes qui sont très avancées dans la pratique RSE[781].

---

[781] I. DESBARATS, « L'entreprise citoyenne face à sa responsabilité sociétale : nouveaux enjeux ou vieux débats ? », in *Production et consommation durables*, 2008, éd. Yvon Blais, Québec.

Ce faisant, en multipliant les mesures incitatives et contraignantes en faveur de l'engagement des entreprises dans une démarche RSE, le Mali peut être présenté comme l'un des pays ayant opté pour une « institutionnalisation de la RSE dans l'action publique », cette « montée de l'impulsion publique pour la RSE visant à engager les entreprises sur des défis de plus en plus complexes, et pour lesquelles la loi seule ne suffit pas, tout en répondant aux attentes de la société et en ménageant les intérêts des entreprises »[782]. Pour autant, tant s'en faut qu'il s'agisse là du seul phénomène notable engendré par la montée en puissance de ce mouvement de responsabilité sociale désormais définie, au niveau communautaire, par les effets produits par les entreprises sur la société et dont le champ vient d'être élargi par la norme ISO 26000, qui a substitué à la notion d'entreprise celle d'organisation, entraînant ainsi un glissement de la RSE vers la responsabilité sociétale des organisations (RSO). En effet, autre phénomène marquant et également sous-tendu par un objectif d'optimisation de ce mouvement, on observe, parallèlement à cet entrecroisement de mesures incitatives et contraignantes, d'importantes transformations sur le plan normatif : une évolution peu étonnante dans un contexte marqué par une déstabilisation de l'action publique, désormais confrontée à l'expansion de nouveaux acteurs, instruments et lieux de régulation[783].

Ainsi une clause RSE, dont l'approche est volontariste pour satisfaire et protéger l'intérêt les parties prenantes, peut sans doute être exigée aux entreprises qui seront sous contrôle des pouvoirs publics. Déjà, la plupart disposent d'un code de conduites qui doit être soumis à des mesures de protection juridique pour le rendre effectif dans son application. Certaines contraintes juridiques imposées aux entreprises dans une logique de développement durable doivent être prises en compte par les entreprises dans l'élaboration de la clause RSE. Ces différents moyens de contraintes peuvent aboutir à une application dynamique de la RSE.

Cette clause RSE, au regard du droit positif malien, doit aller au-delà du terrain social[784]. L'idée selon laquelle l'engagement d'une entreprise en faveur d'une stratégie *écocitoyenne* ne saurait être dépourvu de conséquence juridique trouve ainsi un premier argument à travers la clause RSE que d'autres pourraient conforter, si l'on en juge par les virtualités du droit en la

---

[782] J. BROHIER-MEUTER, P. d'HUMIERES, « L'état des politiques publiques de RSE dans le monde : panorama et tendances de l'incitation publique à la RSE », *Les études de veille de l'IRSE*, sept. 2011.

[783] J. CHEVALIER, « La régulation juridique en question », *Revue Droit et société*, 2001, pp. 827-846 ; A.-J. ARNAUD, « De la régulation par le droit à l'heure de la globalisation, Quelques observations critiques », *in Revue Droit et Société*, n° 35, 1997, pp. 11-35.

[784] I. DESBARATS, « L'encadrement juridique de la responsabilité sociétale des entreprises : réalisations et potentialités du droit français », *Université Toulouse 1, IRDS*, p. 2, In: Nouvelles dimensions du commerce équitable : implications et défis. 3ème Colloque international sur le commerce équitable, Montpellier, 2008.

matière. Il faut en plus de cette clause, concilier les formes de règlementations.

2. La conciliation des formes de règlementations

Les crises que nous connaissons, sous leurs multiples aspects, financiers, économiques, sociaux et écologiques, mettent en lumière la responsabilité des entreprises dans nos sociétés, bousculant ainsi l'un des dogmes néolibéraux résumés par la célèbre formule de Milton FRIEDMAN (1970) « La responsabilité des entreprises est de faire du profit pour rémunérer ses actionnaires ». L'émergence de la notion de RSE modifie considérablement le champ des indicateurs à prendre en compte pour mesurer la valeur créée ou détruite par celles-ci, d'où le besoin grandissant d'informations fiables sur les performances extrafinancières. Dans le même temps, les dommages majeurs causés par certaines entreprises à l'environnement ont mis en exergue l'implication de celles-ci et leur responsabilité aux yeux du grand public[785].

Face à une demande sociale croissante, certaines entreprises ont développé des actions de RSE, mais leurs implications sociales et environnementales ne pouvaient longtemps échapper à l'attention des autorités publiques. Il s'agit, pour ces dernières, autant d'optimiser l'apport que peut représenter l'implication des entreprises sur des considérations d'intérêt général, que d'en limiter les abus. C'est pourquoi les différentes règlementations doivent se concilier pour uniformiser la pratique.

Cette conciliation est nécessaire et permet aux entreprises de respecter la loi. En effet, un prospectif droit de la RSE est nécessaire pour le rendre indépendant aux autres droits applicables aux entreprises : droit des sociétés, droit social, droit fiscal, droit comptable, droit de la concurrence, droit de la consommation, droit bancaire, droit de l'environnement, etc. Ces dispositions souvent applicables à la RSE sont généralement associées à la notion de droit contraignant (ou hard Law) car leur non-respect peut entraîner, selon les cas, la mise en cause de la responsabilité civile, pénale ou administrative des entreprises et/ou de leurs dirigeants. La conciliation des formes de règlementation de la RSE peut lui attribuer une force contraignante malgré sa transversalité et l'influence d'une économie mondialisée.

L'hétérogénéité des pratiques RSE ne permet pas d'aboutir à une consécration juridique uniforme. Les pouvoirs publics maliens en référence

[785] M. DUPUIS, L. QUER-RICLET, W. BOURDON, Y. QUEINNEC, « La responsabilité sociale et sociétale des entreprises : un enjeu majeur du 21ème siècle », Terra Nova, 16 nov. 2010 ; M. DELUZET, « Humaniser le capitalisme », *La Revue socialiste n°38, 2010 ;* W. BOURDON, « Face aux crimes du marché - quelles armes juridiques pour les citoyens ?, et particulièrement la postface intitulée (trente-neuf propositions pour une régulation des entreprises transnationales) », *La Découverte*. 2010.

aux textes fondateurs[786] et pouvant servir de référentiels aux entreprises souhaitant mettre en place une stratégie RSE doivent imposer une force contraignante contrairement aux textes internationaux. Il faut un revirement d'une situation permettant de renforcer la loi étatique (*hard Law*) en encadrant plutôt celle des normes (*soft Law)* qui couvre toutes les incitations non obligatoires pour les entreprises, parmi lesquelles, les normes ISO. Ces différents efforts de consécrations juridiques peuvent être appuyés par des mesures incitatives.

B. L'instauration des mesures incitatives

Les mesures incitatives sont nécessaires pour pousser les entreprises à adopter une démarche RSE. Il s'agit en effet des recommandations adressées aux entreprises pour les inciter à contribuer aux progrès économiques, sociétaux, environnementaux en vue de parvenir à un développement durable. La contribution des entreprises peut renforcer la protection des droits sociaux, encourager la formation du capital humain, etc. Ces mesures sont nombreuses, mais les plus prolifiques sont entre autres la stimulation (1) et la diffusion des meilleures pratiques (2).

<u>1. La stimulation et la facilitation de la RSE auprès des entreprises</u>

La consécration juridique de la RSE est une avancée notoire. Mais, une loi pour sensibiliser les entreprises à s'engager sur le terrain de l'excellence environnementale et sociétale n'est pas toujours suffisante. Toutefois, le cadre juridique peut présenter d'évidentes limites. Tout d'abord, les pratiques des entreprises sont très hétérogènes et peut-être un peu trop centrées sur le *reporting* extrafinancier. Ensuite, les pratiques de lobbying et de labélisation ont souvent montré à quel point les conservatismes restent importants. La RSE est considérée comme l'apanage des grandes entreprises, et peine à atteindre les PME.

Face à ces limites, le moment est venu de franchir une nouvelle étape. Le contexte mondial actuel nous invite à le faire dès maintenant, car la RSE et le dialogue social élargi qu'elle implique sont des leviers pour sortir de la crise actuelle par le haut. Cette crise n'est pas qu'économique et financière, elle est aussi sociétale, environnementale et politique ; elle appelle donc des réponses globales et systémiques. En favorisant la compétitivité hors coût des entreprises, en encourageant l'innovation et en permettant de mieux gérer le risque, la RSE prépare aujourd'hui les entreprises aux défis du monde de demain.

C'est pourquoi il est opportun de stimuler et de faciliter la pratique de la RSE au sein des entreprises maliennes pour une gouvernance socialement responsable. Ces politiques incitatives et mesures coercitives pour le

[786] En effet, les organisations internationales (ONU, OCDE, OIT) sont à l'origine des textes fondateurs de la RSE.

développement de la RSE sont indispensables. Ces politiques incitatives doivent créer un effet réactif. La loi permet de faire avancer la pratique RSE à travers par exemple le *reporting* extrafinancier des grandes entreprises. Mais, il faut l'implication des PME et PMI. Celles-ci doivent être encouragées afin de leur faciliter l'adoption d'une démarche RSE.

Pour étendre davantage la RSE aux PME sans pour autant leur imposer une contrainte supplémentaire, il faut avant tout convaincre que la RSE est un levier de croissance et de compétitivité hors coût pour les PME, et un atout significatif à l'export. La RSE permet « d'allier conviction et pragmatisme économique »[787]. D'ailleurs, les nombreuses PME dans les pays du nord dans leurs démarches RSE prouvent qu'il n'y a pas d'incompatibilité entre RSE et compétitivité.

La clé de la compétitivité durable réside dans l'innovation et une véritable démarche de RSE favorise, de fait, cette innovation : dans les pratiques managériales, dans la conception des produits, dans la maîtrise de la chaîne de production ou de la chaîne d'achat, etc. Il faut mettre en place des moyens permettant aux PME d'avoir un intérêt budgétaire et financier afin de développer leur politique RSE. C'est le cas par exemple des labels ou de la fiscalité, mais aussi d'innover certaines pratiques visant à redéfinir le rôle des institutions financières en vue de prendre en compte des risques extra financiers, etc.

La facilitation de la démarche RSE passe aussi par la garantie des conditions qui permettront aux partenaires sociaux et aux salariés d'être mieux impliqués dans la démarche RSE dans toutes les entreprises (grande et moyenne). Lorsque ces politiques seront mises en place, elles doivent être suivies par d'autres moyens notamment la diffusion des bonnes pratiques.

2. Rassembler et diffuser les bonnes pratiques

La consécration par les entreprises de principes et de valeurs sociétales à dimension variable, en faveur de la démarche RSE, suscite des interrogations sur la portée de ces textes pour les salariés. Certes, on ne peut occulter le contenu laconique de nombre de ces documents, au point de se demander si la formalisation de la RSE n'a pas qu'une simple vocation déclarative. Mais, au travers de l'articulation de ces principes, on relève également de nouvelles obligations à l'égard des parties prenantes, celles-ci pouvant être en contradiction avec les exigences découlant de leurs rapports avec les entreprises. Pour éviter certains paradoxes d'application, il est nécessaire de mettre en place des mécanismes appropriés pour encourager la pratique RSE.

Au regard des enjeux liés au développement durable, les bonnes pratiques de la RSE doivent être suivies et encadrées. En effet, une telle démarche ne

---

[787] Ph. NOGUES, « RSE et PME : incitation ou coercition », *ADERSE (Association pour le Développement et la Recherche sur la Responsabilité Sociale de l'Entreprise)*, 19 mars 2013, in : http://www.esc-bretagne-brest.com.

semble pas inutile, dans le contexte de la mondialisation : ces instruments de contrôle recouvrent même une certaine nécessité. Par ailleurs, ils sont susceptibles d'évoluer dans le sens d'une responsabilité sociétale progressive plus étendue des entreprises. Les entreprises seront tenues à une série d'exigence. Elles devront désormais respecter les engagements contractuels favorables au développement durable. Cette forme d'incitation peut renforcer les engagements en faveur de la RSE entre les entreprises et la société pour une mutation économique équilibrée[788].

Le *reporting* social ou le rapport extrafinancier doit être un outil privilégié pour une incitation progressive. Toutes les entreprises maliennes seront tenues à élaborer un rapport extrafinancier. Ce rapport doit être publié et accessible par toute personne qui souhaite avoir des informations sur la pratique RSE de l'entreprise. Les pouvoirs publics pour leur part se chargeront de collecter tous les rapports présentés par les différentes entreprises afin d'évaluation. Leur observation peut servir de moyen d'amélioration des pratiques RSE. En effet, les pouvoirs publics auront la possibilité de diffuser les bonnes pratiques comme le fait d'autres structures publiques comme l'AMF. Cette structure française rend public un rapport annuel sur la pratique de la gouvernance des entreprises. Elle ne manque pas de pointer du doigt les entreprises, quelle qu'en soit leur taille et influence par rapport à l'application des principes édictés par le code AFEP-MEDEF[789]. Les pouvoirs publics maliens peuvent adopter cette approche qui permet de mettre les entreprises sous la pression dans la mise en œuvre effective de la RSE.

Ainsi, l'environnement économique du Mali peut trouver son point d'appui par cette compétitivité marquée par une concurrence de pratique RSE. Les entreprises ayant adopté une démarche intégrée et progressive peuvent accroître leur activité. Cela pourrait renforcer l'émergence des entreprises dans un environnement juridique des affaires en pleine mutation. Le Mali a donc besoin d'un modèle d'économie contractuelle pour surmonter le scepticisme de la RSE.

---

[788] P. D'HUMIERES, « Une vision RSE à 2021 », *Association des sociétés Conseil en RSE et Développement Durable*, Paris, le 25 mars 2014, p. 1.

[789] B. De JUVIGNY, M. CHARBONNIER, « Rapport AMF 2013 sur le gouvernement d'entreprise et la rémunération des dirigeants des sociétés cotées », *AMF,* 10 oct. 2013.

CONCLUSION DU CHAPITRE 2

Après la reconnaissance de la RSE dans la gouvernance d'entreprise, il semble important et évident que des mesures soient prises pour définir les modalités de prises en charge. Nous estimons qu'il est nécessaire de procéder à une réorganisation institutionnelle. C'est pourquoi des propositions ont été faites notamment les mesures pour accompagner la formation d'un type particulier d'entreprises dans lequel se construisent des compromis entre managers et actionnaires, et avec des acteurs agissant en tant que représentants de l'environnement.

Aussi, compte tenu de l'évolution des dispositifs institutionnels, le droit positif malien doit s'ouvrir à de nouvelles orientations pour les entreprises afin d'introduire progressivement les démarches RSE. Celle-ci doit dorénavant être perçue pour l'ensemble des acteurs et en particulier les pouvoirs publics comme une double réponse à l'atteinte des objectifs du millénaire[790]. Au regard de ces mesures de réorganisation institutionnelle, le rôle des pouvoirs publics se verra renforcer. Ceux-ci pourront participer en tant qu'acteurs majeurs pour la redéfinition des modalités de prise en charge de l'application de la RSE.

---

790 Th. LAMARCHE, *op. cit.*, p. 1.

CONCLUSION DU TITRE 2

La mise en œuvre d'une démarche RSE est tributaire à son intégration dans la gouvernance des entreprises maliennes. Cela pourrait être un indicatif potentiel pour la croissance économique et surtout une moralisation des activités de l'entreprise. Le climat des affaires recommande désormais que la RSE soit considérée comme un levier pour le développement durable. C'est tout cela qui couronne le succès de préciser le domaine et de préciser les modalités pour la prise en charge de la RSE.

L'approche prospective nous oriente vers de nouvelles perspectives. La RSE doit servir non seulement de moyen pour combiner un ensemble de complémentarités productives à travers la régulation de l'accès aux ressources critiques, mais aussi protéger la pérennisation des intérêts multiples et variés. Une telle conception de l'entreprise, dont la forme extrême est l'organisation modulaire, conduite à reconsidérer la RSE non seulement à l'aune de son mode de répartition des richesses, mais aussi à celle de sa capacité à les générer. En la matière, les mécanismes d'incitation doivent s'orienter vers des stratégies de gestion durable et prospère. Cela peut combler d'ailleurs la gouvernance d'entreprises parfois confrontées à des insuffisances dues au contrôle du modèle actionnarial n'assurant pas l'investissement en actifs humains spécifiques et la cospécialisation des fournisseurs de ressources critiques[791].

L'approche est que la RSE soit utilisée par les entreprises pour pallier les défaillances de la gouvernance actionnariale, puisque celle-ci intègre difficilement les intérêts des parties prenantes. L'examen approfondi nous conduit alors à une introduction progressive des démarches RSE. Pour y parvenir, il faudrait se pencher à une réorganisation institutionnelle visant à renforcer le rôle des pouvoirs publics. Dans cette dynamique, la RSE y apparaît investie de deux objectifs distincts : elle contribue, d'une part, à garantir la pérennité des relations entre l'entreprise et l'ensemble des *stakeholders* ; elle est utilisée, d'autre part, pour participer en tant qu'actrice du développement pour renforcer les moyens visant à atteindre les objectifs du millénaire.

---

[791] C. CEZANNE, M. RUBINSTEIN, « La RSE comme instrument de la gouvernance d'entreprise », *op. cit.*, p. 25.

CONCLUSION DE LA DEUXIÈME PARTIE

En toute évidence, la sphère juridique du droit positif malien est envoutée par les concepts de la gouvernance d'entreprise et de la RSE. Ils apparaissent comme de nouveaux outils réformateurs d'un système juridique obsolète. C'est donc difficile d'avoir une position de démarcation ou de soustraction à ces nouveaux paradigmes auxquels l'entreprise doit désormais intégrée et faire face. Ils proposent des solutions à des préoccupations actuelles et universalisées au plan international. Leur intégration ou reconnaissance est loin d'être confrontée à une quelconque dérogation.

C'est pourquoi il est opportun d'aller vers une stabilisation des concepts de la gouvernance d'entreprises et de la RSE. Le recours à des normes juridiques s'avère indispensable. En effet, le droit est un outil d'organisation et d'uniformisation assorti des moyens de contrainte. Or, ces concepts à cheval entre le droit et l'économie ont une certaine caractéristique qui demande une certaine flexibilité comme en témoin CARBONNIER[792]. Doit-il s'agir d'un droit mou ?

La réponse à cette interrogation est double. S'agissant de la gouvernance d'entreprise, au regard des textes internationaux, elle est aperçue comme une forme de règlementation souple moins contraignante. C'est d'ailleurs ce que témoigne le principe « appliquer ou expliquer ». Le caractère est donc ambivalent puisque même si la contrainte n'est pas spécifiquement prévue dans le texte, il existe des moyens de contrainte pour assurer son application.

Le constat est le même en ce qui concerne la RSE. En effet, il est clair que la principale spécificité de la RSE est son caractère volontaire ou non obligatoire, son habit de droit mou[793]. Dans cette hypothèse, une règlementation rigoureuse est difficilement adaptable. Mais pour autant, en faisant une analyse économique, on déniche une certaine contrainte exigée indirectement à l'entreprise. Puisque sans l'intégration d'une démarche RSE, certains avantages seront écartés ou réduits. C'est cette perspective que le droit malien doit emprunter pour faire reconnaître la RSE comme une norme juridique.

---

[792] J. CARBONNIER, *Le flexible droit*, *Pour une sociologie du droit sans rigueur*, LGDJ, 2001, 10ème éd.
[793] C. MARZO, *op. cit.*, p. 2.

Ainsi, le droit positif malien doit mettre en œuvre une synergie d'action prenant en compte les particularités réciproques pour s'orienter vers une stabilisation de la RSE dans la gouvernance d'entreprise. Il faut donc une coordination du cadre juridique de la RSE à travers son intégration dans la gouvernance d'entreprise. Cela peut être un moyen de croissance économique en prenant en compte les exigences du développement durable. A ce propos, le MEDEF (note du 25 septembre 2013) souligne que la RSE produit, pour les entreprises, un « bénéfices (...) en termes de développement d'opportunités commerciales, d'amélioration de leurs processus, de mobilisation interne, d'amélioration de leurs relations avec les parties prenantes, d'attractivité pour les jeunes talents. »

Ainsi, nous disons que le droit positif malien doit élaborer un cadre juridique pouvant faciliter l'acceptation de la RSE dans la gouvernance d'entreprise. En effet, étant donné que la gouvernance d'entreprise souffre d'une consécration juridique intégrée, la nécessité d'une règlementation est un indicatif de renouveau du droit malien. Cela se traduit par l'uniformisation autour des pratiques de la gouvernance d'entreprise, et faciliter l'intégration de la RSE dans la gouvernance des entreprises maliennes.

CONCLUSION GÉNÉRALE

Une étude prospective[794] de la gouvernance d'entreprise et de la RSE en droit malien peut être couronnée de succès. Pour des raisons congénitales liées, entre autres, à la règlementation d'un droit constant, la règlementation de la gouvernance d'entreprise et de la RSE est confrontée à des difficultés liées à la méconnaissance ou à la lenteur du législateur, difficilement intelligible, ce qui ne pouvait que nuire à la construction juridique des concepts. L'analyse nous révèle que l'environnement juridique des entreprises maliennes n'évolue pas dans une économie pourtant en pleine mutation. En effet, les thèmes de la gouvernance d'entreprise et de la RSE et ses implications au plan juridique se font ressentir avec acuité dans le contexte financier difficile rencontré par les économies des plus grandes puissances industrielles. La crise économique est indéniablement protéiforme et se double d'une crise sociétale : tant sociale qu'environnementale. Cette crise est une alerte d'ampleur dont les organisations supranationales notamment l'OHADA et les États ne doivent pas ignorer le signal. Les principes ordinaires et les catégories usuelles sont bouleversés par un droit composite, protéiforme, aux contours flous, sans cesse remaniés.

La genèse des concepts de la gouvernance d'entreprise et de la RSE doit s'inscrire dans une dynamique de préservation de l'intérêt des parties prenantes. La réflexion nous a permis de montrer les différentes contraintes auxquelles les entreprises maliennes se trouvent confrontées dans son environnement évolutionniste et confrontées aux impératifs de la mondialisation. Or, celle-ci doit être accompagnée d'une certaine symétrie de traitement. C'est pourquoi la méconnaissance s'avère délicate et pouvant créer un déséquilibre en termes de compétitivité au plan national, voire régional ou international.

[794] En effet, l'analyse de l'arsenal juridique malien démontre que la règlementation des principes de la gouvernance d'entreprise et de la RSE est muette à la limite éclatée. Cela explique pourquoi nous estimons qu'il s'agit d'une prospection juridique. Il existe sans doute un décalage dans la règlementation des concepts. Mais du point de vue de l'analyse *systémale* au-delà du droit construit notamment la normativité, on constate une certaine reconnaissance dans la pratique ce qui explique qu'une réponse sociale se développe progressivement d'où la normalité au tour de la pratique de la gouvernance d'entreprise et de la RSE.

L'appréhension des principes de la gouvernance d'entreprise et de la RSE est alors à une phase de balbutiement. Les entreprises tout comme les pouvoirs publics ou les parties prenantes sont en déphasages des pratiques de la gouvernance d'entreprise et de la RSE. Le constat nous le démontre tout au long de cette étude qui démontre la fragilisation du système de gouvernance des entreprises maliennes. Beaucoup d'acteurs continuent à croire que le système mis en application reste intact puisque pour la plupart, les failles écartables peuvent mettre en péril les intérêts d'une minorité qui préfèrent s'engouffrer de tous les avantages aux risques et périls de l'ensemble des parties prenantes. On assiste à une sorte d'oligarchie galopante et insoucieuse des préoccupations majeures pour le développement durable. Les patrons des entreprises maliennes sont réticents à la reconnaissance de certaines valeurs qui se montrent de nos jours indispensables pour la survie des entreprises. Or pour des raisons de sécurité juridique, menacée par une grande instabilité, la nécessité de fixer la règle de jeu, pour la confronter ensuite à la réalité des comportements, s'impose.

Il ne s'agit pas d'occulter quelques progrès constatés du moins en matière de bonne gouvernance. En effet, depuis l'adoption du droit OHADA (une législation réformatrice), le système de gouvernance des entreprises bénéficie de nouvelles structures qui veillent à la préservation de l'intérêt social[795]. Mais, cet effort se révèle insuffisant surtout après la crise économique de 2008. La période post crise a été marquée par des réformes pour encadrer l'entreprise en mettant en place des moyens juridiques qui lui protègent contre les risques les plus imminents. C'est ainsi qu'a vu le jour la règlementation des concepts comme la gouvernance d'entreprise et la RSE. Mais cela semble être ignoré dans l'espace communautaire et surtout par le droit positif malien qui semble être confronté à un ordre juridique éclaté. Le droit malien tarde à se conformer aux concepts de la gouvernance d'entreprise et de la RSE. On déniche plusieurs insuffisances liées à la méconnaissance des nouveaux principes qui encadrent de nos jours les grandes entreprises, et à des dispositifs juridiques muets inaptes à faire de l'entreprise un levier de la croissance et du développement durable.

De ce fait, nous pensons que l'émergence des pratiques de la gouvernance d'entreprise et de la RSE est un indicateur crucial qui révèle un certain nombre d'informations dans le système juridique malien. En grande partie, ces nouveaux concepts mettant en rapport deux normes juridiques différentes, mais interdépendantes se présentent comme des outils d'évaluations. Le droit des sociétés introduit de plus en plus le droit social dans la sphère de l'entreprise. Mais cela est pour l'instant, dans une situation mitigée dans un environnement juridique hostile qui traine les pieds à s'adapter au changement ou au renouveau du droit des sociétés.

---

[795] L'intérêt social incarne toutes les valeurs de l'entreprise. C'est pourquoi l'un des objectifs de la gouvernance est d'éviter des conflits d'intérêts ou, à tout le moins, d'en chercher une solution impartiale.

C'est ainsi que dans la gouvernance d'entreprise, on constate un affaiblissement du système. Cela se manifeste par des dysfonctionnements dus à l'absence d'un cadre juridique conforme aux principes de la gouvernance d'entreprise. Le même constat nous révèle que la pratique de la RSE, en dépit de son caractère volontaire, ne s'intègre pas dans le système de gouvernance des entreprises maliennes. Les entreprises ne sont pas animées d'une certaine flexibilité pour adopter des démarches RSE. Celle-ci est loin d'être considérée comme une préoccupation. Puisque, les pouvoirs publics ne s'inscrivent pas aussi dans une voie où les entreprises pourraient être contraintes à reconnaître et à adopter une démarche RSE

Ainsi, l'encadrement de ces concepts nécessite une transformation du cadre juridique des entreprises maliennes. Il s'agit donc d'une nouvelle tentation de continuer le parcours sur les traces de cette nouvelle orientation pour les entreprises. C'est pourquoi la sphère juridique[796] du droit positif malien doit nécessairement mettre en œuvre les moyens visant à encadrer les concepts de la gouvernance d'entreprise et de la RSE. Le droit positif malien ne peut plus se soustraire de cette évidence puisque la moindre dérogation peut provoquer un handicap pour la vitalité des entreprises.

L'opportunité d'aller vers une stabilisation des concepts de la gouvernance d'entreprises et de la RSE est nécessaire. Cela doit nécessairement impliquer toutes les entreprises. En effet, l'étude met aux prises toutes les entreprises[797] y compris les grandes entreprises, mais également les PME et les PMI. Le tissu économique de l'environnement économique du Mali nous oriente vers un encadrement uniforme et qui puisse s'étendre à tous les secteurs d'activités des sociétés commerciales. Restreindre les pratiques RSE et la gouvernance d'entreprises aux seules sociétés cotées nous semble équivoque. En effet, en droit comparé il en est le cas puisque dans beaucoup de législations[798] la pratique de la RSE et de la gouvernance d'entreprise se limite aux seules sociétés cotées en bourses. C'est ainsi qu'en ce qui concerne le cas malien, il serait important d'étendre

---

[796] En ce qui concerne l'introduction d'un code de gouvernance d'entreprise, deux raisons valables peuvent être avancées : on a le sentiment que le droit ne pouvait pas à lui tout seul faire face à la diversité des situations en cause ; on a pensé que la forme même du droit était contraire à la diffusion d'un comportement qui devrait se répandre par la seule force de l'idée et de la bonne réputation qui lui était liée. Pour la RSE, c'est la même souplesse qui prévaut dans la mesure où les réalités actuelles de la règlementation juridique préconisent davantage les approches volontariste plutôt que l'imposition d'une certaine rigidité.

[797] Il ne s'agit pas d'avoir un code qui traite essentiellement les formes de sociétés les plus répandues comme c'est le cas en France où la société anonyme à conseil d'administration bénéficie de l'encadrement du code de la gouvernance d'entreprise. V. M. GERMAIN, « La gouvernance des sociétés cotées », *Revue la semaine juridique, entreprise et affaires*, 21 nov. 2013, p. 23.

[798] En France la pratique de la gouvernance d'entreprise s'intéresse aux seules sociétés cotées. Il en est de même en Belgique à travers le code belge de la gouvernance d'entreprise ou en Allemagne etc. C'est le même cas dans les pays *anglo saxon* où les concepts tirent leur origine. L'extension de l'application des concepts de la RSE et de la gouvernance d'entreprise se limite aux seules entreprises cotées.

la pratique de ces concepts à toutes les entreprises y compris celles faisant appel public à l'épargne ou disposant d'une cotation en bourse, mais aussi les PME et les PME qui constituent l'ossature des sociétés commerciales du Mali.

Cette originalité d'uniformiser l'application des concepts de la RSE et de la gouvernance d'entreprise peut produire des effets en termes d'organisation des structures en charge d'assurer le fonctionnement des sociétés commerciales. L'objectif est donc d'adopter un système souple et adaptable à chaque société[799]. De ce point de vue, contrairement à ce qui a pu être pensé il y a quelques années, le système des entreprises maliennes à travers l'AUSC récemment révisé a su évoluer dans le sens d'une grande souplesse et d'une grande adaptabilité aux spécificités de chaque entreprise. Mais, l'encadrement des sociétés doit converger avec les formes d'organisations. Pour cela, le droit est un instrument qui pourrait apporter des solutions en vue de consolider l'uniformisation de la pratique. C'est ainsi que la gouvernance d'entreprise tout comme la RSE, pourrait émerger dans un environnement juridique favorable et propice à une stabilisation des pratiques.

La gouvernance des entreprises maliennes du point de vue économique et sociétaire doit reposer sur des valeurs qui semblent être fondamentales de nos jours. Elle doit reposer dorénavant sur trois aspects qui peuvent paraitre différents. D'abord, la gouvernance des entreprises maliennes doit définir le bon fonctionnement des organes en charge de la direction. Il s'agit là entre autres la réorganisation du conseil d'administration, la rémunération, les conventions règlementées, la problématique des conflits d'intérêts[800]. Ensuite, le mode de gouvernance préconisé doit permettre une organisation rationnelle de la mise en forme de la volonté des actionnaires notamment la présence des agences de vote, l'implication et l'identification des actionnaires. Enfin, la nécessité de la prise en considération de l'entreprise et de son environnement derrière la société, c'est-à-dire la prise en compte des parties prenantes. Pour parvenir à ce résultat, l'encadrement de la gouvernance d'entreprise doit avoir un accompagnement constitutionnel. La reconnaissance en tant que norme juridique est fondamentale puisque selon la doctrine le code de la gouvernance d'entreprise est considéré comme une

[799] V. C. CEZANNE, M. RUBINSTEIN « la RSE comme instrument de la gouvernance d'entreprise », Innovation, Governance and Finance: Current Issues and New Challenges", Nov 2010, Saint-Denis, France. <hal-00628645>

[800] Cette notion de conflit d'intérêt largement évoquée en droit des sociétés notamment dans le cadre de la violation des droits des actionnaires surtout l'opposition entre minoritaires et majoritaires. En l'analysant sous l'angle sociétal et dans le souci d'appréhender l'intérêt social de l'entreprise comme gardien de l'intérêt de l'ensemble des parties prenantes, il doit être redéfini pour prendre en compte les aspects auxquels l'entreprise se doit le devoir d'une reconnaissance.

règle non juridique[801] contrairement au code de société notamment l'AUSC. Pourtant il doit l'être pour éviter un risque de compatibilité avec la « norme légale ».

Cette réflexion suscite des interrogations dans la règlementation des pratiques de la gouvernance d'entreprise. Il y a sans doute des critiques non négligeables au regard des enjeux sur la question de la gouvernance surtout dans le cadre de la pratique. Les entreprises maliennes doivent donc rechercher cet idéal retranché dans le concept de la gouvernance d'entreprise notamment les bonnes pratiques en vue de créer un client de confiance. C'est d'ailleurs dans la recherche de cette confiance que se trouve sans doute la raison principale d'une bonne gouvernance. Tout le monde sait qu'aucune étude économique n'apporte la preuve que la bonne gouvernance fait la bonne gouvernance[802]. Mais en revanche il est sûr que les investisseurs ne peuvent investir dans le moyen à long terme que s'ils ont confiance dans la gouvernance des sociétés. C'est pourquoi le code en perspective ainsi que l'encadrement de la RSE doivent largement contribuer à l'instauration d'un climat de confiance entre l'ensemble des parties prenantes. Les entreprises à travers les investisseurs pourront valoriser les mécanismes définis dans les deux concepts.

La consolidation d'une économie durable et prospère doit être une préoccupation des entreprises maliennes. Au regard de leur omniprésence dans la conduite des affaires même au plan régional, elles doivent agir et rendre des comptes, être performante, responsables et ne pas omettre d'être sociales. Cela est d'ailleurs dans l'intérêt de l'entreprise puisqu'elle doit protéger ses intérêts. Pour y parvenir, la conviction de l'entreprise doit converger dans le sens de l'utilisation rationnelle des ressources à long terme. C'est en cela que l'entreprise malienne peut être considérée comme un acteur majeur du développement durable et surtout un leadership dans la construction d'un environnement économique et prospère.

La reconnaissance de ces paradigmes pourrait-elle améliorer le comportement des entreprises maliennes ? C'est une réponse relativement positive qui ressort dans l'étude. La transfusion des considérations issues de deux normes juridiques distinctes peut aboutir à une revalorisation de l'entreprise d'où la question de l'opportunité d'une réforme desdits principes. En effet, l'objectif de l'entreprise ne doit plus se limiter à la protection des intérêts directs. Il s'agit aussi pour elle de prendre en compte les intérêts indirects pour revaloriser sa place de leadership en matière de

[801] Y. PACLOT, « A propos de la juridicité du code de gouvernance d'entreprise des sociétés cotées françaises », *Revue soc.*, 2011, p. 395.

[802] « Au-delà de l'intuition naturelle qu'une bonne performance financière pérenne et une gouvernance de qualité sont liées, il faut se résoudre à constater qu'aucun modèle ne présente de résultats indiscutables en la matière » (Ernst et Young).

développement durable. Sans cette volonté, pourrait-elle contrôler sa pérennité dans le long terme ?[803]

[803] C. LUBOCHINSKY (dir.), *Les marchés financiers dans la tourmente : le défi du long terme*, Presses Universitaires de France, « Cahiers du Cercle des économistes », 2009.

BIBLIOGRAPHIE

Ouvrages généraux, Traités, Manuels

ANOUKAHA F., CISSE A., DIOUF N., NGUEBOU TOUKAM J., POUGOUE P-G., SAMB M., *OHADA : Sociétés commerciale et G.I.E.*, BRUYLANT, Bruxelles, 2002.

ALFANDARI E. *Droit des affaires,* Litec, 1993.

ARNAUD A.-J., *Critique de la raison juridique, tome 2 : Gouvernants sans frontières. Entre mondialisation et post-mondialisation*, Paris, LGDJ-Montchrestien, coll. Droit et société, 2003, 433 p.

BACHELARD G., *Le nouvel esprit scientifique,* PUF, Quadrige, 1re éd. 1934, 5e éd. 1995.

BATIFOULIER Ph., *Théorie économique des conventions*, Economica, 2000.

BARRAUD B., *Repenser la pyramide des normes à l'ère des réseaux. Pour une conception pragmatique du droit*, Paris, L'Harmattan, coll. Logiques juridiques, 2012, 398 p.

BERGEL J.-L., *Théorie générale du droit*, Dalloz, 2008.

BENYEKHLEF K., *Une possible histoire de la norme. Les normativités émergentes de la mondialisation*, Montréal, Thémis, 2008, 937 p.

BLAISE J. B., *Droit des affaires* LGDJ, 4e éd., 2007.

BONNEAU T., *Droit bancaire*, 8e éd., Montchrestien, 2009.

BUSSY J., *Droit des affaires*, Presses de Sciences Politiques et Dalloz, Paris, 1998.

COZIAN M., VIANDIER A., DEBOISSY Fl., *Droit des sociétés*, Litec, 24e éd., 2011.

COURET A., NABASQUE H. Le, COQUELET M.-L., CRANIER Th., PORACCHIA D., CANNU Ph. Le, *Droit des sociétés*, Domat Montchrestien, 2e éd., 2003.

CHEVALLIER J., *L'État post-moderne*, LGDJ, 3e éd., 2008.

CANNU P. LE, *Droit des sociétés*, 1re édition, Paris, Montchrestien, 2002.

CARBONNIER J., *Le flexible droit, Pour une sociologie du droit sans rigueur*, LGDJ, 2001, 10e éd.

CARBONNIER J., *Droit civil, t. 1, Introduction,* PUF, 26e éd., 1999.

COUTURIER G., *Droit du Travail I, les relations individuelles de travail,* Paris, 1990.

COZIAN M., VIANDIER A.et DEBOISSY F., *Droit des sociétés*, 16e éd., Litec, 2003.

CLAM J., MARTIN G. (dir.), *Les transformations de la régulation juridique*, Paris, LGDJ, 1998, 454 p.

DELMAS-MARTY M., *Trois défis pour un droit mondial*, Paris, Seuil, 1998, 198 p.

FARJAT Gérard, *Droit économique*, (Coll. Thémis), P.U.F., Paris, 1971, 443 p.

GUYON Y., *Droit des affaires, t. 1, Droit commercial général et société,* Economica, 12e éd., 2003.

GENY F., *Méthode d'interprétation et sources en droit privé positif, t. 1,* LGDJ, 1996.

GIBIRILA D., *Droit des sociétés*, 2e éd., Paris, Ellipses, 2003.

GUYON Y., *Droit des affaires*, tome 1, 11e éd. Paris, Economica, 2001.

GUINCHARD S., ALII, *Droit processuel*, Dalloz, 2e éd. 2003.

HALPERIN J.-L., *Histoire du droit privé français depuis 1804,* PUF, 1996.

HAYEK Friedrich A., *Droit, législation et liberté, t. 1 Règles et ordre,* PUF, Quadrige, 1973.

KELSEN H., *Théorie pure du droit, Trad de la 2e éd. De la Reine Rechtslehre par Ch. EISENMANN,* Dalloz, 1962.

LEGEAIS D., *Droit commercial et des affaires*, 20e éd., SIREY, 2012.

LIBAERT Th., GUERIN A.-J., *Le développement durable*, éd. DUNOD, 2008.

LUBOCHINSKY C. (dir.), *Les marchés financiers dans la tourmente : le défi du long terme*, Presses Universitaires de France, « Cahiers du Cercle des économistes », 2009.

MACKAAY E., ROUSSEAU S., *Analyse économique du droit*, Dalloz, Thémis, 2008.

MALAURIE Ph., AYNES L., *Les biens*, 2e éd., DEFRENOIS, Paris, 2005.

MARTIN Ph., *Les transformation de la régulation juridique*, LGDJ, 1998.

MERLE Ph., *Droit commercial. Sociétés commerciales*, coll. « Précis », Dalloz, 11e éd., 2007.

MERLE Ph., *Droit commercial : Sociétés commerciales*, 10e éd., Dalloz, 2005.

MORVAN P., *Les principes de droit privé*, Presses Univ. Pantheon-Assas, 1999.

MOIGNE J.-L. LE, *La théorie du système général, Théorie de la modélisation,* PUF, 4e éd., 1994.

PEROCHON F., BONHOMME R., *Entreprises en difficulté – Instruments de crédit et de paiement*, 5e éd., LGDJ, 2001.

PERELMAN Ch., *Justice et Raison*, 2e éd. Université de Bruxelles, 1972.

RAYNOUARD Ar., REYGROBELLET Ar., ROBINE D., *Droit financier*, 1er éd., Dalloz, Paris, 2008.

RIPERT G., ROBLOT R., GERMAIN M., *Traité de droit commercial*, tome 1, volume 2, 18e éd., Paris, L.G.D.J., 2002.
SUDRE F., *Dictionnaire des droits de l'homme*, Paris, DUNOD, PUF, 2008.
SAWADOGO M. F., *Droit des entreprises en difficultés*, Bruylant, 2002.
VAULPLANE H. DE, DAIGRE J.-J. (dir.), *Droit bancaire et financier*, Mélanges QEDBF-France, volume 4, Revue Banque, éd., 2008.
VAULPLANE H. DE, BORNET J.-P., *Droit des marchés financiers,* Litec, 1998.

Ouvrages spéciaux, Dictionnaires, Thèses et Monographies

ALSTON Ph., *Labour Rights as Human Rights*, éd. Oxford University Press, 2006.
ALLAND D.,RIALS S. *Dictionnaire de la culture juridique* PUF/Lamy,1re éd. 2003.
AMIEL-COSME L., *Rémunération des dirigeants sociaux*, Ençy. Dalloz, 2002.
ANDRIANTSIMBAZOVINA J., GAUDIN H., MARGUENAUD J.-P., RIALS S., ALSTON Ph., *Non-state actors and human rights,* Oxford, Oxford University Press, 2005. Mémento Pratique, *Social*, Francis Lefebvre, 2012.
ATIAS C., *Epistémologie juridique,* PUF, 1985.
AUBERTIN C., VIVIEN F.D., (dir.), *Le développement durable : enjeux politiques, économiques et sociaux*, IRD éd. La documentation Française, 2006.
BERTHE A., *Stratégies de promotion et de financement des PME au Mali*, Université Mouloud Mammeri Tizi, mémoire de maîtrise, 2007.
BERLE Adolf, MEANS Gardiner, *The Modern Corporation and Private Property*; 2e éd., New York, Macmillan, 1956.
BENNINI A., *Le voile de l'intérêt social*, Université de Cergy-Pontoise, thèse, 2010.
BRINKS D. M., GAURI V., *Courting social justice. Judicial Enforcement of Social and Economic Rights in the Developing World*, Cambridge Univ. Press, 2008.
BERNS T., DOCQUIR P.-F., FRYDMAN B., HENNEBEL L.et LEWKOWICZ G., *Responsabilités des entreprises et corégulation*, Bruxelles, Bruylant, 2007.
BERLE A., MEANS G., *The modern corporation and private property,* 2ème éd. New York, MacMillan, 1956.
BISSARA P., FOY R., De VAUPLANE A., *Droit et pratique de la gouvernance des sociétés cotées : Conseils et comités*, éd. Joly, 2007.
BITSAMANA Hilarion Alain, *Dictionnaire de droit OHADA*, OHADATA, D-05-33

BLIN-FRANCHOMME M.-P., DESBARATS I., *in La modernisation du droit des affaires*, JAZOTTES G. (dir.), Colloques et Débats, Litec, 2007.

BOLTANSKI. L., E. CHIAPELLO, *Le nouvel esprit du capitalisme*, Gallimard, Paris, 1999.

BRUNOUW L., *L'exercice du contrôle dans les sociétés anonymes*, LILLE II, université du droit et de la santé, Faculté des Sciences Juridiques, Politiques et Sociales, Ecole doctorale n° 74, Mémoire de DEA, oct. 2003.

CAUSSAIN J.-J., *Le gouvernement d'entreprise des sociétés cotées - le pouvoir rendu aux actionnaires*, CREDA, Litec, 2005

CORNU G. (ass. H. CAPITANT), *Vocabulaire juridique*, PUF, 9e éd. 2011.

CHEVALLIER J., *La gouvernabilité*, Centre Universitaire de Recherches Administratives et Politiques de Picardie, PUF, 1996. p. 111 in https://www.u-picardie.fr.

CAPITANT Ass. H., *Les droits de traditions civiliste en question*, Société de Législation comparée, 2006 (vol. 1 et 2).

CISSE I., *La responsabilité des dirigeants sociaux en droit OHADA, un modèle controversé dans sa mise en œuvre*, Ed. Universitaires Européennes, Allemagne 2012.

CAPRON M., QUAIREL-LANOIZELEE F., *Mythes et réalités de l'entreprise responsable*, La Découverte., 2004.

COURET A., *Le désintérêt social*, Mélanges P. BEZARD, Montchrestien, 2002, p.63, *spéc.* p.64, n°3.

CHAUVEAU A., ROSE J.-J., *L'entreprise responsable*, éd. d'organisation, France, 2001.

CHAPAS B., *La justification du prix des dirigeants dans l'idéologie libérale : une interprétation girardienne de la controverse publique sur la rémunération des dirigeants (1989-2008)*, Université Lumière Lyon 2, Ecole Doctorale Sciences Economiques et gestion, 23/11/2008.

DEJEAN F., *Contribution à l'étude de l'investissement socialement responsable - Les stratégies de légitimation des sociétés de gestion,* Université Paris Dauphine, Business administration, Paris IX, 2004.

DRANCOURT M., *Les nouvelles frontières de l'entreprise*, PUF, 2005.

DUMONT R., *Les nouvelles frontières de l'entreprise*, PUF, 1995.

DELÉAGE J.-P., « Paradoxes du développement durable », dans J.-P. MARECHAL et B.

DOLLEY E. Le (dir), *les concepts émergents en droit des affaires*, LGDJ, coll. droit et économie, 2010.

FOUCAULT M., *Surveiller et punir, Naissance de la prison*, Gallimard, 1998.

FRISON-ROCHE M.A., KLEIN M. (dir.), *Mesurer l'efficacité économique du droit*, trad. Française par MORISSETTE Y.-M., PUF, 2000.

FRIEDMAN M., *Capitalisme et liberté*, éd. A contre-courant, 1962.

GOMEZ P.-Y., KORINE H., *L'entreprise dans la démocratie : une théorie politique du gouvernement des entreprises*, Version française fortement

augmentée de Entrepreneurs and Democracy (Cambridge, 2008), De Boeck, Bruxelles, 2009.

GUÉRY G., *Restructuration d'entreprises en Europe. Dimension sociale*, De Boeck, Paris, 1999.

GOND J.-P., IGALENS J., *Manager la responsabilité sociale de l'entreprise*, éd. Dareis-Pearson, Paris 2012.

GOND J.-P., IGALENS J., ***La responsabilité sociale de l'entreprise***, éd. Dunod, France 2006.

GENY F., *Science et technique en droit privé positif,* Sirey, t. 1, 1914 ; F. GENY, *Méthode d'interprétation et sources en droit privé positif, t. 1,* LGDJ, 1996, réimpression de l'édition de 1919.

HAINAUT-HUMENDE P., RAUCQ G., *Les sociétés anonymes, constitution et fonctionnement*, LARCIER, Bruxelles, 2005.

HOPT K.J., TEUBNER G., *Corporate governance and directors' liabilities : legal, economic, and sociological analyses on corporate social responsibility*, Berlin, New York, W. de Gruyter, 1985.

HABERMAS J., *Droit et démocration - Entre faits et normes,* Gallimard, NRF essais, 1992, trad. de l'allemand, 1997.

HUISMAN B., RIBES F., *Les philosophes et le droit - Les grands textes philosophiques sur le droit,* Bordas, 1988.

HERRERA Carlos-Miguel, *Les droits sociaux*, PUF, Que sais-je ?, 2009.

IFC World Bank Group
Doing Business 2004 ;
Doing Business 2005 ;
Doing Business 2006 ;
Doing Business 2007 ;
Doing Business 2008 ;
Doing Business 2009 ;
Doing Business 2010 ;
Doing Business 2011 ;
Doing Business 2012 ;
Doing Business 2013 ;
Doing Business 2014 ;
Oxford University Press.

KAMENA B., *La situation de l'associé minoritaire en France et dans l'espace OHADA*, Thèse, Université Pierre Mendes France (Grenoble II) UFR Droit, 6 juin 2005.

LAGARDE X., *Réflexion critique sur le droit de la preuve,* thèse, LGDJ, 1994.

LOPEZ R., *La gouvernance de l'entreprise*, éd. La Découverte, Paris, 2003.

LEMEUNIER F., *Société anonyme*, Editions Delmas, 20e éd., 2007, pp.300-304.

LEDENTU Fl., *Système de gouvernance d'entreprise et présence d'actionnaires de contrôle : Le cas Suisse*, Université de Fribourg (Suisse), Faculté des Sciences économiques et sociales, Thèse, 2008.

LECLERC G.-L., BUFFON Comte De, *Histoire naturelle,* publié entre 1749 et 1788.

LEDENTU F., *Système de gouvernance d'entreprise et présence d'actionnaire de contrôle : le cas Suisse*, Thèse, Université de Fribourg (Suisse), Faculté des Sciences économiques et sociales, févr. 2008.

MACKAAY E., ROUSSEAU S., *Analyse économique du droit*, Paris, Dalloz-Sirey, 2008.

MAGNIER V. (dir.), *La gouvernance des sociétés cotées face à la crise, pour une meilleure protection de l'intérêt social*, L.G.D.J., 2009.

MARINI Ph. (dir.), *Le dialogue social, modèles et modalités de la régulation juridique en Europe,* PUB, Bordeaux, 2007, 339 p.

MENETREY S., *L'*amicus curiae, *vers un principe commun de droit procédural ?*, Paris, Dalloz, collection Nouvelle bibliothèque de thèses, 2010, 506 p

MERCIER S., *L'éthique dans les entreprises*, La découverte, 3è éd., 2014.

MOCKLE D., *La gouvernance, le droit et l'État*, Bruxelles, Bruylant, 2008, 312 p.

MORAND-DEVILLER J., *Le droit de l'environnement*, Paris, P.U.F., 2003

MONPION A., *Le principe pollueur payeur et l'activité agricole dans l'union européenne*, Thèse, Limoges, 2007.

MULLER A.-C., *Droit des marchés financiers et droit des contrats*, thèses, Paris II, 2001.

OSTARENA J., *Comprendre le concept de partie prenante*, Mémoire de Master, Université Paris Dauphine, 2008-2009.

OST F., VAN DE KERCHOVE M., *De la pyramide au réseau ? Pour une théorie dialectique du droit*, Publications des Facultés universitaires Saint-Louis Bruxelles, 2002.

PICHARD M., *Les droits à. étude de législation française*, Economica, 2006.

PEREZ R., ROY F. Le et MARCHESNEAY M. (dir.), *La responsabilité sociale de l'entreprise : Mélanges en l'honneur du Professeur Roland Perez*, Caen : Édition EMS, 2003.

PEREZ R., *La Gouvernance de l'Entreprise*, la Découverte, Paris, 2003.

PARRAT F., *Le gouvernement d'entreprise*, éd. DUNOD, Paris, 2003.

PIENTRANCOSTA A., *Le droit des sociétés sous l'effet des impératifs financiers et boursier*, thèse, Paris I, 1999.

POSTEL N., SOBEL R., *Dictionnaire critique de la RSE*, Presses Universitaires Septentrion, 2014.

QUENALUT (dir.), *Le développement durable : Une perspective pour le XXIe siècle*, Rennes, P.U.R., 2005.

RENOUARD C., *La responsabilité éthique des multinationales*, P.U.F., 2007.

RICHARD B., MIELLET D., *La dynamique du gouvernement d'entreprise*, Éditions d'Organisation, 2003.

RICHARD B., MIELLET D., *La dynamique du gouvernement d'entreprise*, Éditions d'Organisation, 2003.

SCHMIDT D., *De l'intérêt social*, *J.C.P.*, éd. E., 1995, n°38, p.488, *spéc.* p.489, n°11.

SANGAGER M. M., *L'État de droit au Mali : évolution et réalité*, Thèse, Université Gaston Berger de Saint-Louis, UFR des Sciences Juridiques et Politiques, nov. 2013.

SANHOUIDI C., *Evaluation des pratiques de la RSE liées à la gestion des relations avec les communautés : cas de IAMGOLD ESSAKANE SA (Burkina Faso)*, CESAG, DESS Audit et Contrôle de Gestion, 2012.

SCHERMERS H. G., BLOKKER N. M., *International Institutional Law: Unity within Diversity*, 2003.

SIDIBE I., *La gouvernance des SA dans la zone OHADA*, thèse, UCAD, 2013.

SMOUTS M.-C., COLIN A., *Le développement durable : les termes du débat*, Paris, Dalloz, 2005.

TREMBLAY D.-G., D. ROLLAND (dir.), *Responsabilité sociale d'entreprise et finance responsable : quels enjeux?*, Québec, Presses de l'Université du Québec, 2004.

TREBULLE F. G., O. Uzan, (dir.), *Responsabilité sociale des entreprises, Regards croisés droit et gestion,* Economica, 2011.

UTTING P., CARLOS MARQUES J., *Corporate social responsibility and regulatory governance : towards inclusive development?*, Basingstoke, New York, Palgrave Macmillan, 2010.

OUATTARA T. A., *Le destin du socialisme malien*, éd. Imprimeries du Mali, 1979.

YAMEOGO U. K., *L'émergence de la responsabilité sociale des entreprises en Afrique : état des lieux, enjeux et perspectives*, Université Paris 12 (Créteil), Mémoire de Master, 2007.

VIRALLY M., *Cours général de droit international public*, RCADI, 1983, t.183, p. 124.

VIVIEN F.-D., *Le développement durable : enjeux politiques, économiques et sociaux*, Paris, La documentation française, 2006.

VIANDIER A., *La notion d'associé*, Bibliothèque de droit privé, T. 156, L.G.D.J., 1978.

WILLETTS Peter, *Transnational actors and international organisations in The globalisation of world politics*, John BAYLIS, Steve SMITH, Oxford University Press, 1997.

Articles et doctrine

AKAM-AKAM A., « La responsabilité civile des dirigeants sociaux en droit OHADA », *Revue Internationale de Droit économique,* 2007/2, t. XXI, 2

ALIX C., MISTRAL J., « Le législateur, le régulateur et le juge : Remarques sur la dynamique de la réforme financière aux Etats-Unis », in *Rapport Moral.*

ACQUIER A., GOND J.-P., IGALENS J., « Des fondements religieux de la responsabilité sociale de l'entreprise à la responsabilité sociale de l'entreprise comme religion », *Actes du colloque de l'AGRH,* 2005.

ALEXANDRE H., M. PAQUEROT, « Efficacité des structures de contrôle et enracinement des dirigeants », *Finance Contrôle Stratégie – Volume 3,* N° 2, juin 2000.

ALMAZAN A., SUAREZ J., « Entrenchment and severance pay in optimal governance structures », *Journal of Finance*, 58, 2003.

ALMOULOUD Lougaye, « Kokoyon : MMC lance son projet de développement social », *Essor quotidien malien d'information,* 11 mars 2015

AHRNE G. E., BRUNSSON N., « L'organisation en dehors des organisations, ou l'organisation incomplète », *AEGIS le Libellio,* 2010.

ARTUS P., BETBEZE J.-P., BOISSIEU Ch. de et CAPELLE-BLANCARD G., « La crise des subprimes », *Rapport, Conseil d'Analyse Économique,* Paris, 2008.

ARCOT S. R., BRUNO V. G., « In letter but not in Spirit : An analysis of corporate governance in the UK », *SSRN*, May 2006.

AYED-KOUBAA H. Ben, « L'impact des mécanismes internes de gouvernement de l'entreprise sur la qualité de l'information comptable », *Cahiers de Recherche PRISM-Sorbonne, CR 10-18.*

ACQUIER A., GOND J.-P., IGALENS J., « Des fondements religieux de la responsabilité sociale de l'entreprise à la responsabilité sociale de l'entreprise », *Centre de Gestion Scientifique, Ecole des Mines de Paris, LIRHE, Université de Toulouse I-Sciences Sociales*, p. 21, in www.seminar.hec.ac.be consulté le 04 nov. 2014.

ARNAUD A.-J., « De la régulation par le droit à l'heure de la globalisation, Quelques observations critiques », *in Revue Droit et Société*, n° 35, 1997.

Académie des Sciences et Techniques Comptables et Financières, « Mettre en place une politique RSE avec la norme iso 26000 », *Revue financière et comptable*, n° 399, 11 nov. 2012, in www.rfcomptable.grouperf.com consulté le 12 fév. 2015.

ARTUS P., BETBEZE J.-P., BOISSIEU Ch. de et CAPELLE-BLANCARD G., « La crise des subprimes », *Rapport, Conseil d'Analyse Économique*, Paris, 2008.

AMSELEK P., « Eléments d'une définition de la recherche juridique », *in* Ch. ATIAS, *Épistémologie juridique*, Paris, PUF, 1985.

BOILLEY Pierre, BOST François, COULON Christian, « MALI », *Encyclopædia Universalis (*en ligne), consulté le 3 octobre 2015. URL : http://www.universalis.fr.

BADJI S.A., « OHADA et bonne gouvernance d'entreprise » *Revue de l'ERSUMA, Droit des affaires – Pratique Professionnelle*, n°2 – mars 2013.

BOULOC Cf., « De quelques aspects du délit de blanchiment », *Revue de Droit Bancaire et Financier*, n°3, mai-juin 2OO2.

BERDAH J.-P., « Fonctions et responsabilité des dirigeants de sociétés par actions », *Sirey*, 1974.

BOUTAUD A., « La responsabilité sociétale des entreprises : un bref état des lieux », *Le centre Ressources Prospectives du Grand Lion*, février 2010.

BARRY Ph., BA A., « forum francophone de Lyon préparant RIO+20 contribution RSE Sénégal pour l'atelier sur la RSE, 07 février 2012 », *l'Initiative RSE Sénégal § Afrique de l'Ouest*, Dakar, le 03 Février 2012.

BOUYOUD Fl., « L'Institutionnalisation de la responsabilité sociale de l'entreprise : Principes théoriques », *Communication au 5e Congrès de l'ADERSE des 10 et 11 Janvier 2007 : Transversalité de la Responsabilité Sociale de l'Entreprise.*

BLIN-FRANCHOMME M.-P., « RSE et milieu de travail : éléments juridiques pour une montée en puissance environnementale des parties prenantes internes », *Journal des Sociétés*, n° 69, oct. 2009.

BOUYOUD Fl., « L'institutionnalisation de la RSE : principes théoriques », *Communication au 5e Congrès de l'ADERSE des 10 et 11 Janvier 2007 : « Transversalité de la Responsabilité Sociale de l'Entreprise ».*

BAH F., « Les entreprises multinationales et les droits économiques, sociaux et culturels des populations locales au Mali : le cas des sociétés minières de Morila et Sadiola », *Juriste spécialisé en droits de l'homme et démocratie*, Bamako, Mali, 2008.

BOUYOUD Fl., « L'Institutionnalisation de la responsabilité sociale de l'entreprise : Principes théoriques », *Communication au 5e Congrès de l'ADERSE des 10 et 11 Janvier 2007 : Transversalité de la Responsabilité Sociale de l'Entreprise.*

BERGEAL C. (avant-propos), « La légistique ou l'art de rédiger le droit », *La documentation française Courrier Juridique des Finances et de l'Industrie*, Juin 2008.

BHAGAT S., BOLTON B., ROMANA R., « The promise and peril of corporate governance indices, ECGI », *Law Working Paper,* n° 89/2007.

BANCEL F., « Les dirigeants et l'internationalisation de l'actionnariat des grandes entreprises », *Revues française de gestion, 2004*, vol. 30, n° 151.

BARRY Ph., BA A., « forum francophone de Lyon préparant RIO+20 contribution RSE Sénégal pour l'atelier sur la RSE, 07 février 2012 », *l'Initiative RSE Sénégal § Afrique de l'Ouest*, Dakar, le 03 Février 2012.

BELEM G., BENOIT C., BOUSLAH K., CHAMPION E., GUY J., NAJLAOUI H. et OTERO A. Isabel, « Cahier de recherche sur l'atelier international « Faire avancer la théorie de la RSE : un dialogue intercontinental, Montréal 12 au 15 octobre 2006 », Les cahiers de la CRSDD, collection recherche, n° 11-2007.

BODET C., LAMARCHE Th., « La RSE comme innovation institutionnelle. Une lecture *régulationniste* », *Revue de la régulation, capitalisme, institutions, pouvoirs*, 11 juin 2007.

BOURDON W., « Face aux crimes du marché - quelles armes juridiques pour les citoyens ?, et particulièrement la postface intitulée (trente-neuf propositions pour une régulation des entreprises transnationales) », *La Découverte*. 2010.

BOWEN H. R., « Social responsabilities of the businessman » *Harpes/Brothers* New-York., 1953.

BROHIER-MEUTER J., d'HUMIERES P., « L'état des politiques publiques de RSE dans le monde : panorama et tendances de l'incitation publique à la RSE », *Les études de veille de l'IRSE*, sept. 2011.

BOISVERT V., VIVIEN F.-D., « Le développement durable : une histoire de controverses économiques », dans AUBERTIN C., BARTENSTEIN K., « Les origines du concept de développement durable », *Revue juridique de l'environnement*, 3/2005.

BRISSON J.-D., « L'implication du conseil d'administration dans la planification stratégique », *RCGT*, 18 sept., 2013, in www.rcgt.com. Consulté le 10 fév. 2015.

BROHIER MEUTER J., d'HUMIERES P., « L'état des politiques publiques de la RSE dans le monde : Panorama et tendances de l'incitation publique à la RSE », *Les études de veilles de l'IRSE*, n° 2, sept., 2011.

BRUNET A., GERMAIN M., « L'information des actionnaires et du comité d'entreprise dans les sociétés anonymes depuis les lois du 28 octobre 1982, du 1er mars 1984 et du 25 janvier 1985 », *Revue Sociétés,* 1985, Doctrine.

BISSARA Ph., « Indépendance et coopération des organes sociaux de la société anonyme classique » in *Aspects actuels du droit des affaires*, Mélanges en l'honneur d'Yves GUYON, Dalloz, 2003.

BUNEL Jean, « La documentation Française : La Transformation de la représentation patronale en France », CNPF et CGPME, 1995.

BUREAU D., « La loi relative aux nouvelles régulations économiques. Aspects de droit des sociétés », *Bull. Joly*, 2001.

BISSARA P., « Le gouvernement d'entreprise en France : faut-il légiférer encore et de quelle manière ? », *R.S.*, 2003. HOPT J., « Le gouvernement d'entreprise – Expériences allemandes et européennes », *R.S.*, 2001.

CHAVANE BRUNO, « Bilan et perspectives des privatisations en Afrique francophone : Une étape de la démocratisation ? », *Bureau international du Travail*, Genève, Avril 1996.

CHAPUT Y., « Le monde idéal : les principes de la gouvernance d'entreprise », in Dossier « La gouvernance d'entreprise, entre réalité et faux-semblants », *Revue la semaine juridique*, n° 5 septembre-octobre 2005, supplément à la semaine juridique n° 44-45 du 3 novembre 2005, Hebdomadaire.

COURET A., « L'intérêt social », *Cah. dr. ent.*, 1996-4, p.1, *spéc.* p.7 et s., n°31 et s.

COURET A., « Première traduction législative de la corporate governance : la loi sur les fonds de pension (libres propos autour de la loi n° 97-277 du 25 mars 1997) », *Recueil Dalloz,* 1997, p. 241.

COURET A., GERMAIN M., SCHMIDT D., ALII, « Actionnaires et dirigeants : où se situera demain le pouvoir dans les sociétés cotées ? », *R.D.B.*, juin 1996, n°55.

CONSTANTIN A., « L'intérêt social : quel intérêt ? », Mélanges offertes à B. Mercadal, Francis Lefebvre, 2002.

CHARREAUX G., « Modes de contrôle des dirigeants et performance des firmes », dans *Le Gouvernement des Entreprises : Corporate Governance – Théories et Faits*, Economica, 1997.

CAUSSAIN J-J., « L'influence mondiale et européenne », *in* « Dossier : La gouvernance d'entreprise, entre réalité et faux-semblants », *La semaine juridique,* n°44-45 du 03 novembre 2005.

CHAPUT Y., « Le monde idéal : les principes de la gouvernance d'entreprise », *La semaine juridique,* n °44-45 du 03 novembre 2005.

CHAVANE B., « Bilan et perspectives des privatisations en Afrique francophone : Une étape de la démocratisation ? », *Bureau International du travail*, Genève, Avril 1996.

Sociétés et entreprises au Mali : L'urgence d'un plan de sauvetage, *Nouvel Horizon*, publié le 03. 07. 2006.

COCHOY F., « La responsabilité sociale de l'entreprise comme "représentation" de l'économie et du droit », *Droit et Société*, 01/01/2007, n° 65.

CEZANNE C., RUBINSTEIN M., « La RSE comme instrument de la gouvernance d'entreprise : une application à l'industrie française des télécommunications », *Revue de la régulation, Capitalisme, Institutions, pouvoirs,* 2012.

Centre d'assistance Juridique Anti-Corruption (CAJAC), « La RSE au Marac », *Transparency news,* n° 15, Fév. 2013.

CAZAL D., « Parties prenantes et RSE : des enjeux sociopolitiques au-delà des contrats », *Revue de l'organisation responsable*, vol. 3, n° 1, 2008.

CAZAL D., « RSE : parties prenantes et partis pris », *VIIe Université de printemps de l'Audit social*, Marrakech, 2005.

« Cadre de référence, la responsabilité sociétale des entreprises en Belgique », *LA CIDD*, 29 Mars 2006.

CASADO CANEQUE F., JOCHAUD Ph., GARCIA SERMA P., « L'impact du secteur privé sur les droits de l'enfant au Mali », *Rapport de l'UNICEF Mali*, sept. 2011.

Commission européenne, « Livre vert : Promouvoir un cadre européen pour la responsabilité sociale des entreprises », COM(2001) 366 final, 18 juil. 2001.

CHANTEAU J.-P., « L'économie de la responsabilité sociétale d'entreprise (RSE) :
éléments de méthode institutionnaliste », *Revue de la régulation,* [En ligne], 9/1er semestre / Spring 2011, mis en ligne le 01 juin 2011, consulté le 04 nov. 2014. URL : http://regulation.revues.org.

CHARREAUX G., « Le conseil d'administration dans les théories de la gouvernance », *Université de Bourgogne, Pôle d'économie et de gestion (Iae-Latec)*, Décembre 2000.

CHARREAUX G., « Le conseil d'administration dans les théories de la gouvernance », *Revue du Financier*, n° 127, 2000.

CHARREAUX G., « La théorie positive de l'agence : positionnements et apports », *Revue d'Economie Industrielle*, n° 92, 2e et 3e trimestres 2000.

CHARREAUX G., « Variation sur le thème : A la recherche de nouvelles fondations pour la finance et la gouvernance d'entreprise », *Finance Contrôle Stratégie – Volume 5, N° 3,* septembre 2002.

CAUSSAIN J.-J., « L'État des recommandations », *Revue la semaine juridique*, n° 5 septembre-octobre 2005, supplément à la semaine juridique n° 44-45 du 3 novembre 2005, Hebdomadaire.

CHARREAUX G., DESBRIÈRES P., « Gouvernance des entreprises : valeur partenariale contre-valeur actionnariale », *Finance Contrôle Stratégie*, vol. 1, n°2, juin 1998.

CEZANNE C., RUBINSTEIN M., « La RSE comme instrument de la gouvernance d'entreprise : une application à l'industrie française des télécommunications », *Revue de la régulation, Capitalisme, institutions, pouvoirs,* 2012.

« Charte de RSE », *Synchrone Technologies*, in www.synchrone-technologie.fr consulté le 10 fév. 2015.

COHEN D., « Le « gouvernement d'entreprise » : une nécessité en droit français ? », Mélanges P. MALAURIE, Defrénois, 2005.

Confédération Générale des Entreprises du Maroc, « Label CGEM pour la RSE », *CGEM*, in www.cgem.ma/fr/label-rse consulté le 11 fév. 2015.

CHEVALIER J., « La régulation juridique en question », *Revue Droit et société*, 2001.

CHARREAUX G., « Le rôle de la confiance dans le système de gouvernance des entreprises », *IAE DIJON - CREGO / LATEC*, mai 1998.

CHAPUT Y., « Le monde idéal : les principes de la gouvernance d'entreprise », in Dossier « La gouvernance d'entreprise, entre réalité et faux-semblants », *Revue la semaine juridique*, n° 5 septembre-octobre

2005, supplément à la semaine juridique n° 44-45 du 3 novembre 2005, Hebdomadaire.

DRAME Adama, « Finance, Peut-on sauver la BHM », *Le Sphinx*, paru le 26/09/2009.

DESBARATS I., « La RSE en droit français : un champ d'évolutions normatives », *Revue Droit social*, 2015.

DIARRA S. T., « Un bilan controversé des privatisations » *Inter Press Service News Agency*, Economie-Mali, in www.ipsinternational.org/fr.

DRAME A., « Finances : Peut-on sauver la BHM ? », *Le Sphinx*, 26/09/2009.

DOM J.-P., « La protection des minoritaires », *R.S.*, 2001, *Dossier spécial Loi NRE*.

DIAKITE Sory Hiller, *Département financier de la BNDA*, interview accordé courant août et septembre 2014.

DELGA B., « De l'éthique d'entreprise et son cynisme », D ? 2004, Chron. 3126.

DELMAS-MARTY Mireille, « La corruption, un défi pour l'État de droit et la société démocratique », *Rapport de clôture présenté au XIIIe congrès de la société internationale de défense sociale, LECCE*, 28 au 30 nov. 1996.

DIOUF N., « La place du droit pénal dans le droit communautaire », *Nouvelles Annales Africaines*, n°1-2007.

DEUMIER P., « Les sources de l'éthique des affaires, codes de bonne conduite, chartes et autres règles éthiques », in, *Le libre droit*, mélanges en l'honneur de Ph. Le TOURREAU, Dalloz, Paris, 2008.

DEMBELE D., « Responsabilité sociale d'entreprise : Orange Mali dresse son bilan 2009 », *Journaldumali.com,* publié le 23 avr. 2010, consulté le 04 nov. 2014.

DIOP M. D., « Vers la validation de la Stratégie nationale de développement durable », Entretien avec le Directeur de l'AEDD M. GAKOU, 03/06/2014, Journaldumali.com.

D'HUMIERES P., « Repenser les solutions d'entreprise... (RSE) », Le *reporting* RSE et l'application de l'art. 223 de la loi Grenelle, *Institut RSE*, 13 oct. 2014.

DIALLO T., « Rapport de la Cour suprême du Mali sur le droit pénal de l'environnement », in www.ahjucaf.orgMali consulté le 23 juillet 2011.

DELGA J., « L'administrateur indépendant en France : un mythe ? », *JCPE*, 2004.

DROY I., « Les femmes productrices de coton bio-équitable au Mali », *IRD-UMR C3ED*, mars 2008.

DELMAS-MARTY M., « Le pluralisme ordonné », *éd. seuil*, 2006, spéc. p. 27.

DESBARATS I., « L'entreprise citoyenne face à sa responsabilité sociétale : nouveaux enjeux ou vieux débats ? », in *Production et consommation durables*, Éditions Yvon Blais, Québec, 2008.

D'HUMIERES P., BROHIER MEUTER J., « L'état des politiques publiques de RSE dans le monde : panorama et tendances de l'incitation publique à la RSE », Les études de veille de l'IRSE, n°2 sept. 2011.

DESBARATS I., « L'entreprise citoyenne face à sa responsabilité sociétale : nouveaux enjeux ou vieux débats ? », in *Production et consommation durables*, 2008, éd. Yvon Blais, Québec.

DESBARATS I., « L'encadrement juridique de la responsabilité sociétale des entreprises : réalisations et potentialités du droit français », *Université Toulouse 1, IRDS* In : Nouvelles dimensions du commerce équitable : implications et défis. 3e Colloque international sur le commerce équitable, Montpellier, 2008.

D'HUMIERES P., « Une vision RSE à 2021 », *Association des sociétés Conseil en RSE et Développement Durable*, Paris, le 25 mars 2014.

DUPUIS M., QUER-RICLET L., BOURDON W., QUEINNEC Y., « La responsabilité sociale et sociétale des entreprises : un enjeu majeur du 21e siècle », Terra Nova, 16 nov. 2010.

DEME M., « Les privatisations, une solution pour l'Afrique ? », *Revue Politiques et Management Public*, Année 1995, Vol. 13, n° 2.

DELUZET M., « Humaniser le capitalisme », *La Revue socialiste n°38, 2010 ;*

DUFOURCQ El. (Présidente), BESSE G. (Rapporteur), « Rapport sur la RSE, Synthèse des travaux du groupes inter-directions », *République Française, Inspection Générale des Affaires Sociales, Direction de l'Animation de la Recherches des Etudes Sociale*, Mars 2004.

DIALLO T., « Rapport de la Cour suprême du Mali sur le droit pénal de l'environnement », in www.ahjucaf.orgMali consulté le 23 juillet 2011.

EVRAERTS S., LACROIX M., « Responsabilité sociale et *reporting* de la performance », in Documentaire sur France 24 consulté le 03 août 2013 à 16 h 40 in www.france 24.

ETOUNDI F. O., « Les principes d'UNIDROIT et la sécurité juridique des transactions commerciales dans l'avant-projet d'acte uniforme OHADA sur le droit des contrats », une publication de *UNIDROIT International Institute for the Unification of Private Law, Institut international pour l'unification du droit privé*, www.unidroit.org.

EBONDO WA MANDZILA Eustache, « Audit interne et gouvernance d'entreprise : lectures théoriques et enjeux pratiques », *Euromed-Marseille Ecole de Management, Domaine de Luminy*, juil. 2007.

EBONDO WA MANDZILA Eustache, « Audit interne et gouvernance d'entreprise : lectures théoriques et enjeux pratiques », *Euromed-Marseille Ecole de Management Domaine de Luminy*, juil. 2007.

EVRAERTS S., LACROIX M., « Responsabilité sociale et reporting de la performance », dans R. PÉREZ, F. Le ROY, M. MARCHESNEAY (dir.), préc., note 28, p. 38. Pour une présentation détaillée des attentes des diverses parties prenantes.

EBONDO WA MANDZILA E., « Gouvernance de l'entreprise et cadre légal de l'audit dans la zone euro-méditerranéenne : une comparaison entre la France et les pays de la méditerranée arabe », *Comptabilité, Contrôle, Audit et Institution (s)*, May 2006, Tunisie.

FARJAT Gérard, « Point de vue. Droit social, droit économique, deux étrangers dans la mondialisation ? à propos de : Marie-Ange Moreau, normes sociales, droit du travail et mondialisation : confrontations et mutations, Dalloz, coll. « à droit ouvert », 2006 », *Revue internationale de droit économique* 2007/1 (t. XXI, 1), p. 91-98.

FARJAT G., « Nouvelles réflexion sur les codes de conduite privée », in J. CLAM, G. MARTIN, *Les transformation de la régulation juridique*, LGDJ, 1998.

FARJAT G., « Bibliographie », *Revue internationale de droit économique* 2010/4 (t.XXIV), p. 519-527.

FAMA Eugene F., « Agency Problems and the Theory of the Firm », 88 *Journal of Policial Economy,* 1980.

FRIANT M. LE, « La démocratie sociale, entre formule et concept », *Regards*, 2001, vol. 19.

FILIBERTI E., QUATREMER J., « La responsabilité sociale des entreprises », *Petites affiches*, éditorial : Dossier, 26 fév. 2004, n°41.

Fonds Monétaire International, « Mali : Cadre de stratégie pour la croissance et la réduction de la pauvreté », *Rapport du FMI*, n° 13/111, mai 2013.

FO'O MEDJO Pierre, « Mois de la solidarité : la fondation Orange Mali contribue pour 46.534.269 », *DiasporAction*, in www.diasporaction.com consulté le 10 déc. 2014.

FENOUILLET D., « Les bonnes mœurs sont mortes ! Vive l'ordre public philanthropique », in *Le droit privé français à la fin du XXe siècle. Etudes offertes en l'honneur de P. CATALA.* Litec, Paris, 2001.

FRISON-ROCHE M.-A., « L'idée de mesurer l'efficacité économique du droit », in CANIVET DEFFAINS B., GUIGOU J. G., « Droit, Gouvernement d'Entreprise Et Marchés Des Capitaux », *Université de Nancy 2*, 2004.

FAMA F. E., « Agency problems and the Theory of the firm », *Journal of Political Economy*, 1980.

GATCHOUP TCHINDA D., « Le délit d'initié dans les marchés boursiers de l'espace OHADA », *Revue de l'ERSUMA, Droit des affaires, Pratique professionnelle*, n° 04 – Sep. 2014.

Sociétés et entreprises au Mali : L'urgence d'un plan de sauvetage (Nouvel Horizon 03/07/2006), in www.maliweb.net.

GARANDERI D. De, « La reconnaissance et la promotion de la responsabilité sociale des entreprises par l'Union Européenne », *Journal des Sociétés*, n° 69, oct. 2009.

GERMAIN M., « La gouvernance des sociétés cotées », *Revue la semaine juridique, entreprise et affaires*, 21 nov. 2013, p. 23.

GODON L., « Des actionnaires, des dirigeants, de sociétés anonymes », in mélanges en l'honneur de Y. GUYON, *Aspects actuels du droit des affaires*, Dalloz, Paris, 2003.

GUERMAZI A., « Enracinement des dirigeants : Cas de la Tunisie », *L'Archive-Ouverte HAL, Association Francophone de Comptabilité*, Comptabilité, Contrôle, Audit et Institution (s), May 2006.

GILLIER D., « Pour une autre gouvernance des entreprises » *Fédération Générale des Mines et de la Métallurgie CFDT (FGMM-CFDT)* Juin, 2009.

GOFFAUX-CALLEBAUT G., « La définition de l'intérêt social : Retour sur la notion après les évolutions législatives récentes », *R.T.D.Com.*, 2004.

GOMEZ P.-Y., GUEDRI Z. (dir.), « 20 ans d'évolution des conseils d'administration en France 1992-2010 », *Institut Français de Gouvernement d'Entreprise, Cahiers preuves à l'appui*, n° 3, octobre 2012.

GRAMLING A. A., MALETTA M. J., SCHNEIDER A., CHURCH B. K.., « Role of the internal audit function in Corporate Governance : A Synthesis of the Extant Internal Auditing Literature and Directions for Future Research », *The Journal of Accounting Literature*, 2004.

GOMEZ P.-Y., GUEDRI Z. (dir.), « 20 ans d'évolution des conseils d'administration en France 1992-2010 », *Institut Français de Gouvernement d'Entreprise, Cahiers preuves à l'appui*, n° 3, octobre 2012.

GRAMLING A. A., MALETTA M. J., SCHNEIDER A.; CHURCH B. K., « Role of the internal audit function in Corporate Governance : A Synthesis of the Extant Internal Auditing Literature and Directions for Future Research », *The Journal of Accounting Literature*, 2004.

Guide pratique, « CAP vers la RSE : Faire la responsabilité sociétale de l'entreprise un levier de performance », *MEDEF*, Paris, 2012.

GUYON Y., « Les réformes apportées au droit des sociétés par la loi du 15 mai 2001 relative aux nouvelles régulations économiques, Présentation générale », *rev. Société*, 2001.

« Cadre de référence : La responsabilité sociétale des entreprises en Belgique », *LA CIDD,* 29 mars 2006.

GANLEY R. A., « Code de conduite en entreprise », *Ivoclar Vivadent*, p. 1, in www.ivoclarvivadent.com consulté le 13 fév. 2015.

Guide du MEDEF, « Le développement personnel des collaborateurs, levier de performance de l'entreprise », juillet 2009, in http : // www.medef.com.

GIULJ S., « Guide de préparation des assemblées », *P.A.*, 2002.

GABRIEL Patrick, GABRIEL Pascal, « Diffusion du développement durable ans le monde des affaires », *Revue française de gestion*, 2004/5 n° 152.

Guide pratique, « CAP vers la RSE faire de la RSE un levier de performance », *Mouvement des Entreprises De France (MEDEF)*, Juil. 2012, consulté le 04 nov., in http://www.medef.com.

Guide pratique, « CAP vers la RSE faire de la RSE un levier de performance », *Mouvement des Entreprises De France (MEDEF)*, Juil. 2012, p. 6, consulté le 04 nov., in http://www.medef.com.

HABERMAS J., « The European nation state: Its achievements and its limitations, on the past and future of sovereignty and citizenship », *Ratio Juris*, 1996, 9(2).

INDERST R., MULLER H., « CEO Replacement under private information », *mimeo, New York University*, 2008.

HOFLTETTER K., « Le gouvernement d'entreprise en Suisse », *Rapport final du groupe d'experts sur le gouvernement d'entreprise*, 2002, disponible sur le site internet d'Economie suisse : http://www.economiesuisse.ch

HANNOUN C., « Le droit et les groupes de sociétés », Bibliothèque de droit privé, T. 410, L.G.D.J., 1998.

HABERMAS J., « The European nation state: Its achievements and its limitations, on the past and future of sovereignty and citizenship », *Ratio Juris*, 1996.

IGALENS J., JORAS M., « Le rapport de responsabilité sociale de l'entreprise », dans *L'entreprise exposée à des responsabilités élargies*, P. Imbs (dir.), EMS, 2006.

IGALENS J., « Comment évaluer les rapports de développement durable ? », *Revue française de gestion*, 2004/5 (n° 152).

IMBERT Pierre-Henri, « Droits des pauvres, pauvre(s) droit(s) ? Réflexions sur les droits économiques, sociaux et culturels *», Revue du Droit Public*, 1989, pp. 739-741.

« Indice CELA D'Evaluation de la Responsabilité Sociétale des Entreprises En Afrique » *Club of Emerging Leaders for Africa (C.E.L.A)*, p. 3, in www.celafrik.com.

JAVILLIER J.-C., « Responsabilité sociétale des entreprises et Droit : des synergies indispensable pour un développement durable », dans Gouvernance, droit international et responsabilité sociétale des entreprises, *Institut international d'études sociales*, Genève, 2007.

JENSEN M., MECKLING W., « The nature of man », *Journal of Applied Corporate Finance*, 1994.

JENSEN Michael C., MECKLING William H., « La théorie de l'agence », *Journal of Financial Economics*, 1976.

JENSEN M. C., MECKLING William H., « Theory of the Firm: Managerial Behaviour, Agency Costs, and Ownership Structure », 3 *Journal of Financial Economics,* 1976.

JUVIGNY B. De, CHARBONNIER M., « Rapport AMF 2013 sur le gouvernement d'entreprise et la rémunération des dirigeants des sociétés cotées », *AMF,* 10 oct. 2013.

JENSEN Michael, MECKLING William, « La théorie de l'agence », *Journal of Financial Economics*, 1976.

JUVIGNY B. De, CHARBONNIER M., « Rapport AMF 2013 sur le gouvernement d'entreprise et la rémunération des dirigeants des sociétés cotées », *AMF,* 10 oct. 2013.

JAVILLIER J.-C., « Responsabilité sociétale des entreprises et Droit : des synergies indispensable pour un développement durable », dans JAVILLIER J.-C. (dir.), *Gouvernance, droit international et responsabilité sociétale des entreprises*, Genève, Institut international d'études sociales.

JONKER J., WITTE M. DE, *Management models for corporate social responsibility*, Berlin, New York, Springer, 2006.

KANTE P. N., « Réflexions sur la notion d'entreprise en difficulté dans l'AUPCAP », *Revue Penant*, n°5, 2002.

KIRAT Th., VIDAL L., « Le droit et l'économie : étude critique des relations entre les deux disciplines et ébauches de perspectives renouvelées », *Annales de l'Institut André TUNC – Université de Paris I Panthéon-Sorbonne*, 2005.

KIRAT T., VIDAL L., « Le droit et l'économie : étude critique des relations entre les deux disciplines et ébauchées de perspectives renouvelées », *Annales de l'Institut André TUNC, Université de Paris I Panthéon-Sorbonne*, 2005.

KITZMUELLER M., *Economics and corporate social responsibility*, Thèse, Florence, European University Institute, 2008.

KEITA M., « Privatisation de la SOTELMA : dans une phase décisive », *L'ESSOR*, n° 16232 du 03 juil., 2008.

KONE Assane, « Promotion des PME/PMI : Le rôle des structures d'appui », *Le républicain*, 30 mai 2008 publié par afribone in www.afribone.com consulté le 11 juin 2015.

KIRAT T., VIDAL L., « Le droit et l'économie : étude critique des relations entre les deux disciplines et ébauches de perspectives », *Annales de l'institut André TUNC*, Paris I Panthéon Sorbonne, 2005.

LAMARCHE Th., « Entre finance et environnement : La RSE comme réponse à une double extériorité pour une firme d'un nouveau type », *Colloque du RIODD,* Créteil, 2009.

LAURIOL Jacques, « Le développement durable à la recherche d'un corps de doctrine », *Revue française de gestion*, 2004/5 n° 152.

La CIDD, « Cadre de référence, la responsabilité sociétale des entreprises en Belgique », « Annexe 2, Instruments de la RSE », 29 Mars 2006, in *CIDD_CadreRefRSE.29.03.06_fin (fr).doc*, p. 2.

Livre vert, « Promouvoir un cadre européen pour la responsabilité sociale des entreprises », *Commission des communautés européennes*, Bruxelles, 2001.

LAUTISSIER G., « L'élaboration de la législation communautaire par la Commission européenne : maintenir et améliorer la qualité formelle des actes », in « La légistique ou l'art de rédiger le droit », *La documentation française Courrier Juridique des Finances et de l'Industrie*, Juin 2008.

« La gouvernance d'entreprises dans l'espace OHADA », *Séminaire de formation à Porto Novo-Benin*, du 20 au 22 juin 2012, in www.ohada.com consulté le 07 mai 2015.

LECLERC Ph., PEETERS A., « La RSE : les pouvoirs publics », *RSE Wallonie*, consulté le 04 nov. 2014 in rse.wallonie.be.

LANDIER A., THESMAR D., « Réguler la finance moderne : l'information avant tout », *les échos.fr*, 8 avril 2008. *Lex Electronica*, vol. 13 n°3, Hiver/Winter 2009.

LEDOUBLE D., « Les systèmes de contrôle, élément essentiel de l'anatomie des personnes morales », *Revue Semaine Juridique, Entreprise et Affaires*, n° 31-34, 31 juil. 2014.

LYON-CAEN G., LYON-CAEN A., *La « doctrine » de l'entreprise, dans Dix ans de droit de l'entreprise*, Litec, 1978.

LEMPEN K. « Le harcèlement sexuel sur le lieu de travail en France et en Suisse : définitions controversées et devoirs des responsables d'entreprise », *Jurisprudence - Revue Critique*, 2011.

LAMARCHE Th., « Entre finance et environnement : La RSE comme réponse à une double extériorité pour une firme d'un nouveau type », *Université Lille 3 et GERME,* Paris 7, 2009.

LITTMAN M. J., « Le droit pénal », in *L'écologie et la loi*, (sous la dir. de A. KISS), éd. L'Harmattan, 1989.

« La Responsabilité Sociale des Entreprises : une nouvelle définition sociologique de l'entreprise ? », Sociologies Pratiques n°18, mardi 18 mars 2008 in http://www.sociologies-pratiques.com/

MARINI Ph., « La modernisation du droit des sociétés », *Coll. Des rapports officiels, La Documentation française*, 1996.

MARINI Ph., « Dialogue social et régulation juridique. Une problématique européenne », *Presses universitaires de Bordeaux*, pp. 21-42, 2007.

MAGNIER V., « Principes (OCDE) relatifs au gouvernement d'entreprise. Premiers éléments d'analyse », *J.C.P.*, éd. E., 1999

MALECKI C., « L'État actionnaire, l'exemple atypique d'un grand actionnaire », *La semaine juridique*, n°44-45 du 03 novembre 2005.

MARZO C., « La RSE : à mi-chemin entre la *soft law* et le *jus cogens :* la question de l'effectivité de la protection des droits sociaux par les entreprises multinationales », *Rapport de recherches (Droits des pauvres, pauvres droits. Recherches sur la justiciabilité des droits sociaux), La Revue des droits de l'homme,* 2011, p. 2.

MARZO C., « Chapitre 2. La responsabilité sociale des entreprises », *La Revue des droits de l'homme* [En ligne], 1 | 2012, mis en ligne le 30 juin 2012, consulté le 23 janvier 2014. URL : http://revdh.revues.org/153.

MALECKI C., « Pour que gouvernance d'entreprise écologique rime avec éthique », *Recueil Dalloz*, 17 juill. 2008. r

MORTIER R., « Le rachat par la société de ses droits sociaux », *coll. Nouvelle bibliothèque de thèse*, Dalloz, 2003.

MAINGUY D., « Le « raisonnable » en droit (des affaires) », in E. Le DOLLEY (dir), *les concepts émergents en droit des affaires*, LGDJ, coll. droit et économie, 2010.

MAGNIER V., « La class action, un remède efficace ? », *Revue La Semaine Juridique, Entreprise et affaires*, n° 5, supl. N° 44-45, 3 nov. 2005.

MARTIY F., TROSA S., VOISIN A., « La construction des méthodes de comparaison de coûts public-privé : Les enseignements des expériences étrangères », *Politiques et management public*, vol. 22, N° 3, sept. 2004.

MASSART T., « Le concept du social-business », in E. LE DOLLEY, *Les concepts émergents en droit des affaires*, LGDJ, coll. droit et économie, 2010.

MEUNIER F., « Information financière : trop ou pas assez de transparence ? », *les échos.fr*, 29 janvier 2008.

MAKADJI M., « Chut ! : La RSE », Mali actualités, consulté le 17 janv. 2015 in www.maliactu.net.

LITTMAN M. J., « Le droit pénal », in *L'écologie et la loi*, (sous la dir. de A. KISS), éd. L'Harmattan, 1989, p.105.

MARZO Claire, « Chapitre 2. La responsabilité sociale des entreprises », *La Revue des droits de l'homme* [En ligne], 2012, mis en ligne le 30 juin 2012, consulté le 23 janvier 2014. URL : http://revdh.revues.org/153.

MARTY F., TROSA S., VOISIN A., « La construction des méthodes de comparaison de coûts public-privé : les enseignements des expériences étrangères », *Politiques et management public, vol. 22,* n° 3, sept. 2004.

MAHOUVE Michel, « le système pénal OHADA ou l'uniformisation à mi-chemin », *Penant*, n° 846, 2004, p. 87.

Mali : Financement des PME-PMI et PEM : Les banques maliennes optent pour la préférence nationale, in maliactu.net/mali 16 mars 2015.

LEDOUBLE D., « Les systèmes de contrôle, élément essentiel de l'anatomie des personnes morales », *Revue Semaine Juridique, Entreprise et Affaires*, n° 31-34, 31 juil. 2014.

MARCHILDON A., « La responsabilité sociale des entreprises : entre obligation et volontarisme », dans

MASSART T., « Le concept du social-business », in E. LE DOLLEY, *Les concepts émergents en droit des affaires*, LGDJ, coll. droit et économie, 2010.

NECHELIS D., « Le gouvernement d'entreprise », *D.S.*, novembre 2000, chron.

NDIAYE Serigne Samba, « La bonne gouvernance et le respect de l'État de droit au Sénégal ! », Leral.net, Samedi 18 Octobre 2008 - 13:29.

NDIAYE A. T. « Le principe de l'irrévocabilité des transferts interbancaires dans l'espace UEMOA fragilisé par les dispositions de l'OHADA organisant les procédures collectives d'apurement du passif », *Nouvelles annales africaines, Revue de la Faculté des Sciences Juridiques et Politiques*, n°1, 2006.

NDIAW D., « Actes uniformes et Droit pénal des États signataires du Traité de l'OHADA : La difficile émergence d'un droit pénal Communautaire des Affaires dans l'espace OHADA », Revue Burkinabé de Droit, 2001.

NOGUES Ph., « RSE et PME : incitation ou coercition », *ADERSE (Association pour le Développement et la Recherche sur la Responsabilité Sociale de l'Entreprise)*, 19 mars 2013, in : http://www.esc-bretagne-brest.com.

NICOLAS C., « Le cadre normatif de la RSE, entre soft law et hard law », *Communication présentée au colloque du RIODD*, Avril 2012.

PAILLUSSEAU J., « La modernisation du droit des sociétés commerciales « Une *réconception* du droit des sociétés commerciales » », *D.*, 1996, p.287, *spéc.* n°17.

PALOMINO F., « Comment faut-il payer les patrons », *Collection du Centre pour la Recherche économique et ses Application (CEPRMAP), éd. Rue d'Ulm/Presse de l'Ecole Normale Supérieure*, 2011.

PACLOT Y., « A propos de la juridicité du code de gouvernance d'entreprise des sociétés cotées françaises », Revue soc., 2011, p. 395.

PACLOT Y., « L'influence des rapports à la française », *La semaine juridique*, n°44-45 du 03 novembre 2005.

PINOT M.-C., « Le *corporate governance* à l'épreuve de la jurisprudence de la chambre commerciale de la Cour de cassation », Mélanges A.E.D.B.F., T. 2.

PASQUERO J., « Ethique des affaires, responsabilité sociale et gouvernance sociétale : démêler l'écheveau », *Gestion, volume 32, numéro 1, printemps 2007, Dossier*.

SOBCZAK A., « Pour une définition de la RSE à la hauteur des enjeux ! », *Metis*, 16 Avril 2010, http://www.metiseurope.eu.

LINDGREEN A., SWAEN V., JOHNSTON W. J., « Corporate Social Responsibility : An Empirical Investigation of U.S. Organizations », *Journal of Business Ethics*, 2008.

Livret Vert, Commission Green Paper 2001 « Promoting a European Framework for Corporate Social Responsibility ».

OUATTARA A., « Mali : philanthropique : Le CNPM vers la création d'une Fondation Moussa Mary Balla COULIBALY », *Le Républicain*, 30 oct., 2014.

OPPETIT B., note sous Com., 21 janvier 1970, *J.C.P.*, éd. G., 1970.

PILGRIM S., « Le sac plastique indésirable en Afrique », *Environnement – France 24,*04 janv. 2013.

POULLE J.-B., « L'apparition du principe ''se conformer ou expliquer'' en droit français », *RTDF*, 2008.

PIETRANCOSTA A., POULLE J.-B., « Le principe appliquer ou expliquer », in E. Le DOLLEY (dir), *les concepts émergents en droit des affaires*, LGDJ, coll. droit et économie, 2010.

POULLE J.-B., « La mise à l'épreuve du principe se conformer ou expliquer au Royaume-Uni », *JCPE*, 29 janv. 2009.

PIETRANCOSTA A., « Concurrence et marchés financiers : croisons les droits ! », *RTDF*, 2006.

POULLE J.-B., « La régulation par l'information en droit des marchés financiers », *LPA*, 21 janv., 2009.

PETER W. « Facteurs psychologiques de l'institutionnalisation des « meilleures pratiques » de gouvernance en France », *XVIe Conférence Internationale de Management Stratégique, Université Lumière (Lyon II) – COACTIS/COPISORG Faculté de Sciences Economiques et de Gestion*, Montréal, 6-9 Juin 2007.

PAILLUSSEAU V. J., « La corporate governance (à propos du rapport Bouton) », *D. 2002, Point de vue*, p. 2722.

PAILLUSEAU J., « Les fondements du droit moderne des sociétés », *JCPE*, éd. E., 1993.

PETER W. « Facteurs psychologiques de l'institutionnalisation des « meilleures pratiques » de gouvernance en France », *XVIe Conférence Internationale de Management Stratégique, Université Lumière (Lyon II) – COACTIS/COPISORG Faculté de Sciences Economiques et de Gestion*, Montréal, 6-9 Juin 2007.

PASQUERO J., « Commentaire, Éthique des affaires, responsabilité sociale et gouvernance sociétale : démêler l'écheveau », in DOSSIER, L'éthique en gestion : au-delà de la réglementation, *Gestion*, volume 32, numéro 1, printemps 2007.

PEETERS A., « La responsabilité sociale des entreprises », *Courrier hebdomadaire du CRISP*, n°1828, 2004.

PIQUEMAL A., « Les Crises Bancaires et Financières : Une question de régulation ? La régulation en question ?, Les agences de notation en question », *Quatrièmes Journées internationales de Droit bancaire et Financier organisées par l'AEDBF MONACO*, MONACO – 28 novembre 2008.

PIKE Thomas, « Intrum Justitia récompensée pour sa démarche RSE », *DAFmagf*, publié le 16/12/2014 in www.daf-mag.fr.

PETITEAUX Y., « Les conseils d'administration s'impliquent davantage dans la RSE », *Magazine stratégique*, 23 janv., 2014 in www.daf-mag.fr.

PEREIRA Brigitte, « Chartes et codes de conduite : le paradoxe éthique », *Revue des sciences de gestion*, n° 230, fév. 2008.

PRIEUR M., « La responsabilité environnementale en droit communautaire », *Revue européenne de droit de l'environnement*, 2/2004.

PALOMINO F., « Comment faut-il payer les patrons ? », *éd. Rue d'Ulm/Presses de l'Ecole normale supérieure*, 2011.

PACLOT Y., « L'influence des rapports à la française », in Dossier « La gouvernance d'entreprise, entre réalité et faux-semblants », *Revue la semaine juridique*, n° 5 septembre-octobre 2005.

QUYNH LIEN D., « La responsabilité sociale de l'entreprise, pourquoi et comment ça marche ? », *Communication et organisation*, 26, 2005.

ROLLAND B., « Les nouvelles incidences du droit de l'environnement sur le droit commercial (après la loi n° 2003-699 du 30 juillet 2003) », *J.C.P.*, éd. E., 2004, note 148.

ROUSSEAU S., TCHOTOURIAN I., « L'*« intérêt social »* en droit des sociétés : Regards transatlantiques » Chaire de droit des affaires et du commerce international (C.D.A.C.I.) sur le thème de la responsabilité sociale des entreprises cotées, 2009.

RICHARD B., MIELLET D., « La dynamique du gouvernement d'entreprise », *éd. d'organisation*, 2003.

ROUSSILLE M., « Regard sur la représentation équilibrée dans les conseils », *La semaine juridique*, n°2 du 12 janvier 2012.

RICHARD B., MIELLET D., « La dynamique du gouvernement l'entreprise », *Editions d'Organisation*, 2003.

ROUSSEAU S., TCHOTOURIAN I., « Normativité et responsabilité sociale des entreprises : l'illustration d'une construction polysémique du droit de part et d'autre de l'Atlantique », *Institut de recherche en droit privé*, 2011.

ROLLAND B., « Les nouvelles incidences du droit de l'environnement sur le droit commercial (après la loi n° 2003-699 du 30 juillet 2003) », *J.C.P.*, éd. E., 2004.

ROUSSEAU S., TCHOTOURIAN Iv., « Pouvoirs, institution et gouvernance de la société par actions : lorsque le Canada remet en questions le dogme de la primauté actionnariale », *Les cahiers de la CRSDD, collection recherche*, N° 05-2012.

ROUSSEAU S., TCHOTOURIAN I., « L'*« intérêt social »* en droit des sociétés : Regards transatlantiques » Chaire de droit des affaires et du commerce international (C.D.A.C.I.) sur le thème de la responsabilité sociale des entreprises cotées, 2009.

ROUSSILLE M., « Regard sur la représentation équilibrée dans les conseils », *La semaine juridique*, n°2 du 12 janvier 2012.

ROUSSEL Frédérique, « La belle cote de la notation sociale », *Libération*, 24 oct. 2012.

ROMAN Diane, « L'universalité des droits sociaux à travers l'exemple du droit à la protection sociale », *Cahiers de la recherche sur les droits fondamentaux*, n° 7, 2009, pp. 117-132.

ROMAN Diane, « Les droits sociaux, entre « injusticiabilité » et « conditionnalité » : éléments pour une comparaison », *Revue Internationale de droit comparé*, 2009, n° 2, pp. 285-314.

Revue mensuelle de l'AMF, n° 1, mars 2004.

ROCK B. Ed., WACHTER M. L., « Islands of Conscious Power : Law, Norms, and the Self-Governing Corporation », *U. Pa. L. Rev*, 2001.

SCHILLER S., « L'extension du rôle de la jurisprudence en droit des affaires », Colloque, *La jurisprudence, la création du droit par le juge*, Académie des sciences morales et politiques, 25-26 janv. 2006.

SERRES F., « RSE : L'entreprise entre développement durable et droit au développement ou comment sortir de l' « éthique en toc » ? », RVES, juil. 2011, in http://www.droits-libertes.org consulté le 08 jan. 2013.

SOBCZAK A., « Legal dimensions of International framework agreements in the field of corporate social responsibility », *Relations Industrielles/Industrial Relations*, 2007.

SCHOLASTIQUE E., « L'administrateur indépendant, quelle indépendance ? », in Dossier « La gouvernance d'entreprise, entre réalité et faux-semblants », *Revue la semaine juridique*, n° 5 septembre-octobre 2005, supplément à la semaine juridique n° 44-45 du 3 novembre 2005, Hebdomadaire.

SUPIOT A., « Contribution à une analyse juridique de la crise économique de 2008 », *Revue internationale du Travail,* vol. 149, 2010, n° 2.

SUPIOT A., « Contribution à une analyse juridique de la crise économique de 2008 », *Revue internationale du Travail,* vol. 149, 2010.

ST-DENIS X., « Politiques nationales et internationales en matière de RSE », *Centre d'études sur l'intégration et la mondialisation*, mars 2004.

SOBCZAK, A., « Legal dimensions of International framework agreements in the field of corporate social responsibility », *Relations Industrielles/Industrial Relations*, 2007.

SEGAL J.-P., SOBCZAK A. et TRIOMPHE Cl.-E., « La responsabilité sociale des entreprises et les conditions de travail », *Fondation européenne pour l'amélioration des conditions de vie et de travail*, 2003.

SELLAMI MEZGHANNI B., « investissement en recherche et développement et performance de l'entreprise : l'effet modérateur de la gouvernance d'entreprise », *30e congrès de l'Association Francophone de Comptabilité,* Strasbourg mai 2009.

STORCK M., « Gouvernement d'entreprise et gestion collective », in *Droit et actualité, Etudes offertes à Jacques BEGUIN*, Litec, 2005, pp. 701-702. – Comm., Recomm., 15 févr. 2005, JOUE, 25 févr. 2005.

SOUSA SANTOS B. De, « Droit : une carte de la lecture déformée. Pour une conception post-moderne du droit », *Droit et société*, 2008, vol. 10.

SOBCZAK A., « Pour une définition de la RSE à la hauteur des enjeux ! », *Metis*, 16 Avril 2010, http://www.metiseurope.eu.

TRAORE A., « Interdiction des sachets plastiques non biodégradables : ÇA TRAÎNE ! », *Essor*, 12 juin 2013.

TCHANTCHOU H., AKOUETE AKUE M., « L'état du droit pénal dans l'espace OHADA », *Revue de l'ERSUMA*, n° spécial : nov./déc. 2011, p. 25 et suivants.

TREBULLE F. G., « Responsabilité sociale des entreprises : L'entreprise et l'éthique environnementale », *Répertoire Dalloz Sociétés*, mars 2003.

TREBULLE F. G., « Responsabilité sociale des entreprises et liberté d'expression », *Rev. des sociétés,* 2004, p. 261-281

TREBULLE F. G., « Responsabilité sociale des entreprises. quelle réalité derrière les mots ? », *Revue des affaires européennes, Bruylant*, 2003-2004/4, p.563.

TREBULLE F. G., « La responsabilité sociale des entreprises : un impératif ? », *Revue Droit & Affaires*, n°5, 2008.

TREBULLE F. G., « Stakeholder theory et droit des sociétés (deuxième partie) », *Bull. Joly*, 2007, n°1.

TREBULLE F. G., « Stakeholder theory et droit des sociétés (première partie) », *Bull. Joly*, 2006, n°12.

TREBULLE F. G., « Entreprise et développement durable », *Environnement*, 1er novembre 2007, n°11.

TREBULLE F. G., « Entreprise et développement durable », *J.C.P.*, éd. E., 2007, n°31.

TREBULLE F. G., « Entreprise et développement durable », *J.C.P.*, éd. E., 2006, n°1257.

TREBULLE F. G., « Droit des entreprises en difficulté et protection de l'environnement », *Revue des Procédures collectives*, 2004, n°2.

TREBULLE F.G., « Stakeholders Theory et droit des sociétés », Sep. 2006.

TAHRI C., « L'opposabilité du droit au logement : mythe ou réalité ? », *Lexbase Hebdo* – éd. Privée Générale anciennement Lexbase Hebdo - Edition Affaires 01/10/2009, n° 365.

TRIOMPHE J.-C., « Vices et vertus d'une *entreprisation* du monde -Claude-Emmanuel Triomphe - Importée des Amériques à la fin des années », *Métis*, 16 Avril 2010, http://www.metiseurope.eu.

TREBULLE F. G., « L'environnement en droit des affaires », *in* Mélanges Yves Guyon, *Aspects actuels du droit des affaires*, Dalloz, 2003.

THIBIERGE C., « Le Droit souple. Réflexion sur les textures du droit », *RTD cv*. 2003.

TREBULLE F.-G., « Responsabilité sociale des entreprises (Entreprise et éthique environnementale) », *Encycl. Dalloz, Rép. Sociétés*, mars 2003.

TCHOTOURIAN I., « La responsabilité sociale des entreprises vue sous l'angle du développement durable ou quand le monde des entreprises change », *Lex Electronica*, vol. 13 n°3 (Hiver / Winter 2009).

TAHRI C., « L'opposabilité du droit au logement : mythe ou réalité ? », *Lexbase Hebdo – éd. Privée Générale anciennement Lexbase Hebdo – éd. Affaires,* 01/10/2009.

THIBIERGE C., « Le droit souple, réflexion sur les sources du droit », *RTD civ.*, 2003.

URBAIN-PARLEANI I., BOIZARD M., « L'objectif d'information dans la loi du 24 juillet 1966 », *Revue Sociétés*, 1996.

URBAN Q., « La « communauté d'intérêts », un outil de régularisation du fonctionnement du groupe de sociétés », *R.T.D.Com.*, 2000.

VOGEL D., *The market for virtue: the potential and limits of corporate social responsibility,* Washington, Brookings Institution Press, 2005.

WA MANDZILA E. E., « Gouvernance de l'entreprise et cadre légal de l'audit dans la zone euro-méditerranéenne : une comparaison entre la France et les pays de la méditerranée arabe », *Comptabilité, Contrôle, Audit et Institutions*, May 2006, Tunisie.

« Principes de gouvernement d'entreprise de l'OCDE », *OCDE*, 2004.

WIEDEMANN-GOIRAN T., « D'une communication cloisonnée à une communication transversale », dans *Développement durable et gouvernement d'entreprise : un dialogue prometteur*, Les cahiers de l'ORSE, Éd. Organisation, 2003.

4e Congrès RIODD « La RSE : Une nouvelle régulation du capitalisme ? », Approches pluridisciplinaires des pratiques et enjeux des démarches organisationnelles socialement et *environnementalement* responsables, LILLE USTL (MACC), Les 25, 26 et 27 Juin 2009.

WILKE P., SCHÜTZE K., *Background Paper on International Framework Agreements for a meeting of the Restructuring Forum devoted to transnational agreements at company level,* Hamburg, 2 juin 2008.

WARSMANN J.-L., « Simplifions nos lois pour guérir un mal français : rapport [au Premier ministre] sur la qualité et la simplification du droit », *La Documentation française*, Paris, 2009.

WRUCK K.H., JENSEN M.C., « Science, specific knowledge, and total quality management », *Journal of Accounting & Economics*, vol. 18, 1994.

YOSHIMORI M., « La gouvernance des entreprises au Japon : les causes de son dysfonctionnement », *Yokohama National University, Finance Contrôle Stratégie – Volume 1*, n° 4, décembre 1998.

YAOSHIMORI M., « Whose company is it ? The concept of the corporation in Japan and the west », *Long rang planning*, vol. 28, n° 1995.

YEOMANS M., HARVEY N., « Le corporate governance au Royaume-Uni », *Magazine Fusions / Acquisitions*, mai-juin 2004.

ZINGALES L., « Corporate governance », *Working Paper* 6309, National Bureau of Economic Research, December 1997.

ZERK J. A., « Multinationals and corporate social responsibility: limitations and opportunities in international law », *Cambridge, New York, Cambridge University Press*, 2006.

Rapports et interviews

Assemblée générale des Nations unies, *Déclaration sur le droit et la responsabilité des individus, groupes et organes de la société de promouvoir et protéger les droits de l'homme et les libertés fondamentales universellement reconnus*, résolution 53/144 du 8 mars 1999.

AFEP/MEDEF, *Recommandations*, JCP G, 2008, n° 2372.

AFEP, *Rapport 2009 sur le gouvernement d'entreprise et le contrôle interne*, R.S, 2010, n° 2, alerte 8.

AFEP, *Rapport 2008 sur le gouvernement d'entreprise et le contrôle interne*, D. 2008, p. 281.

Banque mondiale, *Rapport Doing Business 2004, 2005, 2006, 2007, 2008, 2009, 2010, 2011, 2012, 2013, 2014,* Oxford University Press (www.doingbuisness.org).

BERTHE M., chef de service de développement de KAFO JIGINEW, entretien accordé le 21 février 2013 de 10 heures à 11 heures 30.

Conférence des Nations Unies sur le commerce et le développement durable, « Communication d'informations concernant l'impact des entreprises sur la société, tendances et problèmes actuels », *Rapport du secrétariat de la CNUCED*, TD/B/COM.2/ISAR/20, 15 août 2003.

Cadre Stratégique pour la Croissance et la Réduction de la Pauvreté, « Un Mali émergent, une meilleure qualité de vie pour tous ». *CSCRP*, 2012-2017, 28 déc. 2011.

Communication du 25 octobre 2011 : « Responsabilité sociale des entreprises : une nouvelle stratégie de l'UE pour la période 2011-2014 », dans « Une gouvernance adaptée pour la RSE », *Commissariat Général à la Stratégie et à la Prospective*, Thématique de travail possible n° 2, Paris, 27 sep. 2013.

EDME Robin, vice-président du Forum pour l'Investissement responsable, *Principales approches et référentiels en « concurrence », la RSE*, Etudes et documents, réseau éditions ANACT, 2003.

Guide de bonnes pratiques en matière d'information sur la gouvernance d'entreprise, Nations Unies New York et Genève, 2006.

Institut français des administrateurs, *Administrateur, la lettre de l'IFA*, N°11 octobre 2006 in www.ifa-asso.com

LES FEMMES ENTREPRENEURS À LA TÊTE DE PME : « Pour une participation dynamique à la mondialisation et à l'économie fondée sur le savoir » Paris, 29 – 30 novembre 2000. OCDE (2000b), « Le financement des entreprises dirigées par les femmes : défis et opportunités », document de référence de l'OCDE pour la 2e Conférence de l'OCDE sur les femmes entrepreneurs à la tête de petites et moyennes entreprises : « Pour une participation dynamique à la mondialisation et à l'économie du savoir », Paris, France.

MAGASSOUBA Mahamoud (Coordinateur), « Programme de réforme au Mali : Améliorer le climat des affaires pour le développement du secteur privé », *Programme IFC Mali*, 17 Mars 2011.

« Manuel de la RSE pour les enfants au Mali ».

OCDE, « Les Principes de gouvernement d'entreprise de L'OCDE », *Organisation de Coopération et de Développement Économiques, Synthèses de l'OCDE, Observateurs*, Paris, sep. 2004.

MAEP, *Rapport sur le développement en Afrique 2011*, pp. 149-166.

RBC, « Le cadre de gouvernance », *Banque Royale du Canada*, mai 2013.
Rapport national sur le développement durable au Mali, dans la perspective de Rio + 20, juin. 2012.
Rapport à la Commission européenne, *La responsabilité sociale des entreprises et la sécurité et la santé au travail*, Luxembourg, Office des publications officielles des Communautés européennes, 2006.
Rapport RSE, « Gouvernance et orientations stratégiques », *Société Générale*, 2013-2014.
Rapport du groupe de travail sur l'évaluation financière indépendante, *AMF*, 2005.
Rapport AMF 2012 sur le gouvernement d'entreprise et la rémunération des dirigeants (recommandation AMF n° 2012-14).
Recommandation AMF n° 2013-15, Rapport 2013 de l'AMF sur le gouvernement d'entreprise et la rémunération des dirigeants.
Rapport d'étude, *État des lieux sur les changements climatiques au Mali, Intercooperation*, décembre 2007, in www.dicsahel.org, consulté le 28 juin 2011.
« Rapport annuel 2013 de l'AMF sur le gouvernement d'entreprise et la rémunération des dirigeants », *Recommandation AMF*, n° 2013-15 10 octobre 2013.
Rapport d'étude, *État des lieux sur les changements climatiques au Mali, Intercooperation*, décembre 2007, in www.dicsahel.org, consulté le 28 juin 2011.
Rapport annuel 2012 de la BDM-SA, *Rapport du conseil d'administration à l'assemblée générale pour le compte de l'exercice 2012.*
Rapport Viénot I, « Le Conseil d'Administration des Sociétés cotées », *CNPF-AFEP*, 1995.
Rapport annuel 2012 de la BNDA, *Assemblée Générale Ordinaire du 21 mai 2013.*
Rapport annuel 2013 de la BNDA, *Assemblée Générale Ordinaire du 27 mai 2014.*
Rapport annuel 2012 de la BDM SA, *Assemblée Générale Ordinaire de l'exercice 2012.*
Rapport annuel 2013 de la BDM SA, *Assemblée Générale Ordinaire de l'exercice 2013.*
Rapport détaillé 2013 de la RSE du groupe Orange.
Rapport à l'OCDE du groupe consultatif du secteur privé sur le gouvernement d'entreprise présidé par MILLSTEIN M., avr. 1998. OHADA, « Principales innovations de l'acte uniforme révisé du 30 janvier 2014 », *Réseau PWC*, p. 10 in www.pwc.fr
Rapport 2014 de l'AMF sur le gouvernement d'entreprise et le contrôle interne.
Rapport 2013 de l'AMF sur le gouvernement d'entreprise et le contrôle interne.

Rapport 2012 de l'AMF sur le gouvernement d'entreprise et le contrôle interne.

Rapport 2010 de l'AMF sur le gouvernement d'entreprise et le contrôle interne.

Rapport 2009 de l'AMF sur le gouvernement d'entreprise et le contrôle interne.

Rapport 2004 de l'AMF sur le gouvernement d'entreprise et le contrôle interne.

Rapport Viénot CNPF-AFEP (dit « Viénot 1 ») « le conseil d'administration des sociétés cotées », juill. 1995.

SIDIBE Abdoulaye, Assistant du chef de service management projet RSE, Orange Mali, Entretien effectué le 5 août 2014 de 10 heures à 13 heures.

Société Générale, « La responsabilité sociale et environnementale », *Rapport 2013-2014.*

Société Générale, « La responsabilité sociale et environnementale », *Rapport 2012-2013.*

Société Générale, « La responsabilité sociale et environnementale », *Rapport 2011-2012.*

Secrétariat de concertation des ONG maliennes « plaidoyer pour l'amélioration de la gestion des déchets plastiques au Mali », *SECO-ONG Mali*, nov. 2010, consulté le 23 déc. 2014, www.secoong.org/.../Strategie-Gestion-Dechets.

Séminaire international, « Droit des sociétés-Gouvernance d'entreprise », *Training by informatique*, du 14 au 16 janvier 2009.

TOGOLA Moussa, Coordinateur QSE de l'EDM-SA, Entretien effectué le 13 août 2014 de 10 heures à 12 heure.

Textes et lois

Acte uniforme relatif au droit des sociétés commerciales et du groupement d'intérêt économique.

Code du commerce du Mali.

Décret n° 96-178/P-RM, du 13 juin 1996 portant application de diverses dispositions de Décret n°99-189/P-RM du 05 juillet 1999 portant institution de la procédure d'étude d'impact. – il définit les projets qui sont soumis à une étude d'impact préalable. Il a ensuite été modifié par le décret n°03-594/PRM du 31décembre 2003 relatif à l'Étude d'impact sur l'environnement.

Le décret n° 04-587/P-RM du 23 déc. 2004 fixe l'organisation et les modalités de fonctionnement de la chambre des mines du Mali.

« Code de gouvernement d'entreprise des sociétés cotées », *AFEP/MEDEF*, déc. 2008.

Code de gouvernement d'entreprise des sociétés cotées afep medef, Juin. 2013.

Guide d'application du code Afep-Medef de gouvernement d'entreprise des sociétés cotées de juin 2013.
Code belge de gouvernance d'entreprise 2009.
Code de gouvernance des entreprises du Sénégal, dec. 2011.
Code allemand de Gouvernement d'Entreprise, juin 2005.
« Code de gouvernement d'entreprise des sociétés cotées », AFEP-AMF, déc. 2008.
La Loi n° 92-20 du 23 Septembre 1992 portant Code du Travail.
La Loi 86-13 du 21 mars 1986 portant sur le code de commerce du Mali.
LOI N°99-041 DU 12 AOUT 1999 portant Code du Travail de la suspension du contrat de travail.
Loi n° 03-036 du 30 décembre 2003 – Modification du Code de la Prévoyance sociale pour la Définition du contrat à durée déterminée.
Loi 82-957 relative à la négociation collective et au règlement des conflits collectifs du travail du 15 novembre 1982, J.O. (français) 14 novembre 1982.
Loi 82-689 relative aux libertés des travailleurs dans l'entreprise du 23 juillet 1982, J.O. (français) du 6 août 1982
Loi 82-915 relative au développement des institutions représentatives du personnel du 5 octobre 1982, J.O. (français) du 29 octobre 1982.
Loi camerounaise n° 2003/008 du 10 juillet 2003 portant répression des infractions contenues dans certains Actes Uniformes.
Loi sénégalaise n° 98-22 du 26 mars 1998 portant sur les sanctions pénales applicables aux infractions contenues dans l'AUDCGIE
Loi 82-1097 relative aux comités d'hygiène, de sécurité et des conditions de travail du 16 décembre 1982, J.O. (français) du 26 décembre 1982.
Loi 82-957 relative à la négociation collective et au règlement des conflits collectifs du travail du 15 novembre 1982, J.O. (français) 14 novembre 1982.
Loi 82-689 relative aux libertés des travailleurs dans l'entreprise du 23 juillet 1982, J.O. (français) du 6 août 1982.
Loi 82-915 relative au développement des institutions représentatives du personnel du 5 octobre 1982, J.O. (français) du 29 octobre 1982.
Loi 82-1097 relative aux comités d'hygiène, de sécurité et des conditions de travail du 16 décembre 1982, J.O. (français) du 26 décembre 1982.
La loi n° 92-020/Portant Code d Travail en République du Mali adopté le 18 août 1992.
La loi française, L. n° 2001-401, 15 mai 2001, relative aux nouvelles régulations économiques, dite « NRE ».
Traité relatif à l'OHADA adopté le 17 oct. 1993.

Références électroniques

www.malipage.com.

www.malijet.com.

www.chambredesminesdumali.org, consulté le 23 déc. 2014.

Le recyclage des déchets au Niger : le réseau RESEDA in www.maxicours.com consulté le 28 mai 2015.

www.tv5monde.com consulté le 28 août 2014.

www.unglobalcompact.org/NewsAndEvents/UNGC_bulletin Publié le 8 juillet 2010.

http://www.groupetoguna.com.

http://www.fidh.org/Entreprises-et-Droits-de-l-Homme-Un-guide-sur-les.

www.reportingrse.f

www.iso.org.

www.globenet.org ; http://www.lepapier.fr/procede_recyclage.htm, consulté le 19 mars 2013.

TABLE DES MATIÈRES

CHAPITRE 2
L'INSTITUTIONNALISATION DE LA GOUVERNANCE D'ENTREPRISE

DROIT

AUX ÉDITIONS L'HARMATTAN

Dernières parutions

L'EXPLOITANT DE BANQUE ET LE DROIT AU TCHAD

Thomas Dingamgoto

De toutes les activités entrepreneuriales, le secteur bancaire est de celles qui font l'objet d'un encadrement législatif scrupuleux et d'une veille règlementaire permanente. Si l'histoire du droit bancaire tchadien est étroitement liée à celle du droit bancaire français, les textes législatifs et règlementaires des activités bancaires au Tchad ont connu des évolutions internes notables. Pour l'exploitant de banque comme pour l'ensemble des acteurs de la chaîne économique et financière, ces mutations rendent indispensables l'appropriation de ces normes nouvelles.

(Coll. Études Eurafricaines, 674 p., 49 euros)

ISBN : 978-2-343-16034-4, EAN EBOOK : 9782140104879

L'ÉGALITÉ DE L'HOMME ET DE LA FEMME DANS LE MARIAGE
Etude comparée des droits du Bénin, du Burkina Faso et du Mali

Aïssata DABO

Des États africains ont rénové leurs législations sur le mariage dans l'idée de les conformer au dispositif juridique international, qui place désormais l'égalité homme-femme au centre des débats. Toutefois, l'objectif est largement dévié par le pluralisme juridique qui demeure, en droit et en fait, un frein pour l'indifférenciation des droits des sexes. Cet ouvrage se propose de rechercher la mesure de l'égalité, en matière de mariage, réellement promue par les droits béninois, burkinabè et malien

(Coll. Études africaines, 614 p., 49 euros)

ISBN : 978-2-343-15377-3, EAN EBOOK : 9782140105197

LA NATIONALITÉ ET L'APATRIDIE EN AFRIQUE

Charles Lasserre Yakite

Le droit à la nationalité est un droit humain fondamental reconnu par le droit international. Les apatrides ne peuvent se prévaloir de la protection de la nationalité et sont donc vulnérables à la privation de leurs droits. Les États africains doivent élaborer des cadres législatifs et mettre en place des politiques nationales pour lutter contre l'apatridie. Cet ouvrage vise à faire des recommandations à l'Union africaine et aux organisations internationales intéressées pour résoudre l'epineux problème de nationalité et de l'apatridie.

(Coll. Études africaines, 156 p., 17 euros)

ISBN : 978-2-343-15353-7, EAN EBOOK : 9782140104725

LE CONTENTIEUX DE L'ANNULATION AU CONGO

Lovane Lhakhy-Tsamby

Dans ce livre, l'auteur examine la question relative au contentieux de l'annulation, au Congo. Lorsqu'un acte administratif est entaché d'illégalité, il est susceptible d'annulation. Au Congo, l'annulation d'un acte administratif illégal relève de la compétence exclusive de la chambre administrative de la Cour suprême. La Cour constitutionnelle est exceptionnellement compétente pour annuler un acte administratif entaché d'illégalité lorsqu'il est pris dans le domaine électoral. Elle n'est pas juge de la légalité des actes administratifs au même titre que le juge administratif ordinaire.

(Coll. Harmattan Congo-Brazzaville, 120 p., 14 euros)

ISBN : 978-2-343-15430-5, EAN EBOOK : 9782140104305

PROTECTION DE LA QUALITÉ DES EAUX DOUCES AU CANADA ET DANS L'UNION EUROPÉENNE

Le partage des compétences

Claire Joachim

Cet ouvrage analyse l'organisation des rapports entre les ordres juridiques par le droit constitutionnel canadien et le droit de l'Union européenne. Cette étude est innovante car : la grille d'analyse du droit constitutionnel canadien a été appliquée à l'Union européenne. Ce qui met en évidence des mécanismes similaires dans le partage des compétences. Le domaine de la protection de la qualité des eaux douces a été choisi pour révéler les enjeux de ces relations dans une perspective globale. Ce travail fait ressortir que l'intégration européenne est accentuée par une centralisation des compétences. Ainsi, la sphère du pouvoir des états membres se vide progressivement de sa substance. Le droit entrerait donc en mutation à l'aune de la protection de l'environnement.

(Coll. Le Droit aujourd'hui, 546 p., 49 euros)

ISBN : 978-2-343-10974-9, EAN EBOOK : 9782140104541

LE BIEN-ÊTRE ANIMAL : DE LA SCIENCE AU DROIT

Sous la direction de Sophie Hild et Louis Schweitzer

Chercheurs, experts, membres de la Commission européenne ou du ministère de l'Agriculture se sont succédé pour répondre à plusieurs questions du plus haut intérêt : quelle définition scientifique donner au bien-être de l'animal ? Sur quels critères l'évaluer ? Quels droits nationaux ou internationaux le prennent-ils en compte ? Quels animaux sont concernés ? Quels obstacles s'opposent au souci d'assurer le bien-être animal ? Les réponses données conforteront les démarches à conduire en faveur de dispositions réglementaires nouvelles.

(Coll. Colloques et rencontres, 364 p., 37 euros)

ISBN : 978-2-343-15918-8, EAN EBOOK : 9782140104329

DROITS FONCIERS DES FEMMES ET DES CADETS SOCIAUX EN CÔTE D'IVOIRE

Cellule de Suivi et d'Analyse de la Mise en Oeuvre de la Loi sur le Foncier Rural

Le séminaire-atelier "Sécurisation des droits fonciers des femmes et cadets sociaux en milieu rural" tenu à Grand-Bassam en 2017 avait pour objectif d'identifier les dispositions, existantes ou à adopter, pour améliorer la sécurisation des droits fonciers des femmes et des cadets sociaux en milieu rural. Comment comprendre la nature des obstacles qui y nuisent, identifier et clarifier les dispositions qui existent dans le cadre juridique et institutionnel de la Côte d'ivoire ? les services centraux et décentralisés de l'Administration, Chambre des Chefs et Rois Traditionnels de Côte d'Ivoire, partenaires internationaux de développement, organisations professionnelles agricoles, notaires, juristes, géomètres, chercheurs, ONG, presse etc, tous sont concernés par cette problématique.

(Coll. Harmattan Côte-d'Ivoire, 192 p., 22 euros)

ISBN : 978-2-343-15394-0, EAN EBOOK : 9782140103728

L'UNIVERS CARCÉRAL, LA MÈRE DÉTENUE ET SON ENFANT

Elaine Mangin

Sur les 80 893 personnes écrouées en France au 1er février 2018, on dénombre 3103 femmes. 2482 sont détenues au sein d'un établissement pénitentiaire, exécutant une peine privative de liberté. Parmi elles, des mères de famille qui ont souvent la charge exclusive des enfants restés en milieu libre, mais aussi des femmes incarcérées avec leur bébé. Mais les efforts du droit positif et de la pratique pénitentiaire pour leur assurer le respect de la vie familiale et veiller au maintien d'un lien mère-enfant sain, des difficultés juridiques et psychologiques subsistent.

(Coll. Bibliothèques de droit, 158 p., 17,5 euros)

ISBN : 978-2-343-15834-1, EAN EBOOK : 9782140103681

CONSTITUTIONNALISME ET MÉTISSAGE CULTUREL AU-DELÀ DES DROITS DE L'HOMME

Salvatore Bonfiglio

Les sociétés multiculturelles demandent une réinterprétation des principes constitutionnels, capable de favoriser la cohésion sociale, notamment par l'extension des droits fondamentaux aux « non-citoyens ». Il s'agit de reconnaître à l'individu en tant que tel un statut de droits fondamentaux, pour affirmer ainsi le caractère à la fois moral et juridique de la dignité de la personne.

(Coll. Harmattan Italia, 208 p., 26 euros)

ISBN : 978-2-336-31233-0, EAN EBOOK : 9782140103193

LA PROCÉDURE

Sous la direction de Joanna Genovese et Giovanna Debernardi

La procédure est souvent perçue par les parties comme une source de difficultés supplémentaires dans la résolution d'un conflit. Elle est en réalité protectrice des droits des individus. Il n'existe pas qu'une procédure mais une pluralité. Il est question de procédure civile, de procédure collective, de procédure pénale... La procédure s'adapte en fonction des contraintes et besoins tant par la dématérialisation que la déjudiciarisation.

(Coll. Droit privé et sciences criminelles, 138 p., 16,5 euros)

ISBN : 978-2-343-15460-2, EAN EBOOK : 9782140102769

LE RECOURS AUX MODES ALTERNATIFS DE RÈGLEMENT DES LITIGES EN MATIÈRE DE PROPRIÉTÉ INTELLECTUELLE

Jean Tankeu

Préface de Joseph Fometeu

La mondialisation et le développement des échanges économiques posent de nouveaux défis en matière d'application des droits de propriété intellectuelle. Plus le commerce et les affaires s'intensifient au niveau international, plus la question des effets des droits de propriété intellectuelle et de leur application au-delà des frontières nationales devient pertinente. D'où le développement du contentieux non juridictionnel international de la propriété intellectuelle auquel l'auteur consacre cet ouvrage.

(326 p., 33 euros)

ISBN : 978-2-343-15648-4, EAN EBOOK : 9782140102653

MÉTHODOLOGIES DE LA SÉCURITÉ URBAINE

François Dieu, Bruno Domingo

Quelles sont les méthodologies de la sécurité urbaine ? Comment réaliser un diagnostic local de sécurité ? Quelles sont les précautions à prendre avec les chiffres de la délinquance ? Comment mesurer le sentiment d'insécurité et la victimisation ? Quelles sont les modalités de diffusion de l'information au sein des dispositifs de prévention ? Comment mettre en place un observatoire local de la délinquance ? En bref, comment impulser une réflexion objective et un partenariat dynamique pour une politique de sécurité efficace ?

(Coll. République et sécurité, 276 p., 28,5 euros)

ISBN : 978-2-343-15718-4, EAN EBOOK : 9782140102295

DROIT DES ENTREPRISES INDIVIDUELLES

Commerçant / Entreprenant / Bail à usage professionnel / Fonds de commerce / Vente commerciale / Commerce électronique

Cheikh Abdou Wakhab Ndiaye

L'entreprise est une notion moderne et polysémique qui n'a fait son apparition que très récemment dans le droit sénégalais. L'entreprise individuelle concerne le commerçant, personne physique, et l'entreprenant. Son droit est un véritable droit du développement. Il matérialise une volonté de promouvoir l'initiative privée par, d'une part, la facilitation des conditions d'accès au monde des affaires et, d'autre part, la mise en place d'un climat favorables aux investissements. Il est ainsi un creuset où les droits OHADA, UEMOA et sénégalais sont conjugués pour la réalisation de cette ambition.

(Coll. Harmattan Sénégal, 404 p., 40 euros)

ISBN : 978-2-343-15882-2, EAN EBOOK : 9782140102196

LES FINANCES PUBLIQUES DU GABON

Droit budgétaire et droit de la comptabilité publique

Fidèle Mengue Me Engouang

Considéré comme un pays riche, grâce à ses ressources naturelles, le Gabon demeure pourtant un Etat pauvre. L'une des raisons de ce paradoxe est la mauvaise gestion des moyens financiers dont dispose l'Etat. L'assainissement de la gestion des finances publiques constitue donc un des défis majeurs que doivent relever le gouvernement et l'administration. Ce qui exige une parfaite maîtrise des normes juridiques applicables en la matière, en plus d'une grande probité morale. Cet ouvrage veut contribuer au renforcement des capacités des personnes. Il traite des règles et des procédures d'élaboration, d'adoption, d'exécution et de contrôle du budget de l'Etat.

(Coll. Finances publiques, 386 p., 38 euros)

ISBN : 978-2-343-15534-0, EAN EBOOK : 9782140101335

L'INCOHÉRENCE DES LOIS DE CIRCONSTANCES EN MATIÈRE PÉNALE

Paul Laurent

Pour adapter le droit pénal à la criminalité, le Législateur adopte des lois pour des motifs qui échappent à la stricte nécessité juridique, au profit de l'opportunité. Ces lois en réponse à des faits divers sont des lois de circonstances. Leur développement est indéniable. Ce mouvement s'opère aux dépens de la politique pénale de réflexion et des règles de forme classiques. Cette adaptation du droit aux évolutions de la criminalité mérite analyse et débat.

(Coll. Bibliothèques de droit, 272 p., 27 euros)

ISBN : 978-2-343-15317-9, EAN EBOOK : 9782140101625

LE TRAIN DE VIE EN DROIT PRIVÉ

Michaël Martinez

Préface de Philippe Delmas Saint-Hilaire

Locution issue du langage courant, « train de vie » a été importée dans la sphère juridique à la fin des années 1930 pour lutter contre la fraude fiscale et s'y est répandue à partir des années 1960 sans être définie. La première partie de cet ouvrage s'intéresse au contenu juridique de cette notion. Elle est définie comme la jouissance, à titre habituel d'une certaine quantité de biens et de services, caractérisant à la fois un niveau de vie et une habitude de vie. La seconde partie porte sur les effets attachés au train de vie.

(Coll. Logiques Juridiques, 526 p., 45 euros)

ISBN : 978-2-343-15845-7, EAN EBOOK : 9782140101731

L'ORGANISATION DES NATIONS UNIES ET L'EFFECTIVITÉ DES DROITS FONDAMENTAUX DES DÉPLACÉS INTERNES

Rolince Mbungo

Le déplacement interne des populations au sein de leur propre pays pose un réel défi de protection des droits de l'homme. Si l'ONU s'est intéressée tardivement à ce phénomène, elle a entrepris de construire un meilleur cadre juridique et institutionnel international pour la protection des déplacés internes. Plus de deux décennies après ses principales initiatives, il a fallu éprouver la capacité de celles-ci à concrétiser les droits déclarés en droits effectifs. Il importerait que l'ONU renforce le cadre juridique et en restructure l'architecture institutionnelle.

(Coll. Le Droit aujourd'hui, 574 p., 45 euros)

ISBN : 978-2-343-11008-0, EAN EBOOK : 9782140099908

Structures éditoriales du groupe L'Harmattan

L'Harmattan Italie
Via degli Artisti, 15
10124 Torino
harmattan.italia@gmail.com

L'Harmattan Hongrie
Kossuth l. u. 14-16.
1053 Budapest
harmattan@harmattan.hu

L'Harmattan Sénégal
10 VDN en face Mermoz
BP 45034 Dakar-Fann
senharmattan@gmail.com

L'Harmattan Cameroun
TSINGA/FECAFOOT
BP 11486 Yaoundé
inkoukam@gmail.com

L'Harmattan Burkina Faso
Achille Somé – tengnule@hotmail.fr

L'Harmattan Guinée
Almamya, rue KA 028 OKB Agency
BP 3470 Conakry
harmattanguinee@yahoo.fr

L'Harmattan RDC
185, avenue Nyangwe
Commune de Lingwala – Kinshasa
matangilamusadila@yahoo.fr

L'Harmattan Congo
67, boulevard Denis-Sassou-N'Guesso
BP 2874 Brazzaville
harmattan.congo@yahoo.fr

L'Harmattan Mali
Sirakoro-Meguetana V31
Bamako
syllaka@yahoo.fr

L'Harmattan Togo
Djidjole – Lomé
Maison Amela
face EPP BATOME
ddamela@aol.com

L'Harmattan Côte d'Ivoire
Résidence Karl – Cité des Arts
Abidjan-Cocody
03 BP 1588 Abidjan
espace_harmattan.ci@hotmail.fr

L'Harmattan Algérie
22, rue Moulay-Mohamed
31000 Oran
info2@harmattan-algerie.com

L'Harmattan Maroc
5, rue Ferrane-Kouicha, Talaâ-Elkbira
Chrableyine, Fès-Médine
30000 Fès
harmattan.maroc@gmail.com

Nos librairies en France

Librairie internationale
16, rue des Écoles – 75005 Paris
librairie.internationale@harmattan.fr
01 40 46 79 11
www.librairieharmattan.com

Librairie l'Espace Harmattan
21 bis, rue des Écoles – 75005 Paris
librairie.espace@harmattan.fr
01 43 29 49 42

Lib. sciences humaines & histoire
21, rue des Écoles – 75005 Paris
librairie.sh@harmattan.fr
01 46 34 13 71
www.librairieharmattansh com

Lib. Méditerranée & Moyen-Orient
7, rue des Carmes – 75005 Paris
librairie.mediterranee@harmattan.fr
01 43 29 71 15

Librairie Le Lucernaire
53, rue Notre-Dame-des-Champs – 75006 Paris
librairie@lucernaire.fr
01 42 22 67 13

www.ingramcontent.com/pod-product-compliance
Lightning Source LLC
LaVergne TN
LVHW011142061026
849535LV00003B/573
9782343152301